Bulgaria's Synagogue Poets: The Kastoreans

Critical Edition
with Introduction and Commentary

by Leon J. Weinberger

THE UNIVERSITY OF ALABAMA PRESS

Tuscaloosa, Alabama

The University of Alabama Press
Tuscaloosa, Alabama 35487-0380

Manufactured in the United States of America

∞

The paper on which this book is printed meets the minimum requirements of American National Standard for Information Science–Permanence of Paper for Printed Library Materials, ANSI Z39.48-1984.

Library of Congress Cataloging-in-Publication Data

Main entry under title:
Shire ha-kodesh li-Yehude Kashtoryah.

Title on added t.p.: Bulgaria's synagogue poets, the Kastoreans.
Introd. also in English.
Bibliography: p.
Includes index.
1. Piyutim. 2. Hebrew poetry—Greece. 3. Hebrew poetry—Turkey. 4. Hebrew poetry—Balkan Peninsula. I. Weinberger, Leon J. II. Title: Bulgaria's synagogue poets, the Kastoreans.
BM670.P5S546 1983 296.4 83-12735
ISBN 978-0-8173-0182-8 (pbk. : alk. paper)

To

SHOSHANA,

Canticles 2:2

Contents

HEBREW SECTION

Although there are signs of Jewish life in Bulgaria even in pre-Christian times as well as in the later Byzantine and Slavic periods, little is known about the character of Jewish settlements in this region until the 11th and 12th centuries. It is then that Jewish communities spring up in Sofia, Nicopolis and Silistra and a Jewish writer, Simeon Seti produces a novel in Greek which is translated into Bulgarian under the title *Stefanit i Ihrilati*. From Kastoria in Macedonia, the strategic hub of the Balkan world, there emerges the leader of the Rabbanite community in Byzantium, Rabbi Tobias b. Eliezer, author of the *Midrash Leqaḥ Tob* (written and revised in 1097-1108) on the Pentateuch, and the Jew Leo Mung, a convert to Christianity and later Archbishop of Ochrida and Primate of Bulgaria. The increase of Jewish communities in Bulgaria began in earnest in the Second Bulgarian Empire under the rule of the ambitious Assenide emperors who encouraged Jewish immigration into their country in order to gain a commercial and industrial advantage over their Dalmatian and Aegean rivals. A further increase in Bulgaria's Jewish population occurred in the latter half of the 14th century with the arrival of refugees from Hungary and Bavaria after their expulsion from those countries in 1360 and 1376.[1]

Friction soon developed between the native Jewish settlers, followers of the Romaniote ritual and the newcomers from the north, due, probably, to the differing Romaniote marriage and divorce customs, such as their refusal to accept the decree of Rabbenu Gershom b. Judah of Mainz (11th century) banning the practice of polygamy. To deal with this conflict a special assembly was called in 1376 to reinforce R. Gershom's ban on polygamy and to address the several issues in dispute by the two parties. It was probably at this time that one Bulgarian Jewish community, the Kastoreans, decided to publish their own prayer-book according to the ritual in use in their synagogues and thereby preserve the special character of their congregational life. A section of this prayer-book containing the services for the seventeenth day of Tammuz, the ninth of Ab and the month of Elul has survived in the Bodleian, Oxford, Ms. # 1168. Kastoria, situated on the *Via Egnatia*, the old Roman highway linking Dyrrachium with Constantinople had a sizeable Jewish population during the reign of the Assenides and could boast of at least six versatile scholars and poets, including the aforementioned R. Tobias b. Eliezer; the scribe R. Mordecai b. Shabbetai ha-'Arukh (Makros), (12th-13th centuries); R. Menaḥem b. Elia, (12th-13th centuries); R. Elia b. Abraham he-'Aluv, (12th-13th centuries); R. Abraham b. Jacob, (14th century); and R. David b. Eliezer, (14th century), the leader of the

Bulgarian Romaniotes in Kastoria and the probable editor of the Kastorean prayer-book.[2]

The representative selection of liturgical works by Kastorean poets of the 11th through the 14th centuries published in this volume are taken from the prayer-books (*maḥzorim*) of Candia (Crete), Corfu, Kaffa (in the Crimea), Kastoria and Romania as preserved in the manuscript collections and printed editions at the Bodleian, Oxford; the Vatican; and the Jewish Theological Seminary, New York. These liturgical poems are a valuable resource for understanding Jewish life in Macedonia during the First and Second Bulgarian Empires. Kastorean Jews, like their co-religionists in northern Europe and in the western Mediterranean region, followed closely the struggle between the Crusader Christians and the Muslims for control of Palestine and saw in these events a portent of the Messianic redemption. R. Tobias b. Eliezer, a contemporary of the First Crusade writes in his *Leqaḥ Tob* (to Exodus 3:20) that he has "looked searchingly into our divine books and considered the length of our exile" and concludes that in the year 1096 (the year when the First Crusade began), "even as in the days of Egypt He will now show us wonders."

R. Menaḥem b. Elia laments over Jerusalem in the hands of the Crusaders[3] and rejoices at its reconquest by Saladin in 1187.[4] It is likely that this turn of events prompted R. Elia to proclaim in one of his poems:

"Mounted on an ass he approaches
Bringing fresh forces to attack;
Fair and ruddy (he is), a paragon among ten thousand . . .
The time of redemption has been computed
Only a few years remain;
Now Edom will be consumed,
And (Jacob's) remnant will return again . . .
The time of exile has elapsed
The rod of wickedness is broken
For Judah has prevailed . . .
Behold Captain Michael
Alongside Captain Gabriel
And between them the redeemer Messiah;
Let Jacob rejoice, let Israel be glad."[5]

Judah al-Ḥarizi records in his *Taḥkemoni* (#28, p. 245) that in 1190 following his conquest of Jerusalem, Saladin (Yūsuf Ibn Ayyūb) invited the Jews to settle there since they had been barred from residence in the city during the Crusader occupation. Saladin's conquest of Tiberias, Hattin, Jerusalem and almost all of Palestine in his campaign of 1187 further intensified Jewish Messianic expectations as well as a yearning to resettle the Holy Land. Solomon Ibn Verga in his *Shebet Yehuda* (Wiener ed., p. 113) reports that in the year 1211 Rabbis from France and England led more than 300 immigrants to Jerusalem where they were warmly received by the Sultan Abu-Bekr Al-Adl, the brother of Saladin. When al-Ḥarizi visited Jerusalem in 1216 he was cheered at the sight of the sizable Jewish settlement there (*Taḥkemoni, ibid.*).

Saladin's tolerant policies toward Jewish settlement in Jerusalem are also reflected in a liturgical work by the Kastorean poet R. Elia b. Abraham he-'Aluv in which he urges his congregation to settle in the Holy Land even as he warns them not to rely on the Bulgarian Emperor whom he calls a "splintered reed" that will run into a man's hand and pierce it if he leans upon it, (after Isaiah 36:6). He cautions the skeptics that they will suffer the fate of Moses' spies (after Numbers 13:31) and points to the victory of "Joseph (= Yūsuf ibn Ayyūb = Saladin) who now governs the land" (after Genesis 42:6) and that "only he (i.e. not the Crusaders) rules the country and provides for the people" (cf. Genesis, *ibid.*). The similarity of Saladin's name to that of Joseph son of the Patriarch Jacob, viceroy of Egypt, did not elude the Kastoreans.[6] The intensity of the Messianic expectation is also evident in the works of R. Mordecai b. Shabbetai ha-'Arukh who wishes to know the exact date of the Messiah's arrival and of R. David b. Eliezer who is persuaded that the period of the Messiah's "birth pangs" has already begun.[7]

Coupled with this Messianic agitation in Kastorea is a considerable preoccupation with Jewish mysticism, confirming G. Scholem's observation that "Kabbalistic contemplation is a kind of individual anticipation of eschatological messianism." Beginning with R. Tobias b. Eliezer (in his *seliḥa*, " 'Ehyeh 'asher 'ehyeh") there is the type of speculation associated with the Hekhalot literature and the use of divine names as aids in making the mystical ascent to the celestial throne.[8] The theme of prophetic Kabbalism modelled after Abraham Abulafia is the subject of Kastoria's R. Menaḥem b. Elia. In the latter's *seliḥa* " 'Ayaḥedkha bemorah," he states that "the attainment of awe-inspiring prophecy is dependent upon the proper articulation (of the letters of the alphabet) by one seeking (to attain this goal)," even as he refers to the discipline of placing (in imagination) the permuted and combined letters on the threshold (of the Divine Throne) among the adoring angelic host. The poet then closes with the revealing line: "God hearkens to the supplicator whose imagination prepares him and who, in his own eyes, considers himself as if he did not exist and is about to die."

Meditation on the letters of the Hebrew alphabet provided for Abraham Abulafia the ideal object to aid the soul in becoming free from preoccupation with its natural self and enabled it, in Abulafia's words, "to untie the knots which bind it." The layers of meditation on the alphabet include articulation (mivta), writing (miktav), and thought (maḥshav). By renouncing his attachment to the phenomenal world, the individual proceeding on the steps of the mystic ladder is ultimately able, with the aid of meditation on the letters of the Divine Name, to attain prophetic inspiration. In describing the preparations for meditation and ecstacy, Abulafia, commenting on the verse (in Amos 4:12), "Be prepared for thy God, O Israelite," writes: "Make thyself ready to direct thy heart to God alone . . . begin to combine a few or many letters, to permute and to combine them with rapidity until thy heart be warm . . . then turn all thy true thought to imagine the Name and His exalted angels in thy heart as if they were human beings sitting or standing about thee . . . And know, the stronger intellectual flux within thee, the weaker will become thy outer and inner parts. Thy whole body will be seized by an extremely strong trembling, so that thou wilt think that surely thou are about to die, because thy soul, overjoyed with its knowledge, will leave thy body. And be thou ready at this moment consciously to choose death, and then thou shalt know that thou hast come far enough to receive the influx . . ."

It is known that Abraham Abulafia, self-proclaimed messiah and propounder of the doctrine of prophetic Kabbalism spent some ten years in Greece and Italy during his wanderings abroad and it is likely that his doctrine of the search for ecstacy and prophetic inspiration was known to R. Menaḥem b. Elia. Moreover, it is possible that Abulafia's proclamation that the Messianic redemption would come during his own lifetime served to stimulate the eschatological fervor of the Kastoreans.[9]

The Romaniote Kastoreans were themselves divided on the issue of whether it is permissible to pray to the angelic hosts that they plead before God on Israel's behalf. R. Menaḥem b. Elia after debating with himself on this matter decides to bypass the celestial intermediaries and appeal to God directly, arguing that an omniscient God does not require a mediator. In this R. Menaḥem follows such Rabbinic authorities as Maimonides who feared that such practices might lead to idolatry. Opposing R. Menaḥem was R. David b. Eliezer who does appeal to angels to intercede before God on behalf of his people, and as editor of the Kastorean prayer-book inserts into the month of Elul liturgy the litany attributed to R. Amram Gaon "Makhnisei raḥamim" ("Angels of mercy, usher in [our petition for] mercy before the Lord of mercy. Angels of tears, bring in our tears before the King, who is reconciled by tears, etc.").[10]

The Kastorean poets used mostly the strophic patterns of the rhymed *piyyut* that originated in 4th century Palestine as well as the rhymed free poem patterned after the *silluq* developed by Qalir. Occasionally they would compose metrical poems after the Spanish practice that began in the 10th century and employed several of the more common Hebrew quantitative meters then in use. Of particular interest is the rhymed strophic *seliḥa* of R. Menaḥem b. Elia comprising 14 stanzas each containing 10 lines made up of 5 words. The stanzas, including each line and each word, spell out the 14 letters of the author's name MNḤM BR KR 'LYH ZL (=Menahem bar kevod rabbeinu Elia zikhrono livrakhah). In its structure R. Menahem's work is similar to the *tour de force* composed by the Hebrew Provencal poet Yedayah ha-Penini whose liturgical work "Baqashat ha-Memim," composed in his youth comprised 1,000 words each beginning with the letter *mem*.[11]

Noteworthy also is the choice of themes in the poetry of R. Mordecai

b. Shabbetai who like Judah ha-Levi and Abraham Ibn Ezra before him utilizes the traditional secular images of the unhappy rejected lover and his ultimate reconciliation with the beloved to dramatize the historic relationship between God and Israel. The latter in her present state of alienation and exile recalls the days of her espousals when, as God's beloved, she was decked out in her bridal finery and was mistress in her own home (i.e. the land of Israel). Later when she turned to others and was unfaithful, her husband expelled her and left her to wander aimlessly in the forests. Now she was at the mercy of her sometime lovers who eventually grew tired of her, and when her former husband chose other mistresses (i.e. Christians and Muslims) she became a hated rival. At long last she resolved to return to her husband and beg his forgiveness, who, moved by her penitent tears, is reconciled with her.[12]

****

Notes

1. Cf. S.W. Baron, *A Social and Religious History of the Jews*, Vol. XVII, p. 102.
2. Cf. Hebrew section, p. 3.
3. *Ibid.*, p. 12.
4. *Ibid.*, p. 16.
5. *Ibid.*
6. *Ibid.*, pp. 16-17.
7. *Ibid.*, p. 16.
8. *Ibid.*, pp. 21-24.
9. Cf. L.J. Weinberger, "Messianic Expectations in Kastoria on the Eve of Sabbateanism," *Go and Study, Essays and Studies in Honor of Alfred Jospe*, R. Jospe and S.Z. Fishman, eds., (Washington, D.C., 1980), pp. 374-375.
10. Cf. Hebrew section, p. 15.
11. *Ibid.*, pp. 66-78.
12. *Ibid.*, pp. 17-18.

With the completion of this third volume of my study of the Hebrew poets in Balkan Byzantium, I should like to acknowledge the kind assistance given to me by Professor Yonah David who read the manuscript and made many valuable suggestions, and by Professor Menahem Schmelzer, Librarian at the Jewish Theological Seminary for his ready help in providing me with the documents I needed.

I am deeply grateful to the American Academy for Jewish Research for their unfailing support of my work and for enabling me to publish this volume with their generous assistance, to Dr. Michael A. Meyer and the Publications Committee of the Hebrew Union College-Jewish Institute of Religion and their readers for their critical comments and suggestions, and to the University of Alabama Research Committee for their aid.

Thanks are herein extended to the Keeper of Oriental Books and Manuscripts at the Bodleian Library, Oxford and to the Prefect of the Vatican Library for their gracious help.

Leon J. Weinberger

The University of Alabama
Tuscaloosa, Alabama
26 Tevet, 5743; January 11, 1983

שירי הקודש ליהודי קשטוריה

ערוך ומוגה על פי כתבי-
יד ודפוסים עם השלמות,
שנויי-נוסחאות,ביאורים
ומבוא

בידי
יהודה ליב וינברגר

THE UNIVERSITY OF ALABAMA PRESS

Tuscaloosa, Alabama

The University of Alabama Press
Tuscaloosa, Alabama 35487-0380

Manufactured in the United States of America

∞

The paper on which this book is printed meets the minimum requirements of American National Standard for Information Science–Permanence of Paper for Printed Library Materials, ANSI Z39.48-1984.

Library of Congress Cataloging-in-Publication Data

Main entry under title:
Shire ha-kodesh li-Yehude Kashtoryah.

Title on added t.p.: Bulgaria's synagogue poets, the Kastoreans.
Introd. also in English.
Bibliography: p.
Includes index.
1. Piyutim. 2. Hebrew poetry—Greece. 3. Hebrew poetry—Turkey. 4. Hebrew poetry—Balkan Peninsula. I. Weinberger, Leon J. II. Title: Bulgaria's synagogue poets, the Kastoreans.
BM670.P5S546 1983 296.4 83-12735
ISBN 978-0-8173-0182-8 (pbk. : alk. paper)

תוכן העניינים

שירי הקודש ליהודי קשטוריה

ערוך ומוגה על פי כתבי-
יד ודפוסים עם השלמות,
שנויי-נוסחאות, ביאורים
ומבוא

בידי
יהודה ליב וינברגר

מבוא

מהמאה האחד-עשרה ועד למאה הארבע עשרה ידועים לנו ששה פייטנים מקסטוריה שבבולגריה: ר' טוביה בירבי אליעזר(מאה הי"א), בעל מדרש לקח טוב, ראש המדברים הרבניים בדורו ובר פלוגתא של הקראים; הסופר ר' מרדכי בר שבתי הארוך(מאה הי"ב-י"ג)[1] המכונה "רבנא"; ר' מנחם בר אליה(מאה הי"ב-י"ג), משורר בעל שיעור-קומה ומחבר "שירת היד החזקה"; ר' אליה בר אברהם העלוב(מאה הי"ב-י"ג), המכונה "רבנא"; ר' אברהם בר יעקב(מאה הי"ד); ור' דויד בן אליעזר (מאה הי"ד)המכונה "הרב רבנא". מן היוצרים הללו הגיעו לידינו פיוטים שרבים מסוג הסליחה שרובם מתפרסמים להלן זו הפעם הראשונה במהדורה מדעית. המקור העיקרי ששימש אותי, במהדורה זאת, היה מחזור כמנהג קסטוריה אשר חלק ממנו שרד בכה"י אוכספורד 1168(-ב) והכולל הסדר לי"ז תמוז ותשעה באב וכן רוב סדר הסליחות ללילי אשמורות.

קסטוריה, הנמצאת בין קושטא ודיראכִיום(Dyrrachium)על אם הדרך הרומאי העתיק, דרך אגנאטִיה(Via Egnatia), היתה בתנופה באותה התקופה תחת שלטונם של מלכי בית אָסֶן, מושלי הקיסרות הבולגרית השנייה. על מנת לשפר את המצב הכלכלי בקיסרותם הזמינו המושלים הללו את היהודים להתיישב בערי בולגריה. ואמנם אחר גירוש היהודים מארצות הונגריה ובַווריה, בשנות 1360 ו1376, חדרו הגולים אל ערי בולגריה והתישבו בהן לרבות קסטוריה. אבל היחסים בין הגולים ובין התושבים לא היו טובים מאז ומקדם וככל שיחסים אלה נתרופפו מחמת חיכוכים בלתי נמנעים שבין הפליטים החדשים והתושבים הוותיקים, דאגה קהילת קסטוריה לשמור על עצמיותהן העדתית של יהודיה. שני גורמים אלה: חיכוכים בלתי נמנעים שבין שכבות האוכלוסיה המגומרת ודאגת הקהילה לעצמיותה העדתית הביאו, כנראה, להופעתו של מחזור קסטוריה.[2]

מחזור קסטוריה יצא לאור אחר מותו של ר' דויד בן אליעזר, כנראה רב קהלת האזרחים בקסטוריה, כי רק אותו מזכיר מהדיר המחזור בכנוי "הרב רבנא דויד" (בעמ' 156) וגם הסליחות שלו לעשי"ת שהגיעו לידינו אף הן הוכנסו במחזור זה. מהדיר המחזור הנ"ל הכניס גם את הסליחות ללילי אשמורות לפייטני קסטוריה הנ"ל ואילו אותם הזכיר בשמם ובשם עירם כגון "לרבנא אליה בר אברהם זלה"ה מקסתו-ריאה,"(עמ' 176); "להרב רבנא דויד מקסטוריא זל"ה,"(עמ' 180); "להחי[כמ] כ"ר מנחם בכ"ר אליה מקסטוריא זלה"ה(עמ' 195 ו212).

המאפיין את מחזור קסטוריה והמציין את טבעו הם הנוסחים הבאים:

1. נוסח הליטאניה "דעני לאברהם...עניגן,"(ד. ד' 326):

"...[התחלת הליטאניה חסרה בכה"י ב,עמ' 147] דעני לאירלתא בעידן מולדיהרן עניגן. דעני לחירתא על מתבריהון עניגן. דעני לבני עורבא עניגן. דעני לאסירי פרזלא עניגן. לעני לקצירי על ערסיהון עניגן. דעני לכל מאן דעקא ליה עניגן. דעני לכל מאן דמרירא ליביה עניגן. דעני בעידן עקתא עניגן. דעני בעידן רעווא עניגן."[3]

2. נוסח הליטאניה "רחמנא עניגן,"(ד. ר' 853):

(כה"י ב, שם)

"רחמנא ענינן. רחמנא פרוקן. רחמנא שזבינן. רחמנא רחם עלן. רחמנא חוס עלן. רחמנא תוב עלן. רחמנא שמע קלן. רחמנא קבל צלותן. רחמנא ארשענן. רחמנא ארשענן. רחמנא אסכלנן. רחמנא חסינן. רחמנא מרדנן. רחמנא סלח. רחמנא מחול. רחמנא שבוק."[4]

3. נוסח הליטאניה "מכניסי רחמים,"(ד. מ' 1419):

(כה"י ב, עמ' 148)

"מכניסי רחמים הכניסו רחמינו לפני בעל הרחמים,
מכניסי דמעה הכניסו דמעתנו לפני מתרצה בדמעות,
משמיעי תפלה השמיעו תפלתנו לפני שומע תפלה,
משמיעי צעקה השמיעו צעקתנו לפני שומע צעקה,
משמיעי נעקה השמיעו נאקתנו לפני שומע נעקה,
השתדלו והרבו תחנה ובקשה לפני מלך רם ונשא,
הזכירו לפניו השמיעו לפניו תורה ומעשים של שוכני עפר,
השמיעו לפניו צעקת עמו ישראל ואמרו לפניו: גוי סובל חלאים הוא,
השמיעו לפניו אנקת דור עני שנתדלדל ונתמעט מכל הדורות,
השמיעו לפניו אנקת השביה הריסות מזבחו שריפות היכלו,
["אנקת השביה וכו'",--פי' אנקת ישראל בגולה על הריסות בית ראשון ושני וכו']
השמיעו לפניו אנקת שה פזורה ואמרו לפניו: מה בצע באבדם,
כי צאן רועה נאמן היה לחרפה, ישראל, גוי אחד,למשל ולשנינה,
ויזכור אהבתם ויחיה זרעם טרם תאבד שארית יעקב,
ויזכור את בריתו וישוב מחרון אפו." 5

4. נוסח הסליחה "מארן דבשמיא,"(ד. מ' 2425):

(כה"י ב, עמ' 150)

"מארן דבשמיא לך מתחנינן כבר שביא דמתחנן למריה.
כולהון בני שביא בכספא מתפרקין ועמך בית ישראל ברחמי ובתחנוני.
הב לן שאלתין ובעותין ולא נהדר ריקם מן קמך.

מארן דבשמיא לך מתחטינן כברא דמתחטי לאבוהי.
עשיקי אנן ובחשוכא שרירן מרירין נפשין מעקתין דנפיש.
חילא לית לן לרצויך מארן עביד בדיל קיימא דגזרת לאבהתן.
ולא נהדר ריקם מן קמך.

מארן דבשמיא בנפיש חטינן קמך.
עברנן על מימרך ולא עבדינן רעותך.
השתא בכיסופא אתינן לקמך.

אי ניחא לך מחול ושבוק לחובין.
ולא נהדר ריקם מן קמך.

מארך דבשמיא לך מתחטינן כעבדא דמתחטי למריה.
הב לן לבא דתיובתא ולא נהדר ריקם מן קמך."[6]

5. נוסח התחנון "מתרצה ברחמים," (ד. מ' 2792):

(כה"י ב, עמ' 150)

"מתרצה ברחמים ומתפייס בתחנונים, התרצה והתפייס בעם עני כי אין עוזר.
מתרצה בתפלה ומתפייס בתחנה, התרצה והתפייס בעם עני כי אין עוזר.
מתרצה בצדקה ומתפייס בצעקה, התרצה והתפייס בעם עני כי אין עוזר.
מתרצה בזעקה ומתפייס בנעקה, התרצה והתפייס בעם עני כי אין עוזר."[7]

6. הבקשה "מלכי ואלהי" לר' מנחם בר אליה,(חלק מ"שירת היד החזקה" שלו, ע' צונץ, ל.ג., עמ' 386).

(כה"י ב, עמ' 114)

"מלכי ואלהי, הנה היום הזה קדמתי ובאתי במעונך ויצאתי לקראתך לשחר פניך למצאך. למצוא חן בעיניך ולהפיל תחנתי לפניך על רוב סכלותי ואגלתי אשר נואלתי ואשר נסכלתי. מפני פשעי אשר רב עברו זכירותי[השורה מאמר ר' אלעזר ברבי שמעון(בקידושין מ',ב): לפי שהעולם נידון אחרי רובו והיחיד נידון אחרי רובו, עשה מצווה אחת--אשריו, שהכריע את עצמו ואת כל העולם לכף זכות; עבר עבירה אחת--אוי לו שהכריע את עצמו ואת כל העולם לכף חובה. והשווה רמב"ם, משנה תורה,"הלכות תשובה," ג'.ב'.]ומהם שרדו[פי' העוונות נשארו בתוכו של אדם כיון שגררו עוונות אחריהם, ע"פ מאמר חז"ל באבות ד'.ב': עבירה גוררת עבירה.]ומשא כובד עוונותי אשר ממנו כבדו וגודל חטאתי ואשמותי אשר ממך לא נכחדו.

ואני בתוך צרה ומכשלה ומבוכה גדולה אשר אני נבוך ולא אדע אי זה הדרך אהלוך למצוא לנפשי נופש ומרגוע ולא ימנעני מוגע מפני אמצעות שני מנהיגים[פי' יצר הטוב ויצר הרע]הרועים אותי מעודי ועמדי לפניך עד היום הזה. הם הבוחנים והצורפים נפשי ובשרי אשר שמת בקרבי ותתעטף עלי רוחי בתוכי, ישתומם לבי. מה אעשה ומה אענה ומה אשיב על תוכחתי ליום מחר לפניך כי תבוא על שכרי ועל שברי ביען כי הם[פי' יצר הטוב ויצר הרע]אלי כאשה אחותה צוררת[ע"פ ויק' י"ח: י"ח] אם אעשה רצון אחת תתאנף בי האחרת; זה אומר בכה וזה חושב בכה. זה יוליכני בתום בטח במסלת ישרים וזה בתהו לא דרך, צלמות ולא סדרים. זה בנתיבות יושר ובשבילי כושר יובילני וזה בהרי נשף וגבעות חוסר ישליכני. זה על מי מנוחות ונהרי ישועות יעבירני וינהלני וזה על מי מרורות ופלגי אנחות יפילני וישביעני. זה במעגלי צדק ינחני וזה במשוכת חדק ידחני. זה יורני דרך סלולה וזה דרך מרמה ועולה. זה יבחר לי דרך החיים לאור באור החיים וזה יסיתני

ויפתני ללכת מקום-שם יפגשו ציים את איים. זה ימשכני לעבור בבריתך וזה יעצני לעבור בריתך. זה יעירני ויעזרני לחזות בנועם יי ולבקר בהיכלו וזה יעַוְּרני וידיחני לסור מעבודתך ולהסתופף בצלו. זה ידריכני בנתיב מצוותיך ובעבודתך וזה יגרשני מהסתפח בנחלתך ללכת אחרי מחשבות נכרים ונכלים זרים (ע"פ במד' כ"ה:י"ח). ורבים כאלה מנהגיהם והפכיהם אשר בזכרם ובהעלותם על רוחי יחרד לבי ויִתַּר ממקומו וירפו ידי וימוטו רגלי וימעדו קרסולי וימסו אסורי ויתפרדו כל עצמותי ותדד שנתי מעיני ולא אנום ולא אישן. וארכבותי תהיינה דא לדא נָקְשָׁן (ע"פ דני' ה':ו') ומנחירי יצא עשן ולפיד אש אשר יבער בקרבי מן הכעסים ומן הרגזים האלה.

ואני יושב בין המשפתים (ע"פ שופ' ה':ט"ז ובתרגומו: בין תחומין בפרשת ארחה, וז"ל: עלי לבחור בין חיי שעה וחיי עולם.) ושוכב בין שפתים (פי' בגולה, השווה "אלהי קדם מעונה" לראב"ע (ד. א' 4544): "בין שפתים תחת האפר ברמסה/ בשוב מראיה משחת--לכל עין במאסה/ ובעברי פי פחת להמלט קץ עושה.") בקצה המערה בירכתים נמוט רגלים ורפה ידים. משתאה ומשתומם עד תשקיף ותרא יי משמים ותעזרני ותסעדני ותחייני מיומים וביום השלישי תקימני ואחיה לפניך (ע"פ הושע ו':ב' ופי' רש"י: 'יחייבו מיומים': יחזקבו משתי פורענות שעברו עליבו משתי מקדשות שחרבו. 'ביום השלישי': בבנין הבית השלישי יקימבו.) ואחיה תמים בחוקיך ובדרכיך למען לא אבוש.

אנא יי מלכי ועוזרי העירה והקיצה למשפטי אלהי ואדוני לריבי וסמכני ותמכני בעזרתך והורני הדרך הישרה את שאהבה נפשי הטהורה ללכת בה. וגערת והכנעת חושב הרע מעלי למען לא אחטא-לך וכל אוהבי ורעי ישמעו וישמחו ויזכרו וישובו אליך ויודוך כי תיטיב לי.

אל יבושו בי קוויך יי צבאות ואל יכלמו בי מבקשיך אלהי ישראל. ישישו וישמחו בך כל אוהביך ויאמרו תמיד יגדל יי החפץ יושר נתיב עבדו (היפוך סדר התיבות בצורה של יחסי קביין, הייבו במקום "בתיב יושר," והשווה תהל' ל"ה:כ"ז) ולשוני תמיד תהגה תהלתך, כל היום תפארתך.

אנא יי מלכי ואלהי חלקי וצור לבבי בושתי ונכלמתי להרים פני אליך ולשאת ראשי לפניך. אך נגדך כל-תאותי ושאלתי ממך לא נסתרה. הנה נא הואלתי שים נֹכח פני מכשול עווני וחטאתי ופשעי אשר עברו עלי עד היום הזה מנעורי. תפל נא לפניך תחנתי והטה אזנך לבקשתי, שלח רוחך הטובה ממרום והגידה לי אלהי קדושי את שאהבה נפשי לצאת לחפשי מפח יוקשי (פי' מיצרי הרע). איכה תמצא ואיכה תתרצה לכל הנוצרים זרע שלשת הורים (פי' קהל ישראל, בני האבות) ואיכה תסלח להם על חטאותיהם אשר עברו ופשעיהם כי יתגברו, ואעשה כן גם אני (פי' גם אני, שליח הצבור, חטאתי) למצוא צרי לעווני (כלו' באתי להתחנן לפניך למצוא צרי וכו') שְׂלָמָה אהיה על משכנות הרועים לשמצה (פי' לחרפה בגויים) בקמי (הקמים עלי) ולהגדלת עקב לאנשי שלומי.

אם נא מצאתי חן בעיניך הודיעני נא את דרכיך ואדע פרטיהם ואתהלכה ברחביהם למען אטהר מחטאותי ואמצא חן בעיניך כי אשוב מאָוֶן ואִנָּצֵל מטיט היָוֵן וראה כי יציר כפך האנוש הזה.

אם בעזיבתם והרחקתם תכפר ותסלח [ע"פ משלי כ"ח:י"ג: ומודה ועוזב ירוחם.] הנה נא הרחקתים ממני והסתרתי פני מהם. ועזבתים ושלחתים אל נוה משולח ונעזב במדבר, מקום לא יְדָעוֹ עַיִט ועין אַיָּה לא שְׁזָפָתוּ ולא אוסיף עוד אבקשם ולא אשנה שוב עוד עליהם.

ואתה יי עזוב תעזוב עמי ותשליך במצולות ים כל חטאותי וזדוני והסתרת פניך מהם ושלחת חרון אפך וקצפך ממני ושלחת ממרום חסדך ואור פניך אלי והושעתני וגאלתני מחטאתי וזדוני וסלחת לעווני כי רב הוא.

ואם בְּרֹךְ לבב ושחות הנפש וכניעתה מפניך תכפר ותסלח, הנה נא רך לבי וימס ויהי למים. ושחה ודבקה לעפר נפשי ודלפה מתוגתה ונכנעה מדאבתה וסמר מפחדך בשרי ויירא ממשפטיך בזכרי כי תקראני לירום מחר לדין עמך וכי תחקרני על סודי מדרכך ונואמך.

ואתה יי לב נשבר ונדכה ונפש שפלה ורוח נמוכה אל תבזה ואל תשקץ ענותם. השיבה לי ששון ישעך וברוח נדיבתך תסמכני ותעזרני. הרב כבסני מעווני ומחטאתי טהרני.

ואם בהתחנן אליך ובַקֵּשׁ מחילה עליהם מלפניך תכפר ותסלח, הנה אני מפיל תחנתי לפניך וכעני אעטוף ושיחי אשפוך וכעיני עבדים אל יד אדוניהם אשא עיני אליך לרחם עלי ולהיותך קרוב אלי בעת הזאת אשר היא עת צרה וממנה תושיעני כי נסכלתי ואשגה הרבה מאד. ועתה תיקר נפשי בעיניך ותגדל חסדך עמה להחיותה ופרשת כנפך על אֲמָתְךָ [כנוי לכנסת ישראל] כי אין לה דורש בלעדך ולא גואל זולתך ולך לבדך לגאול גאולתה. כי אם לא תשא פשעי ומעוונותי לא תנקני ושמרת את חטאותי אנה אלך מרוחך ואנה אברח מפניך הלא את השמים ושמי השמים כבודך מלא ובכל הארץ משוטטים עיניך. לכן לא אשים מחסי ומצודתי כי אם בסתרך ולא אתלונן כי אם בצלך. הן לא קצרה ידך מהושיע ולא כבדה אזנך משמוע. כי אם חטאותי הסתירו פניך ממני ועוונותי הבדילו בינך לביני והיו הפצירפים לפניך [ע"פ ש"א, י"ג: כ"א, ור"ל מפני חטאיבו היו שיני אויבינו חדות כפצירפים (כשופין)] למחרשות ולאתים [פי' בו חרשו על גבות ישראל בגולה]. על כן צעקתי ולא אענה [ע"פ איוב ט':ט"ו וכפירש"י: לא אירא להרים קול לפניו.] ואם אל הקדושים העומדים לפניך אפנה לבקש מהם [ע"פ איוב ל"ג:כ"ג, הסלח שוקל בדעתו אם לפנות אל מלאכי מרום (--הקדושים העומדים לפניך) שיליצו בעדו לפני הקב"ה] בסתר [פי' דרך תורת המסתורין] להליץ ביני לבינך ולהתחנן-עלי אליך ולפגוע בעדי מלפניך,--הלא אתה יי אלהי כל בשר, הממך יפלא כל דבר? הנה אתה הסכנת כל דרכי, בנת לרעי מרחוק ואין מלה בלשוני וידעת כלה [הסלח מחליט לא לפנות אל סניגורית המלאכים אלא אל הקב"ה לבדו, השווה גס"פ, מבוא, עמ' 11.]

לכן טוב לי כי אכנס ואבוא ביתך להתחנן ולבקש על עצמי ועל נפשי מלפניך. ואם לא כדת אבוא בגשם[פי' בגוף]אשר השוטן בא בו[פי' אשר יצר הרע שולט בו] בפיו יחיל טובו ובקרבו ישים ארבו[ע"פ איוב כ':כ"א ויר' ט':ז' ומוסב על יצר הרע]. מְשׂוֹמִי[פי' בתפקידי(ע"פ ש"ב,י"ג:ל"ב)כשליח צבור; שומי במקום שומתי.]משמיע ומפגיע[כלו' באתי להתפלל לפניך בעד קהלי אע"פ שאיני כדי והגון לכך.] להיות לי למושיע, כי כתוב בדברי קדשך[במשלי כ"ז:י"ט]:"כמים הפנים לפנים כן לב האדם לאדם,"[הסלח מרחיב את הדיבור על תפקידו כש"ץ וכבעל תשובה למופת המשפיע גם על קהלו לחזור בתשובה.]

אף כי אתה יי אלהי עולם בורא השמים ונוטיהם רוקע הארץ וכל צאצאיה, נותן נשמה לעם עליה ורוח להולכים בה. בידך נפש כל חי ורוח כל בשר איש, רחמיך על כל מעשיך ומעולם גבר חסדך על יראיך ורבים חסדיך. תשוב תחיינו בחסדך ובאור פניך, כי באור פני מלך חיים. רחום וחנון נודעת, ארך אפים נושא עוון ופשע וחטאה נקראת. לך הרחמים והסליחות וסלחת לעוונותי ולפשעי ולחטאותי ונחמתני ושמחתני מיגוני כי עמך הסליחה. ובעזרתך אצא מצרה לרוחה, ולולי רחמיך שעשעי אז אבדתי בעוני כי אתה יי טוב וסלח ורב חסד לכל קוראיך. מהר יקדמוני רחמיך ואל תסתר פניך מעבדך. פנה אלי כרֹב רחמיך מהר ענני כי צר לי. הנני לפניך עשה בי כטוב בעיניך אך הושיעני כיום הזה. ואת תפלת עבדך הצעיר והנבזה אשר דל כבודו בעוונו ומשמן בשרו רזה[פי' מפני הצום, שנהגו לצום בקשטוריה בימי הסליחות]אלהים לא תבזה. והאר פניך אל בקשׁוֹתי ותחנונותי ואל ערך שַׁוְעִי חנני אלהים כחסדך, כרוב רחמיך מחה פשעי.

ואם בהקרבת עולות ומנחות וחלבים וזריקת דמים והקטרת קטֹרת תכפר ותסלח, הנה אני מתוודה לפניך עוונותי ועוונות אבותי: אבותינו חטאו לפניך והחריבו מקדשך ועוונותינו האריכו קצו[ע"פ דני' י"ב:ד',ט',פי' זמן הגאולה]ועל אדמת נכר לא יערבו-לפניך עולות וזבחים ולא ימתקו לך מנחות ונסכים. אבל גלית אזננו והודעתנו בדברי קדשך כי זבחיך רוח נשברה ושפתי הזכרה[ע"פ תהל' נ"א:י"ט והושע י"ד:ג']. וגלוי וידוע לפניך כי ברוב הצרות והתלאות אשר מצאוני בעווני אשר באו מים עד-נפש ובאתי במעמקי-מים ושבלת שטפתני. ובקראי נחר גרוני, נשבר לבי בקרבי ונפוגוֹתי ונדכיתי עד מאד ולא נותר מתום בבשרי. רק עיני כלו לישועתך ולאמרת צדקך.

ובהזכירי לפניך ערך הקרבת זבחיך, ארשת שפתי תערב לפניך ותעלה לרצון. וצרף לי מחשבתי הטובה למעשה וכאלו הקרבתי קרבן כמשפט בימים הראשונים. גם בעת אצום לפניך ויתמעט דמי וחלבי בלהב האש אשר נתת בלבי ואל ראשי יעלה קיטור מקרבי[השווה תפלת ר' ששת, בברכות י"ז,א, והשווה צונץ ס.פ., עמ' 494-495]. יהי נא חסדך עלי לחשבו ולהעלותו לפניך כזריקת דם והקטרת חלב וכהקטרת קטרת ותכפר-לי על חטאתי בהאריך אפך לי עד אשוב בתשובה שלֵמה לפניך לעבדך באמת ובלבב שלם. כי אתה יי אל רחום וחנון ארך אפים ורב חסד ונחם על הרעה ומורה חטאים בדרכך הטובה, ברוחך הנדיבה. ואני על משמרתי אעמוד ואתיצבה מצפה ומיחל

לחסדך הגדול לפתוח לי שערי התשובה, מתחנן ומתפלל ואומר: היטיבה ברצונך את ציון, תבנה חומות ירושלים. אז תחפוץ זבחי צדק, עולה וכליל; אז יעלו על מזבחך פרים.

וידוי,(כה"י ב, עמ' 119):

ואם בהתודות ובהודות לפניך על החטאות והעוונות והפשעים תכפר ותסלח, הנה אני מודה לפניך יי אלהי שאין בי עזות פנים ואינני קשה עורף בדבר הזה[דוגמת נוסח הוידוי במחזור רומניה:"ואין אנו עזי פנים וקשי עורף בדבר הזה," השווה ד. גולדשמידט,"על מחזור רומניה ומנהגו," עמ' רל"ב.] לאמר לפניך:צדיק אני ולא חטאתי, אבל חטאתי ואחרי עיני ולבי תרתי וזניתי וכל אשר שאלו ממני מהם לא אצלתי ולהם לא הרפיתי. אך החזקתי עקשתי הישרה ומכשולים הרביתי.

[הסלח מונה את החטאים לפרטיהם ע"פ דרשת חז"ל(בתוספתא יום הכיפורים, ה'.י"ד): "צריך לפרוט את החטא," והשווה י.מ.אלבוגן, התפילה בישראל,עמ' 113.]

(החתימה: א"ב, משולש).

אשמתי לפניך. ארחתי אֹרח שקר. אמרתי אין רואני.
בעטתי באמרתך. בגדתי בפקודיך. בזיתי חקיך.
גזלתי גזל אחים ונכרים. געלתי דרכי. גמרתי אֹמר להרע.
דברתי דפי רעים. דעת דרכיך לא חפצתי. דבקתי בתועבותיך.
העויתי דרכי. הרביתי התולי. הייתי עמל ואון.
והגדלתי והוספתי. ולעולם ועד. והשכם וחטוא.
זקן הקלותי. זעמתי אוהביך. זממתי עשות רשע.
חמדתי הון וחמסתי נפשי. חונף עשיתי. חדלתי מהגות בתורתך.
טפלתי שקר. טהרתִי את אשר טמאתָ. טבלתי ושרץ בידי.
יעצתי רע לאין חקר. יהבי לא השלכתי עליך. ידעתיך ומריתי את פיך.
כזב שמתי מחסי. כבדתי אזן. כסיתי[עורן/עְדָתִי/פי' אברי הגוף,ע"פ איוב ט"ז:ז']
למדתי לשוני דבר-שקר. לבב עקש דבק בי. לצתי לעגתי לקול מורי.
מרדתי לנגדך. מנעתי טוב מבעליו. מעלתי בך מעל.
נָאֵץ נאצתי אותך. נקמתי נטרתי בני עמי. נמנעתי מתת צדקה כראוי.
סררתי כפרה סוררה. סכלתי ואשגה הרבה מאד. ספרתי בשְׂפָתַי כל אשר שנאתָ.
עזבתי אורחות חקיך. עמל ואון בקרבי. עסקתי באשר לא חפצתָ.
פשעתי פעם אחר פעם. פניתי אל רהבים ושטי כזב. פערתי פי לבלי חֹק.
צררתי עמיתי. צברתי אוצרות רשע. צללו שפתי לדבר תועה.
קשה עורף הייתי לפניך. קצרתי ידי מכבוד הורים. קשבו אזני שמוע און.
רשע חרשתי. רמו עיני ורחב לבי. רכיל הלכתי בעמי.
שִׂחתי דרכי. שגגתי בעדותיך ושכחתי את חקיך. שפטתי עוֶל, שפטיך לא זכרתי.
תִעתעתי בעיניך. תקעתי כף ונוקשתי. תעיתי כשה אובד בנתיבותיך ודרכיך ומשפטיך

הטובים והישרים ולא שוה לי. ואתה צדיק על כל הבא עלינו כי אמת עשית ואנחנו הרשענו.

מלכי ואלהי אלה וכאלה עשיתי והרשעתי ורבות מאלה בגידות ונאצות בגדתי ונאצתי וכזאת וכזאת יעצתי בלבי ומחשבות און חרשתי עד עתה מימי נעורי ועלומי כי יצר לבי הנער בי מנעורי רע, ארור ונוכל: "האשה אשר נתת עמדי היא נתנה לי מן העץ ואוכל." [ע"פ ברי ג':י"ב, והשווה ירוש' שבת ב'.ו': "אדה"ר חלה טהורה היה וגרמה לו חוה מיתה."] ועתה יי אלהים אם תפקוד עלי עוון האשה הזאת להביא אותי לפניך למשפט ובצרף-כסף תצרפני ובבחון זהב תבחנני לשלם לי כפעלי ולתת לי כרע מעללי לא ישאר ממני לפניך מאומה. אללי לי, אויה לי, אהה עלי, הן בעודני תמים לא צלחתי למלאכה אף כי תאכלני האש הזאת הגדולה והערוכה [פי' אם אדם הראשון קודם החטא בגן עדן לא נמלט מיצר הרע, אדם גורש מגן עדן אחרי החטא עאכו"כ].

ולא כן שמך ומדתך על עם קרובך רק להאריך אפך להם עד שובם מדרכם הרעה. ובהתודות לפניך מעלם אשר מעלו תשא עוונם ותעבור על פשעם, ככתוב על ידי נביאך [בישי' נ"ה:ז']: "יעזוב רשע דרכו ואיש און מחשבותיו וישוב אל יי וירחמהו ואל אלהינו כי ירבה לסלוח." ונאמר [במיכה ז':י"ח]: "מי אל כמוך נושא עון ועובר על פשע לשארית נחלתו לא החזיק לעד אפו כי חפץ חסד הוא."

לכן יהמו רחמיך על עבדך ואל תבוא במשפט אתו כי מה-יצדק עמך אנוש בדברו ומה-יזכה לפניך ילוד אשה בהשפטו. ואל תחזיק לעד אפך עלי ולנצח אל תשכחני ולארך ימים תעזבני. השיבני אליך ואשובה, חדש ימי כקדם. ומשוך חסדך ליודעיך ולנשען על ישעך, עבדך המתחנן לעולם לפניך. והבט לברית אבותי הקדושים אברהם, יצחק ויעקב ויכבשו רחמיך את זעפך וקצפך. ובטובך הגדול תשוב ממני חרון אפך וגלגל רחמיך על מדותיך והכנס עמי לפנים משורת הדין [ל' התלמוד, ע' ברכות ז'.א] ואל תדינני כחטאתי ואל תשלם לי כגמולי כי אב הרחמים אתה ועמך מקור חיים. ועל זאת יתפלל כל-נוצר אליך לעת מצוא סליחה וכפרה וצאתו לרוחה מצרה [ל' התלמוד, השווה מדרש תנחומא, מקץ, ג'] כי באורך יראה אור ושטף מים רבים אליו לא יגיעו. וזכור לי זכות אבותי אברהם, יצחק ויעקב ואל תפן אל סרון עבדך ואל רשעו ואל חטאתו ותזכרני בזכרון טוב מלפניך ותפקדני בפקדת ישועה ורחמים משמי שמי קדם למען קדושת שמך האל הגדול הגבור והנורא.

ואם תתרצה לי לכפר על מעלי בעשותי לפניך הטוב בעיניך אשר אתה דורש מעמי: לעשות משפט ולאהוב חסד והצנע לכת עמך אשר הם כלל תורתך [השווה תו"כ לקדושים, י"ט:י"ח: "ר"ע אומר: זה כלל גדול בתורה]. גלוי וידוע לפניך יי אלהי ואלהי אבותי [ל' התלמוד, השווה ספרא, אחרי מות, קל"ז] כי בכל כחי ויושר לבי אויתיך ורצתי וחפצתי להתהלך לפניך ולהיותי בדרכיך תמים זה כמה שנים וימים. אבל מה-אעשה כי נמכרתי ונעבדתי אני עבדך בן הישראלי לאיש מצרי היושב בקרבי, איש מרי יצרי האכזרי אשר חשבני לנכרי [ע"פ איוב ל"ג:י', ור"ל שלא היו ליהודים את זכות האזרח בקיסרות הבולגרית השנייה] ויקץ בי ויענני ויעבוד בי בפרך עבודת עבד בכל עבודתו [הכוונה לשעבוד היהודים למלכי הקיסרות ולמצבם כ"עבדי האוצר."]

ולא יתנני השב נפשי לשלחני לחפשי, לשוב אל אחוזת אבותי אל רצונך ואל עבודתך. רק רע כל היום חושב, בוקר וערב ירשב ועויין ואורב להסיתני[ע"פ דבר' י"ג:ז':"כי יסיתך אחיך וכו'," שדרשוהו חז"ל(בשהש"ר ב'.י"ג) על הכנסיה הנוצרית: "כי הנה הסתו עבר,"(שה"ש ב':י"א),--זה מלכות כותים שמסיתה את העולם ומטעה אותו בכזביה, היך מה דאת אמר:"כי יסיתך אחיך בן אמך."]ולהדיחני ממצוותיך.

לכן אחת היא שאלתי ממך צור ישועתי, אותה אבקש כל ימי חיי. וכן יהי רצון מלפניך יי אלהי להאיר פניך אלי להיותך עוזר לי ופודי וגואלי כי לך תקותי ותוחלתי ואין לי גואל קרוב זולתך כי אתה מגן בעדי, כבודי וידידי והודי ודודי[במיוזן קול אופייני למנחם בר אליה, השווה הסליחה "מלכי מקדם," שלו, להלן, י"ט]ומיד צר תמלטני ולחפשי תוציאני. והט-לבי אל אהבתך ואל עבודתך ואל מצוותיך ואל עדותיך, ודרך מצוותיך ארוץ כי תרחיב לבי. והסר ממני לב האבן ותן לי לב בשר ורוח חדשה לעבדך באמת ובלבב שלם. ומול את לבבי לאהבה וליראה את שמך ולב טהור ברא לי אלהים ורוח נכון חדש בקרבי. ונחה עלי רוחך הטובה,רוח חכמה ובינה, רוח עצה וגבורה להבין תורתך וסתרי פקודיך[הכוונה לחכמת האיסוטרית ותורת המסתורין]. ואודך ביושר לבב בלמדי משפטי צדקך ואל תמיתני בלא עתי עד אעמוד בסודותיך ורזי תורתך אשר בם אזכה לחיי העולם[הבא ר"ל דרך תורת הסוד אזכה לחיי העולם הבא, השווה ברכות כ"ח,ב:"רבינו,למדנו אורחות חיים ונזכה בהן לחיי העולם הבא, והשווה <u>סליחות הרומניוטים</u>,עמ' 18-20]. ועדי אשמור פקודיך לסקל המסלה לפני וצוה אלי יומם חסדך ואור פניך בלילה לשורתך נגדי תמיד וחוקיך לבל אסיר מלבבי בכל עת אשר בם תיטיב לי. ותחייני בעולם הזה ובעולם הבא והורני דרכך ואהלך באמתך ויחד לבבי ליראה את שמך. והַיְשר לפני דרכך ונחני באורח מישור למען שוררי ולמען תנצל נפשי מני שחת ואזכה לאור באור החיים. ותן חלקי בגן עדן בחלק כל הצדיקים[השווה תפלת רבי יוחנן(בברכות ט"ז,ב):"יהי רצון...ותשים חלקנו בגן עדן]אשר בטחו בשמך הטוב באמת ושם תרננה שפתי ונפשי אשר פדית. כמו חלב ודשן תשבע נפשי ושפתי רננות יהלל-פי, כי אודך בכנור בנבל עשור אזמרה-לך על החסד והטובה אשר גמלתני. כי שברת דלתות נחושת ובריחי ברזל גדעת ומבין הַמְּצָרִים הוצאתני ונועם כבודך הראיתני ומזיו תענוגיך השבעתני, והרוית נפש עֲיֵפָה ומִלֵאת טוב נפש דאבה. על זאת אקיץ ושנתי לי תערב כי אורו עיני וכי טובו לי חסדיך הנחמדים מזהב ומפז רב. אין כמוך באלהים אדני ואין כמעשיך האל הגדול המהלל בשמים ובשמי השמים ובארץ מקצה הארץ ועד קצה הארץ ממזרח וממערב ומצפון ומים. יהי שם יי מבורך מעתה ועד עולם אמן ואמן.

אנא יי אל רחום וחנון פנה אל שועתי ואל תחרש אל דמעתי ושמע תפלתי ותהיינה אזניך קשובות לקול תחנוני כי לך יי הוחלתי. אתה תענה אדני אלהי אל תעזבני יי אלהי אל תרחק ממני. חושה לעזרתי אדני תשועתי. יי שמעה יי סלחה יי הקשיבה ועשה אל תאחר. ואני עני ואביון, יי חושה לי עזרתי ומפלטי אתה. אלהי אל

תאחר כי שומע אל אביונים יי ואת אסיריו לא בזה. כי לא בזה ולא שקץ ענות עני ולא הסתיר פניו ממני ובשועו אליו שמע. פנה אלי וחנני כי יחיד ועני אני. תנה עוזך לעבדך והושיעה לבן אמתך. עשה עמי אות לטובה ויראו שנאי ויבושו וידעו כי אתה יי עזרתני ונחמתני. יי שמך לעולם יי זכרך לדור ודור. ברוך יי אלהי ישראל מהעולם ועד העולם אמן ואמן.

(הכרזה בכה"י ב, עמ' 122:"ומכאן היא תפלה על ירושלים לאומרה אם יש שהות טרם עלות השחר:")

מלכי ואלהי אחר התחננתי אליך על נפשי ועל היכלה הכרובה לגוף למלטם משחת פי' מדינה של גיהנום לבלתי הזרות במזרה וברחת מדיבם של יסורים להעלותם משאול תחת במדיבה של גלות ולהושע בשובה ונחת, הנה-נא הואלתי עוד להתחנן בעקב תחנוני על עיר היכל קדשך, היא עיר המהוללה אשר נתתה לעם סגולה לאחוזה ולנחלה. ויצא לה שם בערים ביפיה והדרה ותפארתה ותהי ארץ צבי לכל הארצות וארץ חפץ על פני חוצות. דמתה לגפן פוריה ובניה שתולים כשתלי זיתים בתוכה ובנותיה סביב לה. ושמך יי נקרא עליה ושוכן בקרבה ותמלא הוד ויקר מאור פניך ותתענג ותתעדן מריח שמניך בעשתו ותרוה מנחל עדניך ותאכל ותשבע בעתר ממתק טוב צפוניך. ותוצא ותתן לבנותיה סביב את אשר הותירה משבעה כחפץ הנותן מטר על פני ארץ ושולח מים על פני חוצות.

ועתה היתה ירושלים הנ"ל מדבר שממה ויצא ממנה כל-הדרה ועצמה ויחסר ממנה כל טובה. כי היתה אם לא חפצת בה פי' ירושלים, עיר ואם בישראל ותרחק צורה מקרבה ותסתר פניך ממנה ותלך ותשב מנגד לה. ותמכרנה בלא הון ותרא אויבתה הקב"ה ראה אויבתה של כנסת ישראל מתעוללת בה ותאמר הקב"ה: הון פי' די וחדל מזה, ע"פ משלי ל':ט"ז ותשלחנה לנפשה. ויחשך אור שמשה ותלך ותתע במדבר בושה ותשאר האשה לבדה הכרובה לכנסת ישראל בגולה מילדיה ומאישה רמז להקב"ה. ותשא את קולה ותבך כי יבש מקורה וחרב מעייניה. ובתולותיה נוגות ללחם עורגות והיא מר-לה. אין מנחם לה מכל אוהביה, אין מנהל לה מכל בנים ילדה ואין מחזיק בידה מכל בנים גדלה. אין דורש לה ואין חומל עליה ולא סר לשאול שלומיה.

ועתה יי אלהים צבאות עד מתי עשנת לי' "למה...יעשן אפך בצאן מרעיתך," תהל' ע"ד:א' בתפלת עמך ועד מתי לא תרחם את ירושלים ואת ערי יהודה אשר זעמת זה כמה שנים. למה נשסת ביד אכזרים, העם היושבת בקרבה לבטח הכרובה להשתלטות הצלבנים על ירושלים, ע"פ יש' מ"ז:ח':"שמעי זאת עדינה היושבת לבטח," "עדי-בה", כנוי לנוצרים, השווה צונץ, ס.פ., עמ' 456 והשורה "זולתך אין אל צדיק" לר' אלעזר בן יהודה מוורמייזא(ד. ז' 83):"עדינה היושבת לבטח." מזה יש להסיק שר' מנחם בר אליה חבר תפלה זאת לפני כיבוש ירושלים ע"י צלאח אדין ב1187 וחידוש הקהילה היהודית בעיר ב1190. השבתה ממנה כל משושה ועזבתה לילדי נכרים ישחיקו וימשלו בה. הן היא גפן נסע שעשועיך מקדם אשר ממצרים הסעתה ותגרש גוים מפניה בעשתה. פנית לפניה ותשרש שרשיה ותמלא ארץ. כסו הרים צלה וענפיה ארזי אל. תשלח קציריה עד ים ואל ינקותיה. ועתה למה פרצת גדריה וארוה כל

עוברי דרך. יכרסמנה חזיר מיער[כגוי לנוצרים, השווה צונץ, ס.פ., 459]וזיז שדי ירענה. למה שכחתה, למה קודרת תלך בלחץ אויב. כל היום יחרפוה צורריה באמור אליה: איה אלהיך, מושיעך וגואלך? אי ימינו ואי זרוע עוזו? ואי משיחו השלוח לפניו לגאלך[ע"פ מלאכי ג':י"ג]? מדוע בשש רכבו לבוא, מדוע אחרו פעמי מרכבותיו?

אף היא[פי' כנסת ישראל]תשיב אמריה להם[פי' לצורריה הנ"ל]: אל תרבו לדבר גבוהה ובצואר עתק, גם יצא עתק מפיכם כי אל ישועות יי וחסדיו לא-תמו ולא-כלו רחמיו. על כן אוחיל לו ועוד אודנו ואהללה שמו ואגדלנו בתודה.

אלה אזכרה ואשפכה עלי נפשי. אזכרה אלהים ואהמיה אשיחה ותתעטף רוחי כי חשבתי ימים מקדם שנות עולמים ועם לבבי אשיחה בלילה[ע"פ תהל' ע"ז:ו',"בלילה," פי' רש"י:"בימי הגלות הזה הדומה ללילה."]ויחפש רוחי[ע"פ תהל' שם ופירש"י: ורוחי מחפש מה היא כן מדתו של הקב"ה.]הלעולמים יזנח אדני ולא יוסיף לרצות עוד. האפס לנצח חסדו, אם גמר אומר לדור ודור. השכח חנות אל, אם קפץ באף רחמיו. ואומר: אשרי המחכה ויגיע לימים[פי' לימי הגאולה], כי יגיע קץ הימים ולא יכזב. ואם יתמהמה נחכה לו כי-בא יבוא ולא יאחר. ולא נשתחוה לאל אחר[פי' למרות בסיונה של הכנסייה הנוצרית להשפיע עלינו להמיר את דתינו], כי אם פניו נשחר, נבואה למשכנותיו, נשתחוה להדום רגליו. נקדמה פניו בתודה בזמירות נריע לו.

ועתה יי צבאות גואלנו קדוש ישראל, אתה יי אבינו גואלנו מעולם שמך. עורה, למה תישן אדני, הקיצה אל-תזנח לנצח. למה פניך תסתיר תשכח עניינו ולחצנו. שוב נא, הבט משמים וראה ופקוד גפן זאת[ע"פ תהל' פ':ט"ו,"גפן",--כנוי לישראל הנמשל לגפן]וכנה[תהל' שם:ט"ז, ל' כן ובסיס, ופי' ראב"ע: הם ישראל]אשר נטעה ימינך, ועל בן[כנוי לישראל]אמצתה לך. הבט משמים וראה מזבול קדשך. איה קנאתך וגבורותך והמון מעיך ורחמיך אלינו. עוררה את גבורתך ולכה לישועתה לנו. תשוב תחיינו ובשמך נקרא. הושע יי את עמך את שארית ישראל. שובה יי את שביתנו כאפיקים בנגב וחדש ימינו בקדם. שובה יי עד מתי והנחם על עירך ועל רעיתך[כנוי לכנסת ישראל]. הלעולם תאנף בה תמשוך אפך לדור ודור. הלא אתה תשוב תרחמנו. וארשתה בחסד וברחמים,בצדק ובמשפט ובאמונה ובעלתה והיתה לך לאשה כבראשונה. שלח לה גואל לגאלה כמו שהבטחתה על ידי נביאיך: ובא לציון גואל ולשבי פשע ביעקב, נאם יי. והשב שבות בניה לתוכה. תביאמו ותטעמו בהר נחלתך כאשר הבטחת בתורתך: ושב יי אלהיך את שבותך ורחמך ושב וקבצך מכל העמים אשר הפיצך שמה. אם יהיה נדחך בקצה השמים משם יקבצך יי אלהיך ומשם יקחך. והביאך יי אלהיך אל הארץ אשר ירשו אבותיך וירשתה והיטבך והרבך מאבותיך. וישמח האב בבניו כבתוב: והותירך יי אלהיך לטובה בכל מעשה ידך בפרי בטנך ובפרי בהמתך ובפרי אדמתך לטובה כי ישוב יי לשוש עליך לטוב כאשר שש על אבותיך. ועמך ישמחו בך וישמח הר ציון ותגלנה בנות יהודה ככתוב: עורי עורי לבשי עוזך ציון, לבשי בגדי תפארתך ירושלים עיר הקדש כי לא יוסיף יבוא בך עוד ערל וטמא. ותראה אם

הבנים ותשמח בראות פתאום[ע"פ מלאכי ג':א' ופי' רד"ק:"לפי שלא נגלה הקץ... אמר כי פתאום יבוא."]שבות נדחיה לתוכה. אלה יבואו לה ממזרח ואלה מצפון ואלה מִיָּם, עד אשר תאמר בלבבה: מי ילד-לי את-אלה, ככתוב: ואמרת בלבבך: מי ילד-לי את-אלה ואני שכולה וגלמודה, גולה וסורה, ואלה מי גדל, הן אני נשארתי לבדי ואלה איפה הם. וקיים לה מה-שהבטחתה על יד נביאך, כאמור: כה אמר אדני אלהים הנה אשא אל גוים ידי ואל עמים ארים נסי, והביאו בניך בחֹצן ובנותיך על כתף תנשאנה. ונאמר: שאי סביב עיניך וראי כלם נקבצו באו לך, בניך מרחוק יבאו ובנותיך על צד תאמנה. ונאמר: ופדויי יי ישובון ובאו ציון ברנה ושמחת עולם על ראשם, ששון ושמחה ישיגון, נסו יגון ואנחה. ונאמר: לכן כה אמר אדני אלהים עתה אשיב שבות יעקב ורחמתי כל בית ישראל וקנאתי לשם קדשי. ונאמר: וידעו כי אני יי אלהיהם בהגלותי אותם אל הגוים וכנסתים אל אדמתם ולא אותיר עוד מהם שם. ונאמר: והיה ביום ההוא יחבוט יי משבולת הנהר, ואתם תלוקטו לְאַחַד אֶחָד בני ישראל...[הסלח ממשיך בפסוקי בחמה מן המקרא]

ורבות מאלה נחמות הבטחת לשארית עם נחלתך ואני עבדך בן אמתך המתחנן לפניך היום אליך נפשי אשא ולך מיחלות עיני לשמח לבי בראותי בטובה ההיא. זכרני יי ברצון עמך, פקדני בישועתך לראות בטובת בחיריך לשמוח בשמחת גוייך להתהלל עם-נחלתך[עוד פסוקים של בקשה ובחמה]...יהיו לרצון אמרי פי והגיון לבי לפניך יי צורי וגואלי.

א. אמונות ודעות בקשטוריה

1. מנהגי חודש אלול ועשרת ימי תשובה.

בקשטוריה נהגו לצום בלילי אשמורות כפי שמעיד הפייטן ר' דויד בן אליעזר:

"אֲתָיו סְעִיפַי וְנַשְׁכִּימָה
לְשַׁחֵר פְּנֵי קָדוֹשׁ וּלְרוֹמְמָה
שְׁמוֹ וּנְבַקְשָׁה וְנָצוּמָה
וְנָקוּמָה וְנַעֲלֶה בֵּית אֵל." (מ"ח, 69-72)

כן נהגו גם בקהילות ליטא ופולין(השווה גס"פ, מבוא, עמ' 10) ובקהילות הרו-מניוטים(השווה סה"ר, עמ' 18). כמו כן נהגו להישאר ערים כל הלילה בבית הכנסת אחר תפלת ערבית, ביום הכיפורים, ולומר תהלים, שירים ותשבחות, דוגמת "יקירי ירושלים" שבתקופת בית שני שגם הם היו ערים כל הלילה(השווה יומא, י"ט,ב והשווה סדר,א"ח, תר"ו). זכר לאותו מנהג נשתמר גם בסליחותיו של ר' מרדכי בר שבתי הארוך ליוה"כ:

"וְהִתְוַדָּה עֲוֹנוֹ וּפִשְׁעוֹ בַּעֲבוֹר הַמִּנְחָה
עַל פָּנָיו וְהוּא לָן בַּלָּיְלָה." (ב', 15-16)

"וְלִקְרַאת חֲסָדֶיךָ בְּצוֹמוֹ יָצָא וְלֹא רָדַם." (ה', 14)

2. פנייה אל מתווכים בתפלה.

קיימים חילוקי דעות בין פייטני קסטוריה בדבר ההשקפה העממית הרווחת לפנות אל המלאכים הממונים על התפלות על מנת שישתדלו לטובת המתפללים. ר' דויד בן אליעזר הרשה לעצמו לבקש מסניגורים של מעלה שימליצו על קהלו לפני כסא הכבוד.

"אֶשְׁמְעָה: סורו אַל תִּגְּעוּ לַעֲווֹנָי
לָהֶם קוֹרָא הַגַּלְגַּל(פי' המלאך) בְּאָזְנָי
לִפְנֵי יְיָ בְּאַרְצוֹת הַחַיִּים." (מ', 55-56)

"יִכָּתוֹב לְצִדְקָתְךָ/ בְּזִכְרוֹן סֵפֶר
תַּעְדִּי חֲמוּדוֹת הֵן/ לְקוֹשְׁרֵי כֶּתֶר
שָׂרִים סְבִיב רֶכֶב/ אֲשֶׁר לַמֶּלֶךְ."

(פי' הסלח פונה למלאכי מרום[=שרים] ליטול את תפלות ישראל[=חמודות] ולעשותן עטרות לראשו של הקב"ה[=הן לקושרי כתר]. (מ"ד, 14-15)

גם הליטאניה "מכניסי רחמים"(ע' לעיל עמ' 4),פנייה אל המלאכים הממונים על תפלות ישראל, בתקבלה במחזור קסטוריה הירת שמהדיר המחזור הלך בעקבות "הרב רבנא דויד" בן אליעזר, רב הקהילה שבעיר.

כנגדם החליט ר' מנחם בר אליה--אחרי שיקול-הדעת--לפנות אל הקב"ה בלבד ולא על ידי מתווכים:

"ואם אל הקדושים העומדים לפניך בסתר להליץ ביני לבינך ולהתחנן-עלי אליך
ולפגוע בעדי מלפניך,-הלא אתה ה' אלהי כל בשר הֲממך יפלא כל דבר?
הנה אתה הסכנת כל דרכי, בַנת לרעי מרחוק ואין מלה בלשוני וידעת כלה."

(מבוא, עמ' 7, והשווה
<u>גס"פ</u>, מבוא, עמ' 11,
<u>וסה"ר</u>, עמ' 15-16)

3. התסיסה המשיחית והתגועה לשיבת ציון

כיבושה של ארץ ישראל על ידי הצלבנים בשנת 1099 וחורבן קהילות היהודים בארץ לאחר נצחונם וכן תבוסתם של הנוצרים על ידי המוסלמים היו למאורעות אשר עוררו תנועות משיחיות גם בקסטוריה. ב"תפלה על ירושלים" לר' מנחם בר אליה(ע' מבוא, עמ' 12) מתארגן הפייטן:

"ועתה ה' אלהים צבאות עד מתי עשנת בתפלת עמך ועד מתי לא תרחם את ירושלים
ואת ערי יהודה אשר זעמת זה כמה שנים. למה נטשת בידי אכזרים, העם היושבת
בקרבה לבטח[=כנוי לנוצרים, ע' מבוא,שם]. הֲשבתה ממנה כל משושה ועזבתה ליד-
די נכרים יַשחיקו וימשלו בה." (מבוא, שם)

ויתכן כי ר' דויד בן אליעזר ראה בתופעות האלה את אותות "חבלי המשיח":

"יספתי חבלי
זדון וחבלי
הימים האלה
עשה המלך." (מ"ג, 9-12)

ור' מרדכי בר שבתי דרש בכתבי הנביאים את מועד הגאולה:

"שאלתי נביאי וחוזי הנבאים בגללי:
הידעתם מתי קץ הפלאות אשר אמר לגאלי?
ויענו אותי: למה זה תשאל והוא פלאי? ואין מגיד לי!
רזי-לי, רזי-לי, אוי לי." (ט"ז, 29-32)

ר' מנחם בר אליה אשר חי בזמן כיבוש ירושלים ע"י הצלבנים ראה גם בכשלונם להשתלט עליה. הוא רמז לבית תפלה נוצרי שהצלבנים הקימו על הר הבית:

"זבלתה זרית זבולך זבחי זרים." (ר"ם, 125)

(השווה _מסעות ר' בנימין מטודילה_, עמ' כ"ה: "ואין בניין בהר ציון כי אם במה אחת לערלים.")

וגם למפלת הצלבנים בירושלים שלאחר הכיבוש על ידי צלאח-אדין בשנת 1187:

"זרקת זרמתם זעפך זרחה צבותי." (ר"ם, 126)

(השווה ר' יהודה אל-חריזי, _תחכמוני_, כ"ח: "כי האל קנא לשמו ויחמול על עמו, ויאמר לא טוב היות בני עשו היכל קדשי קדשים ובני יעקב משם גרושים.")

מותר להניח שהתנצחויות הנוצרים והמוסלמים על עיר הקדש ותבוסת הנוצרים וגם חידוש קהילות היהודים בירושלים ב1190 כל אלה השפיעו על ר' מנחם עד כי הכריז:

"רוכב על חמור הנו בא/ חליפות עמו וצבא...
חשבון הקץ מבואר/ מעט שנים נשאר
עתה אדום יואר/ שאר ישוב שאר...
קץ הגלות עבר/ ומטה-רשע נשבר
כי יהודה גבר/ מיד יצא הדבר." (כ"ד, 39, 53-54, 57-58)[8]

לכיבוש ירושלים בשנת 1187 היתה השפעה ממשית, שכן דירבן את הקהילה היהודית דאז לשאוף לשיבת ציון ולחדש חיפושיה אחר דרכים לשם החשת הגאולה. הסליחה "אשא עיני," (להלן ל"ב) משקפת את תנועת העלייה לא"י, דוגמת עלייתם של רבי יהודה הלוי, ר' משה בן נחמן (הרמב"ן), רבי יחיאל מפאריס ואחרים. הסלח ר' אליה בר אברהם קרא לבני קהלתו "לעלות בערי המבצר" (ע' להלן ל"ב, שו' 19) כי

"עמבר אל,"(שו' 22). כן הזהיר אותה לא "להוציא דבה על הארץ,"(שו' 28,דובמת מעשה המרגלים בבמד' י"ד:ל"ו וייתכן שזהו רמז למתנגדי העלייה לא"י, ע' בהערה לשורה 30, שם) ואף הדגיש שאין לבטוח ב"חסרתו" של הקיסר(-"הנשענת על קנה רצוץ אשר יאסף," שו' 46)בקוראו מחדש לעלייה לארץ ולאמונה בהתגשמותן של נבואות הנחמה(שו' 55-56)היות שהעיר הקדש נתונה בידי צלאח-אדין(שו' 47 ו51).

ב. השפעת משוררי ספרד על פייטני קסטוריה

השפעת משוררי ספרד ניכרת גם ביצירותיהם של פייטני קסטוריה ובמיוחד בסליחותיו של ר' מרדכי בר שבתי הארוך. בעיצובם הפיוטי של יחסי כנסת ישראל ואלוהיה הירבה ר' מרדכי להשתמש בציורים ובצירופי לשון משירת ר' שלמה אבן-גבירול ובני דורו. בולטים במיוחד הציורים המשפחתיים בפיוטיו של ר' מרדכי בהם מופיעה האומה מול בעלה-אלוהיה בצורה אליגורית הרומזת על נדחי ישראל שבגולה ועל כמיהתם לגאולה.

בעִבודו של ר' מרדכי מתוארה כנסת ישראל בגוף שלישי כאהובת בעלה-אלוהיה הזוכרת את ששון נעוריה בארמונו עת שהיתה מתעדנת בתפנוקים ונישאת על כל העלמות שבהיכל המלך:

"אֲהוּבָה אֲשֶׁר אוֹרָשָׂה בְּבַת מֶלֶךְ יְעָדָהּ
בְּרִקְמוֹת זָהָב וָכֶסֶף הָיְתָה זְבוּדָה
גַּם עֶלְיוֹנָה וּמוּשֶּׁלֶת בְּרוֹב הוֹדָהּ." (ס"ר, 1-3)

אז אחרי שאהובה זנתה אחרי מאהביה(כלו' אחרי אלהים אחרים)מאס בה בעלה והוציאה מהיכלו:

"מְבֵית צְבִי אַרְמוֹנָהּ/ וּמְנְוֵה עוֹנֶג זְבוּלָהּ
נֶעְתְּקָה יוֹנָה וְשָׁכְנָה/בָּדָד מִחוּץ לְאָהֳלָהּ
וְתַחַת אֲשֶׁר נִתְעַדְּנָה/בְּהֵיכְלֵי מֶלֶךְ בְּצִלָּהּ
הִתְנוֹדְדָה בִּמְלוּנָה/מִמְּלוּנָהּ וְהֵיכָלָהּ
בְּאֶתַע מְמְעוֹנָה/בִּיְעָרִים רַגְלָהּ." (ר"ז, 1-5)

בהפקידה לתאוותם של מאהביה אלה גם אלה בגדו בה ואף גרשוה מעל פניהם:

"קָרְאָה לִמְאַהֲבֶיהָ לִפְנוֹת לְהוֹעִילָהּ
רִמּוּהָ רְדָפוּהָ הִשִּׂיגוּהָ בְּלִי חֶמְלָה." (ס"ר, 25-26)

כאשר דודה-אלוהיה בחר בעלמות המתחרות בה(רמז לאויבי ישראל ההיסטוריים) ואף הסתירן בצל כנפיו, נשארה היא עזובה ושנואה על הכל:

"יָרְדָה עֶזְרָתֵךְ עַל אֲחֶרֶת הַלּוֹבֶשֶׁת עֶדְיָהּ
וְצָלְחָה בְּמַלְכוּתָהּ אֲשֶׁר אָרְכָה וְכוֹסָהּ רְוָיָה
וּמִבַּת יְהוּדָה הֶעֱלִמָה עַיִן בְּגָלוּת וְשִׁבְיָה." (ר"ד,17-19)

(לפעמים מופיעות "העלמות" גם בדמות חיות טורפות האורבות ליונה-כנסת ישראל:
"ונץ מחוץ מסגירה/ ונחש פנימה יפער; והיא ביניהם מצרה/ וסופקת כף ותסער."
י"ז, 21-22).

עזובה ובודדה היא מכירה באשמתה ופונה אל בעלה הראשון לגואלה:

"אמרה: אלכה ואשובה אל נורא ואיום
באקותי שוד וחושה לי פדיום." (ט"ר, 30-31)

עזה אהבתה לדודה-אלוהיה:

"הן בצלך חמדתי שבת כי בלתך אין
צח ואדום דגול ומופיע בלא זין
עינים כיונים וכלו נחמד לעין." (ט"ר, 37-40)

יומם ולילה היא מחכה לשובו:

"תלתה עיניה אליו לילה ויום." (ט"ר, 29)

לבסוף התנחמה כנסת ישראל בתשובה-חיובית של בעלה-גואלה:

"אישך הראשון ארוש באמונה--גרושה
בתם לא רחמה וזנחה לה שממה
וכונן ביתה ונקראה עוד דרושה
ואחר כן תבוא אליה ובעלתה והיתה לך לאשה." (ט"ר, 45-48)[9]

ג. עניני לשון

1. חידושי שמות.

על משקל הסגוליים: בפשר(מ',42); הבשם(מ', 22); חתת(כ',19).
על משקל פיעלן ופעלון: עלצון(י"ג,17); שגירן(כ',11).
על משקל קימה: ביטה(ז',17).
על משקל פועל: זוהרם(מ"א,41).
על ידי ביטול ה' סופית: מען(כ"א,4. כ"ט,1); מעש(כ"א,12); תחן(א',7. כ"ג,2); תמור(כ"א,13); תען(ט',30).

2. חידושי בבניינים בפועל.

קל: חרימני(ל"ח,6); שמוד(י,30).
פעל: אזרן(ב',21).
פועל: ידומם(ב,22).
נפעל: נעממו(מ"ח,33).
פעל: יערך(מ"ז,46); בגר(י"ט,59); אדמם(י"א,30).

פֻּעַל: נותתי(י,26).

נִתְפַּעֵל: נתעדנה(י"ז,3).

סיומת -י במקום -ני: מְצֵרִי(ט"ז,10).

3. ענייני סגנון ותחביר.

היפוך סדר המלים ביחסי קניין: בושם ערוגה(במקום ערוגת הבושם):(י"ז,8); ויושר האורח(במקום אורח ישר):(מ"ו,25); מגוש הלב(במקום מלב הגוש): (ל"א,56); קדש היכל(במקום היכל קודש):(כ"ב,16); לפנים ולפני(במקום לפני ולפנים):(ל"א,29).

שינויים במין ובמספר: נִשְׁבָּעִים נֶפֶשׁ סְכוּמָה(ל"ז,27); ובִקַּע הַיָּם לַחֲלֻקָּה(ל"ז,167); בַּיִגֶל נְגִי בְּנִיָּמִן(ז',9); נגע אחת(ל"ז,129); נָפַל שְׁמְצָה(ל',15); ועד אחזה(ל"ז,159).

השמטת אותיות בכל"ם: ה' חֲדְרֵי אורים(כ',17); זְבוּלְךָ אוֹרִים חֲפוּרִים(כ',23) חזות קדש היכל(כ"ב,16).

הפרדה בין נסמך לסומך ע"י תיבה אחרת: וּבַהֲדַר תְּהִלּוֹת נִכְבַּד וָיֶקֶר(כ"ה,5); סְעָדֵנִי וּבְכִפַּת/הֲבִיאֵנִי וְכַבַּת/גַּבַּת/בִּיתַן הַמֶּלֶךְ(מ"ג,100-104).

הוספת ה' לצורך החריזה: טַפָּה(כ"א,7); סְכוּמָה(ל"ז,27).

מלים בארמית וביוונית: שְׁמֵהּ רַבָּא(ל"א,59); אוֹרְנוֹס(ל"ז,171).

4. מטבעות הלשון הפייטנים.

אזן: אזון(ב',21).
דמם: ידומם(ב',22); תדמם(י"א,30).
זהר: זוהרם(מ"א,41).
חנן: תחן(א',7. כ"ג,2).
חרם: חרמני,(ל"ח,6).
חתת: חֲתַת(כ',19).
טף: טפה(כ"א,7).
יכל: יכלי(כ',30).
כון: לְהָכֵן(ל"ט,93).
מור: תמור(כ"א,13).
נטה: ניטה(ז',17).
נבר: נֵבֶר(י"ט,59).
נשם: הַנֶּשֶׁם(ט',22).
נתן: נותתי(י',26).
סכם: סכומה(ל"ז,27).

עלה: יעל(כ"א,14).
עלז: עלזון(י"ג,17).
עמם: נעממו(מ"ח,33).
ענה: מען(כ"א,4. כ"ט,1); תען(ט',30).
ערר: יְעָרֵר(מ"ז,46).
עשה: מעש(כ"א,12).
פצה: פצחה(א',1).
פשר: נִפֶּשֶׁר(ט',22).
צרר: מצרי(ט"ז,10).
שגה: שגיון(כ',11).
שוב: ישיבו(י"ג,22).
שמד: לְהַשְׁמֵד(מ"א,26); שמוד(י',30. מ"א,26).

הערות למבוא

1. ר' מרדכי בר שבתי חי במאה הי"ב-י"ג (ולא במאה הי"ג-י"ד, השווה סה"ר, עמ' 25) היות שר' אברהם בר' עזריאל בעל "ערוגת הבושם" (ספר שנתחבר סמוך לשנת 1234, השווה ספר ערוגת הבושם, ד', עמ' 3) פירש כמה מפיוטיו של ר' מרדכי.

2. השווה ש. בראון, י"ז, עמ' 102-103.

3. השווה סרע"ג, עמ' קב"ט; סה"ר, עמ' 14; ג, עמ' רל"ו; ד, ח"ב, ד', עמ' ז'; מב"ר, ב', עמ' ט'.

4. השווה סרע"ג, עמ' קב"ח; סה"ר, שם; ג, שם; ד, שם; מב"ר, שם.

5. השווה סרע"ג, עמ' קב"ט; ג, עמ' רל"ז; ד, שם; גס"פ, עמ' י"ח-י"ט.

6. השווה סרע"ג, עמ' ק"ס; סה"ר, עמ' 17. ג, שם; ד, שם עמ' ח'. מב"ר, עמ' י"א-י"ב; גס"פ, עמ' י"ט.

7. השווה סרע"ג, שם; סה"ר, שם; ג, שם; ד, שם; מב"ר, שם; גס"פ, עמ' כ'.

8. על השפעת ר' אברהם אבולעאפיה על ר' מנחם בר אליה השווה סה"ר, עמ' 19-20.

9. השווה י. לוין, ראב"ע, חייו ושירתו, עמ' 105 ואילך.

פיוטי קסטוריה

ר' טוביה בירבי אליעזר (ע' צונץ, ל.ג., עמ' 257)

א. סליחה סטרופית בעלת י"ד מחרוזות ולכל מחרוזת ד' טורים. כל טור רביעי הוא פסוק מן המקרא, פרט לטור האחרון (28) המסתיים ב"אל מלך יושב על כסא רחמים." הפיוט הוא משורשר, הייני שכל מחרוזת מתחילה במלה המסיימת את המחרוזת שלפניה. החתימה: א"ב, טוביה בירבי אליעזר יחי לעד חזק. פורסם: מדרש לקח טוב, הוצ' ש. באבער, א', מבוא, עמ' ל"ד. (ד. א' 1423).

אהיה אשר אהיה פצתה לאבי-גדור/ ברא[שמו]מגיד מראשית לסדור
גביר גזעי כה יהיה בבניבך לגדור/ זה-שמי לעולם וזה זכרי לדור דור.

דור דגול מצוען הפעה ביד חוזה/ המון צבאות קודש סגלת והצמת בוזה
ותיק, משפט מעיך קרב לחוזה/ אשר יאמר כי הוא זה.

זה אלי חבלי וגורלי איתיאל/ חסין יה צור מושיע וגואל
טעצ"ש שם המפורש נורא ונשגב אבתריאל/ ואתה קדוש יושב תהלות ישראל.

ישראל שואל מחילה וסליחה בנעימת שפתימו/ כביר,לא ימאס שיח תחן אמרימו
למנצח בנגינות מפארים, שים בשכל שיח פימו/ ברוך כבוד יי ממקומו.

ממקומו אמרימו ישמע אל-דל מעוז/ נאה יאתה לו המלוכה ימינו תעוז
סוד ישיגי מכפלה יעיר ויעוז/ הבו ליי כבוד ועוז.

עוז עזוז, תמוך מאמיצים לקדוש/ פועל המופלא, מפרק הרים וידוש
צבא ואות משלשים חדשים לבקרים,קדוש/[וקרא זה אל זה ואמר קדוש]

קדוש, קומה קבץ אל נכון/ רם פארים יגדל ובקרבם תשכון
שדי, שלם ופלס,ארכו וארכון/ לבש עוז התאזר אף תכון.

תכון תמים תל תלפיות בהדרת קודש/ ספסרי אראלים עמו סרים מרבבות קודש
ויבקשו וידרשו חוצב ויחדשו קודש/ מי כמוך באלים יי מי כמוך נאדר בקודש.

בקודש הליכותיך מלכי,תוחלתי ותקותי/ יה דודי תקבל תחנתי ותאמר סלחתי
המקרה במים עליותיו מכפר אשמתי/ באלהים אהלל דבר ביי בטחתי.

בטחתי בשמך אדירירון תאבתי מחילתך/ יחיד,מושל בתבל ומלאה, אפס בלתך
רוצה תשובה, השיבני לעבודתך/ מה אהבתי מעון ביתך.

ביתך ברחמים בנה ושכלל בית מאוויינו/ יקר חסדך אלהים, משגבינו ומעוזינו
אמת ואמונה דברך אשר נאמרה להושיענו/ אלהים באזנינו שמענו ואבותינו ספרו לנו.

לנו מלכנו תושיע, למה תהיה כאורח?/ יהי רצון מלפניך איומה כשושנה להפריח
עורה הישנה, חיש נא ובלבנון יריח/ ובא השמש וזרח אל מקומו שואף זורח.

זורח ומבהיק למחכי פדיום חזיוני/ ראה יראה בשוב יי את שבות בני
יחד לבבכם לעד ויאכל פרי מעדני/ חזק ויאמץ לבבכם כל המיחלים ליי.

ליי הישועה רם על רמים/ לעדי עד ממשלתו לעולמי עולמים
הפעם עננו ולא נצא נכלמים/ אל מלך יושב על כסא רחמים.

1א, ה'(-אהיה אשר אהיה,כנוי להקב"ה ע"פ שמ' ג':י"ד), הלא דברת(-פצתה, מלשון הפייטנים)למרע"ה(-לאבי-גדור,אחד השמותיו של מרע"ה,ע"פ ויק"ר א'.ג'). 1ב, בשעה שנתת לו את התורה אשר קדמה לבריית העולם(-מגיד מראשית,ע' יש' מ"ו:י')אותו ברא באותיות "יה"(-ביה[שמו],ע"פ בר"ר י"ב.י':"בשתי אותיות[ביו"ד ובה"א]ברא הקב"ה את עולמו). 2א, לצורת(-לסדור)לבני ישראל(-גביר גזעי,פי' גזע הגביר יעקב,ע"פ

בר' כ"ז:כ"ט)לעשות סייג(-לגדור,השורה אבות א'.א')לתורה(-בבביבך)והשורה דרשת ר' טוביה במדרש לקח טוב,שלו: "'ויצו את יהושע'(דבר' ג':כ"ח):צוהו על דברי קבלה," כלו' על תורה שבעל-פה. 2ב, שמ' ג':ט"ו. 3א, לשבטי ישראל(-דור דגול,פי' ביכר, ע"פ שה"ש ה':י', כבוי לישראל)הורית לבסוע(-הסעתה, והשורה מכילתא דר"י, ויסע,א':"ע"פ הגבורה בסער)ממצרים(-מצוען,ע"פ תהל' ע"ח:י"ב)ביד מרע"ה(-חוזה). 3ב, שבטי ישראל(-המון צבאות קודש,ע' שמ' י"ב:מ"א)בחרת לסגולה(-סגלת,ע"פ דבר' ז':ו')והכרת(-והצמת,ע"פ תהל' ע"ג:כ"ז)בוזה דרכיך(ע"פ משלי י"ט:ט"ז: "שומר מצווה שומר נפשו,בוזה דרכיו ימות"). 4א, ה'(-ותיק,כנוי להקב"ה),לחוזה בקודש (ע"פ תהל' ס"ג:ג':"בקודש חזיתיך לראות עזך וכבודך"),כלו' לבעל תורת המסתורין עזור להבין סתרי תורתך(-משפט מליך קרב). 4ב, ע"פ שמ' כ"ב:ח',מקביל ל"חוזה", לעיל,טו' 4א,כלו' למי שרוצה להיכנס בפנים ההיכל ולהכיר את בוראו(-כי הוא זה) והשווה פי' ראב"ע לתהל' שם:"'לראות עזך וכבודך':[פי']השכינה." 5א זה אלי,-- שמ' ט"ו:ב' שדרשוהו חז"ל(במכילתא דר"י,דשירתא,ג'):"...שראתה שפחה על הים מה שלא ראו...הנביאים...כיון שראוהו[שבטי ישראל,בקריעת ים סוף]הכירוהו...ואמרו: זה אלי ואנוהו." חבלי,--ל' "צור חבלי",ע"פ הפיוט "אדון עולם"(ד.א' 575),ור"ל משגבי בעת צרה(-חבלי,ע"פ תהל' י"ח:ה':"אפפוני חבלי מוות"). גורלי,--ל' "אתה תומיך גורלי" ופי' רש"י:"אתה הוא אשר הניחות ידי על החלק הטוב." איתיאל,-- אחד השמות המיסטיים של הקב"ה,סימן לכוחות של אלוהות,מקביל לשמות המיסטיים טעצ"ש,אכתריאל(בשו' 6א)ואדירירון(שו' 19א)להלן. 5ב, תהל' פ"ט:ט'. 6א טעצ"ש,-- השווה היכלות רבתי,ב'.ב':"טעצ"ש,ה' אלהי ישראל." שם המפורש,--שם המפורש בא תמיד אחרי השם המיסטי הנ"ל בהיכלות רבתי,והשווה ג.שלום,עמ' 363,הע' 57. נורא ונשגב אכתריאל,--אכתריאל,שמו של הקב"ה הרומז לשלטונו בעולם. ספרות ההיכלות שהשפיעה על הפייטן במידה מכרעת רואה את הקב"ה בבחינת מלך קדוש,נורא ונשגב. השווה מאמר רבי ישמעאל(בברכות ז',א):"פעם אחת נכנסתי להקטיר קטורת לפני ולפנים וראיתי אכתריאל יה,ה' צבאות שהוא יושב על כסא רם ונשא," ועי' פי' ר"ח,שם, אומר שהכוונה להקב"ה עצמו ולא למלאך(כפי' רב האי גאון)ועי' פי' מהרש"א שאומר בשם יודעי סוד שהוא כתר עליון.והסלח מתכוון כי ישראל מכתירים את ה' בתפלתם ולפעולה זו אף רומזים חז"ל(בחגיגה י"ג,ב)בציור של מלאך העומד במרכבה ומקבל תפלתם של ישראל. ובעלי הסוד בספרות ההיכלות אף מרחיבים את הדיבור על הציור הנ"ל ואומרים שהמלאך מזכיר את שם המפורש וקולע כתרים מתפלתם של ישראל, ע' ג.שלום ראשית הקבלה וספר הבהיר, עמ' 158. 6ב, תהל' כ"ב:ד', ועי' לעיל. 7א בנעימת שפתימו,-- בנגינה עריבה,בדומה למלאכי מעלה המקדישים ליוצרם "בשפה ברורה ובנעימה"(ע"פ תפלת שחרית,"תתברך"). 7ב כביר,לא ימאס וכו',--איוב ל"ו:ה'. שיח,--תהל' ק"ד: ל"ד והשווה "נקדישך",קדושה:"נקדישך...כנועם שיח סוד שרפי קודש." תחן,--תחינה. אמרימו,--תהל' י"ז:ו'. 8א למנצח וכו',--(תהל' ד':א')תפלה להקב"ה(-למנצח,פי' למשגיח על[ע"פ עזרא ג':ח']מלאכי מרום המפארים את ה' בנגינותיהם. שים בשכל,--

כלו' בעולם העליון,עולם השכל, ור"ל תפלות ישראל שנקלעו ככתרים לראשו,כנ"ל,
העלה אליו לעולם העליון(-שים בשכל)מכיוון שאין יודעים את מקומו של הקב"ה
כפי שנאמר להלן שו' 8ב: ברוך כבוד ה' ממקומו(יחז' ג':י"ב),והשווה מאמר חז"ל
הנ"ל בחגיגה,שם על המלאך העומד במרכבה וקושר כתרים לקונו: "איני? והכתיב:
'ברוך כבוד ה' ממקומו',מכלל דמקומו ליכא דידע ליה! (אלא)דאמר שֵׁם(המפורש)אתגא
ואזל ויתיב ברישיה(של הקב"ה)." וע' ג.שלום,שם,עמ' 158. 9א, הקב"ה ישמע ממקומו
במרומים לתפלות(-אמרימו)ישראל(-דל הפונה להקב"ה,מעוזו). 9ב, אחרי שהוכתר האל
בכתרים שנקלעו מתפלות ישראל,כנ"ל,באה יאתה לו המלוכה וימיני תעוז(ע"פ תהל'
פ"ט:י"ד). 10א סוד ישיני מכפלה,--ר"ל קהילת(-סוד)ישראל(-ישיני מכפלה,הכוונה
לאבות שנקברו במערת המכפלה. יעיר,--ל' "כנשר יעיר קנו"(דבר' ל"ב:י"א), ר"ל
הקב"ה ישמור על ישראל, מקביל ל"ישמע אל-דל מעוז",לעיל שו' 9א. ויעוז,--ויעוז
ישראל. 10ב, תהל' כ"ט:א', בבחינת Do ut des ,(מדה כנגד מדה)כביכול, כלו'
קבל תפלתנו(שו' 9א)מכיוון שאנחנו מכתירים לך מלך(שו' 9ב),שמור עלינו וחזקנו
(שו' 10א)הואיל ואנחנו משבחים ואומרים שהכבוד והעוז המה לה'(10ב). 11א , ה'
(-עוז עזוז,כנויים להקב"ה ע"פ משלי י"ח:י' ותהל' כ"ד:ח')תמוך בישראל המרבים
בתפלה ובשבח(מאמיצים לקדוש)לקונם(-פועל המופלא/ל' "במופלא ממך אל תדרוש",ע'
חגיגה י"ג,א,בשם בן סירא/,מפרק הרים וידוש/ל' "תדוש הרים ותדוק",ע"פ יש' מ"א:
ט"ו/,כנויים להקב"ה. 12א צבא,--הכוונה למלאכי עליון. ואות,--הכוונה לכוכבים
ומזלות(ע"פ בר' א':י"ד). משלשים....קדוש,--השווה "בקדישך",קדושה:"בקדישך...
כנועם שיח סוד שרפי קֹדש המשלשים לך קדושה." חדשים לבקרים,--(איכה ג':כ"ג),
ר"ל(ע"פ בר"ר ע"ח.א') מדי בֹקר בבקרו בורא ה' כת של מלאכים חדשה האומרים לפ-
ניו שירה חדשה. 12ב, יש' ו':ג'. 13א, ה'(-קדוש,כנוי להקב"ה)קבץ נדחי ישראל
והוליכם אל הר הבית(-נכון,כנוי להר בית ה',ע"פ יש' ב':ב'). 13ב רם פארים,--
כנוי לאלהי(-רם,רמז להקב"ה היושב על כסא רם ונשא,ע' שם,ו':א')ישראל(-פארים)
רמז לישראל,ע' שם,ס"א:י':"כחתן יכהן פאר"). יגדל,--ל' "יגדל נא כח אדני,"
(במד' י"ד:י"ז). ובקרבם תשכון,--ל' "ועשו לי מקדש ושכנתי בתוכם,"(שמ' כ"ה:
ח'). 14א שדי...ארכן וארכון,--כנויים להקב"ה; ארכן, במשמע' המאריך אף(ע"פ
שמ' ל"ד:ו' ועוד; ארכון(ἄρχων),פי' מושל,ע' ירוש' ברכות פ"ה,ט'.א'. שלט,--
מלה מחודשת בפָעַל,ר"ל משול במעשי ידיך. ופלט,--ל' "פלטו דל ואביון"(תהל' פ"ב:
ד'),פי' תפלה לשדי וארכון לשלום בעולם ותפלה לארכן לפלט את ישראל ועל כך רמז
בשו' 14ב,להלן: "לבש עוז התאזר אף תכון תבל"(תהל' צ"ג:א'),ור"ל תכון את המקדש
כמבואר להלן שו' 15א. 15א, פי' קרבן תמים תכון בבית המקדש(-תל תלפיות,כנוי

למקדש, ע"פ דרשת חז"ל,בברכות ל',א:"בנוי לתלפיות'[שה"ש ד':ד']: תל שכל פיות פונים בו"). בהדרת קודש(ע' תהל' כ"ט:ב'). 15ב, בזמן שיבָנה בית המקדש ירדו עם הקב"ה(-עמו)מקצת מרבבות מלאכי קודש(-טפסרי אראלים),ע"פ דבר' ל"ג: ב':"ואתה מרבבות קודש," ופי' רש"י:"ועמו מקצת רבבות מלאכי קודש." 16א חוצב ,--ע"פ דבהי"א,כ"ב:ב'"לחצוב אבני גזית לבנות בית אלהים," כלו' ויבקשו חוצב לבקוע אבנים לבניין בית המקדש. ויחדשו קודש,--פי' עבודת הקודש ב קדש. 16ב, שמ' ט"ו:י"א. 17א הליכותיך,--(תהל' ס"ח:כ"ה:"ראו הליכותיך אלהים...בקודש"), יהי רצון שתהיינה הליכותיך במקדש הבנוי כבימי קדם. מלכי וכו',--(תהל' שם), כנויים להקב"ה. 17ב, דודי,--הקב"ה,אהובי,ע"פ שה"ש א':י"ג ועוד. סלחתי,-- במד' י"ד:כ'. 18א, ה'(-המקרה וכו',ע"פ תהל' ק"ד:ג',כנוי להקב"ה),מכפר אשמתי. 18ב, שם ב"ו:ה'. 19 אדירירון,--אחד השמות המסטיים של הקב"ה, ע' <u>היכלות רבתי</u>, י"ד.ד':"וכיון שהיה אדם מבקש לירד למרכבה היה קורא אותו לסוריא,שר הפנים ומשביעו../ב/אדירירון ה' אלהי ישראל." בכוח השם הקדוש הנ"ל תגיע התפלה למקו- מו של הקב"ה.   בעלי הסוד בתקופת ספרות ההיכלות נקראים בשם "יורדי מרכבה", זה מושג טכני הרומז למיסטיקה חזונית, כלו' לרדת למרכבה, לעבור את הדרך ולעמוד לפני כסא הכבוד כדי שמשם יחזה בחזון, השווה ג. שלום, <u>ראשית הקבלה,</u> עמ' 283. והסלח אומר: בטחתי בשמך אדירירון שתעלה תפלתי אליך וגם תקבלה לתוך כתר ראשך ותסלח לי. 19ב יחיד,--כנוי להקב"ה שהוא יחיד בעולמו,השווה דבר"ר ב'.ל"ז. אפס בלתך,--יש' מ"ה:ו'. 20א רוצה תשובה,--(יחז' י"ח:כ"ג),השווה תדבא"ר ל"א: "הקב"ה מצפה להם לישראל...שיעשו תשובה כדי שיגאל אותם." השיבנו וכו',--ע"פ איכה ה':כ"א. 20ב, תהל' כ"ו:ח'. 21א, נהג עמנו במידת הרחמים ובנה מקדשך, ויפָּה הבית לו בכספנו(-בית מאווייננו,ל'"אוה למושב לו," תהלים קל"ב:י"ג. 21ב יקר חסדך וכו',--שם ל"ו:ח'. 22א אמת וכו',--ע"פ דבי' ח':כ"ו:"ומראה...אשר באמר אמת הוא." נאמרה,--מתיחסת ל"אמת", ע"פ שם. 22ב, תהל' מ"ד:ב'. 23א למה תהיה כאורח?--ע"פ יר' י"ד:ח',ופי' מצודת דוד:"שאינו חושש בטובת הארץ." 23ב אירמה,--כנוי לכנסת ישראל(ע"פ שה"ש ו':ד')המטילה אימה על המתקרב אליה. כשו- שנה להפריח,--ע"פ הושע י"ד:ו'. 24א עורה הישנה,--(שה"ש ד':ט"ז),"הישנה"-- כנוי לכנסת ישראל ע"פ שה"ש ה':ב' שדרשוהו חז"ל(בשהש"ר,שם):"אני ישנה מן הגאולה." חיש נא,--מכיוון שהגאולה קרובה לבוא, אכן רמז לתסיסה המשיחית שבדורו של ר' טוביה בירבי אליעזר, והשווה י. סטאר, <u>ביזאנטיון,</u> עמ' 203 ואילך. וכלבנון יריח,--ע"פ הושע י"ד:ז':"וריח לו כלבנון" ופי' רד"ק:"ר"ל שילך שמם הטוב למרחוק." 25א ומבהיק,--השווה סנהדרין ק',א:"כל המשחיר פניו על דברי תורה בעולם הזה הקב"ה מבהיק זיוו לעולם הבא." למחכה וכו',--למחכה לקיומן של נבואות הנחמה. 25ב בשוב וכו',--הושע ו':י"א. 26א, תהל' כ"ב:כ"ז; שה"ש ד': ט"ז. 26ב, בר' מ"ט:כ'. 27א ליו הישועה,--תהל' ג':ט'. רם על רמים,--כנוי לה' ע"פ תהל' קי"ג:ד' ויש' ב':י"ב-י"ג. 27ב, תהל' קמ"ה:י"ג. 28א נכלמים,--פי' ולא נצא ממך נכלמים ביום הדין, השווה ברכות מ"ו,א. 28ב, ע"פ משלי כ':ח' והשווה ויק"ר כ"ט,כ"ד.

ר' מרדכי בר שבתי הארוך (ע' צונץ, ל.ג., עמ' 336).

ב. סליחה סטרופית לליל יוה"כ בעלת שמונה מחרוזות בנות ארבעה טורים לכל אחת ואחת. מלת "לילה" בראש כל מחרוזת ובסופה. כל טור רביעי הוא שבר-פסוק מן המקרא. החתימה: מרדכי ארוך. המקורות: כה"י ר, עמ' 262. א, עמ' קע"ג. ג, עמ' של"ד. ד, ח"ב,ב',עמ' 44. (ד. ל' 735).

לַיְלָה מְּמְעוֹן קָדְשְׁךָ מִן הַשָּׁמַיִם הַשְׁקִיפָה בַּהֲמוֹנָי
וּסְלַח חַטָּאתִי פִּשְׁעִי וּזְדוֹנָי
אֵלֶיךָ אֶקְרָא צוּרִי כָּל-הַיּוֹם וְנֶגְדְּךָ יְיָ
אֱלֹהַי תְּשׁוּעָתִי יוֹם צָעַקְתִּי בַלָּיְלָה.

לַיְלָה רַחֲמֶיךָ יְקַדְּמוּנִי נוֹרָא עֲלִילָה
וְאַל תַּם בְּאַף לְשַׁלֵּם כְּפִי הַגְּמוּלָה
רְצֵה-נָא תְּפִלָּתִי כְּאָז רָצִיתָ רֵיחַ נִיחוֹחַ הָעוֹלָה
עַל מוֹקְדָה עַל הַמִּזְבֵּחַ כָּל-הַלַּיְלָה.

לַיְלָה דִּבַּשְׁתִּיךָ עוֹבֵר עַל-פֶּשַׁע וּלְפָנֶיךָ נִצַּבְתִּי
יָדַי פֵּרַשְׂתִּי אֵלֶיךָ וּסְלִיחָה בִּקַּשְׁתִּי
לְחַלּוֹתְךָ בְּלֵיל עָשׂוֹר הִנֵּה קִדַּמְתִּי
בְּנֶשֶׁף בְּעֶרֶב יוֹם בְּאִישׁוֹן לַיְלָה.

לַיְלָה כּוֹנֵן עַמְּךָ לִבּוֹ לִקְרָאתְךָ לְהַמְצִיאוֹ רְוָחָה
קִדְּמוּ עֵינָיו אַשְׁמוּרוֹת לִשְׁפּוֹךְ שִׂיחָה
וְהִתְוַדָּהוּ עֲוֹנוֹ וּפִשְׁעוֹ בַּעֲבוּר הַמִּנְחָה
עַל פָּנָיו וְהוּא לָן בַּלָּיְלָה.

לַיְלָה יֶשְׁעֲךָ קִוִּיתִי אֵל נוֹרָא וְאָיוֹם
רוֹעַ גְּזַר דִּין לִמְחוֹק וּלְהַמְצִיא פִּדְיוֹם
הַעֲבֵר זְדוֹנוֹתַי מִלְּפָנֶיךָ כְּיוֹם
אֶתְמוֹל כִּי יַעֲבוֹר וְאַשְׁמוּרָה בַלָּיְלָה.

לַיְלָה אֲזוֹן רִנָּתִי וּבִסְלִחוֹתֶיךָ עַתָּה אֲרוֹמֵם
רְפָא מְשׁוּבוֹתַי וּמַסְטִינַי יְדוֹמֵם
צוּרִי אִם אֵין בִּי מְעַט טוֹב יוֹמָם
יְצַוֶּה יְיָ חַסְדּוֹ וּבַלַּיְלָה.

לַיְלָה רוֹמֵם אַל יֶחֱשׁוּ הַמַּזְכִּירִים לְפָנֶיךָ מֶלֶךְ רַב
כּוֹפֶר אֶמְצָא וְשִׂיחִי עָלֶיךָ יֶעֱרַב
דֶּרֶךְ רֶשַׁע עָזַב כָּל-אִישׁ וְלֹא קָרַב
זֶה אֶל-זֶה כָּל-הַלָּיְלָה.

לַיְלָה קְרִיאָתֵנוּ הַקְשִׁיבָה וְהִמָּצֵא לָנוּ עֶזְרָה בְּצָרָה
וְיֵרָאֶה אֶל עֲבָדֶיךָ פָּעָלְךָ לִשְׁמוֹעַ עֲתִירָה
וּזְכוֹר צִדְקַת נֶעֱקַד בְּיוֹם וַיֵּרָא
אֵלָיו יְיָ בַּלָּיְלָה.

1 ממעון...השקיפה,--דבר' כ"ו:ט"ו. בהמוני,--הכוונה לכנסת ישראל. 3 צורי,--כנוי להקב"ה. 4-3 ונגדך...בלילה,--תהל' פ"ח:ב'. 5 רחמיך יקדמוני,--שם ע"ט:ח'. נורא עלילה,--שם ס"ו:ה'. 6 ואל תט באף,--שם כ"ז:ט'. כפי הגמולה,--(ש"ב י"ט:ל"ז),לפי מדת הדין. 7 כאז,--בזמן שבית המקדש היה קיים. 8-7 העולה וכו',--ויק' ו':ב'. 9 עובר על פשע,--(מיכה ז':י"ח),הכוונה להקב"ה. 10 ידי...פרשתי,--איוב י"א:י"ג. 11 בליל עשור,--בליל כפור, רמז לייעודה של הסליחה. 12-11 קדמתי בנשף,--תהל' קי"ט:קמ"ז. 12, משלי ז':ט'. 14, תהל' קי"ט:קמ"ח. 16-15 ותעבור וכו',--בר' ל"ב:כ"ב. "והוא לן בלילה," רמז למנהג בני קהילות קשטוריה להישאר ערים כל הלילה אחר סיום תפילת ערבית ביוה"כ ולומר תהלים ותשבחות, הש' יומא י"ט,ב והש' טור א"ח תר"ו. 17 ישעך קויתי,--בר' מ"ט:י"ח. אל...ואיום,--חבק' א':ז'. 18 רוע גזר דין,--ל' התלמוד, הש' תוספתא ר"ה א'. י"ג והש' תפלת "אבינו מלכנו חטאנו לפניך," לר"ה, יוה"כ ועשי"ת. פדיום,--הש' "ה' דאבה רוחי," לר' דויד אבן בקודה(ד.א' 790):"עד אן אקוה פדיום/ אל נורא ואיום." 20-19 ביום וכו',--תהל' צ':ד'. 21 אזון,--במקום האזן לצורך החתימה. חידוש בניין בפועל. ארומם,--תהל' ל':ב'. 22 רפא משובותי,--יר' ג':כ"ב. ומסטיני,--ע"פ "אבינו מלכנו חטאנו לפניך," שם. ידומם,--מלה מחודשת על משקל קוֹטֵל דוגמת "אם לא שויתי ודוממתי נפשי,"(תהל' קל"א:ב'), לצורך החרוז. 24-23 רומם וכו',--תהל' מ"ב:ט'. 25 לילה...המזכירים,--(יש' ס"ב:ו'),המזכירים את ה', ור"ל האומרים שלוש עשרה מדות:"ה' ה' אל רחום וחנון וכו'"(שמ' ל"ד:ו'-ז'),והש' מאמר חז"ל(ר"ה י"ז,ב):"כל זמן שישראל חוטאין יעשו לפני כסדר הזה ואני מוחל להם." מלך רב,--תהל' מ"ח:ג'. 26 ושיחי...יערב,--תהל' ק"ד:ל"ד. 27 דרך...עזב,--יש' נ"ה:ז'. 28-27 ולא קרב וכו',--(שמ' י"ד:כ'),"זה אל זה",פי' "איש" אל "דרך רשע". 29 קריאתנו,--תפלתנו. והמצא...בצרה,--תהל' מ"ו:ב'. 30 ויראה...פעלך,--שם צ':ט"ז. 31 נעקד,--כינוי ליצחק ע"פ בר' כ"ב:א' ואילך. 32-31 וירא וכו',--בר' כ"ו:כ"ד.

ר' מרדכי בר שבתי הארוך

ג. סליחה סטרופית למנחת יוה"כ בת י"א מחרוזות. לכל מחרוזת ארבעה טורים וכל טור רביעי הוא שבר-פסוק המסתיים במלת "מנחה". החתימה: מרדכי בר שבתי ארוך. פורסם: מחזור לימים נוראים, מהד' ד.גולדשמידט,ב' עמ' 633.(ד.מ' 5219).

מַשְׂאַת כַּפַּי מִנְחַת-עֶרֶב רְצֵה נָא בְכשֶׁר
תִּכּוֹן תְּפִלָּתִי קְטֹרֶת לְפָנֶיךָ בְּתֹם וּבְיֹשֶׁר
בְּקָרְאִי עֲנֵנִי צוּרִי הַיּוֹם וּפְנֵה, כַּאֲשֶׁר
יָבִיאוּ בְנֵי יִשְׂרָאֵל אֶת-הַמִּנְחָה.

רֵיחַ נִיחֹחַ אִמְרֵי פִי/לְפָנֶיךָ/צוּר עוֹלָמִים
חֶלְבִּי וְדָמִי הַמְּמֻעָט בְּצוֹמִי תְּמוּר חֲלָבִים וְדָמִים
קַבֵּל הֶגְיוֹן לִבִּי אֲשֶׁר עָרַכְתִּי זֶה עֲשֶׂרֶת הַיָּמִים
בַּחַטָּאת בָּעֹלָה וּבַמִּנְחָה.

דְּרֹשׁ-נָא בְיוֹם-זֶה דוֹרְשֶׁיךָ וְהִדָּרֵשׁ לָמוֹ בְּנִיב שְׂפָתַיִם
שְׁעֵה מַעֲמָדָם וְטַהֲרֵם כַּכֶּסֶף מְזֻקָּק שִׁבְעָתַיִם
וּרְצֵה שִׂיחָתָם כְּשֶׂה אַחַת מִן הַצֹּאן מִן הַמָּאתַיִם
מִמַּשְׁקֵה יִשְׂרָאֵל לְמִנְחָה.

כְּלֵיל וְעוֹלָה תְּחִנָּתִי תֵּחָשֵׁב וּמַשְׂטִינִי רִיב תָּרִיב
וְהוֹצִיא כָאוֹר צִדְקִי טֶרֶם יָבֹא הַשֶּׁמֶשׁ וּבָעֶרֶב
שְׁפַךְ כַּמַּיִם לִבּוֹ בִתְפִלָּתוֹ כָּל אִישׁ, וְהִקְרִיב
הַמַּקְרִיב קָרְבָּנוֹ לַייָ מִנְחָה.

יְשׁוּרוּן עַמְּךָ יָשׁוּר חֲסָדֶיךָ בְּטוּב לֶקַח
הַטֵּה אֵלָיו אָזְנְךָ וּשְׁמַע וְעֵינֶיךָ פְּקַח
וּרְאֵה כִּי טוֹב מִסְתּוֹפֵף בְּשַׁעֲרֵי רַחֲמֶיךָ, וַיִּקַּח
מִן הַבָּא בְיָדוֹ מִנְחָה.

בְּרֹב רַחֲמֶיךָ אֲמָרַי הַאֲזִינָה יְיָ הֲגִיגִי בִּינָה
וְאִם נָא מָצָאתִי חֵן בְּעֵינֶיךָ אֱלֹהֵי קֶדֶם מְעוֹנָה
וְלָקַחְתָּ מִנְחָתִי מִיָּדִי אֲשֶׁר הֵבָאת לְךָ בִּתְחִנָּה
וַיְהִי כַּעֲלוֹת הַמִּנְחָה.

שַׁדַּי לֹא מְצָאנוּךָ שַׂגִּיא כֹחַ לָעֵדָה מִקֶּדֶם קָנִיתָ
אֶחָד הַמַּרְבֶּה וְאֶחָד הַמַּמְעִיט בְּשׁוּבוֹ נַפְשׁוֹ רָצִיתָ
אַךְ יְכַוֵּן לִבּוֹ לְפָנֶיךָ בְּמִנְחָתוֹ עֵת הַקְרֵב אוֹתָהּ
וְזֹאת תּוֹרַת הַמִּנְחָה.

בִּהְיוֹת מִקְדָּשִׁי וּמִזְבְּחִי עַל מְכוֹנוֹ וּגְבוּלוֹ
הָיוּ מְכַפְּרִים עָלֵינוּ בִּשְׂעִירִים הָעוֹלִים לְגוֹרָלוֹ
וְעַתָּה בְּאַשְׁמָתֵנוּ לוּ חָפֵץ יְיָ לַהֲמִיתֵנוּ, לֹא
לָקַח מִיָּדֵנוּ עֹלָה וּמִנְחָה.

תַּחֲנוּנִים יְדַבֵּר עַמְּךָ יְבַקֵּשׁ סְלִיחָה בְּלֵב מַר
הִנּוֹ מִתְיַצֵּב עַל מָצוֹר וְעוֹמֵד עַל הַמִּשְׁמָר
מְחַלֶּה פָּנֶיךָ לְעֵת מִנְחַת עֶרֶב וּמְצַפֶּה כֹּפֶר, כִּי אָמַר
אֲכַפְּרָה פָנָיו בַּמִּנְחָה.

יְרוּשָׁלַיִם עִירְךָ בְּנֵה וְעָרֶיהָ מִקָּצֶה
אֲסוּרִים רְעוּצִים פְּקַח וְלַחָפְשִׁי הוֹצֵא
וְעָרְבָה לַיָי מִנְחָתָם כִּימֵי עוֹלָם וְתָשׁוּב וְתִרְצֶה
עוֹד פְּנוֹת אֶל-הַמִּנְחָה.

וּנְפוּצוֹת יִשְׂרָאֵל לְקַבֵּץ יָדְךָ שֵׁנִית תּוֹסֵף
כְּרוֹעֶה עֶדְרוֹ יִרְעֶה בְּנָוֶה טוֹב תְּאַסֵּף
וְיָשַׁב מְצָרֵף וְטִהַר אֶת-בְּנֵי לֵוִי כַּזָּהָב וְכַכָּסֶף
וְהָיוּ לַיָי מַגִּישֵׁי מִנְחָה.

1 משאת...ערב,--תהל' קמ"א:ב'. בבושר,--אסתר ח':ה':"וכשר הדבר לפני המלך." 2 תכון...לפניך,--תהל' שם. 3 ופנה,--אל תפלת עמך כאילו הביאו את המנחה. 4-3 כאשר וכו',--יש' ס"ו:כ'. 6, ע"פ תפלת ר' ששת בתענית,הש' ברכות י"ז,א. 7 הגיון לבי,--תהל' י"ט:ט"ו. זה עשרת הימים,--בין כסה לעשור. 8, יחז' מ"ה:כ"ה. 10 ככסף וכו',--תהל' י"ב:ז'. 11 שיחתם,--תפלתם. 12-11 כשה אחת מן הצאן וכו',--(יחז' מ"ה:ט"ו),כלו' מן המובחרים. 13 בליל...תחשב,--ע"פ הושע י"ד:ג'. ומשטי-ני,--הכוונה לשטן הבא לקטרג על ישראל. ריב תריב,--תהל' קי"ט:קנ"ד. 16-15 והק-ריב וכו',--במד' ט"ו:ד'. 17, פי' ישראל(-ישורון,ע"פ יש' מ"ד:ב')מבים(-ישור)על חסדיך בעשיית תשובה(-בטוב לקח,כנראה במקום "קח",ע"פ הושע י"ד:ג':"כל תשא עוון וקח טוב," והש' פי' ד.גולדשמידט,שם). 18, ע"פ דבי' ט':י"ח. 19 מסתופף,--עומד על הסף. 20-19 ויקח וכו',--בר' ל"ב:י"ג. 21 אמרי וכו',--תהל' ה':ב'. 22 ואם... בעיניך,--בר' י"ח:ג' ועוד. אלהי וכו',--דבר' ל"ג:כ"ז. 23, ע"פ בר' ל"ג:י'-י"א. 24, מ"א י"ח:ל"ו. 25, פי' אין אתה מתנהג במדת הדין(-שגיא כח,ע"פ איוב ל"ז:כ"ג: שדי לא מצאנהו שגיא כח, ופי' רש"י: לעורר משפטיו על הבריות בגודל כחו כ"א ברח-מים,)עם ישראל(-לעדה מקדם קנית,ע"פ תהל' ע"ד:ב')בעשרת ימי תשובה בהם אתה עומד מכסא הדין ויושב על כסא הרחמים,הש' ויק"ר כ"ט.כ"ד. 27-26 אחד המרבה...יכוון לבו,--ל' התלמוד,ע' ברכות ה',ב. 28, ויק' ו':ז'. 30 לגורלו,--לגורל שהטיל עלי-הם כהן גדול,ע' ויק' ט"ז:ח' ואילך. 31 ועתה וכו',--ועתה בעוונותינו שחרב המקדש אין לנו מזבח לכפר(-לקח מידנו עולה ומנחה,שו' 32)בעדנו ולהצילנו מן העונש(-לו חפץ ה' להמיתנו). 32-31 לו וכו',--שופ' י"ג:כ"ג. 34 על מצור,--(דבה"ב י"א:ה'), כלו' בבית הכנסת,מקום מבוצר,כדי להביט לעזרה. 36-35 כי אמר וכו',--בר' ל"ב:כ'. 38 רעוצים,--שמ' ט"ו:ו',פי' שבורים משעבוד בגולה. 39 וערבה...עולם,--מלא' ג': ד'. 40, שם ב':י"ג. 41 ידך...תוסף,--יש' י"א:י"א. 42 כרועה...ירעה,--שם מ': י"א. בנוה טוב,--(יחז' ל"ד:י"ד)בא"י. 44-43, מלא' ג':ג'.

ר' מרדכי בר שבתי הארוך

ד. סליחה סטרופית משורשרת לירה"כ בעלת י"ב מחרוזות המתחילות והמסיימות את טוריהן במלת "היום". לכל מחרוזת ארבעה טורים והטור הרביעי הוא פסוק מן המקרא. החתימה: מרדכי הארוך הסופר יחיה. כה"י צ, עמ' 38. פורסם: מחזור לימים הנוראים, מהד' ד.גולדשמידט,ב', עמ' 545. (ד. ה' 489).

[הַיּוֹם] מַלְכִּי מִקֶּדֶם פּוֹעֵל יְשׁוּעוֹת בְּקֶרֶב הָמוֹנַי
נוֹצֵר חֶסֶד לָאֲלָפִים וְנוֹשֵׂא פְּשָׁעַי בַּעֲווֹנַי
כַּסֵּה חֲטָאַי וּבְרַחֲמֶיךָ הָרַבִּים חָנֵּנִי אֲדֹנָי
כִּי אֵלֶיךָ אֶקְרָא כָּל-הַיּוֹם.

הַיּוֹם רְפָא מְשׁוּבוֹתֵינוּ כִּי אָתָאנוּ לָךְ וְהִגַּנוּ
שׁוּבְנוּ אֵלֶיךָ אֱלֹהֵינוּ וּבְחַסְדְּךָ חָנֵּנוּ
דֶּרֶךְ רֶשַׁע עָזַבְנוּ וְהִנֵּה אֵינֶנּוּ
פֹּה עִמָּנוּ הַיּוֹם.

הַיּוֹם דַּם עַמְּךָ תָּדִיחַ מִקִּרְבּוֹ וְתַרְחִיץ צֹאָתוֹ
וּזְרֹק עָלָיו מַיִם טְהוֹרִים לְטַהֲרוֹ מִטֻּמְאָתוֹ
מִקְוֵה יִשְׂרָאֵל יְיָ וּבוֹ בָּחַר לְשָׁרְתוֹ
וּלְבָרֵךְ בִּשְׁמוֹ עַד-הַיּוֹם.

הַיּוֹם כַּפֵּר לְעַמְּךָ יִשְׂרָאֵל וּתְפִלָּתוֹ תַּקְשֵׁב
וְשַׁוְעָתוֹ הַאֲזֵן וּתְשׁוּבָתוֹ אֵלֶיךָ הָשֵׁב
וּזְכָר לָנוּ צִדְקַת אַב הֲמוֹן יוֹשֵׁב
פֶּתַח הָאֹהֶל כְּחֹם הַיּוֹם.

הַיּוֹם יִגְדַּל נָא כֹּחַ אֲדֹנָי וְכַעֲוֹנוֹתֵינוּ אַל תִּגְמֹל
כְּרַחֵם אָב עַל בָּנִים רַחֵם עָלֵינוּ בַּחֲמוֹל
רַחֲמֶיךָ וַחֲסָדֶיךָ זְכֹר וּפְנֵה אֵלֵינוּ כִּתְמוֹל
שִׁלְשֹׁם גַּם-תְּמוֹל גַּם-הַיּוֹם.

הַיּוֹם הַזֶּה צִוִּיתָ לַעֲשׂוֹת לְכַפֵּר פֶּשַׁע וָקֶשֶׁר
בְּדַם פָּרִים וּשְׂעִירִים הַנִּזְרָק בְּמִזְבַּח כֹּשֶׁר
צוּר בְּאֶפֶס אֵלֶּה צַדְּקֵנוּ בְּצִדְקַת אָבוֹת אֲשֶׁר
יֶשְׁנוֹ פֹּה עִמָּנוּ עוֹד הַיּוֹם

הַיּוֹם אַף וְחֵמָה יוּסְרוּ בְּיָיָ לֹא יִזְעַם
בְּצָרָה יְחַלְּצֵנוּ וִיַעֲנֵנוּ בְּסֵתֶר רַעַם
כִּי הוּא יְיָ אֱלֹהֵינוּ וַאֲנַחְנוּ עַם
מַרְעִיתוֹ וְצֹאן יָדוֹ הַיּוֹם.

הַיּוֹם רְשָׁעֵנוּ תָּסִיר וּבְסֵפֶר הַחַיִּים אוֹתָנוּ תָּחֹק
בְּיוֹם קְרָאֵנוּ אֵלֶיךָ קָרֵב וְאַל תַּעֲמֹד מֵרָחוֹק
כִּי בַיּוֹם הַזֶּה יוֹם סְלִיחָה וְכַפָּרָה שַׂמְתּוֹ לְחֹק
וּלְמִשְׁפָּט בְּיִשְׂרָאֵל עַד הַיּוֹם.

הַיּוֹם יְדִידֵי עַמְּךָ רְצֵה וְקַבֵּל אֶת נִיבוֹ
וּמֵלִיץ יֹשֶׁר יַעֲמוֹד לְפָנֶיךָ לְצַדְּקוֹ מֵחוֹבוֹ
וּרְאֵה צוֹמוֹ וְעִנּוּי נַפְשׁוֹ כִּי כֹחַ אֵין בּוֹ
כִּי לֹא אָכַל לֶחֶם כָּל-הַיּוֹם.

הַיּוֹם כַּפָּיו יִפְרֹשׂ אֵלֶיךָ וּגְבוּרוֹתֶיךָ יְמַלֵּל
בְּצֶדֶק יֶחֱזֶה פָּנֶיךָ וּבְשׁוּרוֹ אוֹתְךָ יְהַלֵּל
עֲוֹנוֹ מוֹדֶה וְעוֹזֵב יְבַקֵּשׁ מְחִילָה וְיִתְפַּלֵּל
בַּעֲדוֹ תָמִיד כָּל-הַיּוֹם.

הַיּוֹם סְמֹךְ וּתְמֹךְ-עַם אֲשֶׁר דְּלָתֶיךָ מִתְדַּפְּקִים
וְתִיקַר נָא נַפְשָׁם כִּי עָלֶיךָ מִתְרַפְּקִים
פְּרֹשׂ יָדְךָ לָהֶם וְקַבְּלֵם וּבַשְּׂרֵם וְאַתֶּם הַדְּבֵקִים
בַּיְיָ אֱלֹהֵיכֶם חַיִּים כֻּלְּכֶם הַיּוֹם.

הַיּוֹם יֶעֱרַב לְפָנֶיךָ שִׂיחִי כְּמִנְחָה בַשֶּׁמֶן בְּלוּלָה
חֲשָׁב-נָא שִׁלּוּם שְׂפָתַי כְּפָרִים וְאֵילֵי עוֹלָה
יְיָ הַטֵּה אָזְנְךָ אֶל הָרִנָּה וְאֶל הַתְּפִלָּה
אֲשֶׁר עַבְדְּךָ מִתְפַּלֵּל לְפָנֶיךָ הַיּוֹם.

1 מלכי...בקרב,--תהל' ע"ד:י"ב. 2, שמ' ל"ד:ז'. 3-4 חנני וכו',--תהל' פ"ו:ג'. 5, ע"פ יר' ג':כ"ב. 6 ובחסדך חננו,--תהל' נ"א:ג'. 7-8 איננו וכו',--דבר' כ"ט: י"ד. 9 דם...מקרבו,--ע"פ יש' ד':ד'. 10, ע"פ יחז' ל"ו:כ"ה. 11 מקוה...ה',--יר' י"ז:י"ג. ובו בחר,--דבר' י"ח:ה'. 11-12 לשרתו וכו',--שם י':ח'. 13 כפר... ישראל,--שם כ"א:ח'. 15 אב המון,--(בר' י"ז:ה'),כנוי לאברהם. 15-16 יושב וכו',--שם י"ח:א'. 17 יגדל...ה',--במד' י"ד:י"ז. 18 ברחם...בנים,--תהל' ק"ג:י"ג. 19 רחמיך...זכור,--שם כ"ה:ו'. 19-20 בתמול וכו',--שמ' ה':י"ד. 23 צור,--כנוי להקב"ה. 23-24 אשר וכו',--דבר' כ"ט:י"ד. 26 ויעננו...רעם,--ע"פ תהל' פ"א:ח'. 27-28, שם צ"ה:ז'. 31-32 לחק וכו',--ש"א ל':כ"ה. 35-36 כח אין בו וכו',--שם כ"ח:כ'. 37 כפיו יפרוש אליך,--ע"פ שמ' ט':כ"ט ועוד. וגבורותיך ימלל,--ע"פ תהל' ק"ו:ב'. 38 בצדק יחזה פניך,--שם י"ז:ט"ו. 39 מודה ועוזב,--משלי כ"ח: י"ג. 39-40 ויתפלל וכו',--תהל' ע"ב:ט"ו. 41 דלתיך מתדפקים,--ע"פ הנוסח בכ"י גד, והשווה שופ' י"ט:כ"ב. 42 ותיקר נא נפשם,--ע"פ מ"ב א':י"ג. כי עליך מתרפקים,--ע"פ שה"ש ח':ה',פי' כי עליך נשענים. 43-44 ואתם וכו',--דבר' ד':ד'. 45 יערב...שיחי,--תהל' ק"ד:ל"ד. 46, ע"פ הושע י"ד:ג'. 47-48 אל הרנה וכו',--מ"א ח':כ"ח.

ר' מרדכי בר שבתי הארוך

ה. סליחה סטרופית משורשרת ליוה"כ בת שבע מחרוזות המתחילות והמסיימות את טוריהן במלת "ערב". לכל מחרוזת ארבעה טורים והטור הרביעי הוא שבר-פסוק. החתימה: מרדכי הסרן. פורסם: <u>מחזור לימים הנוראים</u>, מהד' ד.גולדשמידט,ב', עמ' 643. (ד. מ' 131).

[עֶרֶב] מֵאִתְּךָ תְּהִלָּתִי שׁוֹמֵעַ עֲתִירָה וְשַׁוְעָה
וּבְךָ תִקְוָתִי לְהַעֲבִיר מַעֲשֶׂה הָרָעָה
בְּרַחֲמִים תִּשְׁפֹּט עַם חֲנֻנְךָ בְּתִשְׁעָה
לַחֹדֶשׁ בָּעֶרֶב מֵעֶרֶב עַד-עֶרֶב.

עֶרֶב רֶגֶשׁ אַרְבַּע תְּפִלּוֹת שְׁעֵה וְהַטֵּה אָזְנֶךָ
וְצִדְקַת נֶחֱלַק עָלָיו לַיְלָה זְכֹר וּפְקַח עֵינֶיךָ
תִּכּוֹן תְּפִלָּתִי קְטֹרֶת לְפָנֶיךָ
מַשְׂאַת כַּפַּי מִנְחַת עָרֶב.

עֶרֶב דִּינִי לָאוֹר הוֹצֵא יוֹשֵׁב בַּשַּׁחַק
שִׁמְצָה וּנְאָצָה הָסֵר וְתִזְרֶה כַּשַּׁחַק
וְתִרְצֶה שִׂיחָתִי כַּיּוֹם וַיֵּצֵא יִצְחָק
לָשׂוּחַ בַּשָּׂדֶה לִפְנוֹת עָרֶב.

עֶרֶב כָּמַהּ לְךָ בְשָׂרִי וְלִבִּי לְהַלֶּלְךָ קֶדֶם
וְלִקְרַאת חֲסָדֶיךָ בְּצוֹמוֹ יָצָא וְלֹא רָדַם
בְּיוֹמוֹ תִּתֵּן שְׂכָרוֹ וַיֵּצֵא אָדָם
לְפָעֳלוֹ וְלַעֲבוֹדָתוֹ עֲדֵי עָרֶב.

עֶרֶב יוֹם וְאִישׁוֹן לַיְלָה נָשָׂא עַמְּךָ עֵינָיו וְנָחַץ
פְּגִיעָתוֹ כִּפְגִיעַת יַעֲקֹב קַבֵּל וְרַפֵּא הַמַּחַץ
כְּבוֹא הַשֶּׁמֶשׁ זְרֹק עָלָיו מַיִם טְהוֹרִים, וְרָחַץ
בַּמַּיִם וְטָהֵר בָּעָרֶב.

עֶרֶב הֱיֵה כַטַּל לְיִשְׂרָאֵל וְיִפְרַח כַּשּׁוֹשַׁנָּה
וּרְאֵה צוֹמוֹ אֲשֶׁר צָם וְנַפְשׁוֹ עִנָּה
חֲתֹם אוֹתוֹ בְּסֵפֶר הַחַיִּים, כִּי פָנָה
הַיּוֹם כִּי יִנָּטוּ צִלְלֵי עָרֶב.

עֶרֶב סְלִיחוֹתֶיךָ מְקַוֶּה וּבְרַחֲמֶיךָ יִנְעַם
תֶּן-לוֹ תִקְוָתוֹ וְהַעֲבֵר פֶּשַׁע וָזַעַם
וְאַתָּה קָדוֹשׁ יוֹשֵׁב תְּהִלּוֹתָם, וְכָל-הָעָם
נִצָּב עָלֶיךָ מִן בֹּקֶר עַד עָרֶב.

עֶרֶב וָבֹקֶר וְצָהֳרַיִם אָשִׂיחָה לְפָנֶיךָ שׁוֹכֵן מְעוֹנַי
בַּחֲשַׂי וְלַחֲשִׁי יֶעֱרַב כִּקְטֹרֶת [נִקְטַר] לְפָנִים וְלִפְנַי
עֲשֵׂה עִמִּי אוֹת לְטוֹבָה וְיִוָּדַע לַייָ
לֹא יוֹם וְלֹא לַיְלָה וְהָיָה לְעֵת עֶרֶב.

עֶרֶב נִיב שְׂפָתַי רְצֵה טֶרֶם אֶקְרָא אֱהִי נִמְצָא
לַעֲנוֹת וְלִפְנוֹת לָעָם אֲשֶׁר הֻזָּה וְעָלָה מִן הָרַחֲצָה
שַׁעֲרֵי סְלִיחָה פְּתַח־לוֹ וְנָקִי וְצַדִּיק יִמָּצֵא, וְיֵצֵא
וְהַשַּׁעַר לֹא יִסָּגֵר עַד הָעָרֶב.

1 מאתך תהלתי,--תהל' כ"ב:כ"ו. 4-3 בתשעה וכו',--ויק' כ"ג:ל"ב. 5 ארבע תפלות,--יוצר,מוסף,מנחה ונעילה. שעה,--בר' ד':ה',פי' קבל. והטה אזנך,--דני' ט':י"ח. 6 וצדקת...לילה,--וצדקת אברהם(-נחלק עליו לילה,ע"פ בר' י"ד:ט"ו). ופקח עיניך,--דני' שם. 7-8, תהל' קמ"א:ב'. 9 לאור הוצא,--ע"פ צפנ' ג':ה'. 10 כשחק,--כעננים. 11 שיחתי,--תפלתי. 11-12 ויצא וכו',--בר' כ"ד:ס"ג. "לשוח",פי' להת-פלל,ע"פ בר"ר ס'.י"ד, ור"ל קבל תפלתי כתפלת יצחק אבינו. 13 כמה...בשרי,--תהל' ס"ג:ב'. 14 ולא רדם,--ולא ישן. אנשי קהילת קשטוריה היו נוהגים להישאר ערים כל הלילה בבית הכנסת ולומר תהלים שירים ותשבחות, דוגמת "יקירי ירושלים" שלא היו ישנים כל הלילה,הש' יומא י"ט,ב,והש' טור א"ח תר"ו בשם פר"א,מ"ו:"מה מלאכי השרת אין להם קפיצה(פי' קפיצת רגל,כלו' אין להם מנוחה ובטול מעשות רצון קונם) אף ישראל אין להם קפיצה עומדים על רגליהם ביום הכפורים." 15 בירומו תתן שכרו,--דבר' כ"ד:ט"ו. 15-16 ויצא אדם וכו',--תהל' ק"ד:כ"ג. 17 ערב...לילה,--ע"פ משלי ז':ט'. ונחק,--(ש"א כ"א:ט') מיהר. 18 כפגיעת יעקב,--(בר' כ"ח:י"א)כתפלת יעקב,ע"פ בר"ר ס"ח.ט':"אין פגיעה אלא תפלה." המחק,--(דבר' ל"ב:ל"ט),בעל ערוגת הבושם פי':"החולי של עמך שהם מחוצים ולחוצים בגולה," ע' שם ג',עמ' 293. 19-20 זרוק וכו',--יחז' ל"ו:כ"ה. 21 היה וכו',--הושע י"ד:ו'. 23 חתום...בספר החיים,--ע"פ ירוש' ר"ה א'.ג':"שלוש פינקסיות הם וכו'." 23-24 כי פנה וכו',--ירי' ו':ד'. 25 ירנעם,--תהל' צ':י"ז. 27 ואתה קדוש וכו',--תהל' כ"ב:ד'. 27-28 וכל-העם וכו',--שמ' י"ח:י"ד. 29 ערב...אשיחה,--תהל' נ"ה:י"ח. שוכן מעוני,--כנוי להקב"ה השוכן בשמים(-מעוני,ע"פ דבר' ל"ג:כ"ז ותהל' ס"ח:ו'). 30 רחשי ולחשי,--תפלותי. לפנים ולפני,--ל' התלמוד,הש' יומא ס"א,א. 31 עשה...לטובה,--תהל' פ"ו:י"ז. 31-32 וידוע וכו',--זכרי' י"ד:ז'. 33 ניב שפתי,--יש' נ"ז:י"ט. טרם...נמצא,--שם ס"ה:כ"ד. 34 אשר הֻזה,--שהזו עליו מי חטאת. ועלה מן הרחצה,--(שה"ש ו':ו'),הש' ערוגת הבושם,שם,עמ' 544:"פי' מן הטבילה, שמרחץ אותו מן הטומאה." 35 ונקי,--נקי מעוון. 35-36 ויצא וכו',--יחז' מ"ו:ב'.

ר' מרדכי בר שבתי הארוך

ר. עקדה משורשרת ללילי אשמורות בעלת י"א מחרוזות המתחילות והמסיימות את טוריהן במלת "בקר". לכל מחרוזת ארבעה טורים והטור הרביעי שבר-פסוק.

החתימה: מרדכי הארוך. פורסם: גס"פ, עמ' ק"א. (ד. מ' 2096).

בֹּקֶר/ הִפַּלְשִׁי אֵלִי צוּרִי סִתְרִי וּמָגִנִּי
וְקֶרֶן יִשְׁעִי מִשְׂגַּבִּי בְּיוֹם צַר-לִי וְאוֹנִי
הִשְׁכַּמְתִּי לְחַלּוֹתְךָ מֶלֶךְ רַב, בַּאֲנִי
אֵלֶיךָ יְיָ שִׁוַּעְתִּי וּבַבֹּקֶר.

בֹּקֶר רַחֵם תִּזְכּוֹר חֶסֶד אַבְרָהָם אַב אֵיתָנִי
אֲשֶׁר בְּחַרְתּוֹ וְהֶאֱמִין בְּךָ רֹאשׁ לְמַאֲמִינַי
זְכוֹר בְּרִיתוֹ וְהוֹשִׁיעֵנִי מִטֻּמְאָתִי, יְיָ
בֹּקֶר תִּשְׁמַע קוֹלִי בֹּקֶר.

בֹּקֶר דִּבַּרְתָּ עִמּוֹ וְנִסִּיתוֹ לְשַׁלֵּם לוֹ מַשְׂכֹּרֶת
וְכָרוֹת עִמּוֹ הַבְּרִית לִהְיוֹת לוֹ לְמִשְׁמֶרֶת
אֲהַבְתּוֹ וּרְצִיתוֹ וְקִבַּלְתּוֹ כִּקְטֹרֶת
סַמִּים בַּבֹּקֶר בַּבֹּקֶר.

בֹּקֶר כּוֹכְבוֹ הֵאִיר בְּחָפְצְךָ לְהַרְאוֹת צִדְקָתוֹ הַגְּדוֹלָה
נִסִּיתוֹ בָּעֲשִׂירִי וַתֹּאמֶר-לוֹ קַח-נָא אֶת-בִּנְךָ וְלֹא-תִכְלָא
עַל-אַחַד הֶהָרִים וְהַעֲלֵהוּ שָׁם לְעוֹלָה
אֶת-הַכֶּבֶשׂ הָאֶחָד תַּעֲשֶׂה בַבֹּקֶר.

בֹּקֶר יָחִיד שִׁמְךָ וְשָׁמַע לְקוֹלְךָ וְהֶרְאָה אַהֲבָתוֹ
וְשָׂשׂ בְּכָל-לֵב עַל-דְּבָרְךָ לַעֲשׂוֹתוֹ
הָאַהֲבָה קִלְקְלָה הַשּׁוּרָה וַיָּקָם בְּשִׂמְחָתוֹ
וַיַּשְׁכֵּם אַבְרָהָם בַּבֹּקֶר.

בֹּקֶר הֵכִינוּ לִבָּם שְׁנֵיהֶם לַעֲשׂוֹת רְצוֹנְךָ אָיוֹם
הַבֵּן לָקַח עֵצִים וְהָאָב לָקַח מַאֲכֶלֶת לִשְׁחֹט בְּלִי-פִדְיוֹם
קְרוּאִים וְהוֹלְכִים לְתֻמָּם וְרָאוּ כְבוֹדְךָ בַּיּוֹם
הַשְּׁלִישִׁי בִּהְיוֹת הַבֹּקֶר.

בֹּקֶר אָזַר כְּגֶבֶר חֲלָצָיו וְלַעֲקוֹד בְּנוֹ קָדַם
וַיִּקַּח מַאֲכֶלֶת לְשָׁחְטוֹ וְלֹא-חָשַׁב אָדָם
וַיֹּאמֶר: הַיּוֹם אַקְרִיב עוֹלָתִי וְהַיּוֹם אֶזְרֹק דַּם-
זִבְחִי, וְלֹא יָלִין לַבֹּקֶר.

בֹּקֶר רַחֲמֶיךָ נִכְמְרוּ עַל-בֵּן יָחִיד וְעָלָיו זָרְחוּ
וַיִּקְרָא אֵלָיו מַלְאַךְ יְיָ: אֶל-הַנַּעַר יָדֵיִם אַל יִשְׁלָחוּ
כִּי-בְיִצְחָק יִקָּרֵא לְךָ זֶרַע וְזִכְרוֹ לְדוֹרוֹת הַנִּיחוּ
לָכֶם לְמִשְׁמֶרֶת עַד-הַבֹּקֶר.

בֹּקֶר כָּשְׁרוֹ וְיָשְׁרוֹ וְצִדְקוֹ יָלִיץ בְּעַד-עַם אֵלֶיךָ קָרֵב
וְאֶפְרוֹ תָּמִיד יֵרָאֶה לְפָנֶיךָ לְכַבְּסָם הֶרֶב
תִּנָּתֵן נַפְשָׁם בִּשְׁאֵלָתָם כִּי-לְךָ נִכְסְפָה, בָּעֶרֶב
הִיא בָאָה וּבַבֹּקֶר.

בֹּקֶר קוֹלָם שְׁמַע וּתְכַפֵּר עֲוֹנוֹתֵיהֶם
וְעֵרֶךְ תְּפִלָּתָם יֵחָשֵׁב כְּעֵרֶךְ קָרְבְּנוֹתֵיהֶם
וְלָקְחוּ וּבָאוּ זִכְרוֹן צִדְקַת אֲבוֹתֵיהֶם
וְהֵם הֵבִיאוּ אֵלָיו עוֹד נְדָבָה בַּבֹּקֶר בַּבֹּקֶר.

בֹּקֶר תֵּפֶן אֵלֵינוּ וְרַחֲמֶיךָ עָלֵינוּ יִכָּמְרוּ
וְתַשְׁלִיךְ בִּמְצוּלוֹת-יָם כָּל חַטֹּאתֵינוּ וְלֹא יִזָּכְרוּ
צוּר, הַעֲבֵר עֲוֹנֵנוּ מִלְּפָנֶיךָ וְלֹא-יַשְׁאִירוּ
מִמֶּנּוּ עַד-בֹּקֶר.

1-2 מפלטי...משגבי,--תהל' י"ח:ג', קי"ט:קי"ד. 2 ביום צר לי,--שם י"ח:ז'. ואוני,--(בר' ל"ה:י"ח),ביום אוני, מקביל ל"ביום צר-לי",הש' "נחר בקראי גרוני" לרשב"ג(ד.ג' 299):"נחר בקראי גרוני, דבק לחכי לשוני, היה לבבי סחרחר מרב כאבי ואוני." 3 מלך רב,--תהל' מ"ח:ג'. 3-4 ואני וכו',--שם פ"ח:י"ד. 5 רחם תזכור,--חבק' ג':ב'. חסד אברהם,--מיכה ז':כ'. אב איתני,--איתן האזרחי,כנוי לאברהם,ע"פ ב"ב ט"ו,א. 6 אשר בחרתו,--נחמ' ט':ז'. והאמין בך,--בר' ט"ו:א'. ראש למאמיני,--הראשון להאמין בה'. 7 זכור בריתו,--ויק' כ"ו:מ"ב. 7-8 יי בקר וכו',--תהל' ה':ד'. 9 וניסיתו לשלם וכו',--ניסיתו כדי ליתן לו שכר על כל דבור ודבור ועל כל פסיעה ופסיעה,ע"פ בר"ר נ"ה.ז'. 10 וכרות...הברית,--נחמ' ט':ח'. 11-12 בקטרת וכו',--שמ' ל':ז'. 13 בקר כוכבו האיר,--בר' כ"ב:ג'. 14 נסיתו בעשרו,--ניסיתו בעשרה נסיונות(ע"פ אבות ה'.ד'),והנסיון העשירי היה בעקידת יצחק(ע' פר"א ל"א). קח נא וכו',--בר' כ"ב:ב'. ולא תכלא,--ולא תמנע. 15, בר' שם. 16, במד' כ"ח:ד'. 18 על דברך לעשותו,--יר' א':י"ב. 19 האהבה...השורה,--ע"פ מאמר רשב"י(בבר"ר נ"ה.ח'),ר"ל אע"פ שהיו לאברהם כמה עבדים, חבש בעצמו את חמורו כדי לעשות את רצונו של הקב"ה. ויקם בשמחתו,--בשמחה בזריזות למצוה,הש' פסחים ד'.א. 20 בר' כ"ב:ג'. 21 לעשות רצונך,--ע"פ לשון בר"ר שם:"תבוא חבשה שחבש אברהם אבינו לילך ולעשות רצונו שלמי שאמר והיה העולם." איום,--(חבק' א':ז'),כנוי להקב"ה. 23 קרואים...לתמם,--ש"ב ט"ו:א'. וראו כבודך,--ע"פ בר"ר נ"ו.א':"ראה ענן קשור בהר וכו'." 23-24 ביום וכו',--שמ' י"ט:ט"ז. 25 אזו...חלציו,--איוב ל"ח:ג'. 26 ולא חשב אדם,--הש' פי' ספר ערוגת הבושם,ג',עמ' 571:"לא היה בעיניו כלום חשוב שפיכת דמו של יצחק בנו כלפי אהבת המקום." 27-28 דם זבחי וכו',--שמ' ל"ד:כ"ה. 29 רחמיך נכמרו,--בר' מ"ג:ל'. ועליו זרחו,--רחמיך. 30, בר' כ"ב:י"א-י"ב. 31 כי ...זרע,--שם כ"א:כ"ב. 31-32 הניחו וכו',--שמ' ט"ז:כ"ג. 34 לכבסם הרב,--(תהל' נ"א:ד'),פי' לכבסם הרבה מעוונותיהם. 35 תנתן...בשאלתם,--אסתר ז':ג'. נכספה,--מוסב על "נפשם",ע' תהל' פ"ד:ג'. 35-36 בערב וכו',--(אסתר ב':י"ד),באה הנפש

להתפלל בערב ובבקר. 37 בקר קולם תשמע,--תהל' ה':ד'. 38, ע"פ הושע י"ד:ג'. 39 ולקחו,--ע' שם:"קחו עמכם דברים. 40 והם וכו',--(שמ' ל"ו:ג'),והכוונה אל התפלה(-נדבה,ע"פ תהל' קי"ט:ק"ח). 42 ותשליך...חטאתינו,--מיכה ז':י"ט. 43 העבר עוונינו,--ש"ב כ"ד:י'. 42-43 ולא ישאירו וכו',--(במד' ט':י"ב),פי' עד אחרי יום הדין,הש' <u>ספר ערוגת הבושם</u>,שם.

ר' מרדכי בר שבתי הארוך

ז. "חטאנו" סטרופי ללילי אשמורות בן י"ד מחרוזות. לכל מחרוזת ארבעה טורים והטור הרביעי הוא שבר-פסוק המסתיים במלת "הזה". החתימה: מרדכי בר שבתי סופר מקשטוריא. פורסם: <u>סליחות הרומניוטים</u>, עמ' 57. (ד. מ' 1463).

חָטָאנוּ צוּרֵנוּ סְלַח לָנוּ יוֹצְרֵנוּ

מָלְאוּ מָתְנַי חַלְחָלָה וּפַלָּצוּת אָחַז בְּשָׂרִי/ כִּי נַחְלָה מַכָּתִי וְגָדוֹל כַּיָּם שִׁבְרִי
וָאוֹמַר: עַל מֶה עָשָׂה יְיָ כָּכָה, מֶה חֳרִי/הָאַף הַגָּדוֹל הַזֶּה?

רָחֲפוּ כָּל עַצְמוֹתַי וְלִבִּי הוֹמֶה בַּחֲלָלִי/כִּי הַיָּם הוֹלֵךְ וְסוֹעֵר וַיֶּהֱמַר לְמוּלִי
וּמִשְׁבָּרָיו וְגַלָּיו עָבְרוּ עָלַי וָאֵדְעָה כִּי בְּשֶׁלִּי/ הַסַּעַר הַגָּדוֹל הַזֶּה.

דָּמִיתִי כְּשׁוֹכֵב בְּלֶב-יָם כִּי קִצִּי אָרַךְ חֶבְלוֹ/וְחֶזְיוֹנִי נִסְתַּם וְנֶחְתַּם וּמְשִׁיחִי נִכְרַת וְאֵין לוֹ
כַּחֲלֹם אִישׁ חֲמוּדוֹ וְהַכֹּל חָרְדוּ וַיֹּאמְרוּ לוֹ:/ מָה הַחֲלוֹם הַזֶּה?

כְּרָחֵל לִפְנֵי גוֹזְזֶיהָ דּוּמִמָּה, נֶאֱלָמָה/נִדְמוּ בָנֶיךָ כְּבַד בְּנֵי קְטוּרָה וְאָהֳלִיבָמָה
לָמָּה אֱלֹהִים זְנַחְתָּ לָנֶצַח וְלָמָּה/הֲרֵעוֹתָ לָעָם הַזֶּה?

יִירַשׁ אַרְצָם אֱדוֹם וַיָּגֶל בְּנֵי בִנְיָמִן וּפֶרֶץ/וַיִּתְּשֵׁם מֵעַל אַדְמָתָם וַיִּפְרוֹץ בָּהֶם פֶּרֶץ
וַיְנִיעֵם וַיְנִידֵם וַיַּשְׁלִיכֵם אֶל אֶרֶץ/אַחֶרֶת כַּיּוֹם הַזֶּה.

בֵּית קָדְשְׁךָ וְתִפְאַרְתֶּךָ לְעִיִּים הוּמַר/ וְגָלָה כְבוֹדוֹ מִמֶּנּוּ וַעֲבוֹדָה וּמִשְׁמַר
וְאַיֵּה מַרְאֶה אֲשֶׁר רָאָה יַעֲקֹב וַיֹּאמַר:/ מַה-נּוֹרָא הַמָּקוֹם הַזֶּה?

רָחַב פִּי אוֹיְבַי וְלָשׁוֹן הֶאֱרִיכוּ/ וְעַל הַפֶּרֶק עָמְדוּ פְּלִיטָיו, וַיַּפְרִיכוּ
מִיּוֹם אֲשֶׁר אָמַרְתָּ לָהֶם: הַשְׁלִיכוּ/אוֹתוֹ אֶל הַבּוֹר הַזֶּה.

שָׁנְנוּ לְשׁוֹנָם כְּמוֹ נָחָשׁ וְעָלָיו יִגְבְּרוּ/ וְתָמִיד יְחָרְפוּהוּ: מַה תּוֹחִיל מְדוּכָּא, זְמַנִּים אֵחֲרוּ?
וְאַיֵּה אֱלֹהֶיךָ אֲשֶׁר בָּטַחְתָּ בוֹ, וַיֹּאמְרוּ/אֵלָיו: מָה הַבִּטָּחוֹן הַזֶּה?

בִּיטָה וּרְאֵה חֶרְפָּתִי וְגָאָלֵנִי/מִיַּד צָר וְהַעֲלֵנִי מִבּוֹר שָׁאוֹן אֲשֶׁר בּוֹ שַׂמְתַּנִי,
עֲשֵׂה עִמִּי חֶסֶד וּזְכַרְתַּנִי וְהוֹצֵאתַנִי/מִן הַבַּיִת הַזֶּה.

תְּלָאוֹתַי רָאֵה וְרִיבָה אֶת יְרִיבַי וּמְהוֹלָלַי/ הַחֲזֵק מָגֵן וְצִנָּה לְהוֹשִׁיעַ קְהָלַי
מְשִׁיחֲךָ גַּלֵּה לְהַחֲיוֹת רוּחִי וְהָסֵר מֵעָלַי/רַק אֶת הַמָּוֶת הַזֶּה.

יוֹם פִּדְיוֹן וּשְׁנַת רָצוֹן קְרָא, וּבָאוּ הָאוֹבְדִים,/וְיוֹם נָקָם לְשַׁלֵּם לַאֲשֶׁר עַמְּךָ מַעֲבִידִים
וּלְהִנָּקֵם מֵאוֹיְבֵיהֶם לִהְיוֹת הַיְּהוּדִים/עֲתִידִים לַיּוֹם הַזֶּה.

תּוֹסִיף שֵׁנִית יָדְךָ לִקְנוֹת שְׁאָר עַמְּךָ הַנִּבְאָה/ אֲשֶׁר רוּדַּף מֵאֲרָיוֹת וְנִשְׁבַּר וְנִשְׁבָּה
וְאֵין רוֹאֶה,
כְּנוֹס אוֹתָם אֶל תּוֹךְ אַרְמוֹן וּרְאֵה/כִּי עַמְּךָ הַגּוֹי הַזֶּה.

סְלוֹחַ סְלַח חֵטְא שִׁמְךָ יְעִידוּן/ וּפְדֵם מִכׇּל עָוֹן אֲשֶׁר יִשְׁגּוּ בַּאֲשֶׁר יְזִידוּן,
רְצֵם כְּרֵיחַ נִיחֹחַ וְשָׁמָּה יַעַבְדוּן/אֶת הָאֱלֹהִים עַל הָהָר הַזֶּה.

מְקוֹם שִׁכְנְךָ שַׁהֵר וְעִירְךָ רַחֵם וְכוֹנְנָהּ,/ וְשׁוּב אֵלָיו הוֹדְךָ וּכְבוֹדְךָ כְּבָרִאשׁוֹנָה,
אֲזַי בְּשׁוּבְךָ בְּצִיּוֹן עַיִן בְּעַיִן אָסוּרָה-נָּא/וְאֶרְאֶה אֶת הַמַּרְאֶה הַגָּדוֹל הַזֶּה. אל מלך

1 מלאו וכו',--יש' כ"א:ג'. ופלצות וכו',--איוב כ"א:ו'. נחלה,--יר' י':י"ט, ופי' רש"י:בחלה,ל' חולי. 3 רחפו,--יר' כ"ג:ט' ופי' רש"י: רחפו,הולכים ובעים ככנפי צפור המרחף על קנו. בחללי,--בקרבי. ובא,הנוסח: כחלילי,ייתכן ע"פ "ולבי אל אנשי קיר חרש כחלילים יהמה,"(יר' מ"ח:ל"ו). ויחמר,--תהל' מ"ו:ד' ופי'רש"י: יגרשו רפש וחומר וטיט. 4 בשלי,--יונה א':י"ב, כלו' מפני חטאי. 5 דמיתי וכו' ,--(משלי כ"ג:ל"ד)**ישראל בגולה רואה את עצמו כאובד בלב ים ובלא כל סכוי להגיע ליבשה ולהנצל.** קצי ארך חבלו,--ארך חבלו של קצי, **ורמז לחבלי משיח**(ע' סנהד' צ"ח,ב)לפני הגאולה(עת קץ,ע' דני' י"ב:ד')שהנם ארוכים וקשים. וחזיוני נסתם ונחתם,--דני' י"ב:ד',ט'. ומשיחי נכרת וכו',--דני' ט':כ"ו. 6 כחלם איש חמודו ,--כאשר חזה דניאל,איש חמודות. חרדו,--השווה רמב"ם,<u>אגרת תימן</u>,הוצ' מ.ד.רבינו-ביץ,(ירושלים,תש"ך),עמ' קנ"ה: הקץ הזה הארוך שפחדו הנביאים וחרדו מרוב אריכ-ותו. ויאמרו לו,--איש אל אחיו. מה וכו',--(בר' ל"ז:י')מה פתרונו של חזון דני-אל ומתי יבוא משיח הגואל. 7 כרחל וכו',--יש' נ"ג:ז'. נדמו,--(הושע ד':ו') נכרתו. קטורה,--בני ישמעאל(בר' כ"ה:ב'). ואהליבמה,--ובני עשו,(שם ל"ו:י"ד), ע' צונץ,<u>ס.פ.</u>,עמ' 463. 9 ויגל וכו',--פרץ,פי' שבט יהודה, ויגל במקום ויגלו [שיבוי במספר] ויפרוק בהם פרק,--שבר,ע' נחמ' ו':א'. 10 וינועם וינידם,--בר' ד':י"ב. 11 לעיים,--תהל' ע"ט:א'. ועבודה,--במקדש. ומשמר,--משמרת כהנים,ע' תענית כ"ז,א. 12 מראה,--בר' כ"ח:י"ז שדרשוהו חז"ל (בבר"ר ס"ט.ז'): הראה הקב"ה ליעקב בית המקדש בנוי וחרב ובנוי...ויאמר: 'מה נורא המקום הזה'--זה בנוי. 13 רחב וכו',--ש"א,ב':א'. ולשון האויבו,--בגסות ובעזות פנים. הפרק,-- עובד' י"ד,ופי' רש"י: מקום שהבורחים יוצאים דרך שם להמלט. ויפריכו,--(משלי י"ד:י"א),מוסב על "אויבי". 14 להם,--ל"אויבי". השליכו וכו',--(בר' ל"ז:כ"ב) כלו' אמר הקב"ה לאויב להגלות את ישראל, והאויב הצליח(ויפריכו)בעבודתו. 15 שננו וכו',--תהל' קמ"ד'. יחרפוהו,--(נחמ' ו':י"ג) האויבים את ישראל. מדוכא

,--(ישׁ' ב"ג:ה') ישראל המוכבע בגולה. אחרו,--זמן הגאולה אחר לבוא. 16 ויאמרו אליו,--אויבי ישראל המשיכו לגדף. הבטחון,--מ"ב, י"ח:י"ט. 17 בישה,--במקום הבי-טה לצורך אקרוסטיכון השם,ע' צונץ,<u>ס.פ.</u>,עמ'381. שאון,--מגזרת 'שואה' ע'תהל' מ':ג' ופי' ראב"ע,שם. 18 והוצאתני וכו',--בר' מ':י"ד. 19 ומהולליו,--תהל' ק"ב:ט' ופי' רש"י: המתלוצצים בי,ל' הוללות. וצנה,--תהל' ל"ה:ב'. 20 משיחך ,--משיח הגואל. ויסר וכו',--שמות י':י"ז. 21 ושנת וכו',--ישׁ' ס"א:ב'. הארב-דים,--בארץ אשור והנדחים בארץ מצרים,ע' שם,כ"ז:י"ג. נקם,--שם ס"א:ב'. לאשר ,--לאויבי ישראל. 22 ולהנקם וכו',--אסתר ח':י"ג. 23 לקנות,--ישׁ' י"א:י"א. הנבאה,--הנדכה. מארירות,-- כינוי לאויבים. ואין רואה,--אין שם על לב. 24 כנוס,--יחז' ל"ט:כ"ח. וראה וכו',--שמות ל"ג:י"ג. 25 שמך יעידון,--רומז לב"י, עדים למקום,ע"פ ישׁ' מ"ג:י'. ישגון...יזידון,--אם בשוגג או במזיד. 26 בריח ניחוח,--בקרבן מזבח במקדש הבנוי,ע"פ יחז' כ':מ"א. יעבדון וכו',--שמות ג': י"ב. 27 שכנך,--(דבר' י"ב:ה')רומז למקדש. 28 עין בעין,--יראו,ע"פ ישׁ' נ"ב:ח'. אסורה-נא וכו',--שמות ג':ג'.

ר' מרדכי בר שבתי הארוך

ח. "תחנון" ליוה"כ, כעין שיר-איזור, בעל מדריך וארבע מחרוזות בנות שלושה טורים כל אחת וטור איזור. כל טורי האיזור מסתיימים במלת "יי". החריזה: אא, אא, אא, אא//בג, בג, בג, בג/אא//וכו'. החתימה: מרדכי. המקור: כה"י ו, עמ' 338. (אין בד.).

מְרוֹמִים אֶשָּׂא עֵינַי/וְאֶתְחַנַּן אֶל יְיָ
זְכוֹר בְּרִית אֵיתָנַי/וּשְׁמַע שַׁוְעַת הֲמוֹנַי
וְאִם רַבּוּ זְדוֹנַי/חַנּוּן וְרַחוּם יְיָ
אָהַבְתִּי כִּי יִשְׁמַע יְיָ/אֶת קוֹלִי תַּחֲנוּנָי.

רְאֵה עָנְיִי וּבִכְיִי/וְשָׂא פִּשְׁעִי וְחוֹבִי
וְאַל תִּפְנֶה לְקִשְׁיִי/אַתָּה מַלְכִּי וְאָבִי
דְּלֵנִי מִשִּׁבְיִי/חֲבוֹשׁ שִׁבְרִי וּכְאֵבִי
וְאִם גָּדְלוּ עֲווֹנַי/עֲשֵׂה לְמַעַנְךָ יְיָ.

דְּלָתֶיךָ דּוֹפֶקֶת/עֲדַת נִין אַב הֲמוֹנִים
וְעָלֶיךָ מִתְרַפֶּקֶת/בִּבְכִי וּבְתַחֲנוּנִים
וְלִבָּהּ כְּאֵשׁ דּוֹלֶקֶת/עַד תַּשְׁקִיף מִמְּרוֹמִים
אַתֶּם עַמִּי וּבָנַי/שׁוּבוּ עָדַי נְאֻם יְיָ.

כַּבִּיר מַשְׁפִּיל רָמִים/וְדַל מֵעָפָר מְקִימִי
בְּנֵה מִקְדַּשׁ הֲדוֹמִים/וּמִזְבְּחִי וְאוּלַמִּי
וְתַעֲבִיר הַיּוֹם אֲשָׁמִים/וּמִשַּׁעֲרֵי שְׁאוֹל תְּרוֹמְמִי
וְתַאֲזִין חִנּוּנַי/וְתָאִיר גֵּרִי יָהּ.

יֵרָא אֲדֹנָי/ וְיָרִיב רִיבִי וְדִינִי
וְיִשְׁלַח לִבְנִי/עַל חֲמוֹר רוֹכֵב עָנִי
וּמִתַּחַת יַד מְעַנַּי/יוֹצִיאֵנִי יִגְאָלֵנִי
וְלִזְבוּל אַרְמוֹנַי/יָשׁוּב יְשִׁיבֵנִי יָהּ.

1א, יש' מ':כ"ו. 1ב, דבר' ג':כ"ג. 2א, זכור ברית אבות(-איתני, כנוי לאבות ע"פ ר"ה י"א,א: "מנין שבתשרי נולדו אבות שנאמר[במ"א,ח':ב']: 'ויקהלו אל המלך שלמה ...בירח האיתנים בחג,' ירח שנולדו בו איתני עולם"). 2ב, ושמע תפלת קהל ישראל (-המוני). 3א, עזרא ט':ו'. 3ב, תהל' קי"א:ד'. 4אב, שם שם קמ"ז:א'. 5אב, שם כ"ה:י"ח. 6א, דבר' ט':כ"ז. 7א, ע"פ תהל' ל':ב', ור"ל הוציאני מגולה. 7ב, יש' ל':כ"ו. 8א, בר' ד':י"ג. 8ב, דבר' ט':י"ט. 9א, על תמונת ההתדפקות על דלתות התשובה שה' פותחן לחוטאים ע' ב"ר כ"א.ו' ול"ח.ט' והשורה "האוחז ביד מדת מש־פט," בפיוטי ינאי, עמ' של"ו: "הפותח לדופקי פתחו בתשובה." 9ב, עדת בני אברהם (-אב המונים,ע' בר' י"ז:ה'). 10א, ל' "מתרפקת על דודה,"(שה"ש ח':ה'),ר"ל נש־ענת על הקב"ה,דודה. 10ב, יר' ג':כ"א. 11א, הכוונה ללהט החשק הבוער כאש בחזה ישראל, אוהב ה', מקביל ל"ועליך מתרפקת," לעיל שו' 10א. ע' לעיל עמ' 17,מוטיב רווח בשירת החשק החילונית וגם בנושאים לאומיים, כגון עם ישראל ואלוהיו, סב־לות הגלות והכמיהה לגאולה. 11ב, תהל' ק"ב:כ'. 12ב, יואל ב':י"ב. 13א,"כביר", כנוי להקב"ה,ע"פ איוב ל"ו:ה'. "משפיל רמים",ע"פ יש' ב':י"ז. 13ב, תהל' קי"ג:ז'. 14א, בנה בית המקדש של מטה(-הדומים,ע"פ יש' ס"ו:א'). 14ב, יחז' ח':ט"ז. 15אב, הצילני מן המיתה(-משערי שאול,ע"פ תהל' ל':ד')ע"י מחילת העוון(-ותעביר ...אשמים,ע"פ איוב ז':כ"א). "היום",--רמז לייעודו של הפיוט. 16א, "חנוני", פי' תפלותי, ע"פ ספרי,ואתחנן,כ"ו: "י' לשונות נקראת תפלה...חנון." 16ב, תהל' י"ח:כ"ט. ר"ל: ותשלח לי עזרה. 17אב, ע"פ שמ' ה':כ"א: "ירא ה' עליכם וישפוט" (-יריב ריבי ודיני,ע' יר' נ':ל"ד ודבר' י"ז:ח'). 18אב, וישלח לישראל(לבני,ע' שמ' ד':כ"ב)משיח הגואל(-על חמור וכו',ע"פ זכר' ט':ט': "עני ורוכב על חמור," שדרשוהו חז"ל[בסנהדרין צ"ח,א]על מלך המשיח. 19א, "מעני," ע"פ יש' ס':י"ד. 20א, ולבית המקדש הבנוי(-ולזבול ארמוני,ע"פ מ"א,ח':י"ג ויר' ל':י"ח). 20ב, ש"ב,ט"ו:ח'.

ר' מרדכי בר שבתי הארוך

ט. סליחה סטרופית מש רשרת לנעילת יוה"כ בעלת י"א מחרוזות המתחילות והמסיימות את טוריהן במלת "חסד". לכל מחרוזת ארבעה טורים והטור הרביעי הוא שבר-פסוק. החתימה: מרדכי בן שבתי הספר יחי. המקור: ר, עמ' 356. (אין בד.).

[חֶסֶד] מֵאָז כּוֹנַנְתָּ שָׁמַיִם מֵעוֹלָם אָתָּה
רַחֲמֶיךָ הִקְדַּמְתָּ וּבָהֶם אוֹתוֹ הֶעֱמַדְתָּ
רוֹמַמְתָּ כִּסֵּא מַלְכָה וּבִשְׁמַיִם עָרַכְתָּ
בְּמִשְׁפַּט אֱמֶת וְהוּכַן בְּחֶסֶד.

חֶסֶד רָצִיתָ וְלֹא זֶבַח וְדַעַת לָדַעַת אוֹתְךָ מַלְכִּי
וּמֵאָז הִקְדַּמְתָּ תְּשׁוּבָה לְיַשֵּׁר דַּרְכִּי
כִּי גָדוֹל עַד שָׁמַיִם חַסְדֶּךָ וְיִבָּנֶה כִּי
אָמַרְתִּי עוֹלָם חֶסֶד.

חֶסֶד דָּרַשְׁתָּ לְצַדִּיק תָּמִים בְּדוֹרוֹתָיו, הַנִּמְצָאִים
נִהַלְתָּ בְּעָזְּךָ וּבְרַחֲמִים לְכָל הַבָּאִים
עֵת פָּתַחְתָּ אֲרֻבּוֹת שָׁמֶיךָ אֲשֶׁר קְבַעְתָּם, אִם
לְשֵׁבֶט אִם לְאַרְצוֹ אִם לְחֶסֶד.

חֶסֶד כּוֹנַנְתָּ לְאַב הֲמוֹן וְהוֹצֵאתוֹ מֵחוּר פֶּתֶן
וְנִשְׁבַּעְתָּ לוֹ: לְזַרְעֲךָ אֶת כָּל הָאָרֶץ אֶתֵּן;
בְּאֶקֶם אֶת דְּבָרֶיךָ וּלְבָנָיו אַחֲרָיו, תִּתֵּן
אֱמֶת לְיַעֲקֹב חֶסֶד.

חֶסֶד יָדַעְתָּ שְׁבָטֶיךָ בְּשִׁבְעִים כְּנוֹדָעוּ
הִרְבִּיתָם כְּכוֹכְבֵי הַשָּׁמַיִם וְלֹא נִכְנָעוּ
רְבָבָה כְּצֶמַח הַשָּׂדֶה בְּאֹמֶר לָהֶם: זִרְעוּ
לָכֶם לִצְדָקָה קִצְרוּ לְפִי חֶסֶד.

חֶסֶד בָּחַרְתָּ לִגְאוּלֶיךָ בְּאֶרֶץ עֲרָבָה וְשׁוּחָה
וְשָׁמַיִם נָטִיתָ וְדִבַּרְתָּ עִמָּהֶם בְּשִׂמְחָה
וְהִגְדַּלְתָּ תוֹרָה וְהֶאֱדַרְתָּ וּפִיהָ פָּתְחָה
בְּתוֹרַת חֶסֶד.

חֶסֶד נָחִיתָ כַּצֹּאן עַמְּךָ וְהִגְדַּלְתָּ יְשׁוּעוֹת מַלְכּוֹ,
חִזַּקְתָּ יָדוֹ עַל אוֹיְבָיו וּתְאַמֵּץ בִּרְכּוֹ,
"לֶכְתֵּךְ אַחֲרַי בַּמִּדְבָּר," קָרָאתָ לוֹ, כֹּה
אָמַר יְיָ: זָכַרְתִּי לָךְ חֶסֶד.

חֶסֶד שְׁמוֹר וּבְרִית אָבוֹת וַעֲשֵׂה עִמָּנוּ לְמַעַן
בְּרִיתְךָ אֲשֶׁר כָּרַתָּ עִמָּהֶם וְהַיּוֹם שִׁיתֵנוּ תַעַן
תֵּפֶן אֵלֵינוּ בְּטוּבְךָ וּמַשְׂטִין גְּעַר בּוֹ יַעַן
אֲשֶׁר לֹא זָכַר עֲשׂוֹת חֶסֶד

חֶסֶד הַרְאֵה וְיֶשַׁע תֵּן לְעַם פָּדִיתָ בְּיָד חֲזָקָה
סְפָרִים הַיּוֹם בְּחוֹתָמְךָ חָתְמֵהוּ לְחַיִּים לְפוּרְקָה
גּוֹאֵל וּמוֹשִׁיעַ, אִם חוֹיָב כָּלָה,--צְדָקָה
תְּרוֹמֵם גּוֹי חֶסֶד.

חֶסֶד וֶאֱמֶת יְקַדְּמוּ פָּנֶיךָ טוֹבְךָ מְעוֹנָי
פְּדֵנִי הַיּוֹם וְכַפֵּר שְׁגָגוֹתַי וּזְדוֹנָי
רַחוּם, אִם גָּדוֹל עֲוֹנִי מִנְּשׂוֹא הִנֵּה אַתָּה יְיָ
אֵל רַחוּם וְחַנּוּן אֶרֶךְ אַפַּיִם וְרַב חֶסֶד.

[חֶסֶד] יְהִי נָא עָלַי כַּאֲשֶׁר יִחַלְתִּיךָ אֵל אֱמוּנָה
חֵן וָחֶסֶד אֶמְצָא לְפָנֶיךָ וּסְלִיחָה בַחֲנִינָה
יוֹשֵׁב כְּרוּבִים הוֹפִיעַ וּלְעֶזְרָתִי הַקְרֵה-נָא
לְפָנַי הַיּוֹם וַעֲשֵׂה חֶסֶד.

1, ע"פ תהל' צ"ג:ב'. 2, בתחלה עלה במחשבה לברוא את העולם במדת הרחמים(-רחמיך הקדמת,השורה בר"ר י"ב.ט"ו)והנהיג את עולמו במדת הרחמים(-ובהם אותו העמדת,ע' אותיות דר' עקיבא,אות ה"א: "אמר הקב"ה: במדת רחמים בראתי את העולם ובמדת רח-מים אני מנהיגו"). 3 רוממת כסא ממלכה,--(יש' ו':א'), ואז היה על הנבראים בעו-לם לחלוק כבוד למלכות שמים ולקבל עולה עליהם. 4-3 ובשתים וכו',--ובשתים ערכת את העולם,במדת הדין(-במשפט אמת)ובמדת הרחמים(-והוכן בחסד),וע' בר"ר,שם: "אמר הקב"ה: אם בורא אני את העולם במידת הרחמים הוי חטייה סגיאין,במידת הדין האיך העולם יכול לעמוד,--אלא הרי אני בורא אותו במידת הדין ובמידת הרחמים והלואי יעמוד." 5, ע"פ הושע ו':ו'. 6 ומאז...תשובה,--ע"פ מאמר חז"ל(בפסחים נ"ד,א): "ז' דברים נבראו קודם שנברא העולם ואלו הן: תורה ותשובה וכו'." לישר דרכי,--משלי ג':ו'. 7 כי...חסדך,--תהל' נ"ג:י"א. 8-7 ויבנה...חסד,--שם פ"ט:ג'. 9, זכרת(-חסד דרשת)את נח,צדיק תמים בדורותיו(ע"פ בר' ו':ט'),וכל הנמצאים אתו בתיבה(ע' שם ח':ו'). 10, והצלת(-נהלת בעוז,ע"פ שמ' ט"ו:י"ג)ברחמים את כל הבא-ים אל התיבה(ע' שם ז':ט"ז). 12-11, בזמן שהֵבֵיתָ מבול מים על הארץ(-עת פתחת ארובות שמיך,ע' שם ז':י"א),אותם המים אשר צִוִּיתָ(-קבעתם,ע' בר"ר ה'.ה')לעבוש דור חוטא,--דור המבול(-אם לשבט,ע' איוב ל"ז:י"ח),גם לרדת על הארץ ע"פ גזירתך

(-אם לארצו,ע' איוב,שם),דגם להפליא חסד לדור של צדיקים ולרדת בשפע(-אם לחסד,
ע' שם,שם). 13, עשית חסד(-חסד כרבבת)עם אברהם(-אב המון,ע"פ בר' י"ז:ד')והוצ-
אתו מאדר כשדים(-מחור פתן,ע' יש' י"א:ח' ופי' רש"י,שם, ור"ל ממאורת הכשדים,
המשולים לפתנים. 14, ע"פ בר' י"ב:ז'. 15 ותקם...אחריו,--שמ' כ"ט:כ"ט. 15-16
תתן וכו',--ע"פ מיכה ז':כ'. 17, עשית חסד(-חסד יְדעת,ע"פ איוב ל"ח:י"ב)עם שבטי
ישראל שירדו,שבעים בפש,(-בשבעים,ע' שמ' א':ה')מצרימה,וכבודעו שאחי יוסף הם,
הזמין אותם פרעה להתישב במיטב הארץ,ע' בר' מ"ז:ו'. 18, ע"פ נחמיה ט':כ"ג:כ"ד.
19 רבבה וכו',--ע' יחז' ט"ז:ז': "רבבה כצמח השדה נתתיך." 19-20 ותאמר וכו',--
ע"פ הושע י':י"ב ופי' רד"ק,שם: "עשו הטוב בעיני והגמול הטוב שתקחו מאתי יהיה
יותר רב על מעשיכם הטובים." 21 לגאוליך,--כנוי לישראל ע"פ יש' נ"א:י'. בארץ
וכו',--(יר' ב':ו')במדבר. 22 ושמים נטית,--ע"פ יש' נ"א:ט"ז וכתרגומו: "לקימא
עמא דאמיר עליהון דיסגון ככוכבי שמיא." ודברת עמהם בשמחה,--ע"פ דבר' א':ו'-ח':
"רב לכם שבת בהר הזה...בואו ורשו את הארץ." 23 והגדלת...והאדרת,--יש' מ"ב:כ"א.
23-24 ופיה וכו',--(משלי ל"א:כ"ו),מוסב על "תורה". 25 חסד...עמך,--(תהל' ע"ז:
כ"א),בחסד בחית וכו'. והגדלת וכו',--שם י"ח:נ"א,ופי' מצודת דוד: "עושה ישועות
גדולות למלכו ולא בתשלום גמול כי אם בחסד." 26 ותאמץ ברכו,--(איוב ד':ד'),ברכי
ישראל הכורעות לנפול אתה היית מאמץ. 27-28, ע"פ יר' ב':ב'. 29 חסד...אבות,--
ע"פ דבר' ז':ט'. 29-30 ועשה...בריתך,--השורה פיוט עתיק אלפיתי: "עשה למען אמי-
תך", בגס"פ,עמ' י"ד. כרתה,--הוספת ה"א, דוגמת "בגדתה", במלאכי ב':י"ד, והשורה
ש"א,ט"ו:ג' ובר' ג':י"ב ועוד. שיחנו,--תפלתינו,ע"פ תהל' קמ"ב:ג'. תען,--ביטול
ה"א סופית לצורך החרוז. 31 ומשטין וכו',--(זכר' ג':ב'),משטין, מקטרג, השורה
"אבינו מלכנו",תפלה לר"ה,יוה"כ ועשי"ת: "א"מ כלה כל צָר ומשטין מעלינו," ורמז
לאויב ישראל "אשר לא זכר עשות חסד." 32, תהל' ק"ט:ט"ז. 33 חסד...תתן,--שם פ"ה:
ח'. פדית וכו',--נחמ' א':י'. 34 ספרים...לחיים,--ע"פ התפלה לנעילה ביוה"כ:"זכ-
רנו לחיים...וחתמנו בספר החיים וכו'." רמז לייעודו של הפיוט. לפורקה,--במשקל
קוֹטֶל, ר"ל לפורק חטאה, כלו' לחזור בתשובה. 35-36, הקב"ה,ברוב חסדו,גואל ומושיע
את ישראל(-צדקה תרומם גוי,[משלי י"ד:ל"ד],כנוי לישראל ע"פ מאמר חז"ל,בב"ב י'.
ב), אע"פ שהוא חוטא(-חיָּב כלה). 37 חסד...פניך,--תהל' פ"ט:ט"ו. שוכן מעוני,--
כנוי להקב"ה,ע"פ יש' ל"ג:ה' ודבר' כ"ו:ט"ו. 38 שגגותי וזדוני,--עוונותי בשוגג
ובמזיד. 39 רחום,--כנוי להקב"ה. אם גדול וכו',--בר' ד':י"ג. 39-40 אתה וכו'
,--שמ' ל"ד:ו'. 41 יחלתיך,--תהל' ל"ג:כ"ב. אל אמונה,--דבר' ל"ב:ד'. 43 יושב
כרובים וכו',--תהל' פ':ב'. 43-44 ולעזרתי וכו',--בר' כ"ד:י"ב.

ר' מרדכי בר שבתי הארוך

י. סליחה סטרופית בעלת י"ב מחרוזות. כל מחרוזת פותחת במלות הקבע "אלהי אם" והטור הבא פותח ב"הנה נא". לכל מחרוזת ארבעה טורים והטור הרביעי פסוק מן המקרא. החתימה: מרדכי בר שבתי(משולש) הארוך. המקורות: כה"י ק, (בסוף). כה"י ש, עמ' 79. ג, רל"ט. ד, ח"ב,א', עמ' 10. (ד. א' 4371).

אֱלֹהַי אִם מָעַלְתִּי מַעַל וְגָדְלָה עַד לַשָּׁמַיִם אַשְׁמָתִי
הִנֵּה נָא אוֹדִיעֲךָ חַטָּאתִי וַעֲוֹנִי לֹא כִסִּיתִי
מְחֵה כָעָב פְּשָׁעַי אֲשֶׁר עָשִׂיתִי בַּאֲשֶׁר הִרְשַׁעְתִּי
אַל יִמְשְׁלוּ בִי אָז אֵיתָם וְנִקֵּיתִי

אֱלֹהַי אִם רִשַּׁעְתִּי וְהִקְשֵׁיתִי עָרְפִּי נֶגְדֶּךָ
הִנֵּה נָא רֹאשִׁי כְאַגְמוֹן כָּפַפְתִּי וּבִקַּשְׁתִּי חֲסָדֶיךָ
רַחֲמֶיךָ יְקַדְּמוּנוּ נוֹטֶה שָׁמַיִם לְבַדֶּךָ
אַל תָּבוֹא בְמִשְׁפָּט אֶת עַבְדֶּךָ

אֱלֹהַי אִם דִּבַּרְתִּי סָרָה וּמִצְוֹתֶיךָ הֵפַרְתִּי בְּרִשְׁעִי
הִנֵּה נָא דַּלּוֹתִי וְשַׁחוֹתִי עַד עָפָר וְנִפַלְתִּי וְאֵין מוֹשִׁיעִי
דּוֹדִי רְ/צוּרִי אַל תְּמוֹגְגֵנִי בְּיַד עֲוֹנִי וּפִשְׁעִי
אַל תִּטְּשֵׁנִי וְאַל תַּעַזְבֵנִי אֱלֹהֵי יִשְׁעִי

אֱלֹהַי אִם כָּבֵד עֲוֹנִי וְחַטָּאוֹת הִרְבֵּיתִי
הִנֵּה נָא כִּפְלַיִם בְּכָל חַטֹּאתַי מִיָּדְךָ לָקִיתִי
כַּבִּיר/הַטֵּה אָזְנְךָ לִי וּשְׁמַע נָא אִמְרָתִי
אַל תַּעְלֵם אָזְנְךָ לְרַוְחָתִי לְשַׁוְעָתִי

אֱלֹהַי אִם יָקוֹשְׁתִּי וְנִלְכַּדְתִּי בְּחַבְלֵי זְדוֹנִי
הִנֵּה נָא יִסַּרְתַּנִי וָאִוָּסֵר כְּעֵגֶל לֹא לֻמָּד בַּעֲוֹנִי
יָשָׁב-נָא אַפְּךָ וַחֲמָתְךָ מִמֶּנִּי
אַל בְּאַפְּךָ תוֹכִיחֵנִי וְאַל בַּחֲמָתְךָ תְיַסְּרֵנִי

אֱלֹהַי אִם בָּגוֹד בָּגַדְתִּי בָךְ וְנִאַצְתִּיךָ בְּחֻבִּי
הִנֵּה נָא בְּיַד אוֹיְבִי נִמְסַרְתִּי וְחָרְשׁוּ עַל גַּבִּי
בּוֹרְאִי הוֹצִיאָה מִמַּסְגֵּר נַפְשִׁי וּשְׁעֵה נִיבִי
אַל תִּתְּנֵנִי בְּנֶפֶשׁ צָרַי כִּי קָמוּ בִי

אֱלֹהַי אִם רִחַקְתִּי מִתּוֹרָתְךָ וְשָׁכַחְתִּי הִגָּיוֹן
הִנֵּה נָא רָחֲקָה יְשׁוּעָתְךָ מִמֶּנִּי וְנוּאַשְׁתִּי לְכִלָּיוֹן
רַחֲמֶיךָ וַהֲמוֹן מֵעֶיךָ אֵלַי יִתְאַפָּקוּ אֵל עֶלְיוֹן
אַל יָשׁוֹב דַּךְ נִכְלָם עָנִי וְאֶבְיוֹן

אֱלֹהַי אִם שִׁחַתִּי דְרָכַי וּבְרֶשַׁע עָמַדְתִּי עָמוֹד
הִנֵּה נָא שַׂמְתַּנִי לְמִפְגָּע לָךְ וְנִשְׁמַדְתִּי שָׁמוֹד
שַׁדַּי הָפֵר כַּעַסְךָ וּכְפִי מִדּוֹתַי אַל תָּמוֹד
אַל תִּקְצֹף יְיָ עַד מְאֹד

אֱלֹהַי אִם בְּרִיתְךָ הִשְׁלַחְתִּי אַחֲרֵי גֵוִי וְהִרְבֵּיתִי מְשׁוּבָה
הִנֵּה נָא בְּעִמְקֵי יָם הוּשְׁלַחְתִּי וְנָשִׁיתִי טוֹבָה
בְּשׁוּבְךָ פְּדֵנִי מֵאוֹיְבַי וְלִגְאוֹל נַפְשִׁי קָרְבָה
אַל תִּרְחַק מִמֶּנִּי כִּי צָרָה קְרוֹבָה

אֱלֹהַי אִם תָּעִיתִי אַחֲרֵי הַהֶבֶל וּפְעָלַי עַוְלָה
הִנֵּה נָא טָבַעְתִּי בְּטִיט הַיָּוֵן וְנַפְשִׁי נִבְהָלָה
תְּמוֹךְ אֲשׁוּרַי וְהַחֲזֵק בִּימִינִי וְאַל אֶפֹּלָה
אַל תִּשְׁטְפֵנִי שִׁבֹּלֶת מַיִם וְאַל תִּבְלָעֵנִי מְצוּלָה

אֱלֹהַי אִם יָסַפְתִּי לַחֲטוֹא בְּעִקּוּלַי וְנִבְלִי
הִנֵּה נָא יָסַפְתָּ לְיַסְּרֵנִי שֶׁבַע בַּחֲטָאַי וְסִכְלִי
יָהּ פְּנֵה אֵלַי וְחָנֵּנִי וְכַפֵּר נָא מַעֲלִי
אַל תַּסְתֵּר פָּנֶיךָ מִמֶּנִּי בְּיוֹם צַר לִי

אֱלֹהַי אִם הִכְבַּדְתִּי לִבִּי וְאָזְנַי מִשְּׁמוֹעַ דִּינֶיךָ
הִנֵּה נָא אַצְתִּי רַצְתִּי וְחָפַצְתִּי לַעֲשׂוֹת רְצוֹנֶךָ
כְּעוֹלָה וָזֶבַח רְצֵה נָא תְּפִלָּתִי וּכְמַטֶּה עַל אֲרוֹנֶךָ
אִם נָא מָצָאתִי חֵן בְּעֵינֶיךָ

שורה 3 הרשעתי, גד: הרעותי. 5 בגדך, גד: לב דך. 10 מושיעי, ק: מקימי. 14 לקיתי, ק: לקיטי. 17 יקושתי, שגדק: יוקשתי. 18 מעוונבי, ק: בזדונבי. 21 בגוד, ק: חס . 22 אויבים, ש: אויבי. 27 והמון, ש: יהמו; אלי, ש: אולי. 31 כעסך, ש: כעסך ממני; מדותי, גד: מעשי. 33 השלחתי, ק: הושלכתי. 34 הושלחתי, ק: הושלכתי. 35 ולגאול, ק: וגאולת. 43 בא, גד: חסר. 46 אצתי רצתי וחפצתי, קש: אצתי ורצתי וחפצתי; גד: רצתי אצתי חפצתי.

1 מעלתי מעל,--ויק' ה':ט"ו. וגדלה וכו',--עזרא ט':ו'. 2, תהל' ל"ב:ה'. 3, יש' מ"ד:כ"ב; תהל' ק"ו:ו'. 4, תהל' י"ט:י"ד. 5 והקשיתי ערפי,--יר' ז':כ"ו ועוד. 6 ראשי וכו',--(יש' נ"ח:ה')כפפתי ראשי בהכנעה. 7, השורה תהל' ע"ט:ח'; יש' מ"ד:כ"ד. 8, תהל' קמ"ג:ב'. 9 דברתי סרה,--דבר' י"ג:ו' ועוד. 10 דלותי ...עפר,--תהל' קט"ז:ו'; יש' כ"ה:י"ב. 11 ⌈דודי⌉ ⌊צורי,--כנויים להקב"ה. תמוגגני,--(תהל' ס"ה:י"א),תמסמסני, השורה "כי הנה כחומר"(ד. כ' 203):"ברצו־תו חוגג וברצותו ממוגג." 12, תהל' כ"ז:ט'. 13 כבד עווני,--בר' י"ח:כ'. הרבי־תי,--דבה"ב ל"ו:י"ד. 14 כפלים,--יש' מ':ב'. לקיתי,--ל' התלמוד, ע' מכות ג'. י'. 15 ⌈כביר⌋,--(איוב ל"ו:ה'),כנוי להקב"ה. הטה וכו',--יש' ל"ז:י"ז ועוד. 16, איכה ג':נ"ו. 17 יקושתי,--(יר' ב':כ"ד),אם הכנתי לעצמי מוקש. ונלכדתי ,--יר' שם ותהל' ל"א:ז'. 18, יר' ל"א:י"ז, ר"ל בדומה לעגל אשר לא הורגל למשוך בעול(-כעגל לא לֻמד)חטאתי לפניך ומפני חטאי יסרתני ביסורים בגולה ובדו־

מה לעגל הב"ל הלומד למשוך בעול אחרי שמכיבים ומרגילים אותו לעבודתו כך למדתי
לקח מן היסורים שסבלתי(-ראָסר)וחדלתי מעוובי. 19, השווה דניאל ט': ט"ז.
20, תהל' ו':ב'. 21 אם בגוד בגדתי בך,--יר' ה':י"א. ונאצתיך,--יש' א':ד'.
בחבי,--(איוב ל"א:ל"ג),בסתר. 22 נמסרתי,--לעשות בי כרצונם. וחרשו וכו',--
תהל' קכ"ט:ג'. 23 בוראי,--כבוד להקב"ה. הרציאה וכו',--תהל' קמ"ב:ח'. ושעה,--
בר' ד':ד'. ניבי,--תפלתי,ע"פ יש' נ"ז:י"ט. 24, תהל' כ"ז:י"ב. 25 רחקתי
מתורתך,--שם קי"ט:ק"ב. הגירן,--פי' הגירן תורה,השווה פר"א ל"ב, והכוונה
לתלמוד תורה. 26 רחקה ישועתך ממני,--יש' נ"ט:י"א. ונרתתי,--מלה מחודשת
בבניין פֻּעל. לכלירן,--(יש' י':כ"ב)להשמדה. 27 רחמיך...יתאפקו,--ע"פ יש' ס"ג:
ט"ו ופי' מצודת דוד:"מה שבימים הראשונים היו מעיך הומים עלי ורחמת אותי הנה
עתה התחזקו אלי כי אמצת לבבך ומאנת לרחם." יתאפקו,--עניין התחזקות ואומץ
הלב. אל עליון,--בר' י"ד:כ"ב. 28, תהל' ע"ד:כ"א:"...עני ואביון יהללו שמך."
29 שחתי דרכי,--בר' ו':י"ב. וברשת עמדתי עמוד,--כלו' ברשות יצרי הרע,ע"פ
תהל' כ"ה:ט"ו ופי' ראב"ע,שם. 30 למפגע,--איוב ז':כ' ופי' ראב"ע:"כי תפגע בי
ידך ומכתך." שמוד,--מקור מוחלט,מלה מחודשת בקל לצורך החרוז. 31 הפר כעסך
,--תהל' פ"ה:ה'. וכפי מדותי אל תמוד,--השווה סוטה א'.ז':"במדה שאדם מודד בה
מודדין לו." 32, יש' ס"ד:ח'. 33 אם בריתך...גור,--(מ"א י"ד:ט' ויש' ל"ח:י"ז),
פי' אם מאסתי בבריתך. והרביתי משובה,--יר' י"ד:ז'. 34 בעמקי ים,--(תהל' ס"ט:
ג',ט"ו),ר"ל בגולה. ונשיתי טובה,--(איכה ג':י"ז)שכחתי את ימי הטובים שלעבר.
35 פדני מאויבי,--תהל' נ"ט:ב'. ולגאול נפשי קרבה,--שם ס"ט:י"ט. 36, שם כ"ב:
י"ב. 37 תעיתי אחרי ההבל,--ל' "תועי רוח בינה,"(יש' כ"ט:כ"ד)והשווה מ"ב י"ז:
ט"ו ויר' ב':ה'. ופעלתי עולה,--תהל' קי"ט:ג'. 38 טבעתי וכו',--(תהל' ס"ט:ג';
מ':ג'),פי' הייתי שרוי בצער הגולה. ונפשי נבהלה,--שם ו':ד'. 39 תמוך אשורי
,--שם י"ז:ה'. והחזק בימיני,--יש' מ"ה:א'. ואל אפולה,--ש"ב כ"ד:י"ד. 40, תהל'
ס"ט:ט"ז. 41 יספתי לחטוא,--שמ' ט':ל"ד. עקולי,--(חבק' א':ד'),עיוותי. ונכלי
,--(במד' כ"ה:י"ח)ומזימת רשע. 42 יספת...כחטאי,--ויק' כ"ו:י"ח,כ"א. וסכלי,--
(קהלת י':ו')וחוסר שכלי. 43 פנה...וחנני,--תהל' כ"ה:ט"ז ועוד. מעלי,--יחז'
י"ז:כ'. 44, תהל' ק"ב:ג'. 45 הכבדתי לבי,--שמ' ח':י"א. משמוע דיניך,--משלי
כ"ח:ט'. 46 וחפצתי וכו',--תהל' מ':ט'. 47 בעולה...תפלתי,--הושע י"ד:ג';תהל'
קי"ט:ק"ח. וכמזה על ארונך,--וככהן גדול המזה דם פר ושעיר של יום הכפורים
על פני הכפורת אשר על ארון העדות(-ארונך)שבמקדש, ע' ויק' ט"ז:י"ד,ט"ו וי"ט.
48, בר' י"ח:ג' ועוד.

ר' מרדכי בר שבתי הארוך

ר"א. סליחה ליוה"כ בת עשר מחרוזות המסתיימות במלת "הוא". לכל מחרוזת ארבעה טורים והטור הרביעי שבר-פסוק. החתימה: מרדכי הארוך. המקורות: כה"י פ, עמ' 71. ר, עמ' 308. א, עמ' קפ"ז. ג, עמ' שמ"ח. ד, ח"ב,ב', עמ' 55. (ד. מ' 1980).

מְעוֹנָה אֱלֹהֵי קֶדֶם בְּךָ בָטַחְתִּי כִּי אַתָּה
בְּחֶסֶד בָּרָאתָ עוֹלָם וּבְרַחֲמִים הֶעֱמַדְתָּ
הָסֵר אֲשָׁמַי לְמַעַן שִׁמְךָ יְיָ וְסָלַחְתָּ
לַעֲוֹנִי כִּי רַב הוּא

רֶשַׁע אִם הִרְבֵּיתִי לְפָנֶיךָ אֵלִי זֶה
בְּרִית אָהוּב זְכוֹר אֲשֶׁר דִּבַּרְתָּ עִמּוֹ בַּמַּחֲזֶה
הֶרֶב כַּבְּסֵנִי מֵעֲוֹנִי בְּעֶצֶם הַיּוֹם הַזֶּה
כִּי יוֹם כִּפּוּרִים הוּא

דַּלּוֹנוּ מְמַעַשׂ וְאֵין לָנוּ יְשׁוּעָתָה
כִּי אִם עַל צוּר יִשְׂרָאֵל אֲשֶׁר אֵין בּוֹ עַוְלָתָה
לְעֶזְרָתוֹ צִפִּינוּ וְנַפְשֵׁנוּ חִכְּתָה
לַיְיָ עֶזְרֵנוּ וּמָגִנֵּנוּ הוּא

כְּבוֹשׁ חַטָּאת עַמְּךָ אֲשֶׁר חָטָא וּמָעַלוֹ
וּרְצֵה תְפִלּוֹתָיו הַיּוֹם אֲשֶׁר יַרְבֶּה לוֹ
פְּדֵה נַפְשׁוֹ מִנִּי שַׁחַת וּבָאֵשׁ לֹא
יֵאָכֵל כִּי קֹדֶשׁ הוּא

יְבוּקַּשׁ אֶת עֲוֹן יִשְׂרָאֵל וְאֵינֶנּוּ וְתַמְצִיא לוֹ פִּדְיוֹם
וְחַטֹּאתָיו לֹא תִמָּצֶאנָה כִּי תִסְלַח נוֹרָא וְאָיוֹם
הַעֲבִירֵם מִלְּפָנֶיךָ בַּאמֹר לָהֶם שַׁבָּת הַיּוֹם
לַיְיָ הַיּוֹם לֹא תִמְצָאֻהוּ

הַיּוֹם תְּכַפֵּר עָוֹן וְלֹא תַשְׁחִית לְעַם מִתְוַדֶּה עַוְלוֹ
יִוָּדַע הַיּוֹם כִּי אַתָּה נַחֲלָתוֹ חֶלְקוֹ וְחֶבְלוֹ
חֲטָאוֹ אִם יַאְדִּים כַּתּוֹלָע בְּסָלְחֲךָ הִנֵּה כֻלּוֹ
הָפַךְ לָבָן טָהוֹר הוּא

אֱלֹהִים אַל תָּשֶׁת עָלָיו חַטָּאת וְאִם אָוֶן רָאָה בְּלִבּוֹ
הַסְתֵּר פָּנֶיךָ מֵעֲוֹנוֹ הַשָּׁמוּן בְּחֻבּוֹ
וְרָאָה כָל הָעָם אֲשֶׁר אַתָּה בְּקִרְבּוֹ
אֶת מַעֲשֵׂה יְיָ כִּי נוֹרָא הוּא

רָצוֹן יָפִיק מִלְּפָנֶיךָ עַם זוּ יְצַרְתָּ
וְשׂוֹטֵן הַמַּשְׂטִין תְּדַמֵּם וְהַרְחֵק עַתָּה
גְּעוֹר בּוֹ: רֵד מִזֶּה כִּי הַמָּקוֹם אֲשֶׁר אַתָּה
עוֹמֵד עָלָיו קֹדֶשׁ הוּא

וְאַתָּה יְיָ קְחָה תְפִלָּה רִנָּה וּתְחִנָּה
רוֹעַ דִּינוֹ קְרַע כִּי עָלֶיךָ הַיּוֹם פָּנָה
וְכָל עֲווֹנוֹתָיו מְחֵה יְיָ אֱלֹהִים וּסְלַח נָא
מִי יָקוּם יַעֲקֹב כִּי קָטֹן הוּא

כּוֹפֶר בְּנַפְשׁוֹ יוּשַּׁת עָלָיו וְיוּתַּן פִּדְיוֹן נַפְשׁוֹ שִׂיחַ
אֲשֶׁר עָרַךְ לְפָנֶיךָ וְתֵרָצֶה לוֹ עָצְמָה וְכֹחַ
מַעֲנֵה לְשׁוֹנוֹ יַעַל וְהָיָה לְרֵיחַ נִיחֹחַ
אִשֶּׁה לַיְיָ הוּא.

שו' 2 וברחמים, פ: וברחמים אותו. 6 אהוב, גדפ: אהובך; זכור, גדפ: תזכור; עמו, גדפ: אותו. 9 ממעש, ר: ממעשים. 10 צור, ר: אל. 11 לעזרתו, גדפ: לעזר־תנו. 14 תפלותיו, ר: תפלתו. 19 מלפניך, גדפ: לפניך. 22 נחלתו, ר: מנת. 33 קחה תפלה, גדפ: קח נא.

1 מעונה אלהי קדם,--דבר' ל"ג:כ"ז ופי' רש"י:"למעון הם השחקים לאלהי קדם שקדם לכל אלהים." 2, השווה תפלת "נשמת כל חי":"המנהג עולמו בחסד ובריותיו ברחמים," והש' "חסד מאז כוננת," לר' מרדכי בר שבתי(<u>אנתולוגיה</u>, עמ' 88-90): "רחמיך הקדמת ובהם אותו(-העולם)העמדת," והש' מאמר חז"ל(בבר"ר י"ב.ט"ו):"כך אמר הקב"ה: אם בורא אני את העולם...במדת הדין האיך העולם יכול לעמוד אלא הרי אני בורא אותו במדת הדין ובמדת הרחמים והלואי יעמוד." 3 אשמו,--חטאו. 3-4 למען וכו',--תהל' כ"ה:י"א. 5 אלי זה,--שמ' ט"ו:ב'. 6 אהוב,--כנוי לאב־רהם, הש' תנחומא, נח,י"ד:"אברהם שדקדק על המצוות לפיכך נקרא אוהבו של הקב"ה." במחזה,--בר' ט"ו:א'. 7 הרב כנסני מעווני,--תהל' נ"א:ד'. 7-8 בעצם וכו',-- ויק' כ"ג:כ"ח. 9 דלונו ממעש,--(תהל' ע"ט:ח'),פי' דלונו ממעשים טובים,והש' "אנחנו אשמנו במעשינו הרעים,"(ד.א' 6530)לשמואל:"דלונו מאד ממעש ומצדק גרו־עים." ואין לנו ישועתה,--תהל' ג':ג'. 10 על,--על ידי. עולתה,--תהל' צ"ב:ט"ז. 11-12 ונפשנו וכו',--תהל' ל"ג:כ'. 13 כבוש חטאת עמך,--ל' "יכבוש עוונותינו," (מיכה ז':י"ט). ומעלו,--מוסב על "כבוש". 14 תפלותיו וכו',--יש' א':ט"ו. 15 פדה...שחת,--איוב ל"ג:כ"ח. 15-16 ובאש וכו',--(שמ' כ"ט:ל"ד),ובאש,--מוסב על "פדה נפשו",ור"ל פדה נפשו מני שחת ומאשו של גיהנום; כי קדש הוא,--מוסב על "נפש". 17 יבוקש...ואיננו,--יר' נ':כ'. 18 וחטאתיו לא תמצאנה,--יר' שם. נורא ואיום,--(חבק' א':ז')כנוי להקב"ה. 19 העבירם מלפניך,--ש"ב,י"ב:י"ג. 19-20 שבת וכו',--(שמ' ט"ז:כ"ה),"לא תמצאהו", מוסב על "עוון ישראל". 21 הירם...לעם ,--תהל' ע"ח:ל"ח; שמ' ה':כ"ב,כ"ג. עולו,--(דבר' כ"ה:ט"ז),עוונו. 22, מ"א, י"ח:ל"ו; דבר' ל"ב:ט'. 23 כתולע,--יש' א':י"ח. 23-24 כלו וכו',--(ויק' י"ג: י"ג)ע"פ יש' שם:"אם יאדימו כתולע כצמר(-לבן טהור)יהיו." 25, במד' י"ב:י"א; תהל' ס"ו:י"ח. 26, תהל' ב"א:י"א; איוב ל"א:ל"ג. 27-28, שמ' ל"ד:י'. 29, משלי י"ב:ב'; יש' מ"ג:כ"א. 30 ושונן המשטין,--(תהל' ע"א:י"ג ועי' תפלת "אבינו מלכ־נו" לר"ה ויוה"כ),הכוונה להסתה מתמדת נגד היהודים מצד אויביהם בזמנו של הסלח. תדמם,--מלה מחודשת בפִעל, פי' תשתיק. והרחק,--(איוב י"ט:י"ג),וסַלק. עתה,--

כירון שביאת מלך המשיח קרובה,--השורה מאמרי על התסיסה המשיחית בקסטוריה בזמנו של הפיימן, "מקור חדש על התנועה לשיבת ציון בקסתוריה במאה הי"ג," הדואר,ל"ו,עמ' 594-595. 31 גער בו,--(זכרי ג':ב'),גער באויב השוכן על הר הבית בירושלים. רד מזה,--רד מהר הבית. 31-32 כי המקום וכו',--(יהושע ה':ט"ו) המקום,--הכוונה להר הבית. אשר אתה עומד עליו,--כלו' אשר אתה שוכן עליו. 34 רוע דינו קרע,--ע"פ תפלת "אבינו מלכנו". 35 מחה,--תהל' ב"א:י"א. 35-36 וסלח וכו',--עמוס ז':ב',"מי יקום וכו'", פי' ראב"ע:"מי יוכל לקום מפני הצרה הזאת ...כי קטן הוא מסבול זאת הרעה." 37 כופר...נפשו,--שמ' כ"א:ל'. שיח,--(תהל' קמ"ב:ג'),תפלה, ומוסב על "וירתו פדיון נפשו". 38 אשר ערך לפניך,--תהל' ה': ד'. ותרבה וכו',--יש' מ':כ"ט. 39 מענה לשונו,--(משלי ט"ז:א'),תפלתו. יעל,-- בר' מ"ד:ל"ג. 39-40 לריח נחוח וכו',--שמ' כ"ט:מ"א.

ר' מרדכי בר שבתי הארוך

ר"ב. פתיחה לשבת בראשית ל"לאל אשר שבת" בתפלת שחרית בעלת שמונה מחרוזות בנות שלושה טורים כל אחת. הטור השלישי הוא שבר-פסוק מן התפלה "אל ברוך גדול דעה"(ד. א' 3514) פרט לטור 13 שהוא שבר-פסוק מן המקרא. החתימה: אבי מרדכי הארוך. המקורות: ג,עמ' תל"ז. ד,ח"ב,ב', עמ' 119. (ד. א' 1481).

אֲהַלֵּל לְנוֹטֶה בְּרִאשׁוֹן שָׁמַיִם כִּירִיעָה
בּוֹרֵא יָסַד אֶרֶץ וְהִרְקִיעָה
אֵל בָּרוּךְ גְּדוֹל דֵּעָה

מֵאוֹר כְּבוֹדוֹ עָטָה אוֹר כַּשַּׂלְמָה
רָאָה כִּי טוֹב מְאֹד לִיצִיר אֲדָמָה
הֵכִין וּפָעַל זָהֳרֵי חַמָּה

דִּבֵּר בַּשֵּׁנִי: יְהִי רָקִיעַ לְהַבְדִּיל מֵי הֲדוֹמוֹ
כָּנֵס וְהִקְוָה בַּשְּׁלִישִׁי מֵי יָם בְּעַצְמוֹ
טוֹב יָצַר כָּבוֹד לִשְׁמוֹ

יַחַד הִצְמִיחַ דֶּשֶׁא עֵשֶׂב בְּהֶגְיוֹן
וְעֵץ פְּרִי לְמִינוֹ הוֹצִיא בְּצִבְיוֹן
לְהוֹדוֹת לַיְיָ וּלְזַמֵּר לְשִׁמְךָ עֶלְיוֹן

הִתְלָה בָּרְבִיעִי חַמָּה וּלְבָנָה זוֹ
אַחַת לְמַעְלָה מִזּוֹ
מְאוֹרוֹת נָתַן סְבִיבוֹת עֻזּוֹ

רָחַשׁ בַּחֲמִישִׁי מִינֵי חַיָּה לְרִבְתָן וְזִיז שָׂדָי
וּבָרָא מְשָׁרְתִים לְהַלְלוֹ בְּלִי דָי
פִּנּוֹת צְבָאוֹת קְדוֹשִׁים רוֹמְמֵי שַׁדָּי

כָּבַשׁ בִּשְׁשִׂי בְּהֵמוֹת,בְּהַרְרֵי אֶלֶף מַרְעִיתוֹ
וַיָּצַר אָדָם לִכְבוֹדוֹ וּלְיַחֵד מַלְכוּתוֹ
תָּמִיד יְסַפְּרוּ לָאֵל קְדוּשָּׁתוֹ

יִיחֵד יוֹם שְׁבִיעִי וְהִנְחִילוֹ לַעֲמוּסִים
לָנוּחַ בְּתִפְאֶרֶת וְהֵשִׂים
לָאֵל אֲשֶׁר שָׁבַת מִכָּל הַמַּעֲשִׂים

1, אהלל את הקב"ה שנטה שמים כיריעה ביום הראשון של ששת ימי בראשית,ע"פ תהל' ק"ד:ב'. 2 נורא,--כנוי להקב"ה. יסד ארץ,--תהל' ק"ד:ה'. והרקיעה,--ל' "נוטה שמים לבדי רקע הארץ מאתי,"(יש' מ"ד:כ"ד), ור"ל הקב"ה ברא את השמים ואת הארץ ביום הראשון, ע"פ בר' א':א'. 3, ע"פ ברכת "יוצר אור" בתפלת שחרית. 4, ע"פ תהל' ק"ד:ב':"עוטה אור כשלמה" שדרשוהו חז"ל(בב"ר ג'.ד'):"מהיכן נבראת האורה? א"ל מלמד שנתעטף בה הקב"ה כשלמה והבהיק זיו הדרו מסוף העולם עד סופו." 5, ע"פ בר' א':ל"א. 6, ע"פ ברכת "יוצר אור",שם. 7, ביום השני הקב"ה הבדיל בין מימי הארץ(-הדומו,כנוי לארץ ע"פ יש' ס"ו:א'),ע"פ בר' א':ו'. 8, ביום השלישי כנס והקוה הקב"ה את מימי הימים אל מקום אחד, השווה בר' א':ט' והשווה בר"ר א'.ט':"פילוסופי אחד שאל...צייר גדול הוא אלהיכם, אלא שמצא סממנים טובים שסייעו לו וכו'." 9, ע"פ תפלת שחרית. 10-11, בדיבור פיו של הקב"ה(-בהגיונו) וברצונו(-בצביונו,ע' שמ"ר כ"ה.ב')הצמיח דשא עשב ועץ פרי,ע' בר' א':י"א-י"ב. 12, תהל' צ"ב:ב'. 13, בר' א':י"ד. 14 אחת,--כלו' החמה "המאור הגדול",ע' שם א':ט"ז. 15, ע"פ תפלת שחרית. 16 רחש וכו',--ע"פ תהל' מ"ה:ב',ור"ל רחש לבו של הקב"ה,כביכול,לברוא ביום החמישי לויתן(ע' יש' כ"ז:א' והשווה <u>פר"א</u> ט') מלך על כל דגי הים(השווה <u>מדרש יונה</u>, <u>אוצר מדרשים</u>,א',עמ' 219) וזיז שדי(ע' תהל' נ':י"א)מלך העופות(השווה ל.גינזברג,<u>אגדות</u>,א',עמ' 28). 17, הקב"ה ברא כת של מלאכי השרת להללו בכל יום(-בלי די,ע"פ מלאכי ג':י'),השווה בר"ר ע"ח.א'. 18, ע"פ תפלת שחרית,נוסח <u>מחזור רומניה</u>,השווה ד.גולדשמידט,"על מחזור רומניא ומנהגו," עמ' רי"ד. 19, ביום הששי הכניע(-כָּבַשׁ)הקב"ה את הבהמות, בהררי אלף מרעיתו(ע"פ תהל' נ':י':"בהמות בהררי-אלף", והשווה <u>פר"א</u>, י"א:"בששי הוציא מן הארץ בהמות שהוא רובץ בהררי אלף...מרעיתו אלף הרים"). 20 ויצר אדם,--ביום הששי. לכבודו וכו',--לקבל עליו עול מלכות שמים. 21, ע"פ תפלת שחרית,נוסח <u>מחזור רומניה</u>, השווה ד.גולדשמידט,שם. 22, הקב"ה הבדיל מששת ימי בראשית(-ייחד) את יום השבת והנחילו לבני ישראל העמוסים מני בטן(ע"פ יש' מ"ו:ג'). 23 לנוח בתפארת,--לנוח בזבול תפארת,כלו' בשמים(ע"פ יש' ס"ג:ט"ו)ומוסב על הקב"ה. וי"מ שהכוונה ל"תפארת" שעטה הקב"ה ל"יום המנוחה",ע"פ "לאל אשר שבת" בתפלת שחרית. והשים,--ל' "שָׂם שם לו חק ומשפט,"(שמ' ט"ו:כ"ה)ור"ל קבע הלכות שבת. 24, ע"פ תפלת שחרית,ר"ל לפיכך חייבים אנחנו לתת שבח "לאל אשר שבת וכו'."

ר' מרדכי בר שבתי הארוך

ר"ג. סליחה ליוה"כ הכתובה כעין שיר-איזור, בעלת מדריך בן ששה טורים וארבע מחרוזות בנות חמשה טורים כל אחת וטור איזור. הטור האחרון במדריך ובמחרוזות מסתיים במלת "בו". החריזה: אב,אב,אב,אב,אב,אב//גד,גד,גד,גד,גד/הב//וכו'. החתימה: מרדכי. המקורות: ח, עמ' 60. ט, עמ' 104. (ד. מ' 1001).

מִי-גוֹר גָּדוֹל בְּעַמּוֹ/ אֲשֶׁר לוֹ אֱלֹהִים קְרוֹבוֹ
בְּכָל קָרְאוֹ לוֹ ד...מוֹ// מוֹצֵא מְנוּחָה מֵעָצְבּוֹ
נוֹטַע נֶצַח בִּשְׁמוֹ/ וְעַל יְרִיבוֹ שָׂם אָרְבּוֹ
וְנָטַשׁ גָּבְהֵי מְרוֹמוֹ/ וְשָׁת אֶת שִׁכְנוֹ בְּקִרְבּוֹ
וְאִם עָוָה בְּרֹב זַעְמוֹ/ הִשְׁלִיכוֹ מִמְּסִיבּוֹ
יְיָ אֱלֹהָיו עִמּוֹ/ וּתְרוּעַת מֶלֶךְ בּוֹ

רִאשׁוֹן רִאשׁוֹן אֲשָׁמִים/ תַּעֲבִיר וְשַׁוְעָה תִּשְׁמַע
וְלַחוֹטְאִים וְלָאֲשֵׁמִים:/"שׁוּבוּ אֵלַי," תַּשְׁמִיעַ
כִּי אַתְּ צוּר עוֹלָמִים/ וְלֹא תֶחֱרַשׁ אֶל דֶּמַע
וּבַעֲשֶׂרֶת הַיָּמִים/ אִישׁ בַּעֲווֹנוֹ יִדְמַע
וְאִם לֹא שָׁב בְּנִחוּמִים/ מֵי רֹאשׁ וְלַעֲנָה יִגְמָע
קוֹל הַשּׁוֹפָר שָׁמַע/ וְלֹא נִזְהַר דָּמָיו בּוֹ

דַּבָּא הָיָה וּדְבַר/ פִּיךָ רַךְ וְלֹא בְּלָצוֹן
כִּי לֵב נִדְכֶּה וְנִשְׁבָּר/ יִרְצֶה אֶל מִזְבַּח צֹאן
וּפִיךָ וְלִבְּךָ הַבַּר/ לִהְיוֹת פְּנִימִי כְּחִיצוֹן
כִּי לֹא בְּכֹחַ יִגְבַּר/ אִישׁ לְיוֹם אַחֲרוֹן וְקִיצוֹן
לָכֵן לְחַי יְחוּבַּר/ בְּתֹם וְיוֹשֶׁר וְעֶלְצוֹן
תָּמִים יִהְיֶה לְרָצוֹן/ כָּל מוּם לֹא יִהְיֶה בּוֹ

כּוֹפֶר יָשִׁית עַל עַם/ מְבַקְשָׁיו בְּבַקָּשַׁת נִיבוֹ
וְהַיּוֹם בְּרַחֲמָיו יִנְעַם/ וְנָהֲרוּ פָּנָיו וְטוּבוֹ
וְיָסִיר אַף וְזַעַם/ בְּסֵפֶר חַיִּים לְכָתְבוֹ
וִיהִי עָלָיו נוֹעַם/ יְיָ וְאֵלָיו יְשִׁיבוֹ
וּמַלְבּוֹ אַף הַפַּעַם/ בְּצִבְאוֹ וְהוֹד רִכְבּוֹ
עָדָיו יָבוֹאוּ וְיֵבוֹשׁוּ/ כֹּל הַנֶּחֱרִים בּוֹ

יוֹם זֶה קְבָעוֹ לִסְלֹחַ/ פִּשְׁעֵי בְּנֵי אֵיתָנַי
וּבוֹ מִמָּרוֹם תִּשְׁלַח/ עֶזְרָתְךָ לַהֲמוֹנַי
וְחֵטְא וְעָווֹן נֶאֱלַח/ תְּכַפֵּר וְתִשָּׂא זְדוֹנַי
וּכְמוֹ רֹקַח מְמוּלָּח/ פְּנֵי הָעֵדוּת לְפָנַי
יֶעֱרַב שִׂיחִי וּסְלַח/ כִּי תְבַשֵּׂר מִמְּעוֹנַי
הַיּוֹם עָשָׂה יְיָ/ נָגִילָה וְנִשְׂמְחָה בוֹ

שו' 3 ארבו, ט: ריבו. 13 ודבר, ח: ומדברי. 15 ופיך...הבר, ח: ומעזבך הבר; להירת, ח: הירת. 17 בתום, ט: תום. 26 ובו, ח: וכמו.

1, דבר' ד':ז'. 2א, שם. 2ב, רות א':ט'; יש' י"ד:ג'. 3א, יש' מ"ה:י"ז. 3ב,
שם מ"ט:כ"ה; יר' ט':ז', ר"ל הקב"ה מעניש(-שם ארבו)את אויבי ישראל(-יריבו).
4אב, הקב"ה ירד משמי שמיו במרום ושכן בתוך בני ישראל,ע"פ שמ' כ"ה:ח' ודבר'
י"ב:ה'. 5ב ממסיבו,--ממקדש בירושלים. 6, במד' כ"ג:כ"א וכתרגומו:"מימרא דה'
אלההון בסעדהון ושכינת מלכהון ביניהון." 7אב ראשון...תעביר,--ע"פ מאמר חז"ל
(בר"ה י"ז,א):"מעביר ראשון ראשון," ופירש"י שם שממעט הקב"ה את משקל העוונות
ע"י העברת הראשון שבהם הבא להשקל במאזנים, הש' גס"פ,עמ' ט'. 7ב ושועה,--ל'
תפלה. 8ב תשמע,--(ש"א כ"ג:ח'),תכריז. 9א, יש' כ"ו:ד'. 9ב, תהל' ל"ט:י"ג.
10אב, בעשרת הימים בין כסה לעשור ניתנת לכל אחד האפשרות לחזור בתשובה שלימה
(-איש בעוונו ידמע, פי' לשפוך דמעות לפני קונו ולבקש ממנו סליחה). 11א שב,--
בתשובה שלימה. בנחומים,--בחרטה, ל' "כי נחמתי כי עשיתם,"(בר' ו':ז'). 11ב,
אם לא שב בתשובה יֵעגש(-מי ראש וכו'/ע"פ איכה ג':י"ט/יגמע, פי' יבלע). 12א,
פי' הלא שמע את קול השופר הקורא לאדם לעזוב את דרכו הרעה. 12ב ולא נזהר,--
ולא חזר בתשובה שלימה. דמיו בו,--(ויק' כ':ט'),הוא מת ברשעו. 13א דכא היה,--
(יש' נ"ז:ט"ו),הוי שפל רוח. 13אב ודבר פיך רך,--ל' "מענה רך ישיב חמה,"(משלי
ט"ו:א'). 13ב בלצון,--(שם א':כ"ב),בליצנות. 14אב, תהל' ב"א:י"ט; הושע י"ד:ג'.
15א ופיך ולבך,--פיו ולבו יהיו שווים, ע"פ מגילה ט"ז,ב:"כי פי המדבר אליכם,
כפי כן לבי." ולבך הבר,--ע' תהל' כ"ד:ד'. 15ב, כלו' שיהא תוכו כברו. 16אב כי...
איש,--ש"א ב':ט'. 16ב לירום אחרון וקיצון,--(יש' ל':ח'; שמ' כ"ו:ד'),ר"ל לא
בזכות עצמו(-בכח)יוצדק(-יגבר)אדם ביום הדין אחר מיתתו(-ליום אחרון וקיצון).
17א, קהלת ט':ד',ר"ל יחובר אל הצדיקים הנכתבים בספר החיים. 17ב ועלצון,--
שמחה, מלה מחודשת מל' הפייטנים, הש' צונץ,ס.פ.,עמ' 409. 18, ויק' כ"ב:כ"א.
19א כופר,--פדיון-נפש של ישראל, והכוונה לתפלה,כמבואר להלן,שבשבילה נמחל
לישראל עוונו. ישרת,--שמ' כ"א:ל'. 19אב עם מבקשיו,--(עזרא ח':כ"ב)רמז ליש-
ראל. 19ב ניבו,--תפלתו. 20-21 ובלילי השמורות(-והיום)הקב"ה מתמלא רחמים על
ישראל(-ברחמיו יבעם וכו')והופך להם מדת הדין(-ויסיר אף וזעם)למדת הרחמים
(-בספר חיים לכתבו,הש' ירוש' ר"ה א'.ג':"שלוש פינקסיות הם וכו'). 22אב ויהי
...ור,--תהל' צ':י"ז. 22ב ואליו ישיבו,--(איכה ה':כ"א),"ישיבו" במקום ישיבהו
לצורך החרוז. 23א ומלכו,--הכוונה למלך המשיח הגואל. אף הפעם,--כלו' כבימי
מלכות בית דויד. 24אב ויבושו וכו',--(יש' מ"ה:כ"ד)אז יבושו כל העמים שהיו
בחרים(מל' חרון כעס)ומואסים בישראל. 25ב בני איתני,--בני אברהם,ע"פ ב"ב ט"ו,
א:"איתן המזרחי,--זה הוא אברהם." 27א נאלח,--נבאש. 28-29א, יערב תפלתי(-שיחי,
ע"פ תהל' ק"ד:ל"ד)כקטורת(-כמו רקח ממולח,ע"פ שמ' ל':ל"ה)שהיתה נתונה לפני
העדות באֹהל מועד במקדש(שם ל':ל"ו). 29ב תבשר,--יש' נ"ב:ז'. ממעוני,--מן
השמים. 30, תהל' קי"ח:כ"ד.

ר' מרדכי בר שבתי הארוך

ר"ד. סליחה סטרופית בעלת י"ג מחרוזות. לכל מחרוזת ארבעה טורים והטור הרביעי שבר-פסוק. החתימה: מרדכי בר שבתי הארך. המקורות: ל, עמ' 34. נ, עמ' 9. (ד. מ' 2226).

מְקוֹצֶר רוּחַ וּמֵעֲבוֹדָה קָשָׁה וּכְבֵדָה
וּמִשֶּׁבֶר רוּחַ תְּיֵלִיל הַבַּת יְהוּדָה
מְבַכָּה עַל תַּעֲנוּגֶיהָ וְתָמִיד סוֹפְדָה
בְּמַעֲלוֹת אֲשֶׁר יָרְדָה

רוֹגֶזֶת עַל אָהֳלָהּ וְעַל עִירָהּ אֲשֶׁר שֻׁדָּדָה
וְעַל כְּבוֹדָהּ כִּי גָלָה וּמַלְכוּתָהּ כִּי אָבָדָה
וּמִשְׂרָתָהּ כִּי נָפְלָה מִשִּׁכְמָהּ וְנִפְרָדָה
אֵין מְנַחֵם לָהּ מִכָּל בָּנִים יָלָדָה

דְּבִירָהּ שׂוֹרַף וְנַפְשָׁהּ סוֹעֲרָה וְהוֹמָה
וּשְׁאִיָּה הֻכּוּ שְׁעָרֶיהָ וַיַּאֲבֶל חֵל וְחוֹמָה
וְהִיא מָרָה לָהּ כִּי הָיְתָה דָּוָה וְשׁוֹמֵמָה
וַתֵּצֵא מִן הַמָּקוֹם אֲשֶׁר הָיְתָה שָׁמָּה

כַּיּוֹם הִוָּלְדָה הֻפְשְׁטָה וְהֻצְּגָה עֲרֻמָּה
וְכָל מַחֲמַדֶּיהָ נָסַבּוּ לִפְנֵי עָדָה וְאָהֳלִיבָמָה
וְכַעֲסָהּ צָרָתָהּ בִּגְאוֹנָהּ וְרוּחָהּ הָרָמָה
גַּם-כַּעַס בַּעֲבוּר הַרְּעִמָהּ

יָרְדָה עֶזְרָתְךָ עַל אַחֶרֶת הַלּוֹבֶשֶׁת עֶדְיָהּ
וְצָלְחָה בְּמַלְכוּתָהּ אֲשֶׁר אָרְכָה וְכוֹסָהּ רְוָיָה
וּמִבַּת יְהוּדָה הֶעֱלַמְתָּ עַיִן בְּגָלוּת וְשִׁבְיָה
וַתְּחַבֵּק חֵיק נָכְרִיָּה

בְּעַצְמוֹתֶיהָ שָׁלַחְתָּ אֵשׁ מִמָּרוֹם וַתִּרְדֶּנָּה
וּפֶרֶס פָּרַשׂ רֶשֶׁת לְרַגְלָהּ וַיִּלְכְּדֶנָּה
עַד מָתַי אֱלֹהִים בְּבוֹר גָּלוּת תַּסְגִּירֶנָּה
חֲפַצְתָּ בָּהּ וְשִׁלַּחְתָּהּ לְנַפְשָׁהּ וּמָכוֹר לֹא תִמְכְּרֶנָּה

רוֹאֶיהָ אֵלֶיהָ יַשְׁגִּיחוּ: הֲזֹאת הָאֲהוּבָה
אֲשֶׁר הָיְתָה מוֹלֶכֶת עַד אַפְסֵי אֶרֶץ וַחֲשׁוּבָה!
יָנִיעוּ רֹאשָׁם עָלֶיהָ בִּרְאוֹתָם מַכְאוֹבָהּ
וְאֶת תַּחֲלֻאֶיהָ אֲשֶׁר חִלָּה יְיָ בָּהּ

שָׁחָה עַד עָפָר וְאֵין מֵקִים נְפִילָתָהּ
וְנַפְשָׁהּ קָצָה בְּמַכּוֹת כִּפְלַיִם אֲשֶׁר לָקְתָה
וַתָּסַר צְעִיפָהּ מֵעָלֶיהָ וַעֲדִי מַלְכוּתָהּ
וַתִּלְבַּשׁ בִּגְדֵי אַלְמְנוּתָהּ

בָּהּ סָמְכָה חֲמָתֶךָ וְאַפְּךָ עָלֶיהָ חָנָה
וְקֻבַּעַת כּוֹס הַתַּרְעֵלָה הִשְׁקִיתָהּ בְּאוֹנָהּ
וְשָׂבְעָה מְרוֹרִים וּמֵי רֹאשׁ וְלַעֲנָה
וּבָאוּ בָהּ הַמַּיִם הַמְאָרְרִים לְמָרִים וְצָבְתָה בִטְנָהּ

תַּמּוּ כָּל טוּבוֹתֶיהָ וְנִשְׁאֲרָה כִּכְלִי רֵיק בַּגּוֹלָה
בְּאֵשׁ בְּחֵמָה וְלָאָרֶץ הִשְׁלְכָה מִלְמָעְלָה
זֶה כַּמֶּה שָׁנִים נְתוּנָה לְכָל עַם לְאָכְלָה
וְהָפְדֵּה לֹא נִפְדָּתָה אוֹ חֻפְשָׁה לֹא נִתַּן לָהּ

יָשְׁבָה בַגּוֹיִם לֹא מָצְאָה מָנוֹחַ לְכַף רַגְלָהּ
אֵין מֶלֶךְ וְאֵין שַׂר וְכָבוֹד וּגְדוּלָּה
וְתַחַת מֶמְשַׁלְתָּהּ עַל אוֹיֵב עָלֶיהָ עָלָה
הָאֱלֹהִים הַרְפֵּה לָהּ כִּי נַפְשָׁהּ מָרָה לָהּ

הָשֵׁב שְׁבוּתָהּ וְהָקֵם שִׁפְלוּתָהּ וְעוֹדְדָהּ
אֱסֹף אוֹתָהּ אֶל תּוֹךְ בֵּיתֶךָ לְקִרְיָה מוּעָדָה
וּגְאָלָהּ מִיַּד צַר וְהַחֲזֵק נָא אֶת יָדָהּ
הֲטֶרֶם תֵּדַע כִּי אָבְדָה

רְפָא נָא בְחוּס מַחַץ מַכָּתָהּ וּשְׁבָרֶיהָ
כְּבָרִאשׁוֹנָה הָשֵׁב שׁוֹפְטֶיהָ מְלָכֶיהָ וְשָׂרֶיהָ
כְּכַלָּה תַּעְדֶּה כֵלֶיהָ בַעֲדָיֵי קִשֻּׁרֶיהָ
וְשָׁבָה אֶל בֵּית אָבִיהָ כִּנְעוּרֶיהָ

1, שמ' ו':ט'. 2 תילול,--יש' ס"ה:י"ד. 3 מבכה על תענוגיה,--(יר' ל"א:י"ד; מיכה א':ט"ז),הבת יהודה מבכה על בני תענוגיה היושבים בגולה. ותמיד סופדה,--מיכה א':ח'. 4,(מ"ב כ':י"א; יש' ל"ח:ח'),ע"פ דבר' כ"ח:מ"ג-מ"ד:"הגר אשר בקרבך יעלה עליך מעלה מעלה ואתה תרד מטה מטה." 5, כנסת ישראל שרויה בצער ועצב(-רוגזת,ע"פ ש"ב י"ט:א')על המקדש ועל ירושלים(-אהלה...עירה)שנחרבו. 6 כבודה כי גלה,--הושע י':ה'. 7 ומשרתה...משכמה,--יש' ט':ה'. 8, יש' נ"א:י"ח. 9 דבירה,--רמז למקדש,ע"פ מ"א ח':ו'. שורף,--(ויק' י':ט"ז),בחרב. סוערה,--יש' נ"ד:י"א. 10 ושאיה הכו שעריה,--יש' כ"ד:י"ב. ויאבל וכו',--איכה ב':ח'. 11 והיא מרה לה,--(מ"ב ד':כ"ז),פי' בפשה מרה לה. דוה ושוממה,--איכה א':י"ג. 12,(רות א':ז'),פי' כנסת ישראל הֻגלתה מארצה. 13, הושע ב':ה'. 14 מחֻמדיה,--איכה א':ז'. עדה ואהליבמה,--הכוונה לנוצרים צאצאי עשו(-עדה ואהליבמה,ע' בר' ל"ו:ד'-ה')ורמז לצלבנים שבשתלטו על ירושלים ב-1099. 15 וכעסתה צרתה,--(ש"א א':ו'),"צרתה",--כנוי למלכות אדום הרואה בחברתה,כנסת ישראל, מתחרה באהבת הקב"ה, הבעל. 16, ש"א א':ו',"הרעמה",עניין זעם וזעף דוגמת "רעמו פנים"(יחז' כ"ז:ל"ה). 17 עזרתך,--עזרתו של הקב"ה. אחרת,--מלכות אדום הנ"ל. הלובשת עדיה,--של כנסת ישראל. 18 וצלחה במלכותה,--הש' יר' י"ב:א':"מדוע דרך רשעים צלחה." אשר ארכה,--אשר במשכת עד היום הזה. וכוסה רויה,--תהל' כ"ג:ה'. 19 העלמת עין,--(יחז' כ"ב:כ"ו),לא

השגחת בבת יהודה. בגלות ושביה,--בגלות אדום הנוצרי. 20, משלי ה':כ'. 21, איכה א':י"ג. 22 ופרס,--(זכרי י"א:ט"ז),ר"ל חזיר, מפריס פרסה(ויק' י"א:ז'), כנוי לאדום דוגמת מאמר חז"ל(בויק"ר י"א.ז'):"למה נמשלה(מלכות אדום)לחזיר? לומר לך: מה חזיר בשעה שהוא רובץ מוציא טלפיו ואומר: ראו שאני טהור. כך מלכות אדום מתגאה וחומסת וגוזלת ונראת כאלו מצעת בימה(פי' מתנות כהונה: כלו' מראה את עצמה כאלו צדקה הדין לאמתו...בימה היא מקום המשפט)." פרש רשת וכו',--איכה שם. 23 בבור גלות וכו',--עמוס א':ט'. 24 לא תמכרנה,--(דבר' כ"א:י"ד),"תחת אשר עִניתה",--כדין אשת יפת תואר. 25 רואיה,--אומרת העולם. הזאת האהובה,--(יר' ל"א: ב')הזאת בת יהודה,אהובת אלוהים. 26 מולכת עד אפסי ארץ,--תהל' ע"ח:ח'. וחשובה ,--נכבדה. 27 יניעו ראשם עליה,--(איכה ב':ט"ו),בהשתוממות. 28, דבר' כ"ט:כ"א. 29 שחה עד עפר,--תהל' מ"ד:כ"ו. 30 ונפשה קצה,--במד' כ"א:ה' ופירש"י:"ל' קצור נפש ומאוס." כפלים,--יש' מ':ב'. לקתה,--ל' התלמוד,הש' משנה מכות ג'.א'-ג'. 31-32 ותסר וכו',--(בר' ל"ח:י"ט),הש' איכה א':א':"איכה...היתה כאלמנה." 33 חמתך ,--תהל' פ"ח:ח'. 34 וקבעת כוס התרעלה,--יש' נ"א:י"ז. בארנה,--בצערה. 35, איכה ג':ט"ו,י"ט. 36, במד' ה':כ"ז, ייתכן כי כאן רמז לטבילה מאונס ולגזירות השמד. 37 טובותיה,--רמז לקרבן מזבח לכפר. בכלי ריק,--יר' נ"א:ל"ד. 38 ותתש...השלכה ,--(יחז' י"ט:י"ב),ר"ל בעקרה מארצה והושלכה לארץ שביה.מלמעלה,--ע"פ מצוות הקב"ה. 39 לאכלה,--(בר' א':כ"ט),להשמידה. 40, ויק' י"ט:כ',ור"ל המשיח הגואל טרם בא. 41, ע' איכה א':ג'; בר' ח':ט',כלו' נתקיימו בה דברי התוכחה: ובגוים ההם לא תרגיע ולא יהיה מנוח לכף-רגלך(דבר' כ"ח:ס"ה). 42, ע"פ איכה ב':ט'. 43 ממשלתה,--ממשלת ישראל. 44, מ"ב ד':כ"ז. 45 שברתה,--דבר' ל':ג'. 46 אסוף... ביתך,--הביאה לביתך--כדרך הבעל המביא את אשתו,הש' בר' כ"ד:ס"ו. לקריה מועדה ,--(יש' ל"ג:כ'),לירושלים. 47 והחזק וכו',--בר' כ"א:י"ח. 48 כי אבדה,--(שמ' י':ז'),מוסב על סבלות ישראל בגלות אדום. 49 רחום,--כנוי להקב"ה. מחק וכו',-- יש' ל':כ"ו. 50, שם א':כ"ו. 51, שם ס"א:י' ויר' ב':ל"ב. 52, ויק' כ"ב:י"ג.

ר' מרדכי בר שבתי הארוך

ט"ו. סליחה סטרופית בת י"ב מחרוזות. לכל מחרוזת ארבעה טורים והטור הרביעי פסוק מן המקרא. החתימה: א"ב, אנכי מרדכי הצעיר ארוך. המקור: ה, עמ' 59. (ד. א' 1379).

אֲהוּבָה אֲשֶׁר אֹרְשָׂה כְּבַת מֶלֶךְ יְעָדָהּ
בְּרִקְמוֹת זָהָב וְכֶסֶף הָיְתָה זְבוּדָה
גַּם עֶלְיוֹנָה וּמוֹשֶׁלֶת בְּרֹב הוֹדָהּ
גָּלְתָה יְהוּדָה מֵעֹנִי וּמֵרֹב עֲבוֹדָה

דְּרוּשָׁה נִגְרְשָׁה וְהִנֵּה הִיא גּוֹלָה
הֻשְׁפְּלָה הֻכְנְעָה וְהָיְתָה זוֹלֵלָה
וְיָצְאָה מִבֵּיתָהּ בְּאֶרֶץ לֹא לָהּ
וַתֵּשֶׁב מִנֶּגֶד וַתִּשָּׂא אֶת קוֹלָהּ

זָעֲמָה בְּחֵמָה וּבְקֶצֶף הַמֶּלֶךְ
חֻלְּלָה קֻלְּסָה בְּכָל עִיר וָפֶלֶךְ
טֹרְדָה מִקֹּדֶשׁ בֵּין עוֹבְדֵי הַמֶּלֶךְ
וַתָּשֶׂם יָדָהּ עַל רֹאשָׁהּ וַתֵּלֶךְ

יָרְדָה פְּלָאִים וְהָיְתָה לְנִדָּה
כְּלֵילֶיהָ נָפְלוּ אֶרֶץ וְיָשְׁבָה בְּדוּדָה
לָהּ בָּאוּ זָרִים וַיִּרְשׁוּ כְּבוֹדָהּ
וְהִיא צוֹעֶקֶת אֶל הַמֶּלֶךְ עַל בֵּיתָהּ וְעַל שָׂדָהּ

מִבֵּית תַּעֲנוּגֶיהָ וּמֵחֶדֶר הוֹרָתָהּ
נָדְדָה וּמֵהֲדָרָהּ לָאָרֶץ נִקְּתָה
סָעֲרָה עֲנִיָּה בְּגָלוּת זֶה שִׁבְתָּהּ
מִיּוֹם עָזְבָה אֶת הָאָרֶץ וְעַד עַתָּה

עֲזוּבָה בְּאַלְמְנוּת חַיּוּת וְנוֹחַ לֹא נָחָה
פָּנָיו הִסְתִּיר אִישָׁהּ וְהִנִּיחָהּ בַּאֲנָחָה
צְרוֹר הַכֶּסֶף לָקַח לְיוֹם הַכֶּסֶא וַהֲנָחָה
וְכָתַב לָהּ סֵפֶר כְּרִיתוּת וְנָתַן בְּיָדָהּ וְשִׁלְּחָהּ

קָרְאָה לִמְאַהֲבֶיהָ לִפְנוֹת לְהוֹעִילָהּ
רֵעוּהָ רְדָפוּהָ הִשִּׂיגוּהָ בְּלִי חֶמְלָה
שֶׁאֲהָבָה נַפְשָׁהּ בִּקְּשָׁה לְהַצִּילָהּ
צָעֲקָה הַנַּעֲרָה הַמְאֹרָשָׂה וְאֵין מוֹשִׁיעַ לָהּ

תָּלְתָה עֵינֶיהָ אֵלָיו לַיְלָה וָיוֹם
אָמְרָה: אֵלְכָה וְאָשׁוּבָה אֶל נוֹרָא וְאָיוֹם
בַּאֲקוֹתַי שׁוּר וְחוּשָׁה לִי פִּדְיוֹם
כִּי אַתָּה אֱלֹהֵי יִשְׁעִי אוֹתְךָ קִוִּיתִי כָּל הַיּוֹם

מצאוני השומרים הממוני בעברה
רדידי נשאו מעלי ונותרתי נצורה
דמומה בסכת כרם יחידה פזורה
שכולה וגלמודה גולה וסורה

הן בצלך חמדתי שבת כי בלתך אין
צח ואדום דגול ומושיע בלא זין
עינים כיונים וכלו נחמד לעין
ישקני מנשיקות פיהו כי טובים דודיך מיין

יוסר חרוף רבות בנות המגדילות עלי
ראה תראינה עיניהם בעדי פתילי
עת אשוב בגבולי אשיב להם במלי:
עתה הפעם ילוה אישי אלי

אישי הראשון ארוש באמונה--גרושה
רחם לא רחמה וזרחה לה שמשה
וכונן ביתה ונקראה עוד דרושה
ואחר כן תבוא אליה ובעלתה והיתה לך לאשה.

1 אהובה אשר אורשה,--(הושע ב':כ"א,כ"ב; י"א:א',ד')כנוי לכנסת ישראל אהובת אלוהיה. כבת מלך,--תהל' מ"ה:י"ד. יעדה,--שמ' כ"א:ט'. ברקמות זהב,--תהל' שם. זבודה,--בר' ל':כ'. 3 עלירונה,--דבר' כ"ו:י"ט. ומושלת וכו',--זכר' ו':י"ג. 4, ע"פ איכה א':ג',ר"ל "איכה" גלתה כנסת ישראל האהובה וישבה בגויים ולא מצאה מנוח מעוני ומרוב עבודה,הש' פי' ר' יוסף קרא לאיכה שם. 5, איכה נגרשה מארצה כנסת ישראל(-דרושה,ע"פ יש' ס"ב:י"ב)והנה היא גולה וסורה(ע' שם מ"ט:כ"א). 6 היתה זוללה,--(איכה א':י"א)מלי "זולל וסובא"(דבר' כ"א:כ'),ר"ל הייתי זוללה מחמת הרעב שסבלתי בגולה. 7, כנסת ישראל הֻגלתה מארצה(-מביתה)לארץ נכריה. 8 ותשב מנגד וכו',--(בר' כ"א:ט"ז),"מנגד" פירש"י:"מרחוק." והסלח ר"ל ותשב בארץ רחוקה מביתה. 9, כנסת ישראל(-בת המלך הנ"ל,שו' 1)זועמה בחמת מלכה-אלוהיה. 10 חוללה,--(יחז' ל"ב:כ"ו),נהרגה. טולטלה וכו',--היתה אנוסה לנוד ולנוע בגולה. 11, גורשה(-טורדה)מירושלים עיר הקדש(רמז לאיסור הישיבה בירושלים שהוטל על היהודים אחרי כיבושה של העיר ע"י הצלבנים ב1099)והֻגלתה אל בין הנוצרים(עובדי המולך, הש' צונץ <u>ס.פ.</u>,עמ' 467). 12 ותלך,--(ש"ב י"ג:י"ט),ותלך הלוך וזעקה. 13 ירדה פלאים,--(איכה א':ט'),ירדה ירידה מפליאה ומתמיהה. והיתה לנדה,--(יחז' ז':י"ט)לתועבה בעיני אויביה. 14 כליליה נפלו ארץ,--כליל,פי' כתר, והכוונה לכתרי תורה,כהונה ומלכות(הש' אבות ד'.י"ז)שנפלו לארץ אחרי חורבן המקדש,הש' יחז' ז':כ"ו והש' הקינה "אלי עדתי והילילי"(ד.א' 4969)לפייטן עלום-שם:"אלי עדתי והיליל יום נר נפל כלילי." וישבה בדודה,--(איכה א':א'),ציור של האהובה העזובה. 16, מ"ב ח':ה'. 17 מבית תענוגיה,--מיכה ב':ט'. ומחדר הורתה,--שה"ש ג':ד' ושהש"ר שם:"חדר הורתי: זה אוהל מועד." 18 נדדה,--נדדה מבית

תענוגיה וכו'. ומהדרה וכו',--יצאו(-בקתה,ע"פ יש' ג':כ"ו ופי' רד"ק שם: ובקתה,
תהיה בקיה מאנשיה מאין יושב בה)אל הגולה(-לארץ[נכריה])כל הנכבדים והשרים שהם
"הדרה" ופארה של בת ירושלים. 19 סוערה עניה,--יש' נ"ד:י"א. בגלות,--אדום. 20,
מ"ב ח':ז'. 21 באלמנות חירת,--כנסת ישראל בדמות אשה אלמנה בחיי בעלה-אלוהיה,
ע"פ ש"ב כ':ט'. 22 פניו הסתיר,--תהל' ל':ח'. אישה,--הקב"ה, בעלה של כנסת יש-
ראל. והניחה באנחה,--תהל' ל"א:י"א. 23, ע"פ משלי ז':כ'. שוב קובץ הסלח על עזי-
בותה של כנסת ישראל שבעלה-אדוניה לקח בידו צרור כספו והלך בדרך מרחוק לקנות
סחורות רבות ויתאחר עד כי יתום הכסף ויבוא בזמן המיועד אשר קבע(-יום כסא והנ-
חה,הש' תהל' פ"א:ד')והזמן טרם בא. 24, הש' דברים כ"ד:א'. 25-26 קראה...רמוה
,--(איכה א':י"ט),"מאהביה",--ייתכן שרמז למלכי המדינה שהבטיחו לתת חסות ליהו-
דים תמורת המסים שישלמו לאוצר המלכות.להועילה,--בזמן גזירות השמד. 27 שאהבה
נפשה,--(שה"ש א':ז'),כנוי לכנסת ישראל. 28, דבר' כ"ב:כ"ז. "המאורשה",--מקביל
ל"אהובה אשר אורשה" לעיל,שו' 1. 29 תלתה עיניה אליו,--ל' התלמוד,הש' ירוש'
סוטה א':ד',פי' צפתה וקוותה. לילה ויום,--בציפיה ממושכת מחכה כנסת ישראל
לשובו של בעלה. 30, הירת שהקב"ה-בעלה מסתיר פניו ממנה בגולה, החליטה כנסת יש-
ראל לבקשו כדי לחזור אליו(-נורא ואיום,כנוי לה' ע"פ חבק' א':ז')בתשובה שלימה.
31 נאקותי שור,--ר"ל הבט משמים וראה(-שור)את עמך ישראל העומדים בתפלה(-נעקה,
אחת הלשונות של תפלה,הש' ספרי דבר' כ"ו). וחושה וכו',--תהל' כ"ב:כ'. 32, תהל'
כ"ה:ה'. 33 השומרים,--שה"ש ה':ז'.הכוונה לאויבי ישראל,הש' שהש"ר שם. הממוני
,--(יר' נ"א:ל"ד), לשון כתיתה ושבירה. 34 רדידי נשאו מעלי,--(שה"ש שם),פגעו
בי אויבי השודדים והציגוני ערומה. ציור של התעללות האויב באשה נעזבה ומבוזה.
ונותרתי נצורה,--ע"פ יש' א':ח':"ונותרה...כעיר נצורה," ופי' רד"ק: כעיר חרבה
מאנשים. 35 דמומה כסכת כרם,--יש' שם ופירש"י: ריקנית מיושביה כי יגלו מתוכה
כאשר תוותר סוכת הכרם שעשאה בוצר ובעת יבצר הכרם מניח סוכתו והולך. יחידה,--
כנוי לכנסת ישראל. פזורה,--(יר' נ':י"ז),פזורה בין הגויים, ר"ל אהובה היתה,
יחידת בעלה(הש' דבה"א י"ז:כ"א),--ועתה היא שנואה ונידונה לחיים בודדים. 36,
יש' מ"ט:כ"א. 37 הן בצלך וכו',--שה"ש ב':ג' ושהש"ר שם:"קוו לתורה,קוו לדגלים,
קוו למשכן." כי בלתך אין,--הושע י"ג:ד'. 38 צח ואדום דגול,--(שה"ש ה':י'),תשו-
בה לשאלת אומות העולם: במה משובח דודך(-אלוהיך)מכל-דוד אחר(-מאלוהים אחרים)?
(-"מה-דודך מדוד?" שה"ש ה':ט'). לשאלה זו כנסת ישראל משיבה(ע"פ מאמר חז"ל
בשהש"ר ה'.י'):"דגול מרבבה": מלך בשר ודם מְעטיפתו ניכר,--ברם הכא הוא אש ומשר-
תיו אש...ואות הוא מרבבות קדש(כלו' ואע"פ כן הוא ניכר בתוך רבבות קדש). ומושיע
בלא זין,--כדרכו של מלך בשר ודם אלא הוא עצמו זיינו. 38, שה"ש ה':י"ב,ט"ז.
כנסת ישראל מרחיבה את הדיבור בקילוס דודה-אלוהיה. 40, שה"ש א':ב' ופירש"י שם:
אני(-כנסת ישראל)מתאווה ושוקקת להיותו נוהג עמי כמנהג הראשון כחתן אל כלה פה
אל פה. כלו' מזכירה את חסד אהבת הנעורים,הש' יר' ב':ב'. 41 חרוף רבות בנות,--
רמז לאומות העולם המבזות את "בת-המלך"-כנסת ישראל. המגדילות עלי,--תהל' ל"ה:
כ"ו. 42 עיניהם,--של אויבי ישראל. בעדו פתילי,--פי' בקשוטי כלה, בזמן שהדוד

(-הקב"ה) יפקוד את כלתו,כלומר,ישיב שבית לארץ את כנסת ישראל. 43 אשיב להם במלי,--(איוב ל"ה:ד'),אשיב להם:"עתה הפעם וכו'. 45 אישי הראשון,--(הושע ב': ט'),כנוי להקב"ה. ארוש באמונה,--(הושע ב':כ"ב),רמז לדוד(-הקב"ה)שהבטיח לרעיתו (-כנסת ישראל)לקחת אותה להיות ארושתו עד עולם ולא למאוס עוד בה. 45-46 גרושה, רחם לא רוחמה,--פניה-תפלה להקב"ה לרחם על כנסת ישראל הנעזבה(-גרושה) שהופקרה לתאוותם של אויביה(-לא רוחמה,ע"פ הושע ב':כ"ה). וזרחה וכו',--דבר' ל"ג:ב'. 47 ביתה,--רמז למקדש. דרושה,--יש' ס"ב:י"ב. 48, דבר' כ"א:י"ג.

ר' מרדכי בר שבתי הארוך

ט"ז. סליחה סטרופית בת י"ב מחרוזות. לכל מחרוזת ארבעה טורים והטור הרביעי שבר-פסוק המסתיים במלת "לי". החתימה: מרדכי בר שבתי הארוך מקשתוריא. פורסם: <u>מבחר השירה העברית</u>, מהד' ח. בראדי ומ. ויבר, עמ' רע"ד. (ד. מ' 106).

מָאֲנָה הִנָּחֵם נַפְשִׁי עַל-חָרְבַּן מִקְדָּשִׁי וְצָרוֹת אֲשֶׁר עָלַי עָבְרוּ
וְיָדַי כָּבְדָה עַל-אַנְחָתִי וְתָמִיד עֵינַי נִגָּרוּ
חַם-לִבִּי בְּקִרְבִּי וּמֵעַי חֳמַרְמָרוּ
רְאֵה יְיָ כִּי צַר-לִי!

רָעוֹת רַבּוֹת וְצָרוֹת עַל כִּי-אֵין אֱלֹהַי בְּקִרְבִּי
מְצָאוּנִי, וְשַׁאֲגָתִי מְנַהֶמֶת לִבִּי
נְפוּגֹתִי וְנִדְכֵּיתִי, בַּיְיָ עָנָה בִי
וְשַׁדַּי הֵרַע-לִי.

דִּכָּא לָאָרֶץ חַיָּתִי וּבְמַחֲשַׁכִּים הוֹשִׁיבַנִי בְּרִיבוֹ
וְיִצְרִי מְצֵרִי עוֹדֶנּוּ בְּמִרְדּוֹ, בְּחָשְׁבוֹ
כִּי-לֹא יְיָ פָּעַל כָּל-זֹאת, וְהִתְבָּרֵךְ בִּלְבָבוֹ
לֵאמֹר: שָׁלוֹם יִהְיֶה-לִּי!

כָּשַׁל בַּעֲוֹנִי כֹחִי וְלִבִּי סְחַרְחַר בִּי לָבֶט
כִּי בִשׂוֹ יִסְבְּבֵנִי יָהּ וְאוֹתִי יוֹם יוֹם בְּקֶצֶח חָבַט
וְלֹא-שַׁבְתִּי עַד הַמַּכֶּה אוֹתִי, הַבֵּיט
יָמִין וּרְאֵה וְאֵין-לִי!

יָמִים מִקֶּדֶם חִשַּׁבְתִּי, עֳנִי מִצְרַיִם אֲשֶׁר עָלַי נִמְנָה
וּלְקֵץ מָאתַיִם וְעֶשֶׂר שָׁנָה זָכַר בְּרִיתוֹ וְאוֹתִי קָנָה
וְשָׁמַע צַעֲקָתִי וְאֵלַי סָר וּפָנָה, וְעָנָה
דוֹדִי וְאָמַר לִי

בַּשְּׁנִיָּה הִגְלַנִי בָּבֶלָה וְגָלָה כְבוֹדוֹ עִמָּדִי
וּלְפִי מְלֹאת שִׁבְעִים שָׁנָה פְּקָדַנִי צוּרִי וּפוֹדִי
וְהֵצִיץ מִן־הַחֲרַכִּים וּבַעֲבוּר קוֹל דּוֹדִי
דּוֹפֵק: פִּתְחִי־לִי!

רַבַּת שָׂבְעָה־לָּהּ נַפְשִׁי בְּאָהֳלֵי קֵדָר וְיִשְׁמְעֵאלִים
רַד יוֹמִי וּפָנָה וְחָשַׁךְ אוֹרִי וְנָסוּ הַצְּלָלִים
וְקֵץ גְּלוּת נִסְתַּם וְנֶחְתַּם חֶזְיוֹנִי, בִּיָּד הֶעְלִים
מִמֶּנִּי וְלֹא הִגִּיד לִי!

שְׁאַלְתִּי נְבִיאַי וְחוֹזַי הַנִּבְּאִים בִּגְלָלִי:
הַיְדַעְתֶּם מָתַי קֵץ הַפְּלָאוֹת, אֲשֶׁר אָמַר לְגָאֳלִי?
וַיַּעֲנוּ אוֹתִי: לָמָּה זֶּה תִּשְׁאַל וְהוּא פֶלְאִי? וְאֵין מַגִּיד לִי!
רָזִי־לִי רָזִי־לִי אוֹי לִי!

בּוֹשְׁתִּי וְגַם־נִכְלַמְתִּי כִּי אֵין דְּבַר־יְיָ בַּמַּחֲזֶה
וְאֵין מַעֲנֵה אֱלֹהִים וְלֹא יוֹדֵעַ עַד־מָה וְאֵין חוֹזֶה
וְאֵדְעָה כִּי מֵהָאֱלֹהִים הִיא לְיַסְּרִי, בַּעֲבוּר זֶה
עָשָׂה יְיָ לִי.

תָּעָה לְבָבִי וּפַלָּצוּת בִּעֲתַתְנִי וְהָיִיתִי נִדְהָם
וְכִמְעַט נָטָיוּ רַגְלַי רְאוֹת אוֹיְבַי כִּי־רַגִּיהַּ נָגְהָם
לוּלֵי אֱלֹהֵי אָבִי אֱלֹהֵי אַבְרָהָם
וּפַחַד יִצְחָק הָיָה לִי.

יוֹם לְיוֹם הָשְׁבַּרְתִּי שֶׁבֶר אַחֲרֵי שָׁבֶר
וְכָלִיתִי בְּאַרְבַּעַת שְׁפָטִים אֲשֶׁר סְבָבוּנִי בְּכָל־עֵבֶר
וְאַיֵּה הַשְּׁבֻעָה אֲשֶׁר דִּבֶּר־
לִי וַאֲשֶׁר נִשְׁבַּע־לִי?

הָיִיתִי כְּשִׁכּוֹר וּכְגֶבֶר עֲבָרוֹ יָיִן, מֵרֹב יְגוֹנַי
וּמִן־הָעֲבוֹדָה הַקָּשָׁה אֲשֶׁר עָבְדוּ־בִי מְעַנַּי;
צוּרִי, וְאַחֲרֵי גָלוּתִי לְפָנֶיךָ, אֲדֹנָי
אֱלֹהִים מַה־תִּתֶּן־לִי?

הִנֵּה זֹאת נֶחָמָתִי בְעָנְיִי בַּאֲשֶׁר שְׁאֶלְתִּי מִלְּפָנֶיךָ
גָּלוּתִי תְּכַפֵּר עַל-עֲוֹנוֹתַי, סְלִיחָה מְצָא בְדִינֶיךָ;
אוֹתְךָ אֲבַקֵּשׁ--וְאִם מָצָאתִי חֵן בְּעֵינֶיךָ,
הַמֶּלֶךְ, וְאִם עַל הַמֶּלֶךְ טוֹב, תִּתֶּן לִי!

רְאֵה, כִּי לְךָ קִוִּיתִי וְנֶגְדְּךָ עֵינַי תִּדְמַע,
וְכִי לְךָ מִשְׁפַּט הַגְּאֻלָּה וּגְאָלֵנִי מִכַּד מַשָּׂא וּמִשְׁמָע;
מָשְׁכֵנִי וְאַחֲרֶיךָ אָרוּצָה, אַךְ שְׁמַע
בְּקוֹלִי וְלֵךְ קַח-לִי!

מַהֵר קוֹמֵם שִׁפְלוּתִי וְהוֹפִיעַ אֵלַי מַלְכִּי,
רֹאשִׁי אֲצֵי תָרִים וְתָאִיר נֵרִי וְתַגִּיהַּ חָשְׁכִּי;
הָאִירָה עֵינַי בִּישׁוּעָתְךָ וּבְאוֹרְךָ--כִּי-
אֵשֵׁב בַּחֹשֶׁךְ יְיָ אוֹר לִי!

1 מאנה הנחם נפשי,--תהל' ע"ז:ג'. 2 וידי כבדה על אנחתי,--איוב כ"ג:ב' ופי' רש"י:"מכת נגעי תקיפה יותר מאנחתי." ותמיד...נגרו,--איכה ג':מ"ט. 3, תהל' ל"ט:ד'; איכה א':כ'. 4, איכה שם. 5-6 רעות...מצאוני,--דבר' ל"א:י"ז. ושאגתי ...לבי,--תהל' ל"ח:ט'. 7 נפוגותי,--(שם),ענין רפיון וחלשות. ונדכיתי,--שם. ויי ענה בי,--רות א':כ"א ופירש"י:"העיד עלי שהרשעתי לפניו." 8, רות שם. 9 דכא...הושיבני,--תהל' קמ"ג:ג'. בריבו,--איוב ל"א:ל"ה. 10 יצרי מצרי,--יצרי הרע מסיתני(-מצרי, סיומת -י במקום -ני בפועל דוגמת סגנון הקלירי,הש' מ.זולאי *האסכולה הפייטנית של רס"ג*,עמ' י"ז)למרוד במלכות שמים. 11 כי לא...זאת,--(דבר' ל"ב:כ"ז),כלו' כי לית דין ולית דיין. 11-12 והתברך...לי,--שם כ"ט:י"ח. 13 כשל...כחי,--תהל' ל"א:י"א. סחרחר,--שם ל"ח:י"א ופירש"י:"מֻקף יגון." וילבט ,--ונתיגע. 14 יסור וכו',--תהל' קי"ח:י"ח. בקצה חובט,--יש' כ"ח:כ"ז. 15 ולא ...אותי,--ולא שבתי בתשובה שלימה אל הקב"ה המעניש(-המכה)אותי. 15-16 הביט וכו',--תהל' קמ"ב:ה':"...וראה ואין לי מכיר." 17 ימים...חשבתי,--שם ע"ז:ו'. עני מצרים,--שמ' ג':ז':"את עני עמי אשר במצרים." 18 מאתים ועשר שנה,--הן שנות גלות מצרים,הש' שהש"ר ב'.י"א; פר"א מ"ח ו*מדרש לקח טוב* לשמ' י"ב:מ'. ואותי קנה ,--ל' "הוא אביך קנך,"(דבר' ל"ב:ו'). 19-20 וענה וכו',--שה"ש ב':י' ושהש"ר שם:"ענה לי(דודי-הקב"ה)על ידי משה ואמר לי על ידי אהרן ומה אמר לי: קומי לך רעיתי יפתי." 21 בשניה,--אחרי גלות מצרים. וגלה כבודי עמדי,--(ש"א ד':כ"א, כ"ב),הכוונה למאמר חז"ל(במגילה כ"ט,א):"...כל מקום שגלו(ישראל)שכינה עמהם... גלו לבבל שכינה עמהם." 22 ולפי מלאת שבעים שנה פקדני,--(יר' כ"ט:י'),הוציאני הקב"ה(-צורי ופודי)מגלות בבל. 23 והציץ מן החרכים,--ע"פ שה"ש ב':ט':"הנה זה עומד אחר כתלנו וכו'," שדרשוהו חז"ל(בשהש"ר שם):"אחר כתלי בתי כנסיות ובתי מדרשות." ור"ל שמע הקב"ה את תפלות ישראל. והש' פירש"י:"'עומד' ו'מציץ' מן 'חלונות' השמים את העשוי לי." 23-24 ויעבור וכו',--שה"ש ה':ב' ושהש"ר שם:

"אמר הקב"ה לישראל: פתחו לי פתח אחד של תשובה כחודה של מחט ואני פותח לכם
פתחים שיהיו עגלות וקרנות נכנסות בו." 25 רבת וכו',--(תהל' ק"כ:ה'-ו'),פניה-
תפלה להקב"ה להוציא את כנסת ישראל מגלות ישמעאל(-קדר,ע' בר' כ"ה:י"ג).ור"ל
זמן רב שכנה נפשי עם שונאי השלום(-ה/ישמעאלים). 26 רד...אורו,--"רד",פי'
ירד,ע' שופ' י"ט:י"א,ר"ל: שקע אורו וחשכה אפפתני. ונסו הצללים,--(שה"ש ב':
י"ז), זהו זמן שקיעת החמה, השווה יר' ו':ד', ורמז לצרותיה של כנסת ישראל בגו-
לה. 27 וקץ...חזונו,--(דני' י"ב:ד'),אי אפשר ללמוד מהנביאים את זמן הגאולה.
28-27 ורו וכו',--(מ"ב ד':כ"ז),אלהים העלים ממני את מועד הגאולה. 30, דני'
י"ב:ו',פי' הידעתם מתי יבוא זמן הגאולה. 31 ויענו...פלאי,--(שופ' י"ג:י"ח),
"פלאי": נעלם ובלתי-ידוע. 32, יש' כ"ד:ט"ז,"רזי" ענינו סוד. 33 במחזה,--(בר'
ט"ו:א'),ענינו נבואה. הש' יומא ט',ב:"משמתו נביאים האחרונים חגי,זכריה ומלאכי
נסתלקה רוח הקודש מישראל." 34 ולא יודע מתי יבוא מועד הגאו-
לה. 35 ליסרו,--ל' "כי כאשר ייסר איש את בנו וכו'"(דבר' ח':ה'),ופי' רמב"ן:
שיתן עליו לטובתו עול מוסר. 35-36 בעבור זה עשה,--שמ' י"ג:ח'. 37, יש' כ"א:
ד'; יר' י"ד:ט'. 38, כמעט הייתי מורד במלכות שמים(-נטיו רגלי,ע' תהל' ע"ג:
ב')הייתה שראיתי רשע וטוב לו(-אויבי כי יגיה נגהם,ע' שם י"ח:י"ג,כ"ט). 39-40,
בר' ל"א:מ"ב, פי' לולי היה אלוהי האבות בעזרי. 41, יר' ח':כ"א. 42 בארבעת
שפטים,--יחז' י"ד:כ"א:"חרב ורעב וחיה רעה ודבר." 43-44, בר' כ"ד:ז':"ואשר
נשבע-לי לאמר: לזרעך אתן את הארץ הזאת." 45 הירותי...ידך,--יר' כ"ג:ט'. 46
מעני,--(יש' ס':י"ד),אויבי. 47 צורו,--כנוי להקב"ה. ואחרי גלותי לפניך,--
כלו' הייתה שגלות מכפרת עוון,הש' ברכות נ"ד,א. 47-48 אדוני וכו',--(בר' ט"ו:
ב'),מה יהיה שכרי? 49 נחמתו בעניו,--תשלומי על סבלותי בגולה. 51 אותה אבקש
,--כלומר, כפרה על עוונותי בעד הצרות שעברו עלי בגולה. 51-52 ואם וכו',--
אסתר ז':ג'. 53 עיני תדמע,--יר' י"ג:י"ז. 54 לך משפט הגאולה,--(יר' ל"ב:ז'),
כי אתה ראשון לתפקיד זה, הש' רות ד':ד'. מיד משא וממשע,--(בר' כ"ה:י"ד),הכוו-
נה לבני ישמעאל,מקביל ל"רבת שכנה-לה נפשי באהלי קדר וישמעאלים,"(לעיל שו' 25)
ור"ל גאל את ירושלים(-מקדשי,לעיל שו' 1)שהיתה תחת שלטונם של המוסלמים אחרי
כיבושה על ידי צלאח-א-דין ב1187. 55 משכני ואחריך ארוצה,--(שה"ש א':ד'),כנסת
ישראל משתוקקת להגיע מהר אל ביתו(כלו' אל המקדש הבנוי)של דודה-אלוהיה. רמז
להתעוררות העליה לא"י אחרי כיבושה של ירושלים,הנ"ל. 55-56 אך שמע וכו',--בר'
כ"ז:י"ג. 57 שפלותי,--ענינו כניעה ושעבוד לאויב בגולה. 58 ותאיר וכו',--ש"ב
כ"ב:כ"ט ותהל' י"ח:כ"ט. 59-60 כי אשב וכו',--מיכה ז':ח'.

ר' מרדכי בר שבתי הארוך

ר"ז. "תחבורן" הכתוב כעין שיר-איזור בעל מדריך בן שש טורים וארבע מחרוזות בנות חמשה טורים כל אחת, וטור איזור. החריזה: אב,אב,אב,אב,אב,אב//גד,גד, גד,גד,גד/הב//וכו'. החתימה: מרדכי. המקורות: כה"י ב, עמ' 167. ה, עמ' ב"ד. (ד. מ' 173).

מְגֵרַת צְבִי אַרְמוֹנָהּ/וּמְזֻנָּה עֹנֶג זְבֻלָהּ
נֶעֶתְקָה יוֹנָה וְשָׁכְנָה/בָדָד מִחוּץ לְאָהֳלָהּ
וְתַחַת אֲשֶׁר נִתְעַדְּנָה/בְּהֵיכְלֵי מֶלֶךְ בְּצִלָּהּ
הִתְנוֹדְדָה בַּמְּלוּנָה/מִמְּלוֹנָהּ וְהֵיכָלָהּ
נַחַת מִמְּעוֹנָהּ/בַּיְּעָרִים נַעֲלָה
וְלֹא מָצְאָה הַיּוֹנָה/מָנוֹחַ לְכַף רַגְלָהּ

רוֹעָה בַּשּׁוֹשַׁנִּים/וּבַשּׁוֹשַׁנִּים סוּגָה
וְיוֹשְׁבָה בְּצֵל רִמּוֹנִים/וּבֵינוֹת בְּשָׂמִים עֲרוּגָה
אֵיךְ תִּרְעֶה בְּצִמְאוֹנִים/בְּסֵתֶר הַמַּדְרֵגָה
וְכָאַיָּל בְּמַעְיָנִים/בַּצָּהֳרַיִם עוֹרְגָה
וּבֵין חֲרוּלִים וְקִמְּשׂוֹנִים/מְהַלֶּכֶת בְּרוֹב תּוּגָה
הָרַכָּה בָךְ וְהָעֲנוּגָה/אֲשֶׁר לֹא נִסְּתָה כַּף רַגְלָהּ

דַּיָּה וְאַיָּה קִנָּנָה/עַל קִינָהּ וְהִיא תוֹעָה
וַיִּנְשׁוֹף וּבְנוֹת יַעֲנָה/נִקְבְּצוּ שָׁם לְבוֹלְעָהּ
וַיַּפִּילוּ בְּתוֹאֲנָה/גוֹרָלוֹת בָּהּ לָדַעַת
וַיִּפּוֹל עַל יוֹנָה/הַגּוֹרָל וְאָז נָסְעָה
מִמְּקוֹם שִׂמְחָה וְעֶדְנָה/וּמִתַּחַת הַיְרִיעָה
אַךְ שָׁם הִרְגִּיעָה/לִילִית וּמָצְאָה לָהּ

כְּכוֹס חֲרָבוֹת נִשְׁאֲרָה/וְהִיא בָּעֲרָבָה כְּעַרְעָר
וְנוֹדֶדֶת בְּתוֹךְ מְעָרָה/בִּגְבוּלֵי אֱדוֹם וְשִׂנְעָר
וְגֵז מִחוּץ מַסְגִּירָהּ/וְנָחָשׁ פְּנִימָה יִפְעַר
וְהִיא בֵּינוֹתָם מְצֵרָה/וְסוֹפֶקֶת כַּף וְתִסְעָר
אֶשְׁקְפָה וְאֶרְאֶה בְּצָרָה/מְצָאתָהּ וְרוֹב צַעַר
כְּאַרְיֵה בַּיַּעַר/נָתְנָה עָלַי בְּקוֹלָהּ

רֹנָה בְּתוֹךְ מִכְמוֹרוֹת/לְכוּדָה כְּלוּאָה חֲבוּשָׁה
וְעַל סֶלַע וּפִי חִירוֹת/בְּסַלְעָם תֹּשְׁבִי אֲנוּשָׁה
הִנְנִי עוֹרֵר גְּבוּרוֹת/וְאוֹתָךְ מִשָּׁם אֲחַפְּשָׂה
וְאַעֲלֵךְ בְּתוּפִּים וְשִׁירוֹת/וְאֲרַשְׂתִּיךְ לִי לְאִשָּׁה
וְעַל רֹאשֵׁךְ הָעֲטָרוֹת/וְהַנֶּזֶר אֶחְבּוֹשָׁה
אֶבֶן הָרֹאשָׁה/תְּשׁוּאוֹת חֵן חֵן לָהּ

שו' 5 ביערים, ה: אל מקום זר. 8 וביגבות בשם, ה: ועבוד בשמי. 9 תרעה, ה:תצרח. 10 בך, ה: חסר. 14 שם לבולעד, ה: שמה לבלעה. 15 לדעה, ה: לרעה. 16 ואז. ה: והיא. בסעה, ב: בפעה. 17 ומתחת היריעה, ב: ומתחתה ידעה. 19 והיא, ה: והן. 20 ובודדת, ה: וחודרת. אדום, ה: פרס. 21 מסגירה, ב: מסגרה. 22 וסופקת כף, ה: ומשקת כבף. 23 אשקפה, ה: אשקיפה.

1א, מארץ ישראל(ע"פ יחז' כ':ו':צבי היא לכל הארצות,--ודרשת חז"ל[בכתובות קי"ב,א):א"י במשלה לצבי),--ארמונה של כנסת ישראל. 1ב, וממקדשה(ע"פ שמ' ט"ו: י"ג ומ"א,ח':י"ג. 2א, ירנה,--כנוי לכנסת ישראל ע"פ תהל' ס"ח:י"ד וכתרגומו: כנשתא דישראל דדמיא לירנתא. ושכנה בדד,--ע"פ איכה א':א' והשורה במד' כ"ג: ט':הן עם לבדד ישכן. מחוק לאהלה,--בגולה. 3א, נתעדנה,--על בניין "נִתְפַּעֵל," השורה מאמר ר' חסדא(בב"מ,פ"ז,א):בתעדן הבשר ונתפשט הקמטין וחזר היפי למקו- מו. ור"ל: התפנקה. 3ב, ע"פ משלי ל':כ"ח ושה"ש ב':ג'. הכוונה למקדש ולצלה של השכינה השוכנת במקדש,השורה איכה רבה,פתיחתא,כ"ד. 4א, יש' כ"ד:כ',ר"ל כסוכת שומר הכרמים שמתנודדת אילך ואילך מפני קלותה כשהרוח מכה אותה. 4ב, כך כנסת ישראל עוברת ממקום למקום בגולה רחוק מארצה וממקדשה. 5 ותתע,--בר' כ"א:י"ד. ממעונה,--מארצה. ביערים,--(תהל' פ':י"ד),שם אכלוה חיות רעות. ותלה,--כלתה כוחה, לשון,"ותלה ארץ מצרים," בראשית מ"ז:י"ג, במקום תלהה. 6, בר' ח':ט'. 7, רמז לכנסת ישראל(ע"פ שה"ש ב':ט"ז; ז':ג' ושהש"ר,שם),בזמן שבית המקדש היה קיים. 8, המשך תאור כנסת ישראל היושבת לבטח בארצה(ע"פ שה"ש ד':י"ג; ו':ב' שדרשוהו חז"ל,בשהש"ר,שם: לערוגת הבשם: אלו ישראל),--"בושם ערוגה", היפוך סדר התיבות ביחסי קניין,--- לצורך החרוז. 9א,(איכה א':א'),הרועה בשושנים לפנים,--הָנָּא נמצאת בארץ חרבה(-בצמאונים,והכוונה לגולה,השווה "איכה תפארתי"לקלירי[ד.א' 2923]:"ודמי שכרבי בגיא צמאון"). 9ב, ע"פ שה"ש ב':י"ד ודרשת ר' יוסי הגלילי(בשהש"ר,שם):יונתי(כנוי לכנסת ישראל,השווה לעיל שו' 2א) בחגוי הסלע: שחבויין בסתרן של מלכיות. 10א, ע"פ תהל' מ"ב:ב'. 10ב, תהל' שם, והש' שה"ש א':ז' ושהש"ר,שם: איכה תרעה:בימי מלכיות; איכה תרביץ בצהרים: בשעבוד מלכיות. 11א, משלי כ"ד:ל"א, מיני קוצים והכוונה למלכיות הנ"ל. 11ב,

כנסת ישראל בודדת מרוב יגון(-תוגה,ע' משלי י':י'). 12, דבר' כ"ח:נ"ו, רמז לכנסת ישראל. 13 דיה ואיה,--עופרת טורפים,--רמז לאויבי ישראל. קננה,--(יש' ל"ד:ט"ו),פי' בנתה קינה,--במקום קבנו,לצורך החרוז. על קינה,--על ארצה של כנסת ישראל, כלו' בא"י. והיא,--כנסת ישראל. תועה,--בגולה. 14, יש' ל"ד:י"א-ט"ו; נקבצו שם לבולעה,--לבולעה,מוסב על "קינה", כלו' א"י, והכוונה למלחמותיהם של הצלבנים בא"י, השווה ב.דינבור,ישראל בגולה,ב,1,עמ' 401: במשך חמישה דורות היו היהודים עדים למלחמת עמים על א"י. צרפתים וגרמנים, איטלקים ובורגנדים...מחד גיסא, וערבים וסילדז'וקים...חורזמים ותתרים מאידך,עלו עליה ובלחמו בה,...ועריהם בחרבו ושדותיהם השמו. 15, יונה א':ז'; שופ' י"ד:ד',ר"ל העמים הפילו גורלות להכריע(-לדעה)על מי(-בה)לבקש הזדמנות להעליל,-- השווה אסתר רבה,ז'.י"ג:("אם על המלך טוב";)המן הרשע בעלילה גדולה בא על ישראל. 16, יונה א':ז',הגורל נפל על כנסת ישראל(-יונה,השווה לעיל,טו' 2א). נסעה,--הגלתה. 17א, בר' י"ח:י"ג. 17ב, ומתחת יריעת המשכן(שמ' כ"ו:א' ועוד)והכוונה למקדש. 18, יש' ל"ד:י"ד,ר"ל שם על הר הבית השמם והחרב מצאה לילית,אם השדים, מקום מרגוע. 19, כנסת ישראל בשארה בגולה כעוף(כוס,ע"פ תהל' ק"ב:ז')אשר דר בחרבות וכעץ מִדְבָּרִי(כערער,יר' י"ז:ו',פי' רש"י:כעץ יחידי,ל' ערירי)הגדל בערבה.

20א, בודדת ממקום למקום בגולה להסתתר משנאת האויב. 20ב, בארצות הנוצרים (-אדום) והמוסלמים(-שנער,השווה צונץ,ס.פ.,עמ' 463. 21 ונק...ונחש,--כנויים לאויבי ישראל. מחוק,--למערה(-הגולה). מסגירה,--מונע כל יציאה לחפשי,לא"י. פנימה,--בתוך המערה הנ"ל. יפער,--פה, והכוונה לאויב המחרף ומגדף את קדוש ישראל ואת עמו. 22 והיא,--כנסת ישראל. בינותם,--בין הנץ והנחש הנ"ל. מצרה ,--יר' מ"ח:מ"א,מלשון צר ולחץ. וסופקת כף,--(איכה ב':ט"ו),מרוב צער ודאגה. ותסער,--ותרעש מחרדה. 23א, בר' י"ח:כ"א. 24, יר' י"ב:ח'. 25א, כנסת ישראל בגולה(-מכמורת,ע' יש' י"ט:ח'). 25ב, חבושה,--בבית האסורים, כלו' בגולה. 26, ר"ל כנסת ישראל אשר הקב"ה הוליכה במדבר דרך פי החירות(שמ' י"ד:ב')וסיפק לה מים מן הסלע(-ועל סלע,ע"פ במד' כ':ח'),איכה תשב בחגוי הסלע של מלכיות (פי' בגולה,ע"פ מאמר ר' יוסי הגלילי בשהש"ר ב':י"ד,הנ"ל בטו' 9ב),אנושה(ע"פ יר' ט"ו:י"ח). 27א, תהל' פ':ג'. 27ב, עמוס ב':כ"א. 28א, ואעלך,--מן הגולה לא"י. 28ב, הרשע ב':כ"א. 29א, יחז' ט"ז:י"ב. 29ב, שם כ"ד:י"ז. 30,זכר' ד':ז'.

ר' מרדכי בר שבתי הארוך

י"ח. סליחה סטרופית בעלת י"ח מחרוזות. לכל מחרוזת ארבעה טורים והטור הרביעי שבר-פסוק המסתיים ב"-ִים". החתימה: מרדכי הארוך בן שבתי חזק. המקור: ב, עמ' 164. (ד. מ' 2197).

מִקְוֵה יִשְׂרָאֵל אֲדֹנָי
רוֹכֵב שְׁמֵי מְעוֹנָי
לָמָּה נַפְשְׁךָ הֲמוֹנָי
בְּיַד אַכְזָרִים

רְמוּסִים לִמְשִׁסָּה
בֵּין אָח נִתְנַשָּׂא
גּוֹי קַו-קָו וּמְבוּסָה
אֲשֶׁר בָּזְאוּ נְהָרִים

דּוֹעֲכוּ בְּחֵמָה בוֹעֲרָה
בַּיֶּהָפְכוּ בְּרוּחַ סְעָרָה
כְּמַהְפֵּכַת סְדוֹם וַעֲמוֹרָה
וַיִּפְּלוּ שָׁמָּה וְהַנִּשְׁאָרִים

כָּלוּ בְּרוֹעַ גְּזֵירוֹת
בֵּין עוֹבְדֵי זָרוֹת
לַחְצוּב לָהֶם בֹּארוֹת
בֹּארוֹת נִשְׁבָּרִים

יָרְדוּ מִתְפָּאֶרֶת
אֶל אֶרֶץ אַחֶרֶת
וְצָלְלוּ כַּעוֹפֶרֶת
בְּמַיִם אַדִּירִים

הוּשְׁפְּלוּ בְּגָלוּתִי
בְּנֵי יְמִינִי וְאֶפְרָתִי
וְהַכֹּהֲנִי וְהַפְּלֵתִי
וְכָל הַגִּבּוֹרִים

אֻמְלְלוּ הָאוּרִים
וְעַמְּךָ עֲדֵר נִקְדָּרִים
בְּיוֹם שְׁבוּת זָרִים
חֵילוֹ וְנָכְרִים

רֹאשָׁם לָאָרֶץ יָבַד
וְלִבָּם יָצָא וַיֶּחֱבַד
וְאוֹיְבֵיהֶם בַּמּוֹרָד
הִכּוּם עַד הַשְּׁבָרִים

וְלָמָּה תֶּאֱהַב אוֹיְבֶיךָ
וְתִשְׂנָא אוֹהֲבֶיךָ
כִּי הִגַּדְתָּ הַיּוֹם לְעוֹזְבֶיךָ
כִּי אֵין לְךָ שָׂרִים

כְּלוּאִים בְּתוֹךְ חוֹרֵי
אַסִּיר וּבְמַחְשַׁךְ סְגוּרֵי
מְקוֹם אֲשֶׁר אֲסִירֵי
הַמֶּלֶךְ אֲסוּרִים

בּוֹז נָחֲלוּ תְּמוּר כָּבוֹד
וְצָרִים מַעֲבִידֵי עָבוֹד
וְקָמוּ בָם עַד אָבוֹד
הַנִּשְׁאָרִים וְהַנִּסְתָּרִים

נָפְלוּ עַל פִּי מְאַבֵּל
בְּיַד מֵמִית וּמִתְנַבֵּל
מִחוּץ תְּשַׁכֵּל
חֶרֶב וּמֵחֲדָרִים

שָׁמֵם עַמְּךָ הַטּוֹב
תַּחַת הֱיוֹתוֹ רָטוֹב
וְלֹא רָאָה כִּי טוֹב
וְשָׁכַן חֲרֵרִים

בְּלָעָהוּ אֲרִי הַמּוֹרֵד
וְדוֹב שַׁכּוּל הַחוֹרֵד
הֲרָגָהוּ בַּיֵּרֶד
הָעַיִט עַל הַפְּגָרִים

תָּמִים רָאֵה עַם בְּגָלוּת סָפוּ
וְאַל תֶּחֱשֶׁה לְבָנִים עָיְפוּ
עַד אֲשֶׁר יֵאָסְפוּ
שָׁמָּה כָּל הָעֲדָרִים

יַחְדָּו קַבְּצֵם לִהְיוֹת
כְּשָׁנִים קַדְמוֹנִיּוֹת
מִמְּעוֹנוֹת אֲרָיוֹת
מֵהַרְרֵי נְמֵרִים

חֲשׂוֹף זְרוֹעֲךָ לַעֲנִיִּים
וְהָרֵם נִסְּךָ לַגּוֹיִם
לִקְרוֹא לִשְׁבוּיִים
דְּרוֹר וְלַאֲסוּרִים

קָדוֹשׁ בַּשְּׂרֵם: סָלַחְתִּי
בַּעֲוֹנוֹתֵיכֶם הֶעֱבַרְתִּי
הִנְנִי וְזָרַקְתִּי
עֲלֵיכֶם מַיִם טְהוֹרִים

1, יר' י"ז:י"ג. 2, דבר' ל"ג:כ"ו, ופי' ספורנו: הוא רוכב שמים שהוא עליון מהם וממנהיגם. 3 המרני,--כנוי לישראל ע"פ ש"ב,ו':י"ט. 4 אכזרים,--(יר' ו': כ"ג),כנוי לאויבי ישראל. 5 למשסה,--מ"ב כ"א:י"ד. 6, פי' למה נמשת עמך ישראל בין בני אדום(אח,כנוי לעֵשו,בר' כ"ה:כ"ו,והשורה צונץ,<u>ס.פ.</u>,עמ' 454)המתנשאים על קהילות ישראל,--השורה במד' ט"ז:ג'. 7, ע"פ יש' י"ח:ב', קו מלשון תקוה, ופי' מצודת דוד: בכל זמן היה מקוה לה' וחוזר ומקוה ואם כי היה נדוס ונרמס ברגלי כשדים. 8, יש',שם: אשר בזאו נהרים ארצו, בזאו כמו בזזו,ופי' רד"ק: האלף תמורת הכפל, ור"ל אשר בני אדום(הדומים לנהרים השוטפים בכוח)בזזו את ארצו ורמסוהו ברגליהם. 9 דועכו,--פי' נשמדו,לשון "דועכו כאש קוצים"(תהל' קי"ח:י"ב). בוערה,--יש' ל"ד:ט'. 10, יר' כ"ג:י"ט. 11, דבר' כ"ט:כ"ב. 12,ע"פ בר' י"ד:י': והנשארים הֶרָה נָסו. 13 כלו,--פי' נשמדו,ע"פ יש' א':כ"ח. ברוע גזירות,--הכוונה לגזירות השמד. 14 עובדי זרות,--עובדי עבודה זרה,--וזהו כנוי לנוצרים בלשון הפייטנים,השורה צונץ,<u>ס.פ.</u>,עמ' 467. 15 לחצוב וכו',--(יר' ב':י"ג),מוסב על "עובדי זרות". 17, איכה ב':א',ומוסב על בני ישראל. 18, אל הגולה. 19 וצללו וכו',--שמ' ט"ו:י'. 22, שבטי בנימין(שופ' י"ט:ט"ז:בני ימיני) ויהודה(ש"א,י"ז:י"ב:ודוד בן איש אפרתי הזה),ובהוראה כוללת יותר: בני ישראל. 23-24, ש"ב,כ':ז'. 25 האורים,--(שמ' כ"ח:ל'),הכוונה לאורים ותומים. 26 עדן,--(קהלת ד':ג')עדיין. נקדרים,--תהל' מ"ב:י':למה קודר אלך, ופי' ראב"ע:כמו אבל הלובש קדרות, והש' ירוש' יומא ז': אורים שהן מאירין לישראל,תומים שהן מתימין לפניהם את הדרך. 27-28,עובד' י"א:ונכרים באו שעריו,פי' ביום ששבו האויבים את עשרו של ישראל וכבשו את עריו. 29, יר' י"ג:י"ח. 30, בר' מ"ב:כ"ח. 31,ע"פ יהושע ז':ה',ר"ל אויבי ישראל הכום במורד הר הבית עד השברים,ופי' ראב"ע: ונקרא המקום כן לפי שנשברו שם. 33-34, ע"פ ש"ב,י"ט:ז'. 35-36,ע"פ,שם: כי אין לך שרים ועבדים, ור"ל הגדת היום לבנ"י(-עוזביך,ע"פ יש' נ"ד:ו':כי כאשה עזובה ועצובת רוח קראך ה')שאינם חשובים בעיניך. 37-38 בתוך חורי אסיר,--ר"ל בגולה. 38-39 ובמחשך סגורי מקום,--(איכה ג':ו'),מקביל ל"חורי אסיר" בכפל ענין. 39-40 אשר וכו',--בר' ל"ט:כ'. 41 בוז,--תהל' קכ"ג:ג'. נחלו...כבוד,--משלי ג':ל"ה. 42, פי' אויבי ישראל מעבידים אותם בפרך. 43 וקמו בם,--תהל' כ"ז:י"ב: כי קמו בי עדי שקר. 43-44 עד וכו',--דבר' ז':כ',הנשארים והנסתרים, רמז לשארית פליטת ישראל בגולה. 45 נפלו,--ב"י. מאכל,--(יר' ל':ט"ז),רמז לאויב המשחית. 46 ומתנכל,--(בר' ל"ז:י"ח),זומם רעות. 47-48 דבר' ל"ב:כ"ה:...ומחד-רים אימה. 50 רטוב,--(איוב ח':ט"ז),ספוג מים חיים. 51-52, ע"פ יר' י"ז:ו':

ולא יראה כי יבוא טוב ושכן חרדים,--והפייטן ר"ל: אבדה תקותו שעוד יבואו ימים טובים היות שהוא שוכן בגולה זמן רב(-ושכן חרדים,--ופי' מצודת דוד: שוכן שם ביבשות מרוב החמימות במדבר). 53 בלעהו,--(הושע ח':ח'),מוסב על "בפלו על פי מאכל",לעיל שו' 45. ארי,--(יר' ד':ז')אויב הדומה לארי. המורד,--במלכות שמים. 54 ודוב שכול,--הושע י"ג:ח'. החורד,--(יש' ס"ו:ב'),החורד על הדבר לעשו-תו. 55 וירד וכו',--בר' ט"ו:י"א. 57 תמים,--כנוי להקב"ה,ע' דבר' ל"ב:ד'. ספר ,--(יר' י"ב:ד'),כלו. 58 ואל תחשה,--עדה"כ "למען ציון לא אחשה"(יש'ס"ב:א'). לבנים,--(שמ' ד':כ"ב)לבני ישראל. עירפו,--דבר' כ"ה:י"ח. 59-60 בר' כ"ט:ח', שמה, כלו' בציון; העדרים, כנוי לישראל צאן מרעיתו של הקב"ה ע"פ תהל' ע"ט: י"ג. 62, מלאכי ג':ד'. 63-64, שה"ש ד':ח', ר"ל קבצם מארצות פזוריהם בגולה, והשורה שהש"ר שם: ממעונות אריות,--זה סיחון ועוג; מהררי נמרים,--אלו הכנע-ניים. 65 חשוף זרועך,--יש' נ"ב:י'. לענוים,--כנוי לישראל בגולה,ע"פ יש' מ"א: י"ז. 66, שם מ"ט:כ"ב, נסך,--סימן הוא לקיבוץ גליות,השורה פי' רש"י,שם. 67-68, שם ס"א:א':"...ולאסורים פקח-קוח. 69 קדוש,--כנוי להקב"ה,קדוש ישראל. סלחתי,-- במד' י"ד:כ'. 70, עדה"כ "נושא עוון ועובר על פשע"(מיכה ז':י"ח). 71 וזרקתי וכו',--יחז' ל"ו:כ"ה.

ר' מנחם בן אליה (ע' צונץ, <u>ל.ג.</u>, עמ' 386).

ר"ש. סליחה סטרופית בעלת י"ד מחרוזות. לכל מחרוזת עשרה טורים ולכל טור חמש מלים הפותחות באותיות האקרוסטיכון. המשקל הוא הומוטוני. החתימה: מנחם בר כ"ר אליה ז"ל. צורה שירית זו היתה נהוגה גם בשירת ספרד העברית והיא כונתה בשם שירה מאניריסטית(-סגנון מסולסל סגנוני). ר' למשל "בקשת המי"מין" לידעיה הפניני או החיבור "בית אל" המכיל 912 מלים,המיוחס לו, כל מלה פותחת בלמ"ד ו"בקשת אל"פין", בת אלף תיבות הפותחות באות אל"ף. ושמא בהשפעתו של ידעיה הפניני חיבר משוררנו את שירו זה. הסליחה היא חלק מ"שירת היד החזקה" לר' מנחם בר אליה ולפי הכותרת בכה"י קרא את שמה "מלכיאל". המקור: כה"י ב, עמ' 111-114. (ד. מ' 1734).

מַלְכִּי מִקֶּדֶם מְהוּלָל מִכָּל מַעֲשֶׂיךָ/
מִשָּׁמַיִם מִמַּזָּרִים מִמַּזָּלוֹת מִמַּחֲנוֹת מְשָׁרְתֶיךָ.
מֵאַרְצוֹת מִמִּזְרָח מִתֵּימָן מִצָּפוֹן מִיָּמֶּךָ/
מֵרַחֲמֵי מוֹשִׁיעֵי מְקִימֵי מֵעָפָר מַרְגְּלוֹתֶיךָ.
מְרוֹמְמֵי מֵעַבְרֵי מָרֶת מִמְּשֻׁלַּחַת מַלְאָכֶיךָ/
מִלְּפָנַי מִצָּרֵי מֵאוֹיְבֵי מוֹאֲסֵי מִצְוֹתֶיךָ.
מִפְּנֵי מִמַּיִם מִכַּף מְעַוְּלֵי מַקְדִּישֶׁיךָ/
מִמַּעֲבַרְתָּם מַשִּׂים מַהֵר מִסְעָדָם מִמַּעֲנוֹתֶיךָ.
מְשַׂנְאַי מַחַץ מִתְגָּרֵיהֶם מָחֵם מִסִּפְרֶךָ/
מִתְקוֹמְמַי מְהָרְסַי מַלֵּא מִשְׁאֲלוֹתָם מֵאָלָתֶךָ.

נְשִׂי גֵּרֵי נִזְרְךָ נֶצַח נְצָחִים/
נְהַר נוּר נָגַד נֹפֶק נִרְדְּךָ.
נוֹטֵעַ נְשָׁמוֹת נִהַלְתָּ נְשִׁיָּה נְשִׂיאִים/
נוֹעֲדוּ נֶעֶרְמוּ נִצְּבוּ נוֹזְלִים נֵדֶיךָ.
נַשַּׁפְתָּ נִבְהֲלוּ נֶחְפְּזוּ נַעֲלוּ נָפוֹצוּ/
נוֹאַלְתִּי נִסְכַּלְתִּי נְשָׂא נוֹאֲצֵי נֶגְדֶּךָ.
נַקֵּהוּ נֹכַח נוֹעֵר נוֹדִי נְדוּדִי/
נוֹרָא נָקוֹם נִקְמַת נוֹצֵר נֶחֱמָדֶיךָ.
נֶאֶסְפוּ נְכָרִים נוֹעֲצוּ נְסַח נְוֵהֶם/
נַחֵם, נַפְשִׁי נוֹאֶשֶׁת נוֹאֶמֶת נְגִידֶיךָ.

חִזְקִי, חַשְׁקָה חוּג חֲגָבַת חֲיָלֶיךָ/
חֲרֵדֵי חֶפְצְךָ חֵשֶׁב חָסְנְךָ חֲגוּרִים.
חֲרוּצִים חָשִׁים חֲזוֹר חֲלִילָה חֶמְדָּתָם/
חֶדְרָתָם חֲזוֹת חָכְמָתֶךָ חִדְלוּ חוֹקְרִים.
חֵי חֲשָׁקוּךָ חֲסִידֶיךָ חִלַּקְתָּם חֲזוֹנֶיךָ/
חַטָּאתִי חוֹמֵל חַטָּאתִי חוֹפֵשׂ חֲדָרִים.
חֵלֶץ חַנְגְּנֵי חֲבוּשׁ חֲלָבֵי חֲלָשׁ/
חוֹרְשִׁים חָרְשׁוּ חַבְלְךָ חָמְרָם חֲמָרִים.
חוֹמְסֵי חִנָּם חֲסַר חִנָּם חַסְדָּם/
חָשָׁם חוֹשֶׁךְ חֲלַקְלַקּוֹת חוֹרֶב חֲצָרִים.

מָעוּזִי מַחְסִי מִתְנַשֵּׂא מָרוֹם מִקְדָּשֶׁךָ/
מְהָקִים מְהַעֲדֵה מַלְבִּיר מֵעוֹלָם מִשְׁלָה.
מַלְכוּתְךָ מַעְלָה מִנְּבִיאֶיךָ מַדְרֵגַת מֹשֶׁה/
מַלְאָכָךְ מִבַּתֵּק מוֹסֵרוֹת מוֹצִיא מִגּוֹלָה.
מִי מִיצּוּרִים מַמְרֶה מִשְׁפָּטֶיךָ מִנֶּגְדּוֹ/
מִמְּעוֹנְךָ מַשְׁגִּיחַ מְפַלֵּס מַעְלָה מִמְּצוּלָה.
מַהֵר מִדְבַּרְךָ מְבַשֵּׂר מַשְׁמִיעַ מְשֻׁלָּח/

מְסַגֵּף מְזוֹרֶיךָ מֵשִׁיב מְחִיָּתָם מִשְּׁאוֹלָה
מְנַע מִישׁוּעָה מוֹרְדִים מוֹנִים מְשָׁאֳלִים/
מַדּוּעַ מַרְבּוֹת מְשִׁיחֲךָ מְאַחֲרִים מִגְּאוּלָה.

בּוֹרְאִי בִּינוֹתִי בְּשִׂכְלִי בִּיצִירוֹתֶיךָ בְּמַעֲשֶׂיךָ/
בְּרֵאשִׁית בִּזְבוּלְךָ בָּנָה בָּנִיתָ בְּחָכְמָה.
בִּיתָן בְּהַמְצִיאֲךָ בְּרִיּוֹתֶיךָ בְּמִסְפַּר בַּשֵּׁמוֹת/
בְּאַחֲרִית בְּשָׂרְתָּ בָּשָׂר בְּעָבְדוֹ בָּאֲדָמָה.
בַּחֲנֹתוֹ בְּהַרְבִּיבְךָ בְּקִרְבּוֹ בְּעֵיבַת בְּאוּשִׁים/
בַּעֲבוּר בְּעָרוֹ בָּם בְּחִירָתוֹ בְּאַשְׁמָה.
בִּצְרָתָ בְּדָקוֹ בִּתְשׁוּבָה בִּמְחוֹנִי בּוֹחֲנִי/
בַּעֲסָתִי בְּפִקּוּדֶיךָ בְּהַעֲווֹתִי בְּגָדְתִּי בְּמִרְמָה.
בְּנַפְשִׁי, בָּאתִי בִּשְׁעָרֶיךָ בַּחֲרָטָה בִּתְפִלָּה/
בַּעֲדָהּ בִּלְתִּי בְּלָעָה בְּשִׁכְבָהּ בְּקוּמָהּ.

נֶעְלָם נִמְצָא נִפְלָאִים נְתִיבֶיךָ נִשְׁמָתִי/
נֵעוֹרָה נַעַר נִשְׁפָּה נַגֵּן נְבָלִים.
נְדוֹף נוּגִי נְדָנָהּ נֶהֱגוּ נְהוֹרָא/
נָהֲרוּ נִגְּשׁוּ נִכְחָם נִמְצְאוּ נֶעֱלִים.
נֶאְדָּרִי נִכְבָּד נִקְדָּשׁ נוֹגַהּ נְדִיבָתֶךָ/
נִחֲנוּ נְסוּךְ נִקְרוֹת נָקִיק נְחָלִים.
נָסִיּוּ נִמְשָׁלִים נִבְעוֹת נְעִימוּתֶיךָ נִסְתָּרִים/
נֶחְבָּאִים נִדָּחֵי נֶהְפָּכִים נוֹדָעִים נִגְלִים.
נַגֵּל נַפֵּץ נְבָלָיו נַגֵּר נְסִישׁוֹתָיו/
נְסוֹר נַעֲלֵנִי נַשְׁאֵנִי נוֹשֵׂא נוֹפְלִים.

כִּתְרִי כְּבוֹדִי כְּהַמְשִׁילְךָ כּוֹכָבִים כּוֹנַנְתָּ/
כִּלּוּאֶיךָ כְּבָאוֹפָן כְּבָשׁוּם כְּעֶבֶד כְּאַדּוֹנָיו.
כְּקָטָן כְּגָדוֹל כְּמַעַרְכְתָּם כִּשְׁרוֹנָם כַּעֲבוֹר/
כִּידוֹדֵיהֶם כְּבָתְּרָם כְּשִׁלּוּ כָּעָם כַּכֹּהֲנָיו.
כַּרְמְךָ כּוֹסְךָ כְּנִיתָ כְּנַפְּךָ כַּמְּסַמָּם/
כִּמְעַט כְּלוּ כּוֹחִי כַּגּוֹי כְּשִׁכְנָיו.
כִּתְרוּנִי כִּזְבֵיהֶם, כַּחֲסִדְךָ כְּרַחֲמֶיךָ כְּחִנְּךָ/
כַּסְּנִי כַּגֵּס כְּתָמֵי כַּחֵטְא כִּזְדוֹנָיו.
כִּמְהוּךָ כְּסָלַי כְּתָבְנִי כִּתְשׁוּעָתְךָ כִּדְרוֹר/
כְּשַׁמַּחֲךָ כְּבָעוּגָב כְּבַבִּנּוֹר כְּאָב כְּבָנָיו.

רֵאשִׁית רִאשׁוֹנִים רַבִּים רְהָבֶיךָ רָחְפוּ/
רַעְיוֹנֵי רוֹעֲדִים רַחֲשָׁם רָחֲקוּ רַחֲבֵיהֶם.
רֶגֶשׁ רְבָבוֹת רְכָבֶיךָ רַעַשְׁךָ רִשְׁפֵי/
רוֹזְנֶיךָ רוּחוֹתֶיךָ רַעֲמֵי רְקִיעִים רְבִיבֵיהֶם.
רָווּ רְגָבִים רְמָשִׂים רְכוּשׁ רְאֵמִים/
רָגְזָךְ רֶגַע רְצוֹנְךָ רְצוּפִים רִוְחֵיהֶם.
רְדִיד רֹאשִׁי רָאָה רֵישִׁי, רִיבָה/
רִיבֵי רְשָׁעִים רְכָסוּנִי רְצוֹץ רָזֵיהֶם.
רַחֲמָנִי רְחַץ רִפְשִׁי רְפָא רִפְיוֹן/
רְכוּלָתִי רוֹמְמֶךָ רֵעַ רְנָנוֹת רִשְׁחֵיהֶם.

אֵלִי אַתָּה אוֹדֶךָּ אֱלֹהַי אֲרוֹמְמֶךָּ/
אֲיַחֶדְךָ אָדוֹן אֱסוּגָתֶךָ אֲמַלֵּא אוֹצְרוֹתַי.
אַחְדוּתְךָ אֲרַנְּנָה אָבִיב אֲגוֹרָה אֲגוּדָה/
אָכֵן אֲרוּכָה אַחֲרִית אַחֲרוֹנִים אִמְרוֹתַי.
אַשְׁרֵי אִישׁ אֲשֶׁר אֲחָלִיר אֹהָלֶיךָ/
אַלְלַי אֱלִילִים אִלְּמִים אֲחוּזָתוֹ אַהֲבוֹתַי.
אוּלַמֶּיךָ אֵלֶיךָ אֲדוֹנָי אֶתְחַנֵּן אֶקְרָא/
אָבִי אָבִי אָבִי אֶתְוַדֶּה אַשְׁמוֹתַי.
אֶעֶזְבֵם אֲזַנְּחֵם אֲאַבְּדֵם אָסוּר אוֹרְבַי/
אֲפַךְ אַכְפְּךָ אֱסוֹף אֲבַיְשֵׁר אוֹרְחוֹתַי.

לָהֲגִי לִבִּי לֹא לָנוּ לֹא/
לָנוּ לְשִׁמְךָ לְקַחְנוּ לְכָבוֹד לְחַסְדֶּךָ.
לַאֲמִתְּךָ לָמָּה לְחָצוּנוּ לְעֵינֶיךָ לְבוֹזְזֵינוּ/
לוֹצְצִים לוֹעֲזִים לַהֲסַת לְאוּמִּים לְנֶגְדֶּךָ.
לָעֲגוּ לֵאמֹר לְכוּ לְדַרְכּוֹ לְמֶרְחָק/
לַחְמֵנוּ לוּשָׁה לְיָדֵינוּ לְךָ לְבַדֶּךָ.
לְהוֹשִׁיעֵנוּ לְגָאֳלֵנוּ לַחֲבוֹשׁ לְנִשְׁבְּרֵי-לֵב/
לְבַשְּׂרָם לְשַׁלַּח לְכוּדִים לַחָפְשִׁי לְעַבְדֶּךָ.
לְחַם לוֹחֲמֵינוּ לְהַשְׁקוֹתָם לַעֲנָה, לַחֲשֵׁנוּ/
לְפָנֶיךָ לְהוֹצִיאֵנוּ לָרְוָיָה לְהוֹדוֹתְךָ לְיַחֲדֶךָ.

יְיָ יְדַעְתִּי יֶשַׁע יְמִינְךָ יַאֲבְתִּי/
יְסוּרֵי יְצוּקֵי יָדְךָ יְחַתְּנִי יְעִידָתָם.
יַעֲלוּ יְהִירִים יִבְנוּ יַצְלִיחוּ יִתְאַמְּרוּ/
יְבַחֲשׁוּךָ יוֹנוּ יְקָרִים יִגְזְלוּ יְרוּשָּׁתָם.
יְתוֹמִים יְבַטְּחוּ יֹאמְרוּ יָקָר יִרְאֶה/

יָהּ, יֵרְדוּ יְדִידִים יְחַלְּלוּ יִפְעָתָם.
יָנוּעוּ יִיגְעוּ יָחוֹגוּ יְבַשְּׁלוּ יַבִּיסוּ/
יְשָׁרִים יְרָאוּךָ יִשְׂמְחוּ יְיַחֲלוּ יְרַבְּבָתָם.
יוֹצְרִי בְּאָרִיכוּ יָמַי יְחִידָתִי יִיסְבוּ/
יוֹם יֵעוֹרוּ יְשֵׁנִים יְחַדְּשׁוּ יַלְדוּתָם.

הוֹדִי הַמֶּלֶךְ הַמְבוֹרָךְ הַמְפוֹאָר הַמְהוּלָּל/
הַמְרַחֵם הָאֵל הַגָּדוֹל הַגִּבּוֹר הַנּוֹרָא.
הַיּוֹם הַזֶּה הוֹאַלְתִּי הִתְנַדּוּת הֲתוּלַי/
הֶעֱנֵיתִי הִרְשַׁעְתִּי הוֹדֵיתִי: הַכֹּל הָרָה
הֶבֶל, הֵן הֵמָּה הָיוּ הַמּוֹנְעִים/
הַנּוֹצָר הֶחָפֵץ הִשְׁתַּחֲווֹת הַמַּרְבֶּה הַמִּשְׂרָה.
הֲדָרִי הַמַּגְבִּיהִי הַמַּשְׁפִּילִי הַמְקִימִי הַאֲזִינָה/
הֲגִיגֵי הָעֵבֶר הֲרִיסוּתִי הֲנִיסֵם הֵרָה.
הַבִּיסָה הֲלִיכוֹת הוֹבֵי הוֹשִׁיעֵנִי הַצְלִיחֵנִי/
הַמִּשְׁתָּרְרִים הַחֹשֶׁךְ הַבָּנִים הַקּוֹדְרִים הָאִירָה.

זִיוִי זָהֳרִי זֵר זָהָב זֵרִיתָ/
זִכְּכְךָ זַקֵּק זְהַבְתָּם זֹאת זְמִירָתִי.
זְמַן זָחַלְתִּי זֵדִים זִנַּקְתִּי זַלְעֲפָתָם/
זַבַּרְתָּ זְכוּת זְקֵנִים זְרִיזֶיךָ זַעֲקָתִי.
זִבְלַתָּה זָרִית זְבוּלְךָ זִבְחֵי זָרִים/
זָבַקְתָּ זִרְמָתָם זַעְמְךָ זָרְחָה זַכּוּתִי.
זְכוֹר זְלוּת זְרוּיֶיךָ זַבַּחְתָּ זְקוֹף/
זְרוֹעֲךָ זָקְפֵם זוּן זַלְזְלֵי זֵיתִי.
זַמְּגֵם זִירְךָ זְמוֹר זְמָמֵי זְאֵבִים/
זֶרַע זְנוּנִים זַנְּבֵם זְעָמֵם זַעֲוָתִי.

לְמַדְתִּי לְשׁוֹנִי לְהוֹדוֹת לַיְיָ לְרוֹמֵם/
לְפָאֵר לִשְׁמֶךָ לְשׁוֹלוֹל לְגֵאוּת לְבוּשֶׁךָ.
לְהַמְשִׁיל לִדְמוּת הַגּוּף לְכֹחַ הַגּוּף/
לָהַב לִבִּי לְהַאֲמִין לְתוֹרָתְךָ לְמוֹרָשֶׁךָ.
לְבִלְתִּי לְהַחֲלִיפָהּ לְהָמִירָהּ לְעוֹלָם לְזוּלָתָהּ/
לְזֹאת לְשִׂפְתִי לַאֲמָרֵי לַהֲגִיגֵי לְדָרְשֶׁךָ.
לְבָרֶכְךָ לְשַׁבְּחֶךָ לְיַחֶדְךָ לְעוֹרֵר לְרַחֲמֶיךָ/
לְמִשְׁאֲלוֹתַי לֵאמֹר: לְכָה לִישׁוּעָתָה לִמְבַקְשֶׁיךָ.
לְהַמְצִיא לִמְנַחֲמִי לִשְׁלֹחַ לְפָנָיו לְאֵלִיָּהוּ/
לְבַשֵּׂר לַמְיַחֲלִים לְחַסְדְּךָ לְשַׁכְלֵל לְמִקְדָּשֶׁךָ.

1 מלכי,--כבוי להקב"ה. מקדם,--חבק' א':י"ב: "הלא אתה מקדם ה'." 2 משמים,--
מוסב על "מהולל," ור"ל מהולל משמים ממזרים וכו'. ממזרים,--איוב ל"ז:ט', ופי'
ראב"ע: כוכבים. ממחנות משרתיך,--מצבא השמים. 4 מרחמי,--(יש' נ"ד:י'), כבוי
להקב"ה. מקימי מעפר,--(תהל' קי"ג:ז'). מרגלותיך,--רגליך, ור"ל מקימי מעפר
הארץ, ע"פ יש' ס"ו:א': "השמים כסאי והארץ הדום רגלי." 5 מרוממי...מרת,--
תהל' ט':י"ד. ממשלחת וכו',--(שם ע"ח:מ"ט), ממשלחת מלאכי רעים. 6 מואסי מצ-
ורתיך,--הכוונה לנוצרים. 7 משני ממים,--שם י"ח:י"ז: "ימשני ממים רבים." מכף
וכו',--(שם ע"א:ד'),מכף הרשעים העושים עוול לישראל,המקדישים את שמך. 8, הרשע
את בני ישראל בקרוב(-מהר מסעדם ממתנדתיך)כי אויביהם מטים אותם מדרך הישר(ממע-
רכתם מטים, ע' עמוס ב':ז': "ודרך ענווים יטו"), והכוונה לגזירות השמד. 9,
ע"פ דבר' ל"ג:י"א ושמ' ל"ב:ל"ב. 10, מלא משאלות אויבי ישראל(-מתקוממי,מהרסי)
בפורענות(-מאלתך,ע"פ דבר' כ"מ:י"ט: "ורבצה בו כל האָלָה הכתובה בספר הזה").
ציור שנון של זעם, השווה "לך עושר וממלכה," לר' שמואל הנגיד(השווה שירמן,
<u>השירה</u>, א',עמ' 103 ואילך): "בנו עבאס, שמח כי בא לשחרך(בשאול)חברך(אבן-אבי-
מוסא)! שבו יחד, והכהו בצלמוות ויכך...ויהיה לך כמו פסל ותהיה לו כמו מיכה,
וחרשו על פני שחת שניכם רע ותהפוכה." 11 נסי נרי,--כנויים להקב"ה ע"פ שמ'
י"ז:ט"ו וש"ב,כ"ב:כ"ט. נזרך...נצחים,--(משלי כ"ז:כ"ד),ר"ל: מלכותך(-נזרך)
מלכות כל עולמים ע"פ תהל' קמ"ה:י"ג. 12, ר"ל הביטה וראה ה'(-נהר נור, כנוי
להקב"ה על שם נחל של אש היוצא מלפניו,ע"פ דני' ז':י')איך בני ישראל(-נרדך,
כנוי לישראל ע"פ דרשת חז"ל בשהש"ר א'.י"ב)קמים בחצות הלילה ונוהרים אל בית
הכנסת בלילי אשמורות(-נגד נפיק). וי"מ "נרדך": חכמתך ותורתך(השווה דרשת
חז"ל לשה"ש א':ג': "לריח שמניך טובים")והכוונה להאצלת(-נגד נפיק)החכמה(נר-
דך)האלהית(-נהר נור), והשווה "כתר מלכות" לרשב"ג, ט': "אתה חכם--והחכמה
מקור חיים ממך נובעת." 13, ר"ל הקב"ה מחיה(-נוטע נשמות, פי' נופח באדם נש-
מת חיים,ע' בר' ב':ז' והשווה נדה ל"א,א)וממית, פי' מוליך(-נהלת)אדם לקבר
(-נשיה,ע"פ תהל' פ"ח:י"ג)לרבות הגדולים(-נשיאים, ע"פ איוב ג':י"ט). 14,
(שמ' ט"ו:ח'), בקריעת ים סוף. 15 נשפת,--(שם ט"ו:י')ברוחך כסמו ים. נבהלו
נחפזו,--(תהל' מ"ח:ו'),מלכי אומות העולם נבהלו ממעשה תקפו וגבורתו של
הקב"ה בקריעת ים סוף. נעלו נפוצו,--נעלו את דלתות בתיהם והתפזרו, השווה
דרשת חז"ל(<u>בפר"א</u>,מ"ב): "כששמעו כל מלכי הארץ יציאת מצרים וקריעת ים סוף,
רגזו וחלו וברחו ממקומן." 16, סלח בא(-נשא נואצי נגדך, לשון "שא נא חטאתי"
[שמ' י':י"ז])את עוונותי(-נואלתי[ע"פ במד' י"ב:י"א],נסכלתי[ע' ש"ב,כ"ד:י']).
17, נקהו(מוסב על ישראל)מחטא היות שגולה(-נועי וכו',ע"פ בר' ד':י"ב)מכפרת עוון
(ע"פ דרשת חז"ל בברכות נ"ז,א ומקבילות). 18 נורא,--כנוי להקב"ה. נקום וכו'
,--נקום נקמת דם ישראל השומר את התורה(-נוצר, ע"פ משלי כ"ח:ז')הנחמדה מזהב
(-נחמדיך,ע' תהל' י"ט:י"א). 19 נאספו נכים,--(תהל' ל"ה:ט"ו),נכים, ראב"ע
פי': נאים, והכוונה לאויבי ישראל. נועצו וכו',--הנ"ל נועצו איך להחליש את

מנהגיהם ואורח חיים של היהודים(-נסח נויהם)כדי להכשירם להמרת-דת.20,תפלה(נו-
אקת,נואמת)להקב"ה מעומק הלב(-בפשי)לשלוח את מנחם(-נחם, הכוונה למשיח הגואל
ששמו מנחם, ע' סנהדרין צ"ח,ב)עמו(-בגידיך, השורה "ציון צפירת פאר," לר' מאיר
בן אלעזר הדרשן[ד. צ. 316]: "איכה ביד אויבך נפלו נגידיך"). 21, "חזקי", אמר
הקב"ה ליבשה(ע"פ שמ' י"ד:ט"ז שדרשוהו חז"ל[בשמ"ר כ"א.ו']: "אמר משה לפני
הקב"ה...לא כך אמרת שאין הים נעשית יבשה...אמר לו הקב"ה...אני הוא שהתניתי
עמו...מתחלה שאני קורעו") אחרי שגזר גזירה(-חקת, ע' משלי ח':כ"ז: "בחוקו
חוג על פני תהום," ופי' ראב"ע,שם)על המים בקריעת ים סוף,גבולם(-חוג)בל יעבו-
רו(ע' משלי ח':כ"ט, ויר' ה':כ"ב, והשווה ויק"ר ל"ה.ד'),כדי לאפשר לישראל
(-חיילין, ע"פ שמ' י"ג:י"ח: "חֲמֻשִׁים, פי' מזויינים)ללכת(-חניית)ביבשה בתוך
הים. 22, רצה בישראל החרדים אל דברך(-חפצך,יש' ס"ו:ה')והמזויינים(-חשב,
שמ' כ"ח:ח')בתורה ובמצוות(-חסנך חגורים,ע' שם ל"ג:ו'). 23, ראה עמך ישראל
זריזים למצוות(-חרוצים, חשים, ע"פ משלי י':ד',וש"א,כ':ל"ח), ונבנה ביתם(-חמ-
דתם, ע"פ יר' ג':י"ט)כבתחלה(-חדזר חלילה, ל' התלמוד, פי' עוד פעם בארתו אופן,
ע' משנה סוכה,ה'.ו'). 24, תפלה למהר את הגאולה(-חדוותם[לחזות, ע' נחמ' ח':
י'), יען כי התורה(-חכמתך)תאבד מכהן(-חדלו הוקרים),ע"פ יחז' ז':כ"ו. 25,
אע"פ שפזרת(-חלקתם, ע"פ בר' מ"ט:ז')בין הגויים את חסידיך, בעלי חזון(-חסיד-
יך...חזוניך,ע"פ תהל' פ"ט:כ'),הם נשארו נאמנים(-חשקוך)לך(-חי, כנוי להקב"ה).

26 חומל,--(יואל ב':י"ח),כנוי להקב"ה החומל על עמו. חופש חדרים,--ע"פ משלי
כ':כ"ז: "נר ה'...חופש כל חדרי בטן." 27, הצילני(-חלץ, תהל' קט"ז:ח')חנבני
(שם ט':י"ד)ורפאני, תשש-כוחי בגולה(-חבוש חליי חלש, ע' יחז' ל"ד:ד' ויואל
ד':י'). 28, ישראל(-חבלך, ע"פ דבר' ל"ב:ט') סבלו עבויים(-חורשים חרשו, ע"פ
תהל' קכ"ט:ג')קשים(-חֳמָרִם חֳמָרִים,* ע"פ שמ' ח':י')מידי אויביהם. 29, הרודן המת-
על בישראל(-חֵמֶר,* כנוי לישראל היורד מנכסיו בגולה)ללא סבה(-חומסי חנם),אפילו
"הסותו" אין לה כל ערך(-חנם חסדם). ורמז, כנראה,ל"חסות" הניתנת ליהודים באר-
צות הנוצרים תמורת המסים ששלמו לאוצר המלכות. 30, וגזירות השמד(-חקם)המביאות
אסון(-חשך חלקלקות,ע"פ תהל' ל"ה:ו')וחורבן בכנסת ישראל(-חורב חצרים). 31,
הקב"ה(-מעוזי,מחסי,ע"פ תהל' ס"ב:ח')המתנשא במקדשו שבמרום(ע' שם ע"ח:ס"ט).
32, הקב"ה מרומם ומשפיל מלכי בשר ודם(-מהקים מהעדה מלכין, ע"פ דני' ב':כ"א)
אך מלכותו מלכות כל עולמים(-מעולם משלה). 33, אין להכיר את הבורא לפי גדלו
האמיתי(-מלכותך מעלה), לרבות מרע"ה(-מנביאיך מדרגת משה, ע' שמ' ל"ג:כ', שדר-
שוהו חז"ל[בבמ"ר, סוף פרשת נשא]:"אף החיות הנושאות את הכסא אינן רואות את

הכבוד"). 34, ויש בכחו של הבורא לשלוח את משיח הגואל(-מלאכך)לשבור את עול
שעבוד היהודים למלכות(-מבתק מוסרות, ע' יר'ו:ה'ו:ה') ולהוציאם מגולה. 35, ואיש
(-מי מיצורים)לא יעז לפעול(-ממרה, דבר' ט':ז')נגד רצונו(-משפטיך מנגדו). 36,
משמים הבורא משגיח על עולמו(-ממעונך משגיח,ע"פ תהל' ל"ג:י"ד)ומציל את ישראל
(-מעלה, כנוי לישראל המכוון את לבו לשמים) מכליה(ממצולה,ע' תהל' ס"ט:ג').
37, מהר ביאת משיח הגואל המשמיע ישועת ישראל(-משלח, פי' משלח-יד ה' באויבי
ישראל, ע' נחמ' י"ג:כ"א),ע"פ יש' נ"ב:ז'. 38 מקבץ מְזָרֶךָ*,--ע"פ יר' ל"א:י':
"מזרה ישראל יקבצנו." משיב וכו',--ל' "מנחם משיב נפשי,"(איכה א':ט"ז). 39
מורדים,--אויבי ישראל המורדים בעול מלכות שמים. מונים,--(יש' מ"ט:כ"ו), לוח-
צים את עם ה'. משאלים,--תפלה להקב"ה: שונאי ישראל הנ"ל,אפילו כשינבאו לבקש
רחמים ממך(-משאלים, ע"פ תהל' ק"ט:י')אל תענם(-מנע מישועה). 40, רמז לתסיסה
המשיחית שאחזה בקהילות יוון במאה הי"ג,דורו של הפייטן, השווה סליחות הרומנ-
יוטים, עמ' 20. 41 בוראי,--כנוי להקב"ה. 41-42 בינותי...במעשיך בראשית,--
רמז לתורת הטבע ורזי היצירה בפרשה הראשונה של ספר "בראשית", הנקרא "מעשה
בראשית," ע' חגיגה י"א,ב. 42 בזבולך וכו',--(מ"א,ח':י"ג), ממעונך בשמים
(-בזבולך, ע"פ ירוש' ברכות ט'.ב')בראת בחכמה. 43, אחרי שברא(-בהמציאך)הקב"ה
את השמים(-ביתן, פי' היכל המלך, ע"פ אסתר א':ה' ועוד)יצר את מלאכי מרום(ברי-
ותיך) וקראם בשמותם הכוונה כנראה,לארבע(-מספר)כתות מלאכי השרת, מחנות מיכ-
אל,גבריאל,אוריאל ורפאל, שנבראו ביום שני, ע' פר"א,ד'. 44, אחרי שנגמרה מלא-
כת "בראשית"(-באחרית),בחן(-בקרת)הקב"ה את קין(-בשר),עובד אדמה,ע' בר' ד':ב'.
45 בחנתו,--מוסב על "בשר" והכוונה לישראל. בהרכיבך...בְּאִשִּׁים*,--הקב"ה גם בחן
את ישראל בזמן מתן תורה,המשולה באש(-בעדה באשים, ע"פ דבר' ל"ג:ב' והשווה
ספרי, שמ"ג: "מימינו אש-דת למו', מגיד שדברי תורה משולים באש")באמרו להם
(ע"פ חז"ל בספרי,שם):"מקבלים אתם את התורה?"(אחרי שחזר על כל אומות העולם
והן סרבו לקבלה). 46, הקב"ה נתן את התורה לישראל(-בחירתו,ע"פ יש' מ"ה:ד')
כדי לטהרו(-בערו)מן החטא(-באשמה)ע"י תלמוד תורה וקיום המצוות(-בם, ע' דבר'
ו':ז'). 47, הקב"ה(-בטחוני,ברחבי),בעצית לבקשת נחמיה(-בתשובה, ע' נחמ' א':
ט') לחזק(-בצרת)את הפרץ(-בדקו, השווה מ"ב,י"ב:ח')בחומות ירושלים. 48 בעשתי
,--(ש"א,ב':כ"ט),מאסתי. בהעוותי,--(ש"ב,ז':י"ד),ל' עוון. 49 בנפשי,--בלב
ונפש, ברצון רב. בשעריך,--(תהל' ק':ד'),בבית התפלה. 50, כדי להציל את נפשי
(-בעדה)ממות(-בלתי בלעה),הנני מתחנן לפניך יומם ולילה(-בשכבה,בקומה). 51
נעלם נמצא,--הקב"ה הנסתר(-נעלם)מעיני כל בריה, נגלה(-נמצא)אמנם לבעלי הסוד,
השווה סליחות הרומניוטים, עמ' 20. 51-52 נשמתי...נבלים,--הנני(-נשמתי)קם
משנתי(-עוּרָה נֵעֵר*)בחצות הלילה(-נשפה)--בלילי אשמורות להשמיע שיר ושבח(-נגן
נבלים,ע' תהל' ל"ג:ב')לקוני. 53, ולהדוף(-נדוף)יגוני הגוף(-נוגי נדבה, ע'
דבה"א,כ"א:כ"ז, נדן, פי' נרתיק החרב ובמליצה:גוף האדם, ור"ל תאוַת הגוף המבי-
אה לידי יגון). נהגו נהורא,--מוסב על הגוף המביאו לידי חטא ועונש של גיהנום

(-בהורא, ל' ארמית ע"פ דני' ב':כ"ב). 54, בהרר בני ישראל לבית הכנסת ובגשר אל קונס העומד לפניהם(-נכחם, ע' איכה ב':י"ט)ובמצאו שערי תפלה נעולים השורה <u>פסיק' דר"כ</u>,"שובה": "שערי תפלה, פעמים פתוחים,פעמים נעולים." וי"מ בגשר אל המקדש בירושלים(-נכחם, וייתכן שזהו רמז לתבועה לשיבת ציון בקשתוריה בדורו של הפייטן, השווה מאמרי "מקור חדש על התבועה לשיבת ציון בקשתוריה במאה הי"ג," עמ' 594-595), ובמצאו שערי העיר בידי האויב(-נעולים), ור"ל אין לנו קרבן מזבח לכפר. 55 נאדרי...נקדש,--כנויים להקב"ה. נוגה נדיבתך,--כוכב הלכת נוגה(וֶנוס, ע' שבת קנ"ו,א)היא מזלך(-נדיבתך, ע"פ פי' ראב"ע לאיוב ל':ט"ו: "נדיבתי, פי' מזלי")אשר באמצעותה אתה גוזר על העולם השפל(בפירושו של רשב"ג ב"כתר מלכות" שלו,י"ד): "השקט ושלוה ודיצה וחדוה...והיא מקשרת פרי תנובות ושאר הצמחים ממגד תבואות שמש וממגד גרש ירחים." 56, נחנו(מוסב על הקב"ה)באורח צדק(ע' תהל' ה': ט')המוליך אל מים חיים(-נסוך...נחלים), אנו היושבים בגולה(-נקרות,ע"פ יש' ב':כ"א: נקיק, פי' בנקיק הסלע, ע"פ שה"ש ב':י"ד: "יונתי בחגוי הסלע," שדרשוהו חז"ל--בשהש"ר, שם--: "שחבויין בסתרן של מלכיות). 57, נגולה, כמעט נטיו רגלי ישראל(מדרך ה',ע"פ תהל' ע"ג:ב', והכוונה לגזירות השמד)הנמשלים ליונה,שלא מצאה מנוח לכף רגלה(ע' ברכות נ"ג,ב, ובמקבילות), הירות שנסתם(-נסתרים)החזון מנביא והתורה(נבְעות נעימותיך)תאבד מכהן אחרי חורבן המקדש(ע' איכה ב':ט' וע' יחז' ז':כ"ו). 58, בני ישראל בגולה(-נדחי)נחבאים בבתי כנסיות ובבתי מדרשות עד שיעבור זעם ה'(ע"פ יש' כ"ו:כ' ופי' רש"י,שם), חוזרים בתשובה(-נהפכים)ומתוַדים על עוונותיהם(-נודעים נגלים). 59, מחה(-נבל,נפץ)עוונותיו(-נבליו)של ישראל וטהר(-נַבֵּר, מלה מחודשת,מן נָבַר)חטאותיו(-נטישותיו, ל' עזיבה והפקרה ביחס לעול התורה והמצוות),ע"פ יש' א':י"ח: "אם יהיו חטאיכם כשנים כשלג ילבינו." 60 נטור,--שמרני. נטלני נשאני,--ע"פ שם ס"ג:ט'. נושא נופלים,--ע"פ תהל' קמ"ה: י"ד, כנוי להקב"ה. 61 כתרו,--מלכו. כבודו,--(תהל' ג':ד'),כנויים להקב"ה. כהמשילך וכו',--השווה קדושת "כתר" הנוהגת במחזור רומניה(ע' ד. גולדשמידט, "על מחזור רומניה ומנהגו," עמ' רכ"א) והשווה רמב"ם, <u>משנה תורה</u>,<u>יסודי התורה</u>, ג'.ט': "כל הכוכבים...משבחים ומפארים ליוצרם." 62 כלואיו כבאופן,--הכוונה לתנועותיהם הקבועות של הגלגלים המקיפים את הארץ--בשיטה הגיאוצנטרית השולטת כל ימי הבינים עד קופרניקוס(1473-1543)--,"כלואיך כבאופן," פי' כקליפות הבצלים המקיפות ומונחות אחת על גבי חברתה, השווה רמב"ם,<u>שם</u>,<u>שם</u>,ג'.ב'. כבשום וכו',--(יש' כ"ד:ב'), כקטן כגדול(-כעבד כאדוניו)קבע הקב"ה תנועותיהם בשטח מסוים בדומה לאופן העגלה, ואין נוטים מהקפותיהם, השווה רמב"ם,<u>שם</u>,<u>שם</u>,ג'.ד'-ה'. 63 כקטן כגדול,--הכוונה למהלך הקפותיהם של הגלגלים. לפי השיטה הגיאוצנ-טרית הנ"ל השמש מקיפה את הארץ במשך שס"ה יום, והירח מקיף את הארץ במשך כ"ט יום, ע' רמב"ם,<u>שם</u>,<u>שם</u>,ג'.ז'. כמערכתם וכו',--תנועתם הסיבובית של הגלגלים במערכת צבא השמים מוכיחה שהם בעלי דעה(-כשרונם). 64 כידודיהם,--הכוונה לני-צוצות אור היוצאים מן הגלגלים. כבתרם,--כאשר חדרו בתוך הארץ, ומוסב על "כי-

דודיהם." כשלו וכו',--ל' "כי כשלת בעוונך,"(הושע י"ד:ב'),כלו' סברו הרבים
(-כעם ככוהניו)שכוח השפעתם של הגלגלים על הארץ היא מעצמם ולא מרצון קונם. 65,
ישראל(-כרמך, ע"פ יש' ה':ז')קרא(-כנית)לקונו: "כוסי"(-כוסך, ע"פ תהל' ט"ז:
ה'). 65-66, תפלה להקב"ה(-כנפך מְסַפְּקָם*,--כנוי להקב"ה ע"פ שמ' י"ט:ד': "ואשא
אתכם[--כהסיתם]על כנפי נשרים): "כמעט כלו כוחי"(ע' תהל' קי"ט:פ"ז) מסבלות אדום
(-כגוי)וישמעאל(-כשכניו). 67 בתרוני,--תהל' כ"ב:י"ג, "כתרוני כזביהם"--רמז
לעלילות ולתואנות נגד היהודים בזמנו של הפייטן ולתעמולת-ההסתה השיטתית מטעם
אויביהם. 67-68 כחסדך...כסני,--נרוב חסדך כפר חטאי(-כסני, ע"פ תהל' ל"ב:א'),
כי חטאי הוא הגורם לענשי הנ"ל.כנס כתמי,--טהרני מפשעי. כחטא בזדוניו,--שחטאתי
בשגגה או בזדון. 69 כמהוך כסלי,--נתעוררה בי(-כסלי,תהל' ל"ח:ח', והשווה ירי'
ל"א:י"ט: "על כן המו מעי[--כסלי]לו")תשוקתי(-כמהוך,ע"פ תהל' פ"ג:ב': "כמה לך
בשרי")אליך. כתבני וכו',--כתבני לגאולה ולחרות(-כדרור)מעבדות שבגולה. 70,
כשמחך עמך(כאב כבניו)בזמן שביהמ"ק היה קיים בשירת הלויים(-כבעוגב כבכנור).
71, בין הנבראים הראשונים בששת ימי בראשית היו צבאות(-רבים)מלאכי מרום(-רהב-
יך, ע"פ תהל' מ':ה', במשמע' דמויות אלהיות)העומדים לפני קונם ביראה ובאימה,
ברתת ובזיע(-רחפו, ע"פ פר"א,ד'). 72, בדמיוני(-רעיוני)אני רואה מלאכי ה' אומ-
רים שירה(-רחשם)ברעדה(-רועדים)כשהם מרחפים במרחבי הרקיע(-רחקו רחביהם,ע' איוב
ל"ח:י"ח). 73, ובדמיוני אני שומע רעש גדול מהמון(-רגש,ע"פ תהל' נ"ה:ט"ו)מרכב-
ות של שרפי(-רשפי, ע' שה"ש ח':ו')הקדש, ע' יחז' ג':י"ב. 74 רוזניך,--שריך,
הכוונה למלאכי ה' כגון מיכאל,שר של שלג, גבריאל שר של אש וכו', ע' שהש"ר ג'.
ב'. רוחותיך,--ע"פ תהל' ק"ד:ד': "עושה מלאכיו רוחות," ופי' ראב"ע: "רואות:
אם מלאכיו." רעמי וכו',--הכוונה למלאכי ה' הממונים על הרעם ועל הגשם,כמו למשל
"אף-ברי". 75, הגשמים הנ"ל השקו את האדמה(-רגבים) ואת הזוחלים עליה וגם את
עשב השדה,מְחיים(-רכוש)את בעלי-חיים(-ראמים). 76, זמן הרוגז(ע' חבק' ג':ב')
בשל עצירת הגשמים בהפך בן-רגע(-רגע)לעת רצון;תכופים(-רצופים)יביאו הגשמים
רווח(-רוחיהם)והצלה, ע' אסתר ד':י"ד. 77 רדיד ראשי,--ר"ל מלכי, מקביל ל"כת-
רי", לעיל שו' 61; כנוי להקב"ה. רישי,--(משלי י"ג:י"ח),עניי. 77-78 ריבה ריבי
,--תהל' קי"ט:קנ"ד. רשעים רְבָסוּנִי*,--פי' דרסוני, הכוונה לרדיפות היהודים בדורו
של הפייטן. רצדק רזיהם,--הפר עצתם בסתר להתעולל בי. 79 רחק רפשי,--טהרני מע-
ונותי(-רפשי). רפיון,--כנוי לישראל,חסר-אונים בגולה. 80 תפקידי(-רכולתי,ע'
יחז' כ"ו:י"ב)כש"ץ הוא לשבחך(-רוממך)בלוויית(רקחיהם, עניין מזוג וצירוף)תרו-
עת(-רע,ע"פ שמ' ל"ב:י"ז: "וישמע...את קול העם ברעה")עמך ישראל(או מַקהלה)בקול
זמרה(-רננות). 81, תהל' קי"ח:כ"ח. 82 איחדך וכו',--איחד שמך בכל יום פעמיים,
אדוני אשר אמונתך לדור דורים(ע"פ תהל' קי"ט:צ'). אמלא אוצרותי,--(משלי ח':
כ"א), פי' אוצרותי: מצוות ומעשים טובים, והכוונה לזכיותיו של אדם המכריעים

אותו ואת כל העולם לכף זכות(ע"פ מאמר רבי אלעזר ברבי שמעון, בקידושין,מ'.ב).
83, רמז לאחדותו המוחלטת של הקב"ה שאין בו ריבוי(-אביב, הראשון לחדשי השנה,
ע' שמ' כ"ג:ט"ו),כמות(-אגורה, שם מטבע קטן,ע' ש"א,ב':ל"ו)ואיכות(-אגודה,שמ'
י"ב:כ"ב), והשווה "כתר מלכות" לרשב"ג,ב': "אתה אחד--ולא כאחד הקנוי(פי' הנו-
צר)והמנוי...ולשום לך חק וגבול בלאה הגיונו." 84, לכן הנבי מרחיב את הדיבור
(-ארוכה...אמרותי)בעניין התארים של אלוהים:"אחד","ראשון" ו"אחרון"(-אחרית אח-
רונים שמתוך אי-ידיעה עלולים להיכשל בהם. השווה רי"ה, ספר הכוזרי,ב'.ב':"ואשר
לתארים השוללים--כמו:'חי',ו'אחד',ו'ראשון',ו'אחרון'--לא תוֹאר בהם האלוה כי אם
למען ישולל ממנו הפכם." 85, אשרי האיש שבקשתו(-אחליו,ל' "אחלי יכונו דרכי לש-
מור חֻקיך," תהל' קי"ט:ה')היא לשבת בבית ה'. 86, לצערי(-אללי,ע' מיכה ז':א'),
כנסת ישראל(-אהבותי,ע"פ יר' ב':ב')מוכרחה לשבת בארצו(-אחוזתו)של עובד עבודה
זרה(-אלילים אלמים, והכוונה לפולחן הנוצרי במלכות ביזנטיה, השווה צונץ,ס.פ.,
עמ' 469). 87 אולמיך,--באולמיך, והכוונה לבתי-כנסיות. 89 אעזבם,--מוסב על
"אשמותי." אדדם,--(תהל' מ"ב:ה'),אנהיגם חוצה. אורבו,--יצרי הרע. 90, שוב מח-
רון אפיך(-אפך...אסוף)וממידת הדין(-אכפך,ע' איוב ל"ג:ז'),כי הנבי חוזר בתשובה
(-איישר אורחותי, ע' יש' מ"ה:י"ג). 91 להגי ליו,--תפלתי לה'. 92-91 לא לנו...
לחסדך,--(תהל' קט"ו:א'),לא בזכותנו, אלא למען כבוד שמך וחסדך הייגו לך לעם
סגולה. 93, תפלתי(-להגי ליו, לעיל שו' 91)למען כנסת ישראל(-לאמתך): למה לחצונו
אויבינו לעיניך(דוגמת "למה במות לעיניך", בר' מ"ז:י"ט)ולמה נתתנו לבוזזים(ע'
יש' מ"ב:כ"ד). 94, אויבינו(-לועזים,ע' תהל' קי"ד:א',להקת לאומים)שמנו לצחוק
וללעג(-לוצצים),לעיניך(-לנגדך). 95, לעגו האומות הנ"ל לאמר: איה-נא אלוהיהם
(-לכתו לדרכו למרחק,ע"פ תהל' קט"ו:ב'). 96 לחמנו...לידינו,--בצער ויגון(-לוטה,
פירוש קללה, השווה סנהדרין,מ"ט,ב)אכלנו את לחמנו,ע' קהלת ט':ז', ור"ל בקושי
אנו משתכרים כדי מחייתינו. 97-96 לך...לגאלנו,--לך לבדך קוִינו לגאלנו. לחבוש
וכו',--יש' ס"א:א'. 98 לבשרם וכו',--ע"פ יש' מ"ט:ט': "לאמר לאסורים(-לכודים):
צאו," כלו' צאו לחפשי לעבוד את ה'. 99 לחם לוחמינו,--(תהל' ל"ה:א'). להשקותם
לענה,--יר' ט':י"ד ועוד. 100-99 לחשנו לפניך,--תפלתנו(-לחשנו,ע"פ יש' כ"ו:
ט"ז, כנוי לתפלה בלשון הפייטנים,ע' צונץ,ל.ג., עמ' 647)לפניך. להוציאנו,--מן
הגולה. לרויה,--תהל' ס"ו:י"ב. 101 ידעתי,--פי' "ידעתי כי גדול ה'," תהל' קל"ה:
ה'. ישע...יאבתי,--שם קי"ט:קל"א. 102 יסורו...ידך,--הצילני מצער וסבל בגולה
שבאו עלי בגזירתך. יחתנו יעידתם,--יחתני,ע"פ איוב ל"א:ל"ד: "ובוז משפחות יח-
תני," ל' חתת ושבר. במקום תחתני,לצורך האקרוסטיכון. יעידתם, פי' קביעתם. רמז
לרדיפות היהודים התכופות בדורו של הפייטן. 103 יעלו,--(השווה משלי ל"א:כ"ח),
גדלו. יהירים,--(שם כ"א:כ"ד),אויבי ישראל,גבהי-לב. יבנו יצליחו,--דבה"ב י"ד:

ר'. יתאמרו,--(תהל' צ"ד:ד'),ל' התרוממות. 104, האויבים הנ"ל, הכופרים בעקר
(-יכחשוך, ע' יר' ה':י"ב),מענים(-ירנו)את עם ה'(-יקרים,ע' יר' ל"א:כ')ולוכ-
דים את ארצו(-יגזלו ירושתם). 106-105, האויבים הרוצחים(-יתומים ירצחו,ע"פ
תהל' צ"ד:ו')אומרים: "לית דין ולית דַיָּן,"(-יקר[פי' בלתי מצוי,ע' ש"א,ג':א']
יראה יה). 106 ירדו ידידים,--מוסב על שו' 103, לעיל, ור"ל במדה ש"יעלו יהיר-
ים," בה במדה ירדו יהודים(-ידידים,ע' מנחות נ"ג.ב: "ידידים, אלו ישראל").
יחללו יפעתם,--ה"יהירים" הנ"ל חללו את מקדש ה"ידידים"(-יפעתם, ל' נוי והדר,
ע' יחז' כ"ח:ז'). 107, בני ישראל נעו נדו(-ינועו)והסתובבו(-יחוגו)בגולה וייג-
עו מנדודיהם. הם נכשלו בעוונותיהם וכמהים(-יביטו)לסליחה ולגאולה. 108, בני
ישראל(-ישרים, ע"פ משלי ב':ז',-יראוך, ע"פ תהל' קי"ט:ע"ד)הנדחים(-ירכתם,ע"פ
יר' ל"א:ז: "וקבצתי מירכתי ארץ")בגולה והכמהים(-ייחלו)לישועתך, ישמחו לראות
את משיח הגואל. 110-109, תפלה להקב"ה(יוצרי)שימלא משאלת נפשי(-יחידתי,ע"פ
תהל' כ"ב:כ"א)שאזכה(-ימטבו)לאריכת ימים ולהימנות על הצדיקים הזוכים לתחיית
המתים(-ירם יעוררו וכו', ע"פ דני' י"ב:ב' וע' תענית ז'.א). וי"מ: תפלה להקב"ה
..שאזכה לאריכת ימים ולהיות עד לתחיית המתים(-ירם יעוררו וכו'). 110 יחדשו יל-
דותם,--ע"פ מאמר חז"ל(בסנהדרין צ"א,ב): "עומדין(כולם בתחיית המתים)במומן ומת-
רפאין(לאחר מכן)." 112-111, כנויים להקב"ה. 113 הדולתי,--(דבר' א':ה'),התחל-
תי. התולי,--(איוב י"ז:ב')ל' לעג ולצון, ור"ל עוונותי. 115-114 הודיתי...הבל
,--ע"פ תהל' ל"ט:ו': "אך כל הבל כל אדם," ופי' רש"י: "כל אדם חי, הבל הם חייו
ומצבו." 116-115 הן המה וכו',--פי' הבלי העולם הארצי ופיתוייו מעכבים(-המונ-
עים)את התשובה(-הנוצר וכו', פי' אדם הרוצה לקבל עליו עול מלכות שמים--"המרבה
המשרה," כנוי להקב"ה,ע"פ ישׁ' ט':ו'). 117 הדרי המגביהי,--כנויים להקב"ה המג-
ביה את עצמו לשבת מעל השמים, ע"פ תהל' קי"ג:ה'. המשפילי המקימי,--(תהל' שם:
ו'-ז'), המשפילי לראות, פי' משפיל עיניו להשגיח על כל הנעשה בעולם, ומקים את
הדל מן העפר. 118-117 האזינה הגיגי,--(תהל' ה':ב'), תפלתי. העבר הריסותי,--
העבר פשעי כי מפניהם חרבה הארץ. הניסם,--(בראש' י"ד:י'),פי' פזרם, דוגמת
"ותשליך במצֻלות ים כל חטאתם,"(מיכה ז':י"ט). 119 הבישה...הודי,--זכור זכות
אבות. 120, תפלה להקב"ה להעניש(-הַחֲשֹׂךְ)את שונאי ישראל הרודפים(-המשתודדים)ולהצ-
יל(-האירה)את עם ה'(-הנבנים)היושב בגולה הקודרת(-הקודרים). 121 זירוי זהרי,--
כנויים להקב"ה. זר זהב זרית,--ע"פ תהל' קל"ט:ג':"ארחי ורבעי זרית," ופי' רא-
ב"ע: "זרית מן זר זהב...והטעם כאילו שמת זר זהב מקום שבתי וסביב כל ארחי."
122, תפלתי(-זמְרתי, ע"פ תהל' צ"ה:ב'): לטהר(-זקק)את בני ישראל(-זבדך,ע' בר'
ל':כ',כנוי לישראל, מתת ה' לעולם, השווה ישׁ' מ"ג:ו' ופי' רד"ק,שם)מטומאתם
(-זוהמתם)שבגולה. 123, היות שאני(-זמן) בסכנה(-זנקתי זלעפתם,--לפי פשוטו:
קפצתי בתוך השריפה[זלעפתם,ע"פ איכה ה':י' ופי' רש"י,שם]),ומפחד(-זחלתי)מפני
הרודפים(-זדים)הנ"ל. 124, תפלה להקב"ה(-זעקתי)להושיע את עמו כמו שגאלם מסבלות
מצרים שם הוא זכר להם זכות אבות,שהיו זריזים לעשות רצון קונם(-זכרת..זריזיך).

125,האומה הרשעה הנ"ל טמאה(-זבלתה)את הר הבית(-זוית--ע"פ זכר' ט':ט"ו--זבול-
יך, ע"פ מ"א,ח':י"ג),עליו הקימה בית תפלה נוצרי(-זבחי זרים),והשורה מסעות ר'
בנימין מטודילה, עמ' כ"ה: "ראין בציון בהר ציון כי אם במה אחת לערלים." 126,
בכעסו זרק הקב"ה את תועבותיהם(-זרמתם, ע"פ יחז' כ"ג:כ': "וזרמת סוסים זרמתם,"
ופי' רד"ק: "'זרמתם',כנוי לזרע היוצא כזרם מים...מ סוסים שהם שטופים בזמה")
של הנוצרים הנ"ל מירושלים, והצדקת את ישראל עמך(-זרחה זכותי). הכוונה לתבוסת
הצלבנים בירושלים אחרי כיבושה ע"י צלאח-אדין בשנת 1187, והשורה ר' יהודה אל-
חריזי, תחכמוני,כ"ח: "כי האל קנא לשמו ויחמול על עמו, ויאמר לא טוב היות בני
עשו היכל קדשי קדשים ובני יעקב משם גרושים." 127,ראה מצבם הבזוי והמושפל(-זל-
ות,ע' תהל' י"ב:ט')של נדחי(-זרויך)ישראל המנוצחים והרימם(-זקוף). 128, הרימם
(-זקפם)בזרועך החזקה ושלם(-זרן)לאויבי ישראל(-זלזלי זיתי, ע"פ ירי' י"א:ט"ז,
שדרשוהו חז"ל--בשמ"ר ל"ו.א'--: "מה ראה ירמיה למשול אבותינו כזית?...שהם מאיר-
ים לכל באמונתם")כגמולם. 129, זקן לעמך את פני נרד של מלך המשיח(-זיוו,ע"פ
ויק"ר ל"א.י"א)ושים לאל(-זמור,פי' כרות)עלילות(-זממי)אויבי ישראל הנמשלים
לזאבים. 130, העבש בחרון אפך(-זעמם,ע"פ יש' ס"ו:י"ד)את אויבי ישראל(-זרע זבו-
בים,ע' הושע א':ב'),מפחידי(-זעותי),והרוג את הנשארים(-זנבם,ע"פ יהושע י':י"ט)
ממלכת הצלבנים, לאחר ירידתם כנ"ל. זהו רמז לנוצרים יוונים, אורתודוכסים,
שנשארו בירושלים אחר כיבושה על ידי צלאח-אדין. והשורה עמאד אל-דין אל אצפה-
אני, אל פתח אל-קסי פי אל פתח אל קדסי, עמ' 61-60. 131 למדתי לשוני,--ירי' ט':
ד'. 132 לשלול וכו',--פי' לשלול את גאות הגוף(-לבושו). 133, להשלים(-להמשיל)
נשמתי על תשוקות הגוף ותאוותיו(-לדמות הגוף)ועל יצרי הרע(-לכח הגוף). 134,
תשוקתי(-להב לבי)להאמין בתורת ה',מדרשת אבות, ר"ל בתורה שבכתב ובתורה שבעל פה.
135 להחליפה להמירה,--פי' להחליף דתי, ורמז לגזירות השמד. לזולתה,--הכוונה,
כנראה, לברית החדשה, תורת הנוצרים. 138 לכה וכו',--תהל' פ':ג'. 139 להמציא
למנחמי,--להביא את מלך המשיח הגואל ששמו מנחם,ע' ירוש' ברכות ב'.ד'. לשלח
וכו',--מלאכי ג':כ"ג. סיום משיחי ורמז לגאולה. 140 לבשר וכו',--תהל' קמ"ז:
י"א.
*= כך בכה"י.

ר' מנחם בן אליה

כ'. סליחה בת שמונה מחרוזות. לכל מחרוזת ארבעה טורים והפותחת במלת "יה".
כל טור רביעי מסתיים בפסוק מן המקרא. החריזה היא סטרופית משתנית. החתימה:
מנחם חזק(משולש)אמן. פורסם: סליחות הרומניוטים, עמ' 46.(אין בד.).

יְיָ מֵאֵין תְּמוּרָה וְחֶבְרָה, נִקְרָא בְּאֶחָד וּמְיוּחָד בְּעוֹלָמוֹ
מֶמְשַׁלְתּוֹ לָנֶצַח, מַלְכוּתוֹ עֲדֵי עַד, נִשְׂגָּב שְׁמוֹ
מְשָׁרְתָיו וּצְבָאָיו יוֹדֵעַ, עָצְמוֹ וְעוּזּוֹ בִּמְרוֹמוֹ
הוֹד וְהָדָר לְפָנָיו עוֹז וְחֶדְוָה בִּמְקוֹמוֹ.

יְיָ נַפְשִׁי וְרוּחִי יְאַוּוּהוּ, יְשַׁחֲרוּהוּ לָבֹא בְּסוֹדוֹ
נִשְׁמָתִי וְלִבִּי בוֹ יֶהְגּוּ וְיִשְׂגּוּ בְּמֶחְקְרֵי הוֹדוֹ
נֶצַח, כִּלְיוֹתַי יְהוֹדוּהוּ יְעִידוּהוּ כִּי אֵין בִּלְעָדוֹ
יְיָ עַל הַשָּׁמַיִם כְּבוֹדוֹ.

יְיָ חוֹקֵר לִבּוֹת וּבוֹחֵן כְּלָיוֹת, מֵבִין כָּל רַעְיוֹן
חוֹגֶה מִשְׁכְּנֵי אָדָם בְּחֵלֶב וָדָם בְּחֶבְיוֹן
חוֹפֵשׂ חֲדָרָיו, סוֹפֵר שׁוּרָיו, מַגִּיד דְּבָרָיו בְּלִי שִׁגְיוֹן
יְיָ מַחְסִי עֶלְיוֹן.

יְיָ מַחֲנוֹת קְדוֹשָׁיו בִּמְעוֹנָיו לְפָנָיו נִצָּבִים
מַרְעִידִים, פּוֹחֲדִים, נִכְבָּדִים, כֻּלָּם לוֹבְשֵׁי שְׁבִיבִים
מַחֲזֶה שְׁכִינָה בִּתְמוּנָה יֶחֱזוּן בֵּין אֵשׁ וְעָבִים
הָאֱלֹהִים יְיָ יוֹשֵׁב הַכְּרוּבִים.

יְיָ חַדְרֵי אוּרִים וְהֵיכְלֵי סַפִּירִים בְּסִתְרֵי סְתָרִים שְׁכֵנוֹ
חשֶׁךְ עָנָן וַעֲרָפֶל לָמוֹ, שָׁם מְקוֹם חֶבְיוֹנוֹ
חַתַּת וְאֵימָה תִּלְבַּשׁ נְשָׁמָה בְּדָרְשָׁהּ: מַה-פְּלָאוֹת גְּאוֹנוֹ
מִי הֵקִים כָּל-אַפְסֵי-אָרֶץ, מַה-שְּׁמוֹ וּמַה-שֶּׁם-בְּנוֹ.

יְיָ זוֹהַר הָאֱמוּנָה צְפַנְתָּ וְהִשְׁכַּנְתָּ בַּתְּמוּנָה תַּבְנִיתֶךָ
זִיוָהּ בְּמַרְאֶה חוֹצֵי נְבוּאָה רָאוּ וּבָאוּ עַד תְּכוּנָתֶךָ
זְבוּלְךָ אוֹרִים חֲפוּרִים עָמְדוּ מֵהֲדַר תָּבְנִיתֶךָ
לְאוֹר חִצֶּיךָ יְהַלֵּכוּ, לְנוֹגַהּ בְּרַק חֲנִיתֶךָ.

יְיָ קֶדֶם מֵאָז הִפְלִיא כִּסְאוֹ וְנִשָּׂאוֹ מַעְלָה וְהֵרִים
קִנּוֹ יָעִיר קַדִּישׁ וְעִיר בִּשְׁמוֹנָה עָשָׂר אֶלֶף אֲדִירִים
קֶצֶב וְתַכְלִית אֵין לְגָדְלוֹ וּמַהֲלָלוֹ בְּלֹא שִׁעוּרִים
בְּיָדוֹ מֶחְקְרֵי אָרֶץ וְתוֹעֲפוֹת הָרִים.

יְיָ אֶרְחָמְךָ אֲרוֹמִמְךָ, אוֹדֶה שִׁמְךָ בִּקְהַל אֱמוּנֶיךָ
מִמְּעוּט יְכָלַי וְשִׂכְלִי אֲהַלֶּלְךָ לִמְצוֹא חֵן בְּעֵינֶיךָ
נְעִימוֹת יְעַנּוּנִי, יְבַשְּׂרוּנִי הֲמוֹנֶיךָ מִמְּעוֹנֶיךָ
יָצָא הָאֱלֹהִים לְפָנֶיךָ.

1 תמורה,--ע' מדרש תמורה, אוצר מדרשים,ב',עמ' 580-531: המקום ברא כל העולם שנים שנים,זה תמורת זה וזה כנגד זה...להודיע להם שכל דבר ודבר יש לו שותף ויש לו תמורה...לכל...חוץ מדבר אחד...שהוא (הקב"ה) אחד ואין לו שני. באחד,-- בשם "אחד",ע' דבר' ו':ד'. 4 דבה"א ט"ז:כ"ז. 7 נצח,--(ש"א,ט"ו:כ"ט)הקב"ה,נצח ישראל. כליותי,--בדומה ללב, בחשבו הכליות על-ידי הקדמונים כמקום מרכז למחשבה,

לדעת ולמצפון. 8 תהל' קי"ג:ד'. 9 חוקר וכו',--יר' י"ז:י'. 10 חונה וכו',--
הקב"ה החופש כל חדרי בטן (משלי כ':כ"ז), כלו' את תוך תוכו של כל אדם. 11
סופר שוריו,--בספר בו חותם אדם על מעשיו, ע"פ איוב ל"ז:ז' שדרשוהו חז"ל
(בספרי דבר' ש"ז) שהחוטא בעצמו חותם (בשעת פטירתו מן העולם, והפייטנים העבירו
כלל זה לר"ה ולעשי"ת) על מעשיו. דבריו,--של אדם הרשומים בספרו. שגיון,--בלי
שגיאה, ומחידושי לשון הפייטנים על משקל -וֹן, ע' צונץ, ס.פ., עמ' 405 ואילך. 12
תהל' צ"א:ט'. 13 מחנות וכו',--מלאכי השרת. 14 שביבים,--שביבי אש, השווה פרקי
דר' אליעזר (פר"א) ד': המלאכים...כשהם משרתים (לפני הקב"ה)...נעשים אש, ועי"פ
יחז' א':י"ג. 15 בין אש ועבים,--ע"פ יחז' א':ד': ענן גדול ואש מתלקחת. 16
דבה"א י"ג:ו'. 17 חדרי וכו',--במקום בחדרי וכו', ובהשמטת אותיות בכל"ם

לצורך אקרוסטיכון השם,--והשווה 'עניני לשון' במבוא, עמ' 18. חדרי אורים
והיכלי,--בסגנון הקרוב ללשון בספרות ההיכלות, השווה היכלות רבתי, ט"ו, אוצר
מדרשים, (א"מ), א', עמ' 116: בשבעה היכלות יושב טוטרוסיא ה' אלקי ישראל חדר
בתוך חדר. אורים...ספירים,--יחז' א':כ"ו-כ"ז: כמראה אבן ספיר דמות כסא...
כמראה אש/אורים/בית לה סביב. בסתרי וכו',--תהל' צ"א:א': יושב בסתר עליון.
18 חשך וכו',--דבר' ד':י"א. חבירנו,--חבק' ג':ד'. 19 חתת,--פחד, על משקל הסגו-
לים; מחידושי לשון הפייטנים, ע' צונץ, שם, עמ' 387 ואילך. 20 משלי ל':ד' ופי'
רש"י: אם תאמר כבר היה דוגמתו, אמור מה שם בנו,--איזה משפחה יצאה ממנו ונדע
מי הוא. 21 זוהר האמונה צפנת,--מהותו האמיתית של הקב"ה תעלומה היא, ע' איוב
י"א:ז'. בתמונה,--בתבנית הצורנית ובציורים הלקוחים מתוך חיי אדם וסביבתו, ועי"פ
במד' י"ב:ח': ותמונת יי יביט. 22 זירה,--של השכינה בתמונה הנ"ל. במראה,--
במד' שם. עד תכונתך,--כלו' עד מהותך האמיתית ולא עד בכלל. 23 זבולך,--במקום
בזבולך, ע' לעיל הע' לשו' 17. ר"ל בשמים. אורים,--כנוי למלאכים שאורו באור
עליון, השווה "אחוז אלים" לראב"ע, בשירי הקדש של ראב"ע, עמ' 155, שו' 9. חפוררים
,--נכלמים. תכניתך,--פי' עצמותך, ע' י. קלצקין, אוצר המונחים הפלוסופיים, (ניו-
יארק, תשכ"ח): "תכנית". 24 חבק' ג':י"א. 25 כסאו וכו',--(יש' ו':א') ר"ל: קודם
שברא העולם (קדם מאז), הפליא הקב"ה לעשות את כסא הכבוד נשא ורם, ע"פ מאמר חז"ל
בפסחים נ"ד, א. 26 קרנו יעיר,--(דבר' ל"ב:י"א: כנשר יעיר קנו,) ר"ל הנהו שוכן.
קדיש ועיר,--הקב"ה, ע"פ דני' ד':י' וע' רש"י שם. בשמונה עשר אלף אורירים,--בי"ח
אלף עולמות בהם שם הקב"ה, ע' ע"ז, ג', ב. 27 ומהללו,--ושבחו. 28 נידר וכו',--
תהל' ק"ו:ב'. 29 ארחמך,--שם י"ח:ב' ופי' רש"י: אאהבך. בקהל אמוניך,--(יש'
כ"ו:ב') בקהל ישראל. 30 יכלי,--כן בא ור"ל יכלתי. 31 נעימות,--תהל' ט"ז:י"א.
המוניך ממעוניך,--המלאכים מן השמים יבשרו את בני ישראל על ביאת המשיח הגואל.
32 יצא וכו',--דבה"א י"ד:ט"ו.

ר' מנחם בן אליה

כ"א. פתיחה ללילי אשמורות בצורת שיר-איזור בעל מדריך בן ארבעה טורים וארבע מחרוזות. לכל מחרוזת ארבעה טורים וטורי איזור. החריזה: א,א,א,א//ב,ב,ב,ב/אא//וכו'. המשקל: השלם(מקוצר): --ס-/--ס-/---. החתימה: מנחם בן כ"ר/=כבוד רבנו/ אליה מקשטוריה זלה"ה/=זכרונו לחיי העולם הבא/. המקור: כה"י ב, עמ' 195.(ד. מ' 407).

מה-יקרו רעים בקום אשמורת
נפש ולב שפכו פני כפורת
חלף עבודת פר ואיל נעתרת
מעט לשונם צור חשוב בקטורת
מה-טוב לשון זהב והאדרת.

בית משכנותיך מאד נכספה
נפשי, וגם כלתה לשיר ניב שפה
כי תוך צבא עדה לך אוסיפה
רבות כמו הנה אגל אחשפה
רנה וזמרה את יקר תפארת.
מה יקרו וכו'

אל נא זכור מעש שלשת הורים
להג בניהם שור תמור שי פרים
יעל לרצון רון שפת שר שירים
הוגה, סלח-נא לעוון עם סרים
הודות עלי פשעם בלב נסהרת.
מה יקרו וכו'

מקדש יה כוננו ידיך
שחו ונשאו כף ולב עדיך
ורכב עלי עב קל אלי עובדיך
יהב בהשליכו עדי עדיך
יה שור שלח ידך ימין נאדרת.
מה יקרו וכו'

זוהר רקיעים שית פני קודרת
לשון מדברת תהי נעתרת
הפלה חסדיך היות נהדרת
החש פדות עניה בעוז נעזרת
הן היא משוש גולה והנפזרת.
מה יקרו וכו'

1, מה נכבדו(-מה יקרו, ע' תהלי קל"ט:י"ז)הצדיקים(-רעים, ע' שם ופי' רש"י, שם),שנהגו לקום בשעות שלאחר חצות הלילה(-בקום אשמורת, ע' שם קי"ט:קמ"ח)בעשי"ת ולערוך "מעמד". 2, שפכו לב ונפש בתפלה ופנו לכיוון המקדש(-פני כפורת,ע"פ שמ' כ"ה:י"ז). 3, תמורת פר בן בקר לקרבן חטאת ורבו(-נעתרת, ע"פ ירי ל"ג:ו')זבחי עולות אילים, כלו' בתפלה במקום קרבן, ע' הושע י"ד:ג'. 4, רצה(-חשוב)ה'(-צור)

בתפלתם(-מען[בטול ה"א סופית לצורך המשקל]לשונם,ע"פ משלי ט"ז:א')כאלו הקריבו
קטורת על קרבן מזבח(ע"פ ויק' ט"ז:י"ג). 5 לשון זהב והאדרת,--(יהושע ז':כ"ד),
אדרת, פי' תפארת, השווה "האדרת והאמונה לחי עולמים,"(ד. ה' 16)והכוונה לתפלות
ישראל, והשווה עמנואל הרומי מחברת,הוצ' ד.ירדן,(ירושלים,תשי"ז)כ',6:"עודי מלי-
צתי ברב תפארת/עודי לשון זהב והאדרת." 6-7, כמהה נפשי(-נכספה...כלתה,ע' תהל'
פ"ד:ג')לגאולה, לראות בית המקדש(-בית משכנותיך)בבנייגו ובתיקונו ולשמוע את
שירת בני לוי(-טפה, הוספת ה"א לצורך המשקל,השווה "סדר עבודה" בסדור רס"ג, עמ'
ס"א: "טפי לוי בחרתה למשכן כבודך יובלים,"). 8, הרביתי להתפלל לך(-לך אוסיפה,
ע' ש"ב,י"ב:ח')בתוך עדת בני ישראל(-תוך צבא עדה),כלו' בציבור. 9, ועדיין אני
מרבה להתפלל(-רבות כמו הנה,ע"פ איוב כ"ג:י"ד)ומתוודה על עוונותי בסתר(-אגל אח-
שפה,ע"פ ירי מ"ט:י'). 10, ומשבח בדברי שירה(-רנה וזמרה)את יקר תפארת גדולתו
(ע' אסתר א':ד')של הקב"ה. 12 מעש,--מעשה, בטול ה"א סופית לצורך המשקל. שלושת
הורים,--רמז לאבות. 13, רְצֵה(-שור,פי' ראה,ע' במד' כ"ג:ט')בתפלות(-להג,פי' דבור
ע"פ קהלת י"ב:י"ב והשווה "כל שנאני שחק," לר' שמעון בן יצחק[ד.כ' 393]: "אלו
ואלו בלהג מלהגים")בני ישראל במקום קרבן מזבח(-תמור[פי' תמורת,בטול ה"א סופית
לצורך המשקל]שי פרים). 14, תעלה לרצון(-יעל, בטול ה"א סופית לצורך המשקל)שליח-
הציבור(-רוזן[ע' תהל' ל"ב:ז']שפת שר שירים). ביהוד ה"מעמד" הציבורי בימי הסלי-
חות היה בתוך בידי שליח-הציבור שאמר בקול רם את הפיוטים בפני הציבור והקהל
הקשיב ועבה באמירת י"ג המדות בלבד ובעניית "אמן" אחרי כל ברכה. 15 הוגה,--ל'
"הגו סיגים מכסף,"(משלי כ"ה:ד'),כנוי להקב"ה המבדיל בין טוב לרע ובין צדיק
החוזר בתשובה לרשע. סלח...סרים,--סלח-נא לעוון העם הסר מרע(-עם סרים,ע"פ משלי
ט"ז:ו')וחוזר בתשובה. 16, תהל' ל"ב:ה', "בטהרת", במקום בטהר לצורך המשקל והח-
רוז. 18, שמ' ט"ו:י"ז. 19 שטחו ונשאו כף,--ע"פ תהל' פ"ח:י': "שטחתי אליך כפי".
ולב וכו',--מוסב על "ונשאו",ר"ל התעוררו לחזור אליך בתשובה,ע' שמ' ל"ה:כ"א
רוז. 18-19, ר"ל בנה ביתך כבתחילה, המקדש שבנית במו ידיך(-מקדש...ידיך,ע"פ
שמ' ט"ו:י"ז)ורצה בתפלות(-שטחו...כף,ע"פ תהל' פ"ח:י')עמך ישראל הפונים אליך
(-...נשאו...לב עדיך,פי' התעורר בקרבם הרצון לחזור בתשובה). 20, ומהר לשלוח
(-עלי עב קל, ע"פ יש' י"ט:א')לבני ישראל(-עובדיך)את משיח הגואל(-ורכב,ע' יש'
שם וזכר' ט':ט'). 21, הנה עמך ישראל(-עדי עדיך,כנוי לישראל,ע"פ יחז' ט"ז:ז')
הבוטחים בך(-יהב כהשליחו,ע"פ תהל' נ"ה:כ"ג). 22, ראה את עניים בגולה ושלח את
גואלם(-ידך ימין וכו',ע"פ שמ' ט"ו:ו'). 24, יהי רצון שיאירו פניה(-זוהר רקי-
עים שית, השווה דניאל י"ב:ג') של כנסת ישראל השרויה בדכדוך ובעצב(-פני
קודרת,ל' "כל היום קודר הלכתי,"ע' תהל' ל"ח:ז'). 25, ושמע לתפלות כנסת ישר-
אל. 26, עשה חסד רב לכנסת ישראל(-הפלא חסדיך,ע"פ תהל' ל"א:כ"ב)הרוצה להיות
מכובדה בארצה(-היות בהדרת,ע' איכה ה':י"ב). 27, החש(יש' ה':י"ט),זרז בחוזק
יד(-בעוז בעזרת,ע' דבה"ב כ"ו:ט"ו)את גאולת ירושלים הזוכרת בגלותה את ימי עניה
(ע"פ איכה א':ז': "זכרה ירושלים ימי עניה ופי' רש"י: "ימי חורבנה שהביאה לידי
עוני"). 28, הן היא(-ירושלים)משוש(ע"פ תהל' מ"ח:ג')כל נדחי ישראל(-גולה והנפ-
זרת,ע"פ ירי ב':י"ז).

ר' מנחם בן אליה

כ"ב. סליחה סטרופית לצום גדליה בעלת שמרבה מחרוזות. לכל מחרוזת ארבעה טורים והטור הרביעי פסוק מן המקרא. החתימה: א"ב, מנחם חזק. המקור: כה"י ר, עמ' 217. (אין בד.).

אֵלֶיךָ קָרָאתִי לְהוֹשִׁיעֵנִי יוֹצֵר כֹּל וּבוֹרֵא/בְּרַחֲמֶיךָ נִשְׁעַנְתִּי מֵרֹאשׁ הַדּוֹרוֹת קוֹרֵא
גְּבוּרוֹתֶיךָ יְקַדְּמוּנִי וְאַפְּךָ בִּי אַל יֶחֱרֶה/כִּי עִמְּךָ הַסְּלִיחָה לְמַעַן תִּוָּרֵא.

דְּבַשְׁתִּיךָ וְשִׁחַרְתִּיךָ מִלִּבִּי וְקוֹנִי/ הַמְצֵא לִי⌜חֶסֶד⌟וְאַל תֵּפֶן לִשְׁגָגַי וּזְדוֹנַי
וְאִם תָּעִיתִי מִדְּרָכֶיךָ אַתָּה תּוֹרֵנִי/ כִּי אָבִי וְאִמִּי עֲזָבוּנִי בִּיךָ תַּאַסְפֵנִי.

זָכַרְתִּי שִׁמְךָ הַגָּדוֹל וְהַנּוֹרָא אֱלֹהֵי תְהִלָּתִי/ חַיַּי כָּלוּ בְיָגוֹן בְּאַבַּד שְׁנָתִי
טָעַמְתִּי כּוֹס רַעַל בְּאֶרֶץ גָּלוּתִי/ כִּי אֵפֶר כַּלֶּחֶם אָכָלְתִּי וְשִׁקֻּוַי בִּבְכִי מָסָכְתִּי.

יָשַׁבְתִּי בָדָד וָאֶהִי בוֹשׁ וְחָפֵר/ כְּבוֹדִי הוּסַר וְחַטָּאתִי לֹא כוּפָּר
לְמַעַנְךָ רַחֵם עָלַי וְזַעַמְךָ יוּפַר/ כִּי אָפְפוּ עָלַי רָעוֹת עַד אֵין מִסְפָּר.

מְאֹד רַבּוּ עֲוֹנוֹתֵינוּ בְּאֵין קֵץ וּסְפָר/ נָפְלָה עֲטֶרֶת רָאשֵׁינוּ וְהִתְפַּלַּשְׁנוּ בָאֵפֶר
סְחִי וּמָאוֹס הָיִינוּ וְלֹא נִמְצָא בָנוּ כוֹפֶר/כִּי עֲוֹנוֹתֵינוּ רַבּוּ מִלִּמְנוֹת וְחַטֹּאתֵינוּ
עָצְמוּ מִסַּפֵּר.

עִנֵּיתִי בַצּוֹם נַפְשִׁי כִּי גָדְלָה אַנְחָתִי/ פָּנַי לֹא אֶשָּׂא מִפְּנֵי אַשְׁמָתִי
צִפִּיתִי לְגַלּוֹת חֲטָאַי וַעֲוֹנִי לֹא כִסִּיתִי/ כִּי עֲוֹנִי אַגִּיד אֶדְאַג מֵחַטָּאתִי.

קַמְתִּי אָבַךְ וְעָבְרוּ שְׁנוֹתַי בְּלִי רְוָחָה/ רַבּוּ יְגוֹנוֹתַי וְלֹא מָצָאתִי מְנוּחָה
שַׁחוֹתִי עַד מְאֹד וְנֶאֱנָחָה/ כִּי כָלוּ בְיָגוֹן חַיַּי וּשְׁנוֹתַי בַּאֲנָחָה.

תָּשׁוּב תְּחַדֵּשׁ יָמֵינוּ כְּקֶדֶם, מַלְכֵּנוּ/וְחָנֵנוּ מַסְלוּל שְׁבִילֵנוּ
חֲזוֹת קֹדֶשׁ הֵיכַל בְּנוּי בְּאַרְצֵנוּ/ כִּי בוֹ יִשְׂמַח לִבֵּנוּ.

1א יוצר...ובורא,--יש' מ"ה:ז'. 1ב נשענתי וכו',--בטחתי בה'(-מראש הדורות קורא,ע"פ יש' מ"א:ד'). 2א יקדמוני,--ש"ב,כ"ב:י"ט. 2ב, תהל' ק"ל:ד'. 3א, שם ע"ח:ל"ד; דבר' ל"ב:ד'. 3ב המצא לי⌜חסד⌟,--ע"פ איוב ל"ז:י"ג. לשגגי וזדוני,--לעוונותי בשוגג ובמזיד. 4א, משלי כ"א:ט"ז; תהל' כ"ז:י"א. 4ב, שם כ"ז:י'. 5א, שם קי"ט:נ"ה; שם ק"ט:א'. 5ב, שם ל"א:י"א; בר' ל"א:מ'. 6א, יש' נ"א:י"ז. 6ב, תהל' ק"ב:י'. 7א, ירי ט"ו:י"ז,ט'. 7ב, חרב(-הוסר,ע' דבי' י"ב:י"א)בית המקדש (-כבודי,ע' חגי ב':ג')ואין לנו קרבן לכפר. 8א, למענך רחם עלי ויהי רצון שזעמך יוּשְׁבַּת(-יופר). 9א, יש' נ"ט:י"ב; איוב כ"ב:ה'. 10א, איכה ג':מ"ה; איוב ל"ג: כ"ד. "כופר",---ל' פדיון. 10ב, עזרא ט':ו'; תהל' מ':ו'. 11א, שם ל"ה:י"ג;איכה א':כ"ב. 11ב, אני בוש ונכלם(-פני לא אשא,ע"פ ש"ב,ב':כ"ב)מפני אשמתי. 12א ל' "בקר אערך לך ואצפה,"(תהל' ה':ד'). לגלות חטאי,--איכה ד':כ"ב. ועווני לא כסיתי,--תהל' ל"ב:ה'. 12ב, שם ל"ח:י"ט. 13א, קץ הגלות(-קצי,ע' דבי' י"ב:י"ג)שאנו מחכים לו והוא מאחר לבוא(-ארך). 13ב, ירי מ"ה:ג'. 14א, תהל' ל"ח:ז'; איכה א': כ"ה. 14ב, תהל' ל"א:י"א. 15א, איכה ה':כ"א; תהל' מ"א:ב'. 15ב, שם כ"ז:י"א;יש' ל"ה:ח'. 16א, לחזות(תהל' כ"ז:ד')את המקדש הבנוי בא"י. 16ב, שם ל"ג:כ"א.

ר' מנחם בן אליה

כ"ג. תוכחה ללילי אשמורות בצורת שיר-איזור בעל מדריך בן חמשה טורים כשבכל טור שלוש צלעיות. בשתי הצלעיות הראשונות יש חרוז פנימי, פרט לטור האחרון שהוא פסוק מן המקרא. אחרי המדריך ארבע מחרוזות בנות ארבעה טורים, משולשים, בחרוז פנימי כבמדריך ואף טורי האיזור, משולשים. החריזה: אאב, גגב, דדב, ההב, ווב, זזב, פסוק//חחט, וכו'/בב//וכו'. המשקל: המרנין: ס---/ס---//ס---/ס---/ס---. המקור: כה"י ב, עמ' 212. לשון הכותרת:"לתחן משפחת התחני/במד' כ"ו:ל"ה/ותוכחה להחכ' כ"ר מנחם בכ"ר אליה מקשטוריאה ז"לה"ה, כניגון 'יצר האל' וכמשקלו." (ד. מ' 1964).

מְעוֹן אֶהְיֶה/אֲשֶׁר אֶהְיֶה/לְאוֹם נָאוָה לְמוֹרָשָׁה
נְשׂוֹא תַחַן/בְּלֵב נִבְחָן/לְתוֹכַחַת דְּמֵי נַפְשָׁה
חֲטָאֶיהָ/עֲוֹנֶיהָ/פְּשָׁעֶיהָ אֲשֶׁר חֲרָשָׁה
מְלוֹן אוֹרְחִים/וְאֶזְרָחִים/מְקוֹם קֶבֶר יְסוֹד שׁוֹרְשָׁה
וְאֵיךְ יִגְבַּר/אֲשֶׁר עָבַר/בִּפְעָמַיִם מְקוֹם בָּאְשָׁה
וְאַחֲרִיתוֹ/בְּרִמָּתוֹ/בְּתוֹלֵעָה וְרִבְאָשָׁה
וּמַה-יִּצְדַּק אֱנוֹשׁ עִם אֵל/וּמַה-יִּזְכֶּה יְלוּד אִשָּׁה

בְּבוֹא עִתּוֹ/בְּיוֹם מוֹתוֹ/וְאָז יָשׁוּב לְאַדְמָתוֹ
נְוַת בֵּיתוֹ/וְחֶלְקָתוֹ/וְאִם יִרְבֶּה כְּבוֹד בֵּיתוֹ
כְּבֶן זוֹלֵל/וּמִסְתּוֹלֵל/תְּהִי רוּחוֹ וְנִשְׁמָתוֹ
רְאוֹת צוּרוֹ/בְּעֵת שִׁבְרוֹ/וְאַף כִּי אַחֲרֵי מוֹתוֹ
וְאֵיךְ יָרוּם/אֲשֶׁר יָרוּם/בְּתוֹלֵעָה וְרִבְאָשָׁה
וְאַחֲרִיתוֹ/עֲמִידָתוֹ/פְּנֵי מֶלֶךְ מְלֹא בוּשָׁה

אֱנוֹשׁ יָעוֹז/בְּמִבְטַח עוֹז/אֲשֶׁר יִבְטַח בְּרוֹב עָשְׁרוֹ
לְרָעָתוֹ/וְאַחֲרִיתוֹ/עֲדֵי אוֹבֵד וְאֵין עוֹזְרוֹ
יְקַר תּוֹלָע/עֲלֵי תוֹלָע/אֲשֶׁר יוּצַּע כְּמוֹ אֶפְרוֹ
הֱיוֹת רִמָּה/כְּסוּת רִמָּה/בְּהִשָּׁפְטוֹ בְּדִין קִבְרוֹ
וְאֵיךְ יַחְמוֹד/אֲשֶׁר יַעְמוֹד/פְּנֵי מֶלֶךְ מְלֹא בוּשָׁה
וְאַחֲרִיתוֹ/יְרִידָתוֹ/בְּאֵר שַׁחַת שְׁבִיב אִשָּׁה

מְקוֹר מִשְׁחָת/בְּאֵר שַׁחַת/לְשַׁלֵּם אִישׁ כְּמַעֲשֵׂהוּ
שְׂכָר עָלָיו/כְּמִפְעָלָיו/וְחָתוּם הוּא בְּיָדֵהוּ
וְדָהִיסָיו/דְּמוּת עֲסָיו/לְהָעִיד עַל עֲוֹנֵהוּ
יְהִי נִשְׂרָף/וְגַם נִצְרָף/כְּכַסְפּוֹ גַּם זְהָבֵהוּ
וְאֵיךְ יִשְׁבַּד/אֲשֶׁר יֵרֵד/בְּאֵר שַׁחַת שְׁבִיב אִשָּׁה
וְאַחֲרִיתוֹ/וְתוֹכַחְתּוֹ/בְּדִין עָרוּךְ וְאֵשׁ קָשָׁה

זְבוּל פּוֹשְׁעִים/בְּתוֹלָעִים/וְלֹא יוּמְתוּ וְיֵאָתָיו
לְדִין נַפְשָׁם/מְדוֹר אִשָּׁם/וְלֹא תִכְבֶּה עֲדֵי יִהְיוּ
הֲדוּפֵי אוֹן/וְדֵרָאוֹן/לְכָל בָּשָׂר וְיֶהֱמָיו
הֱיוֹת מוֹתָם/בְּהִבָּרְאָם/בְּיוֹם הַדִּין וְלֹא יִחְיוּ
וְאֵיךְ יִשְׁבַּח/אֲשֶׁר יִזְבַּח/בְּדִין עָרוּךְ וְאֵשׁ קָשָׁה
וְאַחֲרִיתוֹ/בְּרִיתָתוֹ/בְּיוֹם הַדִּין וְהַדְּרִישָׁה

1, הקב"ה(-אהיה אשר אהיה,ע"פ שמ' ג':י"ד)הוא מעוז(במשמעו' עזרה, ע"פ תהל' צ':א', והשווה שמו"ר ג'.ו': "אמר הקב"ה למרע"ה...בשעבוד זה אהיה עמם ובשעבוד הם הולכים ואהיה עמם")לעמו ישראל(-באוה,ע"פ שה"ש א':ה', ושהש"ר, שם)אשר בחר בנחלה לו(-למורשה, ע' תהל' ל"ג:י"ב). 2, הקב"ה מקבל ברצון(-בשוא תחן, במקום חיבה, לצורך המשקל)את תפלות כנסת ישראל הנבחנת בגולה בייסורים שבאו לכפר (-לתוכחת דמי בפשה)על עוונותיה(-חטאיה, עוונותיה וכו', שו' 3, ועי' שבת נ"ה,א: "אין ייסורין בלא עוון דכתיב[בתהלי' פ"ט:ל"ג]:'ופקדתי בשבט פשעם ובנגעים עוונם'"). 3 אשר חרשה,--לשון "חרשתם רשע וכו'"(הושע י':י"ג). 4 מלון אורחים וכו',--(ירו' ט':א'),הזהרה לנפש החיה בעולם הזה(מלון, מקביל לפרוזדור במאמר חז"ל, באבות ד'.ט"ז: "העולם הזה דומה לפרוזדור בפני העולם הבא"), בין אם תאריך ימים(-אזרחים)ובין לאו(-אורחים),עליה לדעת שסופה למות(-מקום קבר יסוד שורשה). 5, למה יתגאה אדם(-ואיך יגבר)היות שיצירתו ולידתו(-אשר עבר פעמיים, פעם ביצירה דרך זרע האב ופעם בלידה דרך בית הרחם של האם)הן ממקום ערווה וסרחון(-מקום באשה, והשווה אבות ג'.א': "דע מאין באת...מטפה סרוחה"). 6, ואחריתו בקבר(-ברמתו בתולעה). ויבאשה,--במקום ויבאש לצורך המשקל והחרוז. 7, איוב כ"ה:ד'. 8, ע"פ קהלת ט':י"ב ותהל' קמ"ו:ד', ומוסב על "אנוש", לעיל שו' 7, "לאדמתו", פי' אל הקבר. 9 נדת ביתו וחלקתו,--(תהל' ס"ח:י"ג), מקביל ל"אדמתו." 9-10 ואם ירבה...רוחו ונשמתו,--(שם מ"ט:י"ז), פי' והיה אם ירדוף אחרי התשוקות וחמדות-חושיו,עבודה זאת תביא ירידה לנשמתו הטהורה(-כבן זולל ומסתולל[פי' מתרברב,ע' שמ' ט':י"ז, ופי' ראב"ע,שם]תהי רוחו ונשמתו). 11-12, פי' למה יתגאה אדם(-ואיך ירום)הרואה את קוברו לפני מיתתו(-ראות צורו בעת שברו, השווה מסכת חבוט הקבר באוצר מדרשים,א',עמ' 93:"אדם..איבו מת עד שרואה הקב"ה בעצמו," ועי' סליחות הרומניוטים, עמ' 21), העתיד ליתן דין וחשבון לפני בוראו (-ואף כי אחרי מותו, ע' אבות ג'.א'), וסופו לבוא אל הקבר(-אשר ירום[ע"פ שמ' ט"ז:כ' ופי' רש"י: לשון רמה]בתולעה ויבאשה). 13, ומה יאמר בזמן שיעמוד לפני קונו ביום מותו. 14, אזהרה לאדם,עז-פנים, השם מבטחו בגבורתו וברכושו. 15 לרעתו,--יצא לתרבות רעה. ואחריתו עדי אובד,--במד' כ"ד:כ': "ראשית גוים עמלק ואחריתו עדי אובד." 16, העשיר הנ"ל(-יקו תולע, ע"פ איכה ד':ה': "האמנים עלי תולע[פי' המורגלים לשכב על גבי מצעות של תולעת שני]חבקו אשפתות"), גורלו לשכב בקבר(-אשר יוצע במו עפרו)שם יהיה מאכל לתולעים(-עלי תולע). 17, הנוֹכֵל המרמה את הזולת(-הירות רמה,ע' בר' כ"ט:כ"ה)נדון בדין חבוט הקבר(-בהשפטו בדין

קברו, השווה סליחות הרומניוטים, עמ' 20-22),שם אוכלות התולעים את בשרו(-כסות רמה). 18, פי' מדוע יעבוד על בל תחמוד(שמ' כ':י"ז)הלא יוכרח לתת דין וחש-בון לפני קונו, מלא בושה,--פי' דל במצוות ובמעשים טובים. 19, וסופו לבוא אל הקבר(-באר שחת), שם נדון החוטא,בדין חבוט הקבר, לאשו של גיהנום(-שביב אשה, השווה סליחות הרומניוטים, שם). 20, רמז לחוטא(-מקור משחת,ע"פ משלי כ"ה:כ"ו) שנידון בקבר(-באר שחת, השווה מסכת חבוט הקבר,שם)ושנענש מדה כנגד מדה(-לשלם איש כמעשהו). 21 שטר עליו וכו',--פי' שטר חוב עליו, ור"ל מעשיו של החוטא בכתבים בספר הזכרונות(ע' ירוש' ר"ה א'.ג': "שלוש פינקסיות הם וכו'"). וחתום הוא בידהו,--ע"פ דרשת חז"ל(בספרי,דברי' ש"ז)שהחוטא בעצמו,בשעת פטירתו מן העולם, חותם על מעשיו. 22, והיטי ביתו(ע"פ חגיגה ט"ז,א: "והיטי ביתו של אדם מעידים בו") ובגדיו(-דמות עטיו, מן עָיִט, במשמע' ציצית וגדיל שבקצה האריג, ע' תוספת' כלאים ה'.כ')של הרשע מעידים על עוונותיו. 23 יהי נשרף וגם נצרף ,--באשו של גיהנום, ומוסב על הרשע הנ"ל. ככסף,--(זכרי' י"ג:ט': "וצרפתים כצרוף את הכסף"),ומוסב על "נצרף". וזהבו,--במקום זהבו לצורך המשקל. 24, ואין מנוס(-ואיך ישרד)מדין חבוט הקבר(-אשר ירד באר שחת)ומאשו של גיהנום (-שביב אשה). 25 ותוכחתו,--ועונשו, ע' תהל' קמ"ט:ז'. בדין ערוך,--ובכה"י "בדין אָרוּך." ור"ל בגזר-דין ערוך בספר הזכרונות הנ"ל, שם החוטא בעצמו חותם על מעשיו הרעים. ואש קשה,--ודינו לגיהנום. 26, החוטאים הפושעים באביהם שבש-מים(-זבול פושעים, השווה ירוש' ברכות ט'.ב': "פשטו ידיהם בזבול")בעצמו בקבר ע"י התולעים האוכלות את בשרם ואינן נותנות להם מנוח(-ולא ימותו, יש' ס"ו: כ"ד: "כי תולעתם לא תמות"). 26-27 וראתיו...מדור אשם,--ע"פ יש' שם: "ואשם לא תכבה," ור"ל מה שנשאר מן התולעים קוֹלֶה בתוך כבשון אש של גיהנום, השווה סליחות הרומניוטים, עמ' 22. ולא תכבה,--יש' שם. 28 הדופי און,--חסרי-אונים ודראון לכל בשר,--יש' שם. ויהמיו,--תהל' פ"ג:ג': "כי הנה אויביך יהמיון." 29, כשנתברר(-בהכרתם)ביום הדין שעוונותיו מרובים על זכיותיו, החוטא נדון למיתה(-היות מותם)ולא לחיים(-ולא יחיו). 30 ואיך ישכח,--שאלה הֲמורית. יוכח ,--נענש. 31 כריתתו,--פי' כריתתו מחיי עולם הבא, ע"פ מאמר רבי עקיבא(בסנהד' ס"ד,ב): "'הכרת תכרת הנפש ההיא, עונה בה'(במד' ט"ו:ל"א): הכרת: בעולם הזה; תכרת: לעולם הבא." ביום הדין,--בו דנים אותו אם יש לו חלק לעולם הבא, השווה רמב"ם, משנה תורה, הלכות תשובה, ג'.ה'. והדרישה,--פי' בדיקה וחקירה בספר הזכרונות הנ"ל שם נרשמים עוונותיו וזכיותיו.

ר' מנחם בן אליה

כ"ד. "חטאנו" סטרופי בן שלושים מחרוזות בנות ארבעה טורים כל אחת. כל טור רביעי פסוק מן המקרא. החתימה: א"ב, מנחם חזק. פורסם: <u>סליחות הרומניוטים</u>, עמ' 72. (אין בד.).

אֲמַרְתִּי לְיָהּ אֵלִי/אֲדַבְּרָה וְיִרְוַח לִי
וַיִּשְׁמַע מֵהֵיכָלוֹ קוֹלִי/ וְהוּא יוֹשֵׁב מִמּוּלִי.

בְּקֹדֶשׁ חֲזִיתִיו בְּחַשְׁמַלָּיו/ וְהַהֵיכָל מָלֵא שׁוּלָיו
בַּעֲרָפֶל תַּחַת רַגְלָיו/ מִפְּנֵי אֲשֶׁר יָרַד יָהּ עָלָיו.

גְּבוּרוֹת וָעוֹז עִמָּךְ/ וּמַדּוּעַ לִמְשִׁסָּה עַמָּךְ
וְהַשִּׁקּוּץ שׁוֹמֵם בְּאוּלַמָּךְ/ וּבָא אֶל הַבַּיִת וְסָמַךְ.

דִּמְעוֹתַי כַּנַּחַל אוֹרִיד/ וְאָהִים בְּשִׂיחִי וְאָרִיד
כִּי הַפֶּסֶל לֹא תַחֲרִיד/ עַד בִּלְתִּי הִשְׁאִיר לוֹ שָׂרִיד.

הִנְנוּ בְּזַעַם וְעֶבְרָה/ וְצִירִים אֲחָזוּנִי כַּמַּבְכִּירָה
וְכִי לֹא תְקַדֵּם לְעֶזְרָה/ עַל כֵּן בָּאָה אֵלֵינוּ הַצָּרָה.

וְאוּלָם כִּי אֵין צְדָקָה/ לָנוּ לִזְעוֹק זְעָקָה
אֲבָל גְּאַל בְּשָׁעָה דְחוּקָה/ בְּכֹחַ גָּדוֹל וּבְיָד חֲזָקָה.

זְכוֹר רַחֲמֶיךָ בַּחֲסָדֶיךָ/ וְאַל נָא תֶרֶף יָדֶיךָ
מֵעַמְּךָ אֵלֶּה עֲבָדֶיךָ/וִיבָרְכוּ שֵׁם כְּבוֹדֶךָ.

חָטְאוּ עָווּ פָּשְׁעוּ/ וְאֶת לְבָבָם לֹא קָרְעוּ
וְזֶה כַּמֶּה לֹא שָׁמְעוּ/ פְּנוּ אֵלַי וְהִוָּשְׁעוּ.

טֶרֶף לְחַיָּה נְתַתָּם/ מֵאָז קָצַפְתָּ בַעֲזַבְתָּם
כְּמוֹ חֲלָלִים זְנַחְתָּם/ שׁוֹכְנֵי קֶבֶר אֲשֶׁר לֹא זְכַרְתָּם.

יְמֵיהֶם כֻּלָּם מַכְאוֹבִים/ עֲלוּבִים דְּחוּקִים נֶעֱזָבִים
וְהִנֵּה נִמְצָא בַּכְּתוּבִים/ לוֹ אֱלֹהִים קְרוֹבִים.

כֹּחֵנוּ כָּשַׁל וְנִכְרָע/ תַּחְתֵּנוּ וְעָרְפֵּנוּ נִגְרָע
וְסִפְרֵנוּ אֲשֶׁר יִקְרָע/ יָמִיר אוֹתוֹ טוֹב בְּרָע.

לֶחֶם צַר לַחְמֵנוּ/ וּמַיִם לַחַץ מֵימֵינוּ
אֵין שָׁלוֹם בַּעֲצָמֵינוּ/ קָרַב קִצֵּנוּ מָלְאוּ יָמֵינוּ.

מִפְּנֵי יָדְךָ,בָּדָד/יָשַׁב עַמִּי וַיִּתְבּוֹדָד
בְּיָדָן וֶאֱדוֹם וַחֲדָד/כִּי בְּלֵיל שׁוּדָּד.

נֶאֶסְפוּ עָלַי גֵּרִים/ גַּם כַּבִּיר גַּם אִישׁ תְּכָכִים
כֻּלָּם עָלָיו נְבוֹכִים:/לְעֶבֶד מוֹשְׁלִים מְלָכִים.

שִׂימָה דִמְעָתִי בְּנֹאדֶךָ/ וְחָשׁ עֲתִידוֹת פּוֹקְדֶיךָ
קוּמָה אֵל נְשָׂא יָדֶךָ/ וְהִנָּחֵם לְמַעַן עֲבָדֶיךָ.

עָנְיָם הַבֵּט וְדַלּוּתָם/ וּרְאֵה כּוֹבֶד גָּלוּתָם
וְגַבּוֹר מִבּוֹר לְהַעֲלוֹתָם/ וְנוֹקֵם עַל עֲלִילוֹתָם.

פֶּשַׁע וְחַטָּאָה תְּכַפֵּר/ בְּעֶסְקָךְ עִמָּנוּ הָפֵר
וּלְשׁוֹטֵן גּוּמָּץ חוֹפֵר/ כְּתוֹב זֹאת זִכָּרוֹן בַּסֵּפֶר.

צְבָאֲךָ אֱסוֹף לְעִירָךְ/ וְלִמְשִׁיחָךְ נֵר יֶעֱרָךְ
וְאָמְרוּ הוֹלְכֵי לְאוֹרָךְ/ יְהִי שֵׁם יְיָ מְבֹרָךְ.

קַבְּלִתִּי עַמִּי תַּחֲנוּנֶיךָ/ הַתָּפִיק מֵאִתִּי רְצוֹנֶךָ
רַחֵם אֲרַחֵם אֶבְיוֹנֶיךָ/ אַעֲבִיר כָּל טוּבִי עַל פָּנֶיךָ.

רוֹכֵב עַל חֲמוֹר הִנּוֹ בָא/ חֲלִיפוֹת עִמּוֹ וְצָבָא
אָדוֹם דָּגוּל מֵרְבָבָה/ וּמַה תְּעוֹרְרוּ אֶת הָאַהֲבָה.

שָׁמַעְתִּי אֶת תְּלוּנּוֹתֵיכֶם/ יָדַעְתִּי אֶת תְּנוּאוֹתֵיכֶם
לְקִיתֶם בַּעֲוֹן חַטֹּאתֵיכֶם/ לְכַפֵּר עַל נַפְשׁוֹתֵיכֶם.

תְּשַׁבְּעוּ הַשּׁוֹבוֹת הִזְמִינוּ/לָכֶם מְשָׁרְתַי וְהִטְמִינוּ
בְּהֵמוֹת וְלִוְיָתָן תַּשְׁמִינוּ/ תֵּדְעוּ וְתָבִינוּ וְתַאֲמִינוּ.

מַה נִּדְבַּרְתֶּם סָרָה/ וַאֲנִי עִמָּכֶם בְּצָרָה
וְגַן עֵדֶן לָכֶם שְׁמוּרָה/ פּוּךְ וְכָל אֶבֶן יְקָרָה.

נַחַת מָלֵא שֻׁלְחַנְכֶם/ וּבַעֲנָבָיו שָׁמוּר יֵינְכֶם
יְצַרְתִּיו מֵאָז לְמַעַנְכֶם/ יְחַפֶּה יְיָ לְחַנֶּנְכֶם.

חֶלְקְכֶם טוֹב וְנָעִים/ חַיֵּי עוֹלָם קְבוּעִים
לֹא עֲמֵלִים וְלֹא יְגֵעִים/ אֲשֶׁר בְּגֵינוּ כִנְטִיעִים.

מָן וּשְׂלָו וּבְאֵר/ וְכֶעָפָר מָזוֹן וּשְׁאֵר
וּכְבוֹדוֹ לָכֶם יְאֵר/ מְשׂוֹשׂ יְיָ לְהִתְפָּאֵר.

חֶשְׁבּוֹן הַקֵּץ מְבוֹאָר/ מְעַט שָׁנִים נִשְׁאַר
עַתָּה אֱדוֹם יוּאָר/ שְׁאָר יָשׁוּב שְׁאָר.

זָלִים זָהָב וּפִטְדָה/ וְאֵין אֶבְיוֹן בִּיהוּדָה
וּבִנְיָמִן אִישׁ עֲבֻדָּה/ בּוֹאוּ שְׁעָרָיו בְּתוֹדָה.

קֵץ הַגָּלוּת עָבַר/ וּמַטֵּה-רֶשַׁע נִשְׁבַּר
כִּי יְהוּדָה גָּבַר/ מֵיְיָ יָצָא הַדָּבָר.

הִנֵּה הַשַּׂר מִיכָאֵל/ וְעִמּוֹ הַשַּׂר גַּבְרִיאֵל
וּבֵינֵיהֶם מָשִׁיחַ הַגּוֹאֵל/ יָגֵל יַעֲקֹב יִשְׂמַח יִשְׂרָאֵל.

השיר הוא דו-שיח בין הקב"ה וכנסת ישראל. האחרונה פותחת בשו' 1-14 והקב"ה משיב בשו' 15-16. כנסת ישראל ממשיכה בשו' 17-36 והקב"ה מסיים בדברי נחמה בשו' 37-60. 1 וירוח,--איוב ל"ב:כ'. 2ב, במד' כ"ב:ה'. 3 בחשמליו,--הקב"ה היושב בין מלאכיו הנקראים חשמלים,ע' יחז' א':ד' והש' חגיג' י"ג,א. שוליו,--יש' ו':א'. 4 וערפל וכו',--ש"ב,כ"ב:י'. 4ב, שמ' י"ט:י"ח. 6 והשקוץ וכו',--(דני' ט':כ"ז),ור"ל הנה ארץ ישראל נתונה בידי עובדי עבודה זרה. 6ב,עמוס ה':י"ט, ועי"פ המשך הפסוק: וסמך ידו על הקיר ונשכו נחש, ומוסב על "עֲמד",ור"ל ישראל הלך מדחי אל דחי. 8 הפסל לא תחריד,--פירושו הוא: אני בוכה,כי אתה האל איִנְךָ מחריד את הפסל עד בלתי הש' וכו'. 8ב, במד' כ"א:ל"ה. כמנבירה,--יר' ד':ל"א. 10ב, בר' מ"ב:כ"א. 11 כי אין צדקה וכו',--כלו' לא על צדקותינו אנחנו מפילים תחנונינו לפניך. 12 בשעה דחוקה,--(ל' התלמוד:"בשעת הדחק",הש' אבות ב'.ג'),בצרה. 12ב, שמ' ל"ב:י"א. 13-14 ואל נא...מעמך וכו',--יהוש' י':ו'. 14ב, נחמ' ט':ה'. 15 לנבם וכו',--יואל ב':י"ג. 16 וזה כמה,--(זכרי' ז':ג'), וזה כמה שנים. 16ב, יש' מ"ה:כ"ב. 17 טרף וכו',--נתת את ישראל בידי אויבו(=לחיה) לבלעו(=טרף, במשמע' אֹכֶל),כלו' להשמידו. 18 כמו חללים,--כמו הרוגים בשדה,הש' דבר' כ"א:א'. 18ב, תהל' פ"ח:ו'. 20 והנה וכו',--ר"ל הלא כתוב בתורה: "כי מי גוי גדול אשר לו אלהים קרובים אליו כיי אלהינו בכל קראנו אליו"(דבר' ד':ז'), והייתכן שהננו נתונים במיצר? 21 ונכרע,--(תהל' כ':ט'),ונחלש. נגרע,--במקום "נגרעו" לצורך החרוז. 22 וספרנו אשר יקרע,--פי' האויב שעובר(=יקרע) על מצוות התורה(=ספרנו,והכוונה לשבע מצוות שקיבלו עליהם בני נח), הקב"ה יעבישו(ימיר את הטוב ברע,-ע"פ ויק' כ"ז:י'). 23 לחם וכו',--יש' ל':כ'. 24ב, תהל' ל"ח:ד'. 25 מפני ידך,--שכבדה עלינו. בדד ישב וכו',--איכה א':א'. ויתבודד ביוון וכו',--פי' ולבדד ישכון(במד' כ"ג:ט')בגלות ביזנטיה(ביוון),ורומא(ואדום),וישמעאל (והדד,הש' בר' כ"ה:ט"ו). 26ב, יש' ט"ו:א'. 27 נבים,--רשעים, הש' תהל' ל"ה:ט"ו. איש תככים,--(שם נ"ה:י"ב),איש תוך ומרמה. 28 נבוכים,--עדה"כ "וינוע ראשם(ממבוכה)על בת ירושלים"(איכה ב':ט"ו). 28ב, יש' מ"ט:ז', ור"ל הייתכן שבן מלך(ישראל, ע' תהל' מ"ה:י"ד) יהיה לעבד מושלים? 29 בנאדך,--תהל' נ"ו:ט'. פוקדיך,--ישראל. 30ב, תהל' צ':י"ג, למען עבדיך,האבות. 32 וגבור,--פי' ומשיח הגואל (וגבור)קרא. 32 ונוקם על עלילותם,--(תהל' צ"ט:ח') של אויבי ישראל. 34 ולשוטן,--(תהל' ק"ט:כ"ט),ולאויב. גומץ,--(קהל' י':ח'),חור. 34ב, שמ' י"ז:י"ד. 35 יערך,--תהל' קל"ב:י"ז: ערכתי נר למשיחי. 36 הולכי לאורך,--(יש' ס':ג'),-רמז לאומות העולם. 36ב, תהל' קי"ג:ב'. 37 קבלתי וכו',--מכאן ועד סוף השיר, דברי הקב"ה,ור"ל קבלתי תחנוניך,עמי. התפיק,--(משלי י"ב:ב'),ומוסב על "עמי". 38ב, שמ' ל"ג:י"ט. 39 רוכב וכו',--ע"פ זכרי' ט':ט' שדרשוהו חז"ל(בסנהד' צ"ח,א)על משיח הגואל. חליפות וכו',--(איוב י':י"ז),הנ"ל בא בלוית צבאותיו. 40 אדום וכו',--(שה"ש ה':י'),אדום פי' עושה נקמות באויבי ישראל,ע"פ שהש"ר,שם: צח לי

בארץ מצרים(פי' התנהג עם ישראל במדת הרחמים),ואדום למצרים(ועם המצרים במדת הדין). ומה וכו',--שה"ש ח':ד' והש' ת"א,שם: יאמר מלכא משיחה(לבית ישראל)... מה דין אתון מתגרין/פי' מתחבבים/בעמי ארעה למפק מן גלותא...ידבר לכון מרי עלמה...למפרקכון. 41 תנראותיכם,--בדודיכם בגולה. 42 לקיתם,--בעונש של גלות. לכפר וכו',--והש' מאמר ריש לקיש(בתעני' ט"ז,א): גלותיכו מכפרת עליכו. 44 בה-מות ולויתן וכו',--עתיד הקב"ה לעשות סעודה לצדיקים מבשרם של בהמות ולויתן, הש' ב"ב,ע"ד,ב ומקבילות. 44ב, יש' מ"ג:י'. 46ב, ע"פ שם,נ"ד:י"א והש' ילקוט שמעוני,בר' כ': בגן עדן...כל חופה(לצדיקים)יש בה שלחן של אבנים טובות ומר-גלידת. 47 נחת וכו',--איוב ל"ו:ט"ז. ירנכם,--שמור מששת ימי בראשית, הש' סנ-הד' צ"ט,א. 48 מאז,--מששת ימי בראשית. 48ב, יש' ל':י"ח. 50 לא עמלים וכו',--בגן עדן. 50ב, תהל' קמ"ד:י"ב. 51 מן וכו',--המשך תאור מתן שכרם של הצדיקים לעתיד לבוא שיאכלו אז מן המן(במד' י"א:ט')ומן השלו(שמ' ט"ז:י"ג) וישתו ממימי באר מרים(במד' כ"א:ט"ז), והש' אגדת חז"ל(בחגיג' י"ב,ב)על הרחיים העומדות בש-חקים וטוחנות מָן לצדיקים, והש' המקורות בל. גינזברג,אגדות,6,עמ' 19 על המן ומימי באר מרים הגנוזים לצדיקים לעתיד לבוא. ושאר,--(תהל' ע"ח:כ"ז),בשר. 52ב, יש' ס"א:ג'. 53 חשבון הקץ וכו',--(דני' י"ב:י"ג),מועד ביאת משיח הגואל,והש' במבוא,לעיל,עמ' 20. 54 יואר,--באש, פי' בענש. שאר וכו',--(יש' י':כ"א) והמשך הפסוק: יעקב אֶל אל גבור. 55 זלים וכו',--(יש' מ"ו:ו'),המשך תאור מתן שכרם של ישראל לעתיד לבוא. 56 איש עבודה,--(בר' כ"ו:י"ד),בעל מקנה צאן ועשיר. 56ב, תהל' ק':ד'. 58 גבר,--על אויביו. 58ב, בר' כ"ד:נ'. 59 הנה השר וכו',--הש' אותיות דר"ע,באוצר מדרשים,ב',עמ' 423,ש': כיון שבא משיח לישראל יורדים עמו מיכאל וגבריאל שרי צבאות...ועושים מלחמה עם רשעים. 60ב, תהל' י"ד:ז' ועוד.

ר' מנחם בן אליה

כ"ה. סליחה בעלת כ"ג מחרוזות. לכל מחרוזת ב' טורים החורזים ביניהם והטור האחרון הוא פסוק מן המקרא(מתהל' קמ"ה:ב':כ"א,--פרט לבתים י"ד וכ"ב). החתימה: א"ב(כפול), מנחם. פורסם: סליחות הרומניוטים, עמ' 155. (אין בד.).

אֲבִיתֶךָ בְּמוֹרָא נוֹרָא בִּגְבוּרָה וְאֶבְרָה סוֹמֵךְ עוֹלָם וְרוֹעֵד
אֲרוֹמִמְךָ אֱלֹהַי הַמֶּלֶךְ וַאֲבָרְכָה שִׁמְךָ לְעוֹלָם וָעֶד.

בִּזְמִירוֹת הֲדוּרוֹת וּבְשִׁירוֹת יְקָרוֹת אֲקוּם אֶקַּח מוֹעֵד

בְּכָל יוֹם אֲבָרְכֶךָּ בַּאֲהַלְלָה שִׁמְךָ לְעוֹלָם וָעֶד.

גָּדַר גְּבוּלוֹת סָדַר פְּעוּלוֹת מְעוּלוֹת וּבַהֲדַר תְּהִלּוֹת נִכְבַּד וְיָקָר
גָּדוֹל יְיָ וּמְהֻלָּל מְאֹד וְלִגְדֻלָּתוֹ אֵין חֵקֶר.

דַּעַת וּתְבוּנָה חוֹזֶה תְּמוּנָה בְּצֶדֶק וֶאֱמוּנָה הֵעִידוּ
דּוֹר לְדוֹר יְשַׁבַּח מַעֲשֶׂיךָ וּגְבוּרוֹתֶיךָ יַגִּידוּ.

הַמַּפְלִיא פְּלָאוֹת וְנִקְדָּשׁ בִּצְבָאוֹת בְּמַרְאוֹת נוֹרָאוֹת אוֹת לְטוֹבָה הַצְמִיחָה
הֲדַר כְּבוֹד הוֹדֶיךָ וְדִבְרֵי נִפְלְאוֹתֶיךָ אָשִׂיחָה.

וּלְנֶגְדְּךָ בְּפַחְדְּךָ עַם דַּךְ נוֹאֲמִים: בְּחַסְדְּךָ חַטָּאָה תְּכַפֵּרְנָה
וֶעֱזוּז נוֹרְאוֹתֶיךָ יֹאמֵרוּ וּגְדוּלָּתְךָ אֲסַפְּרֶנָּה.

זָכַרְתָּ עַמְּךָ יוֹם זַעַמְךָ וְלֹא סָרוּ מִמְּךָ אַךְ לְשִׁמְךָ יְחַלְּנוּ
זֵכֶר רַב טוּבְךָ יַבִּיעוּ וְצִדְקָתְךָ יְרַנֵּנוּ.

חָגֵשׁ זְבוּלְךָ חַיֵּי פָּעֳלְךָ וּלְמַעַן הִלּוּלְךָ אָמוֹר לְהֵיכָלְךָ מוּסָד
חַנּוּן וְרַחוּם יְיָ אֶרֶךְ אַפַּיִם וּגְדָל חָסֶד.

טְלָאֵי כְּבָשָׂיו קְרוּאֵי עֲמוּסָיו יֹאמְרוּ לְעָשׂוֹ: יִשְׂרָאֵל לְעוֹשָׂיו יְחַכֶּה לְנִסָּיו
טוֹב יְיָ לַכֹּל וְרַחֲמָיו עַל כָּל מַעֲשָׂיו.

יָרוֹעוּ יָנוּעוּ יִגְוְעוּ כָּל יִשְׁמְעוּ אֲשֶׁר בְּדִמְיוֹן בַּעֲרָכוּךָ
יוֹדוּךָ יְיָ כָּל מַעֲשֶׂיךָ וַחֲסִידֶיךָ יְבָרְכוּכָה.

כְּשָׂרֵי פְּעָלִים יִשְׂרֵי מַסְלוּלִים אִשּׁוּרֵי מַעֲלָלִים שִׁירֵי מְהַלְלִים לְשִׁמְךָ יְסַדְּרוּ
כְּבוֹד מַלְכוּתְךָ יֹאמֵרוּ וּגְבוּרָתְךָ יְדַבֵּרוּ.

לְבוּת תְּמִימִים לֵילוֹת וְיָמִים הוֹגִים מַנְעִימִים סוֹד נְסִיבָתוֹ
לְהוֹדִיעַ לִבְנֵי הָאָדָם גְּבוּרוֹתָיו וּכְבוֹד הֲדַר מַלְכוּתוֹ.

מַחֲנוֹת קְדוֹשִׁים אֵילִים תַּרְשִׁישִׁים שִׁירִים חֲדָשִׁים לוֹחֲשִׁים בְּלִי לַעֲדוֹר
מַלְכוּתְךָ מַלְכוּת כָּל עוֹלָמִים וּמֶמְשַׁלְתְּךָ בְּכָל דּוֹר וָדוֹר.

נְבוּאָה נוֹרָאָה תְּלוּיָה בִּקְרִיאָה נָאָה מוּפְלָאָה מִפִּי דוֹרֵשׁ וְשׁוֹאֵל
נָפְלָה לֹא תוֹסִיף קוּם בְּתוּלַת יִשְׂרָאֵל.

סְחוּפִים דְּחוּפִים שְׁחוּפִים שְׁפוּפִים שִׂימֵם סְפוּפִים בֵּין שְׂרָפִים צוֹפְפִים
סוֹמֵךְ יְיָ לְכָל הַנּוֹפְלִים וְזוֹקֵף לְכָל הַכְּפוּפִים.

עזרה בצרות נמצא לדורות תבל להפרות בצורות יאורים בקע רוקע הארץ מאתו
עיני כל אליך ישברו ואתה נותן להם את אכלם בעתו.

פלג מרומו פרגס עולמו דבר יום ביומו אוצרות נעמו מסך ועצמו ואנחנו עמו כמו צאן
פותח את ידך ומשביע לכל חי רצון.

צמצום עניות ופתיות גם נקיות דעת וחיות אף מסר בסדרם בכוכבי מפרשיו
צדיק בכל דרכיו וחסיד בכל מעשיו.

שועת אזנו למתחננו אם בעיונו מכינו ובאינו בעינו נחשב ובא באמת
קרוב יי לכל קוראיו לכל אשר יקראוהו באמת.

רקמת קדומת שרים במזמת תומת ישרים וחכמת נברים מחומת נכרים תפדעם
רצון יראיו יעשה ואת שועתם ישמע ויושיעם.

שלומת נקמת אשמת נשמת חטאים עת צומת לעומת זבאים אשר חמת אפם מלאים תמיד
שומר יי את כל אהביו ואת כל הרשעים ישמיד.

תהלה חוזרת חלילה תחלה באני בריה קלה ממולה בקרב קהלה אהודנו בחילה פוחד ורועד
תהלת יי ידבר פי ויברך כל בשר שם קדשו לעולם ועד.

מה נכבדו חדושי מדרשי דת משה מפי קדושי תלמידי רב אשי אנשי אמת הזכירום לטובה ולתחיה
ואנחנו נברך יה מעתה ועד עולם הללויה.   אל מלך

1 איחדך,--ע"פ ברכות השחר: ומיחדים שמך וכו'. ואברכה,--תהל' צ"א:ד'. סומך עולם,--הקב"ה נושא את עולמו, הש' ירוש' חגיג' ב'.א', והש' צונץ,ס.פ.,עמ' 509. 3 אקום...מועד,--אקום במועד לילי אשמורות בחודש אלול ובעשי"ת. 5 גדר גבולות,--תהל' ע"ד:י"ז. סדר וכו',--סדר במעשה בראשית מקביל ל"גדר וכו'". ובהדר תהלות,--מפיות דרי מעלה ודרי מטה. נכבד ויקר,--דוגמת "מאשר יקרת בעיני נכבדת"(יש' מ"ג:ד'), ור"ל הקב"ה נכבד בתהלות של הוד וִיקָר(וָיֶקֶר, הש' "עת שערי רצון",ד.ע' 1053: וירא דמות כבוד והוד וָיֶקֶר) ובהפרדה בין נסמך לסומך ע"י תיבה אחרת, הש' גס"ל,עמ' 16. 7 דעת וכו',--הש' "אל אדון" בשחרית לשבת ויו"ט: "דעת ותבונה סובבים אותו". בצדק וכו',--דוגמת "צוית צדק עדותיך ואמונה מאד"(תהל' קי"ט:קל"ח). 9 ונקדש בצבאות,--נקדש בפיות צבא השמים. אות לטובה,--תהל' פ"ו:י"ז: עשה עמי אות לטובה. הצמיחה,--יש' ס"א:י"א. 11 עם דך,--(תהל' ט':י'), ישראל עם דך. 13 זרית עמך,--יחז' כ"ב:ט"ו. יום זעמך,--(שם כ"ב:כ"ד),ביום זעם ועברה. ולא סרו ממך,--(דבה"ב ל"ד:ל"ג),בכל זאת ולא סרו. אך וכו',--תהל' ל"ג:כ"ב. 15 חדש זבולך,--חדש(איכה ה':כ"א)את מקדשך(זבולך,ע' מ"א,ח':י"ג. חיר

פעלך,--מוסב על "חדש";הכוונה לעבודה במקדש ולקרבן מזבח. ולמען הלולך,--למען
שירת הלויים הנותנים שבח והלל להקב"ה. אמור...מוסד,--זמן יסוד(הש' דבה"ב ח':
ט"ז: מוסד בית ה')למקדש. 17 טלאי כבשיו,--(יש' מ':י"א; יר' נ':י"ז),ישראל.
קרואי עמוסיו,--(יש' מ"ו:ג'),ישראל העמוסים מני בטן. יאמרו לעשו,--כלו' יא-
מרו לנוצרים הבאים להסיתם בדברים ולהשפיע עליהם שיכחישו את דתם, ורומז לגזי-
רות השמד, והש' צונץ,ס.פ.,עמ' 471 ואילך. ישראל לעושיו,--ישראל באמן להקב"ה,
עושיו. 19 ירועו,--(יש' ח':ט'),ירועו ישראל מאימת האויב. ינועו,--(בר' ד':
י"ד),היו נעים ונדים בארצות הגולה. יגועו,--מתו בגזירות השמד. בל ישמעו...
יערבון,--ולא שמעו לקול הנוצרי המסית ומדיח,אשר בדמיונו של ישו יערבון(הש'
תהל' פ"ט:ז' והש' "ארוכה מארץ" לר' בנימין בר שמואל, באבתולוגיה, עמ' 42:
לא יהיה לך גיעול סמלים,בתבנית איש עמולים). 21 אשורי מעללים,--אשור במשמע'
קיום ור"ל מקיימי מצוות התורה. לשמך יסבורו,--(תהל' קמ"ה:ט"ו),ישברו, ור"ל
מיחלים לשועתך. 23 מנעימים סוד **נסיכתו**,--פי' מקבלים עליהם את עול מלכות
שמים(סוד נסיכתו,כלו' שלטונו של האל, ומתכוון לאמירת "שמע ישראל"). 25
מחנות וכו',--ר"ל דרי מטה מקבלים עליהם את מלכותו בדומה לדרי מעלה(מחנות
קדושים). אילים,--הש' סדר אליהו רבה,ב': אין אילים אלא מלאכי השרת. תרשי-
שים,--מלאכי ה'. בלי לעדור,--יש' ל"ד:ט"ז. 27 נבואה וכו',--ייתכן שרומז
לחורבן ירושלים(נבואה נוראה)שבא בעקבות מעשה קמצא ובר קמצא(גיטין נ"ה,ב).
קריאה, במשמע' הזמנה והכוונה להזמנת בעל הסעודה לבר קמצא. תלויה, פי' על
קמצא ובר קמצא חרבה ירושלים. והפייטן בא להזהיר על חטא של שנאת חנם. 28,
ע"פ עמוס ה':ב', מקביל לעניין החורבן,--בטור שלפניו. 29 סחופים,--יר' מ"ו:
ט"ז והכוונה לישראל בגולה. שחופים,--רזה גופו של ישראל **בגולה**,והש' ר' משה
חיים לוצאטו חוקר ומקובל,52: וישראל שחופים וסחופים באורך הגלות. שפופים,--
משעבדים לנכרים. ספופים,--ל' "האף תספה צדיק עם רשע"(בר' י"ח:כ"ג). בין שר-
פים צופפים,--ישראל יושב בין הגויים הדומים לנחש ארסי(שרפים,במד' כ"א:ו')
והלוחצים אותו(=צופפים). 31 תבל להפרות,--ל' פרו ורבו, ע' בר' א':כ"ח. בצור-
ות...בקע,--איוב כ"ח:י'. רוקע וכו',--מאתו,פי' בגבורתו, ע"פ יש' מ"ד:כ"ד
וכת"א שם והש' רד"ק: ומאתי ומכוחי היה הכל. 33 פלג מרומו,--הש' מאמר ר'
יהודה(בחגיג' י"ב,ב): שני רקיעים הן שנא'(דבר' י':י"ד): הן לה' אלהיך השמים
ושמי השמים. אוצרות...מסך,--ל' "חכמות בנתה ביתה...מסכה יינה אף ערכה שלחנה"
(משלי ט':ב'). ועצמו,--מוסב על "עולמו", פי' עשה שיהיה עֶצם, בראהו. ואנחנו
וכו',--תהל' ק':ג'. 35, הקב"ה נתן(מסר)לכוכבים המתפשטים בשמים(=בכוכבי מפר-
שיו, ל' "מפרשי עב",איוב ל"ו:כ"ט)את הכוח להשפיע על בני אדם(הש' סה"ר שיר
ס"ג,שו' 19: פקדם[את הכוכבים ואת המזלות]להמית ולהחיות להכשיל ולאמץ ברכים)
כל אחד לפי תכונתו(=בסדרם),--אם לענוי(צמצום עניות),אם לתמימות(פתיות...נקיות
דעת),ואם לחיים(וחירות אף,ע"פ בר' ז':כ"ב). 37, הקב"ה שומע אל התפלה(=קשבת אז-
נו למתחננו)אם האדם מתפלל בכוונה(=אם רעיונו מכינו, הש' ירוש' ברכ' ה'.א')

ומגיע למדרגת התפשטות הגשמיות(וכאיבד...כמת, והש' פי' ר' אברהם אבולעאפיה ל"הכון לקראת אלהיך ישראל",עמוס ד':י"ב: הכן עצמך לייחד לבבך וטהר גופך... הב מחשבותיך האמיתיות לצייר את השם ית'...ואחר צייר זה כלו הב שכלך ולבך להבין...ודע כי כל מה שיחזיק אצלך השפעת שכלי הנכבד,יחלשו איבריך החיצוניים והפנימיים ויתחיל כל גופך להשתער שערה[להסתער סערה] חזקה עד מאד עד שתחשוב עצמך שעל כל פנים תמות בעת ההיא,כי תפריד נפשך מגופך מרוב שמחתה בהשגתה. ע' ר"א אבולעאפיה,<u>חיי עולם הבא</u>,עמ' 44-45). 39, למען שירת הלויים במקדש (=רקמת קדומת שרים, ע"פ תהל' ס"ח:כ"ו),ולמען מעשים טובים של הישרים והתמימים (=במזמת תומת ישרים, הש' משלי י"א:ג'),ולמען חכמת הטהורים(=חכמת גברים,ע' ש"ב,כ"ב:כ"ז),פדנו משעבוד לנכרים(מחומת נוכרים תפדעם, ע' איוב ל"ג:כ"ד). 41 שלומת...חטאים,--ע"פ תהל' צ"א:ח': ושלומת רשעים תראה, ור"ל הקב"ה ינקם מחטאים. עת...זכאים,--ינקם מחטאים על הזמנים שהרסו את הזכאים(צמתת, פי' בחרב). חמת אפם,--של החטאים, והכוונה לשלטונות המדינה בגולה, הש' לעיל שו' 29. 43 תהלה...תחלה,--ישראל חוזרים ואומרים(חוזרת הלילה,הש' משנה סוכה ה'. ד')שירי שבח ותהלה להקב"ה בראשית השנה,בעשי"ת(תחלה). בריה קלה,--ענו ושפל רוח. ממולה,--מוסב על "תהלה" והש' תפלה לש"ץ "הנני העני ממעש"(ד.ה' 912): באתי לעמוד ולחנן לפניך..ואף על פי שאיני כדאי והגון לכך. 45 רב אשר,-- מסדר התלמוד הבבלי. 46, תהל' קט"ו:י"ח.

ר' מנחם בן אליה

כ"ו. סליחה סטרופית משורשרת בעלת עשר מחרוזות. כל מחרוזת בת ארבעה טורים. כל טור רביעי שבר-פסוק. החתימה: מנחם(משולש)הקטן ברבי אליה חזק ואמץ. פורסם: <u>סליחות הרומניוטים</u>, עמ' 81. (אין בד.).

יְיָ מֶלֶךְ מְיוּחָד בֶּאֱמֶת/ מֶמְשַׁלְתּוֹ עֲדֵי עַד קַיֶּימֶת
מְבוֹאֶרֶת בְּאַחַת הַחוֹתֶמֶת/ יְיָ אֱלֹהֵינוּ יְיָ.

יְיָ נִקְרָא מְשֻׁלָּשׁ פְּעָמִים/ נִכְלַל בְּעֶשְׂרִים וּשְׁתַּיִם
נִלְהָגוֹת מִגָּרוֹן לִשְׂפָתַיִם/ יְיָ אֵל אֱלֹהִים יְיָ.

יְיָ חַנּוּן וְרַחוּם מְטַהֲרוֹ/ חַטָּאָה נוֹשֵׂא לְמִתְעַבְּרוֹ
חִבָּה לְעָנָיו בְּעָבְרוֹ/ יְיָ עַל פָּנָיו וַיִּקְרָא יְיָ.

יְיָ מִדּוֹת שְׁלֹשׁ עֶשְׂרֵה הוֹדִיעוֹ/ מִתְוַדֶּה וְעוֹזֵב פִּשְׁעוֹ
מִצָּרָה יְחַלְּצֵהוּ בְּהַפְגִּיעוֹ/ יְיָ וַיּוֹדֵהוּ יְיָ.

יְיָ הַטְּעָמִים אֲמָרָיו לְשׁוֹאֲלוֹ:/ 'קָדוֹשׁ וְצַדִּיק יֵשׁ וְרַע לוֹ,'
'טָמֵא וְרָשָׁע יֵשׁ וְטוֹב מַזָּלוֹ'/ יְיָ אֱלֹהִים חֵן וְכָבוֹד יִתֵּן יְיָ.

יְיָ נָגַהּ בְּטוּבוֹ וְאוֹרוֹ/ בְּעַבְדּוֹ בִּכְבוֹדוֹ לְהַכִּירוֹ
רָאָה אֶת אֲחוֹרָיו וְהֶאֱמִירוֹ:/ יְיָ אִישׁ מִלְחָמָה יְיָ.

יְיָ בְּקָרְאוֹ אֶרֶךְ אַפַּיִם/ יָרַד הִשְׁתַּחֲוָה אַפַּיִם
אָמַר בְּדַבַּר שְׂפָתַיִם:/ 'יְיָ יֵלֶךְ נָא יְיָ'.

יְיָ לוֹ הַמְּלוּכָה נָאוָה,/ יוֹדֵעַ וָעֵד וְיֵשׁ תִּקְוָה
הִבְדִּיל בֵּין צְמֵאָה לְרָוָה/ יְיָ כִּי גָדוֹל כְּבוֹד יְיָ.

יְיָ חָשַׁבְתָּ מֵאָז רְפוּאָתֵנוּ,/ זָכוּת וּתְעָלָה לְחֶלְאָתֵנוּ
קִדַּשְׁתָּ רֵאשִׁית תְּבוּאָתֵנוּ/ יְיָ מְקַדֵּשׁ יְיָ.

יְיָ רְאֵה בְּרַחֲמֶיךָ תִּפְנֶה/ אֵלֵינוּ וּסְבִיבֵנוּ תַּחֲנֶה
מְהֵרָה קְרָאנוּךָ, תַּעֲנֶה/ יְיָ הָעוֹמְדִים בְּבֵית יְיָ. אל מלך יושב

1 מיוחד באמת,--הש' רמב"ם,משנה תורה, יסודי התורה,א'.ז': אלוה זה אחד הוא וכו'...שאין כיחודו אחד מן האחרים...אלא יחוד שאין יחוד אחר כמותו בעולם. 2 באחת וכו',--בתורת(אחת,ע' במד' ט"ו:כ"ט)הקב"ה החותמת(הש' גיטין ס',א: תורה חתומה ניתנה, ופי' רש"י: גמורה ומסויימת ושלימה,). 2ב, דבר' ו':ד'. 3 יי נק-רא משולש,--הש' א"ב דרבי עקיבא,באוצר מדרשים,ב',עמ' 410: הקב"ה נקרא אחד וק-ריאת שמו אותיות(שמות)משולשות...שנא' 'יי אלהינו יי אחד'(דבר' שם)--הרי שמו משולש. פעמים,--ערב ובקר,הש' ברכות השחר. בעשרים ושתים,--בכ"ב אותיות יסוד, הש' ס.יצירה,ב'.ג'. 4 נלהגות,--(קהל' י"ב:י"ב),ל' דבור,ר"ל נדברות. מגרון לשפתים,--הש' ס.יצירה,שם: כ"ב אותיות יסוד...א,ה,ח,ע, בגרון...ב,ו,מ,ף בשפת-ים. 4ב,יהוש' כ"ב:כ"ב. 5 מטהרו,--מטהר ישראל מחטא. למתעברו,--תהל' ע"ח:נ"ט. 6 חיוה,--אמר. לענוו,--(במד' י"ב:ג'),למרע"ה. 6ב, שמ' ל"ד:ו'. 7 הודיעו,--הש' מאמר ר' יוחנן(בר"ה, י"ז,ב): נתעטף הקב"ה כש"ץ והראה לו למשה סדר התפלה. 8 בהפגיעו,--ל' בקשה(ע' יר' ל"ו:כ"ה),והש' מאמר ר' יהודה(בר"ה,שם):ברית כרו-תה לשלוש עשרה מדות שאינן חוזרות ריקם. 8ב, שמ' ט"ו:כ"ה, ויורהו,פירושו ע"פ מאמר ר' יוחנן הנ"ל. 9 לשואלו,--למרע"ה ששאל את הקב"ה(ע"פ דרשת ר' יוחנן בברכ' ז',א): מפני מה יש...צדיק ורע לו...רשע וטוב לו וכו'? 10ב,תהל' פ"ד: י"ב,וע"פ המשך הפסוק: לא ימנע טוב להולכים בתמים. 11 ואורו בעבדו,--במרע"ה, ע"פ שמ' ל"ד:כ"ט: כי קרן עור פניו בדברו אתו. להכירו,--(רות ב':י'),לתת לו זכות יתירה. 12 ראה וכו',--שמ' ל"ג:כ"ג. והאמירו,--דבר' כ"ו:י"ז,ור"ל הכריז ופרסם אותו בגלוי. 12ב, שמ' ט"ו:ג'. 13 ירד,--זה משה שירד להם לישראל מָן בי-מיו,ע"פ דרשת חז"ל(במגילי' י"ג:א). 14 בדבר שפתים,--(שמ' ו':ל'),אמר משה: הן אני ערל שפתים ואיך ישמע אלי פרעה. 14ב, שם ל"ד:ט': ילך נא יי בקרבנו. 15 יודע ועד,--הקב"ה, הש' אבות ד'.כ"ד: לידע להודיע ולהודע שהוא...הוא הדיין והוא עד,הוא בעל דין וכו'. ויש תקוה,--לאחריתך וכו',ע"פ יר' ל"א:י"ז. 16ב, תהל' קל"ח:ה'. 17 מאז וכו',--הש' מאמר חז"ל(במגילי' י"ג,ב): אין הקב"ה מכה את

ישראל אלא בורא להם רפואה תחילה. לחלאתינו,--יחז' כ"ד:ו'. 18 ראשית תבואתנו,--פרי עבודתנו, ורומז למקדש אשר הקדיש לעולם, ע' דבה"ב, ל':ח'. 18ב, שמ' ט"ו:י"ז. 19 וסביבנו תחנה,--תבנה מקדשך בתוך בני ישראל כבימי קדם. 20ב תהל' קל"ד:א', וע"פ המשך הפסוק: בבית יי בלילות, ובזה קבע ייעודה של הסליחה ללילי אשמורות.

ר' מנחם בן אליה

כ"ז. סליחה הכתובה כעין שיר-איזור בעל מדריך ותשע מחרוזות. לכל מחרוזת ארבעה טורים ששלושה מהם מתחילים במלת "אתה" וברביעי טור-האיזור שבר-פסוק המסתיים ב"אתה". החתימה: א"ב, מנחם חזק. המקור: כה"י ו, עמ' 354. (אין בד.).

אַתָּה אֲשִׁיּוֹתַי כּוֹנַנְתָּ
אַתָּה בְּקִרְבָּם הִתְלוֹנַנְתָּ
אַתָּה גְּאוֹנַי הִתְבּוֹנַנְתָּ
מִבֶּטֶן אִמִּי אֵלִי אָתָּה.

אַתָּה דָּר בִּנְהָרָה
אַתָּה הֲדָרִי לְעֶזְרָה
אַתָּה וְנֶאְזָר בִּגְבוּרָה
עֶזְרָתִי וּמְפַלְטִי אָתָּה.

אַתָּה זָרִים תַּכְרִית
אַתָּה חַנּוּן שְׁאֵרִית
אַתָּה טְרוֹף הַגְּרִית
הֲכִי אָחִי אָתָּה.

אַתָּה יָחִיד לְבַדֶּךָ
אַתָּה כֻּלָּם עֲבָדֶיךָ
אַתָּה לֹא יֵשׁ בִּלְעָדֶיךָ
יְיָ אָבִינוּ אָתָּה.

אַתָּה מַלְכוּתְךָ לְעוֹלָמִים
אַתָּה נִצְחֲךָ בַּהֲדוֹמִים
אַתָּה סִתְרְךָ בִּמְרוֹמִים
שָׁמַיִם שָׁם אָתָּה.

אַתָּה עֶלְיוֹן נוֹרָא
אַתָּה פְּדוּתֵינוּ תִּקְרָא
אַתָּה צַוֵּה מְהֵרָה:
"לֵךְ עֲלֵה מִזֶּה אָתָּה."

אַתָּה קְדֻמַּת בִּרְבָבִים
אַתָּה רוֹכֵב שָׁמָיִם
אַתָּה שְׁבִילְךָ בַּמַּיִם
בָּקַעְתָּ מַעְיָן וָנַחַל אָתָּה.

אַתָּה תִּפְאֶרֶת עֲמוּסֶיךָ
אַתָּה מָעוֹז לְחוֹסֶיךָ
אַתָּה נִפְלָאִים מַעֲשֶׂיךָ
וְעוֹשֶׂה נִפְלָאוֹת אָתָּה

אַתָּה חוֹקֵר לְבָבוֹת
אַתָּה מְסוֹבֵב נְתִיבוֹת
אַתָּה חוֹשֵׁב נְדִיבוֹת
מְנָת חֶלְקִי וְכוֹסִי אָתָּה.

אַתָּה זָמַמְתָּ בַּמַּעֲשֶׂה
אַתָּה קְלוֹנִי כּוֹסֶה
אַתָּה הַכֹּל נוֹשֵׂא
אָמַרְתִּי לַיְיָ אֵלִי אָתָּה.

1, אתה כובבת יסודרות המקדש(-אשיותי,ע"פ ירי ב':ט"ו). 2 בקרבם,--מוסב על
יסודות המקדש הנ"ל. התלוננת,--שכנת,ע"פ תהלי צ"א:א' שדרשוהו חז"ל(בבמד"ר
י"ב.ג'): "שדי בתלונן בצל שעשה לו בצלאל,--זה המשכן." 3 גאירוני,--על משקל
בִעיוֹן,ע"פ תהלי קכ"ג:ד',ור"ל חטאי. התבוננת,--(יש' י"ד:ט"ז),פי' שמת לב.
4, תהלי כ"ב:י"א. 5 ע"פ דבי' ב':כ"ב:"ונהורא עמה שרא." ועי' איוב ג':ד'. 6,
תהלי קכ"א:א'. 7, שם ס"ה:ז'. 8, שם מ':י"ח. 9 זדים,--כנוי לנוצרים, עי' צונץ
ס.פ.,עמ' 460, והשורה ירי ל':ח': "ולא יעבדו עוד זרים." 10, אתה חנון ורחום
(עי' נחמיה ט':ל"א) לשארית ישראל(ע"פ ירי כ"ג:ג'). 11 טרוף,--מקביל ל"תכרית"
לעיל שו' 9. הגרית,--(תהלי פ"ג:ז'),כנוי לבני ישמעאל,עי' צונץ,שם,עמ' 461. 12
אחו,--כנוי להקב"ה ע"פ שה"ש ח':א': "מי יתנך כאח לי,"ופרש"י: שתבוא לנח-
מני." 13 יחיד,--עי' דב"ר ב'.ל"ז: הקב"ה יחיד בעולמו." לבדך,--תהלי פ"ג:י"ט.
14, שם קי"ט:צ"א. 15, יש' מ"ד:ח'. 16, שם ס"ד:ז'. 17, תהלי קמ"ה:י"ג. 18,
אתה נצח ישראל(-בנצחך,ע"פ ש"א,ט"ו:כ"ט)בארץ(-בהדומים,ע"פ יש' ס"ו:א'). 19
במרומים,--בשמים,ע"פ תהלי צ"א:א': "יושב בסתר עליון." 20, שם קל"ט:ח'. 21,
שם מ"ז:ג'. 22, ע"פ יש' ס"א:א': "לקרא לשבויים דרור." 23 צוה,--לי "צוה ישו-
עות יעקב,"(תהלי מ"ד:ה'). 24, שמ' ל"ג:א', "מזה" פי' מן הגולה. 25, ע"פ איוב
ג':י"א. 25 קדמת,--לי "קדמת הים"(יחז' ל"ט:י"א). ברכיים,--ע"פ איוב ג':י"א:
"מדוע קדמוני ברכיים," ור"ל אתה משגיח על יצירת הוולד ולידתו,השורה נדה ל"א,
א. 26, תהלי ס"ח:ל"ד. 27, שם ע"ז:כ', ופי' ראב"ע: "הראה השם דרך בים לעבור
גאולים. 28, שם ע"ד:ט"ו, ופי' רש"י: "אתה בקעת לישראל מן הצור מעיינות." 29,
אתה תפארת בני ישראל העמוסים מני בטן(ע"פ יש' מ"ו:ג'). 30, ע"פ תהלי י"ח:ל"א
ועוד ועי' שם מ"ו:ב'. 31, שם קל"ט:י"ד. 32, שם פ"ו:ב'. 33, ירי י"ז:י'. 34,
ע"פ יש' נ"ח:י"ב וכתרגומו: "מתיב רשיעיא לאוריתא, ור"ל: אתה מחזיר את הפושעים
לתשובה. 35 נדיבות,--(שם ל"ב:ח'),פי' מתן צדקה לנצרכים. 36, תהלי ט"ז:ה'. 37,
ירי ב"א:י"ב. 38 קלוני,--(משלי י"ב:ט"ז),קלונו בגולה. כוסה,--מעלים, ע"פ
משלי י"ב:כ"ג. 39, ע"פ שמ' ל"ד:ז', כלו' נושא עוון ופשע. 40, תהלי ק"מ:ז'.

ר' אליה בר אברהם העלוב (עי' צונץ, ל.ג., עמ' 388).

כ"ח. זולת ליום אחרון של פסח בעל עשרים וארבע מחרוזות. לכל מחרוזת
שלושה טורים והטור השלישי שבר-פסוק משירת הים(שמ' י"ד:ל'-ט"ו:כ"א),
פרט לשתי המחרוזות האחרונות שהטור השלישי שלהן הוא שבר-פסוק מתהלי
קי"ח:כ"ה. החתימה: א"ב, אליהו בן אברהם חזק ואמץ. פורסם: ש.ברנשטיין,
פיוטים ופייטנים מהתקופה הביזאנטינית, עמ' 63(מקודם ב"חורב",ה', חוברת
ט'-י',תרצ"ט, עמ' 105, מתוך מחזור קורפו). (ד. א' 2089).

אָז בְּבוֹא אוֹיְבַי וּמוֹנַי
לִרְדּוֹף אַחַר עֲדַת אֱמוּנַי
בְּיוֹשַׁע יְיָ.

בְּכֵן עָמְדוּ כְּבַל וְשׁוֹאֵל
נִגְלָה הַמּוֹשִׁיעַ וְגוֹאֵל
בַּבַּרְא יִשְׂרָאֵל

גְּבוּרָתוֹ כְּרָאוּ רָאשֵׁי
הָעָם שֶׁנִּצַּל אוֹיֵב הַקָּשֶׁה
אָז יָשִׁיר מֹשֶׁה.

דָּרְכוּ שִׁבְטֵי יָהּ
וְעָבְרוּ וְנָתְנוּ הוֹדָיָה
עָזִּי וְזִמְרָת יָהּ.

הָלְכוּ בְּרֹב עָצְמָה
וְהֶעֱבִירָם בְּיָד רָמָה
יְיָ אִישׁ מִלְחָמָה.

וּבְכֵן צוּר גּוֹאֲלוֹ
נִהֲגוֹ בְּכָבֵד וְהִפִּילוֹ
מַרְכְּבוֹת פַּרְעֹה וְחֵילוֹ

זָבַע יְשֻׁרוּן קָמוּ
וְהָאוֹיְבִים נִכְלָמוּ
תְּהוֹמוֹת יְכַסְיֻמוּ

חָלוּ וְרָעֲדוּ מוֹנַי
וְקָלְסוּ בַּחוּרַי וּזְקֵנַי
יְמִינְךָ יְיָ

סֶרֶם בָּא לִרְדּוֹף בִּנְךָ
אוֹיֵב הוֹשַׁעְתָּם עַל יַד יְמִינְךָ
וּבְרֹב גְּאוֹנְךָ

יָרְדוּ מַלְאָכֵי מַחֲנַיִם
וְכוֹכָבִים נִלְחֲמוּ מִשָּׁמַיִם
וּבְרוּחַ אַפְּךָ נֶעֶרְמוּ מַיִם

בַּאֲשֶׁר חָשַׁב אוֹיֵב לְהַשִּׂיג
כְּבָר עָבְרוּ הַנְּהוֹרִים מְסִיג
אָמַר אוֹיֵב אֶרְדּוֹף אַשִּׂיג.

לְעֵת אֲשֶׁר רָאוּ שִׁבְחֶךָ
וְרָצִיתָ לְהוֹשַׁעְתָּם בְּכֹחֲךָ
נָשַׁפְתָּ בְרוּחֲךָ.

מַעֲשֵׂה אֶצְבְּעוֹתֶיךָ
יוֹדוּךָ וִיבָרְכוּךָ
מִי כָמוֹךָ.

נָתַתָּ חֵן לְבִנְךָ
וּלְהַצָּלָתָם שַׁמְתָּ יְמִינְךָ
נָטִיתָ יְמִינְךָ.

סוֹמֵךְ נוֹפְלִים יָדֶךָ
הֲרִימוֹתָ לְהַצִּיל עַם יְדִידֶיךָ
נָחִיתָ בְחַסְדֶּךָ.

עָמְדוּ מַלְאֲכֵי מְרוֹמִים
לְהַשְׁפִּיל אֲשֶׁר עַל עַמְּךָ קָמִים
שָׁמְעוּ עַמִּים.

פָּתְחוּ פִּיהֶם וְשִׁבְּחוּ כְּנִגְאָלוּ
וּבְהִשָּׁמַע כִּי מְנַשְּׂרִים קֹלוּ
אָז נִבְהֲלוּ.

צָרֵי עַמְּךָ וְקָמֵיהֶם
בַּחֲמָתְךָ הַבּוֹעֶרֶת בָּהֶם
תִּפֹּל עֲלֵיהֶם

קָרְאוּךָ עַמְּךָ וְתוֹשִׁיעֵמוֹ
וְאֶל נְוֵה בֵּיתְךָ תוֹשִׁיבֵמוֹ
תְּבִיאֵמוֹ וְתִטָּעֵמוֹ

רָאֵה וְקַבְּצֵם אֶל אַרְצָם לְהִוָּעֵד
וְלֹאמַר אֶל בֵּית מוֹעֵד
יְיָ יִמְלוֹךְ לְעוֹלָם וָעֶד.

שָׂמְחוּ בַּיָּגִילוּ בַּיָּרִיעוּ
כָּל הָעָם בְּרֵעוּ
כִּי בָא סוּס פַּרְעֹה

אוֹדוֹת נָתְנוּ בְּעוֹבְרָם בַּיָּם
וְהַנָּשִׁים יָצְאוּ בִּמְחוֹלוֹת עֲדָיִם
בַּעֲן לָהֶם מִרְיָם

אָמְרוּ לוֹ יוֹדְעֵי הַשָּׂגָה וּבִינָה
בְּיוֹם יְשׁוּעָה וְרִנָּה
אָנָּא יְיָ הוֹשִׁיעָה נָּא.

אַחַר בָּאוּ וְרָאוּ וְהֵבִיאוּ מִנְחָה
וְהִתְחַזְּקוּ וְהִתְאַמְּצוּ לֵאמֹר בְּשִׂמְחָה
אָנָּא יְיָ הַצְלִיחָה נָּא.

1 ומרני,--(יש' מ"ט:כ"ו),אויבי ורמז למצריים. 2, לרדוף אחר ישראל(-עדת אמו-בי),ע"פ שמ' י"ד:ט'. 3, שם י"ד:ל'. 4 כדל,--במצוות ובמעשים טובים. ושואל,--לעזרה. 5, בגלה הקב"ה המושיע וגואל,הש' מכילתא, דשירתא ג':"שראתה שפחה על הים מה שלא ראו ישעיה ויחזקאל וכל שאר הנביאים." 6, שמ' י"ד:ל"א. 8 שנצלל,--שם ט"ו:י'. הקשה,--(ש"א כ"ה:ג'),הרשע. 9, שמ' ט"ו:א', 10 דרכו,--עברו ביבשה בתוך הים. 11 ועברו,--שמ' ט"ו:ט"ז. 12, שם ט"ו:ב'. 14 ביד רמה,--שם י"ד:ח'. 15, שם ט"ו:ג'. 17 נהגו בכובד,--שם י"ד:כ"ה. 18 שם ט"ו:ד'. 19 ישורון,--(דבר' ל"ג:ה'),כבוי לישראל. 21 שמ' ט"ו:ה'. 22 חלו ורעדו,--שם ט"ו:י"ד. 23 וקלסו,--ע"פ לשון המכילתא, שם א':"והיו הכל מקלסין לפניו." בחורי וזקני,--ע' שם,שם:"אלו ואלו פתחו פיהם ואמרו שירה." 24, שמ' ט"ו:ו'. 25-26 טרם...אויב,--טרם בא אויב לרדוף את ישראל(-בנך,ע' שם ד':כ"ב. 27, שם ט"ו:ז'. 28, ע' שם י"ב:י"א:"יצאו כל צבאות ה' מארץ מצרים," שדרשוהו חז"ל(במכילתא, דפסחא ט'):"הרי צבאות מלאכי השרת אמור," והש' מדרש ויושע, אוצר מדרשים א', עמ' 151:"אמרו מלה"ש לפני הק-ב"ה: רבש"ע ברד ונעשה בקמה במצרים...וענה להם הקב"ה: אני בעצמי ארד." 29, הש' ילקוט שמעוני,בשלח רמ"ו:"וחפה עליהם(על המצריים)את הרקיע והקדיר עליהם את הכו-כבים וכל מאורי אור בשמים." 30, שמ' ט"ו:ח'. 32, כבר יצאו ישראל(-טהורים)ממצר-ים(-מסיג),מקום תועבה,ע' דבר' כ"ט:י"ד,ט"ו. 33, שמ' ט"ו:ט'. 36, שם ט"ו:י'. 37, ע"פ תהל' ח':ד',ורמז לישראל. 39, שמ' ט"ו:י"א. 40 לבנך,--(שם ד':כ"ב),ליש-ראל. 42, שם ט"ו:י"ב. 43, תהל' קמ"ה:י"ד. 45 שמ' ט"ו:י"ג. 46-47, הש' הערה לשו' 28 לעיל. 48, שמ' ט"ו:י"ד. 49, ע"פ לשון המכילתא, דשירתא א':"פתחו פיהם ואמרו שירה לפני המקום." 50 מנשרים קלו,--(ש"ב א':כ"ג),ור"ל בהישמע כי ישראל עברו את הים. 51, שמ' ט"ו:ט"ו. 53 וחמתך,--כלו' חמתו של הקב"ה על ישראל הבוע-רת בלבם של אויבי ישראל. 54 תפול עליהם,--(שמ' ט"ו:ט"ז),מוסב על "חמתך",ור"ל תפול חמתך על אויבי ישראל. 56 ואל נות ביתך,--(שם ט"ו:י"ג)אל א"י. 57, שם ט"ו:י"ז. 59 בית מועד,--רמז למקדש. 60, שם ט"ו:י"ח. 62 ברעו,--שם ל"ב:י"ז. 63, שם ט"ו:י"ט. 65, שם ט"ו:כ'. 66, שם ט"ו:כ"א. 69, תהל' קי"ח:כ"ה. 72, שם.

ר' אליה בר אברהם העלוב

כ"ט. תחנון ליוה"כ כעין שיר-איזור בעל מדריך בן ארבעה טורים וארבע מחרוזות בנות שני טורים וטור איזור. החריזה: אא,אא,אא,אא//בב,בב/אאא// וכו'. החתימה: אליה חזק לעד. המקור: כה"י ו, עמ' 389. (אין בד.).

אָנָּא שׁוֹכֵן מְעוֹנַי/ קְשׁוֹב שִׂיחִי וּמַעֲנִי
בְּשָׁפְכִי בְּחִין תַּחֲנוּנַי/ תַּעֲבִיר חֲטָאַי בַּעֲווֹנַי
לְךָ נָשָׂאתִי אֶת עֵינַי/ בְּקָרְאִי נִחַר גְּרוֹנִי
הוֹשִׁיעָה יְיָ הַמֶּלֶךְ בַּעֲנֵנִי/ לְמַעַן שִׁמְךָ יְיָ וְסָלַחְתָּ לַעֲווֹנִי.

לְקוֹרֵא לְךָ וּמִתְחַנֵּן תְּנַהוּ פִּדְיוֹן וְכֹפֶר/ פִּשְׁעוֹ וְחֶטְאוֹ לֹא יִמַּד וְלֹא יִסָּפֵר,
וְאַל תִּקְרַב בְּיוֹם דִּינוֹ לְבַל יֵבוֹשׁ וְיֶחְפַּר/ וְכָתְבֵהוּ בְּסֵפֶר חַיִּים הַכָּתוּב בְּאִמְרֵי שֶׁפֶר;
תֹּאמַר לוֹ: סָלַחְתִּי, כִּי חַנּוּן אָנִי/ הוֹשִׁיעָה יְיָ הַמֶּלֶךְ בַּעֲנֵנִי וכו'.

יַעֲזֹב רָשָׁע וְנִכְאֶה לֵב דְּרָכוֹ וּמַעֲלָלָיו/ וְאִישׁ אָוֶן מַחְשְׁבוֹתָיו וְרֹב רֹעַ מִפְעָלָיו,
וְיָשׁוֹב אֶל יְיָ וִירַחֲמֵהוּ בְּמִלּוּלָיו/ תְּנַקֵּהוּ מֵאַשְׁמָה וּמִכָּל חֵטְא וְעִקּוּלָיו;
פְּדֵה פְדֵנִי וְחָנֵּנִי כִּי יָחִיד וְעָנִי אָנִי/ הוֹשִׁיעָה יְיָ הַמֶּלֶךְ בַּעֲנֵנִי וכו'.

הַחֵטְא אִם יִתְאַדֵּם וְאִם כַּשָּׁנִים יְחֻלַּע/ [יַלְבִּין כַּשֶּׁלֶג, כַּצֶּמֶר....לַע]
[....] וּכְמוֹ קֶלַע יְקֻלַּע/ בְּעִמְקֵי יָם יָשְׁלַךְ וְיֹאבַד וִיבֻלַּע;
מְאַדִּים חֲשׂךְ עַבְדֶּךָ וּבִי אַל יִמְשְׁלוּנִי/ הוֹשִׁיעָה יְיָ הַמֶּלֶךְ בַּעֲנֵנִי וכו'.

הוּשָׁה מְקַוֶּה וּמְיַחֵל חֲסָדֶיךָ מָלֵא בְּרַחֲמִים/ זוֹבֵחַ דָּמוֹ וְנַפְשׁוֹ תְּמוּר תּוֹדָה וּשְׁלָמִים,
קָרֵב יִשְׁעוֹ וְדִמְעוֹ נָא תִּמְחֶה לְעוֹלָמִים/ וְאַל לָעַד תִּזְכּוֹר לָנוּ לְכָל עָווֹן וַאֲשָׁמִים;
הָשִׁיבָה לִי שְׂשׂוֹן יִשְׁעֲךָ וְרוּחַ נְדִיבָה תִּסְמְכֵנִי/הוֹשִׁיעָה יְיָ הַמֶּלֶךְ בַּעֲנֵנִי וכו'.

1א שוכן מעוני,--כנוי להקב"ה ע"פ יש' ל"ג:ה' ודבר' ל"ג:כ"ז. 1ב שיחי ומעני,--(תהל' קמ"ב:ג'),פי' השמעת תפלתי, מלת "מען"(-מענה)ע"פ משלי ט"ז:א': מענה לשון, ביטול ה"א סופית לצורך החרוז. 2א בחין,--(איוב מ"א:ד': וחין ערכו,ופי' רש"י: ותחינת סדורו),במשמע' דבור ומליצה בל' הפייטנים. 3א, תהל' קכ"ג:א'. 3ב, שם ס"ט:ד'. 4א, שם כ':י'. 4ב, שם כ"ה:י"א. 5א תנהו פדיון וכופר,--(שמ' כ"א:ל'), פי' סלח לו. 5ב לא ימד וכו',--(הושע ב':א')פי' לא יפקדו עוד עוונותיו של בעל תשובה(-לקורא לך ומתחנן,לעיל שו' 5א). 6א ואל תקרב וכו',--פי' אל תקרב דיבך (ע"פ יש' מ"א:כ"א)ביוה"כ(-ביום דינו), כלו' אל תנהג עמו במידת הדין. לבל יבוש וכו',--יש' נ"ד:ד'. 6ב וכתבהו...חיים,--(תהל' ס"ט:כ"ט),כתב פסק דינו של בעל תשובה עם הצדיקים,השווה ירוש' ר"ה א'.ג': שלוש פינקסיות הם וכו'. באמרי שפר,--כלו' בגזר-דין(-באמרי)לטובה(-שפר,ל' "אף-נחלת שָׁפְרָה עלי," תהל' ט"ז:ו'). 7א, ע"פ במד' י"ד:כ' ושמ' כ"ב:כ"ו. 8א יעזוב...דרכו,--יש' נ"ה:ז'. ונכאה לב,--תהל' ק"ט:ט"ז. 8ב ואיש וכו',--יש' שם. ורוב וכו',--(תהל' כ"ח:ד'),ל' "על רוב עוונך עצמו חטאתיך"(יר' ל':ט"ו). 9א וישוב וכו',--יש' שם. במלוליו,--הנ"ל בשו' 7א: "סלחתי וכו'." 9ב ועקוליו,--ודרכיו העקלקלות. 10א, תהל' כ"ה:ט"ז ושם כ"ה:ט"ז. 11אב, ע"פ יש' א':י"ח. 12א, וכמו אבן הקלע יקולע החטא הנ"ל, ובכה"י: יתקלע. 12ב, ע"פ מיכה ז':י"ט והשווה החרוזים בספר מלחמות ה' לסלמון בן ירוחם,הוצ' י.

דוידזון,(ניו-יורק,1934),י"ג,106: קרן סעדיה תגודע וחכמתו תבולע...עתה נפשו בכף הקלע תקולע. 13א, תהל' י"ט:י"ד. 14א, ה'(-מלא רחמים,כנוי להקב"ה),חושה (ע"פ תהל' ל"ח:כ"ג)גאולת ישראל, המקווה ומיחל לחסדיך. 14ב, קבל צום יוה"כ במקום קרבן מזבח, ע"פ תפלת ר' ששת בתעניות(בברכות י"ז,א): יהי רצון שיהא חלבי ודמי שנתמעט כאלו הקרבתי לפניך על גבי המזבח ותרצני. 15א, תהל' פ"ה:י' וישׁ' כ"ה:ח'. 15ב,ע'ישׁ' ס"ד:ח'. 16א, תהל' נ"א:י"ד.

ר' אליה בר אברהם העלוב

ל'. פתיחה לשבת פרה הכתובה כעין שיר-איזור בעל מדריך בן שני טורים וארבע מחרוזות בנות שלושה טורים וטורי איזור. הטור האחרון במדריך ובאיזור הוא שבר-פסוק מן המקרא. החתימה: אליהו. המקור: כה"י ו, עמ' 23. (אין בד.).

חֹק יִסַּד שׁוֹכֵן רוּמָה
פָּרָה אֲדוּמָּה תְּמִימָה.

אֱלֹהִים עֵת חָפֵץ לְצַדֵּק נַחֲלָתוֹ
וּלְהַעֲבִיר כֶּתֶם חַטָּאתוֹ
הִגְדִּיל וְהֶאְדִּיר לָמוֹ תּוֹרָתוֹ,
וַיְצַו לָקַחַת אוֹם בָּרָה כַּחַמָּה
פָּרָה אֲדוּמָּה תְּמִימָה.

לִבְנֵי אִישׁ תָּם הַתְּמִימִים
אֲשֶׁר בָּחַר סְגוּלָּה מִכֹּל הָעַמִּים
גָּזַר צוּר חַי הָעוֹלָמִים,
הַמּוֹצִיא אוֹר מִמַּעֲלוּמָה,
פָּרָה אֲדוּמָה תְּמִימָה.

יָפָה הִיא בְּרַעְיָתִי כְּתִרְצָה
וְדוֹפִי וּמוּם בָּהּ לֹא נִמְצָא
וְעַל אוֹדוֹת סִיג נָפַל שִׁמְצָה,
וְנָתַן אֶל כּוֹפֶר הָאַשְׁמָה
פָּרָה אֲדוּמָה תְּמִימָה.

הִקְשׁוּ עוֹרֶף וְהִרְבּוּ לִמְעוֹל
וְנִתְּקוּ מוֹסֵרָה וּפָרְקוּ עוֹל,
תַּחַת אֲשֶׁר לֹא עָלָה עָלֶיהָ עוֹל
לְכַפֵּר עַל חֵטְא אֲדוּמָּה,
פָּרָה אֲדוּמָּה תְּמִימָה.

1 חק,--הכוונה לפרה אדומה,ע"פ במד' י"ט:ב' שדרשוהו חז"ל(בבמד"ר י"ט.ו'): "אמר לו הקב"ה למשה: לְךָ אני מגלה טעם פרה(אדומה)אבל לאחר חקה." שוכן רומה ,--כנוי להקב"ה ע"פ ישׁ' ל"ג:ט"ז: "הוא מרומים ישכן." 2, במד' י"ט:ב'. 3 לצדק,--לטהר מאשמה, ע' ירמ' ג':י"א. נחלתו,--כנוי לישראל ע"פ דבר' ל"ב:ט'. 4 ולהעביר,--(ש"ב,י"ב:י"ג),ולהסיר. כתם חטאתו,--ל' "נכתם עוונך לפני"(יר' ב':כ"ב). 5, ע"פ ישׁ' מ"ב:כ"א. 6 לקחת,--ע"פ דבר' ד':כ': "ואתכם לקח ה'." אום...כחמה,--כנוי לישראל ע"פ שה"ש ו':י' ושהש"ר שם. "ברה",פי' טהורה. 7, מוסב על "ויצו לקחת". "תמימה" מקביל ל"ברה",לעיל שו' 6. 8, לבני יעקב(-איש תם,ע"פ בר' כ"ה:כ"ז)גזר הקב"ה,ע' להלן שו' 10. התמימים,--מקביל ל"פרה אדומה תמימה". 9, ע"פ דבר' ז':ו'. 10, גזר הקב"ה(-צור,ע"פ ישׁ' כ"ו:ד'), חי עולמים, ע"פ דני' י"ב:ז',ובל' התלמוד, ירוש' סנהדר' ח'.ט' וברכות ד',א,ובל' הפייטנים ע' "אמרו לאלהים",ד. א' 5862 ו"האדרת והאמונה לחי עולמים",ד. ה' 6)חוק פרה אדומה,ע' במד"ר י"ט.ח': "חקה חקקתי,גזירה גזרתי,אי אתה רשאי לעבור על גזירתי."

11 מתעלומה,--(ע"פ איוב כ"ח:י"א: "ותעלומה יוציא אור"),פי' מדבר בעלם ובסתר, בדומה לחוק פרה אדומה שהקב"ה בגלה טעמו רק למרע"ה,ע' הע' לשו' 1,לעיל. 12, מוסב על "גזר",לעיל שו' 10. 13 רעיתי,--כבוי לכבסת ישראל,ע"פ שה"ש ו':ד', ופי' רש"י: "והקב"ה מקלסה על זאת: 'יפה את רעייתי,' כשאת רצויה לי." 14 ודופי ,--(תהל' ב':כ'),פגם. 15 סיג,--הכורבה למעשה העגל,השורה במד"ר,שם: "אמר הקב"ה תבוא פרה ותכפר על מעשה העגל." שמצה,--(שמ' ל"ב:כ"ה)גבאי, במקום שמץ, לצורך החרוז. 16 ונתן אל,--גזר הקב"ה כנ"ל. כופר,--דוגמת "ונתנו איש כופר נפשו לה'"(שמ' ל':י"ב). האשמה,--כלו' חטא עגל הזהב(ע' שמ' ל"ב:ג'-ד')הנ"ל. 18 הקשו עורף,--שם, ל"ב:ט'. למעול,--לחטוא. 19 נתקו מוסרה,--(ירי' ב':כ'),ר"ל פרקו עול מלכות שמים. 20-22,ר"ל פרה אדומה אשר לא עלה עליה עול(במד' י"ט:ב') באה לכפר על חטא העגל(-חטא איומה)שחטאו בני ישראל, פורקי עול מלכות שמים.

ר' אליה בר אברהם העלוב

ל"א. אופן סטרופי לשמיני עצרת בעל עשרים וחמש מחרוזות. לכל מחרוזת שלושה טורים והטור השלישי שבר-פסוק מן המקרא. החתימה: אליהו העלוב חזק ברבי אברהם מכ[שטוריה]. המקורות: כה"י ק, עמ' 138. א, עמ' רמ"ד. ג, עמ' תי"ג. ד, ח"ב, ב', עמ' 102. (ד. א' 5857).

אִמְרוּ לָאֵל תּוֹדָה
כֻּלְּכֶם בְּרֹב חֶמְדָּה
תּוֹךְ קָהָל וְעֵדָה

לְזֹאת אוֹרֶה אֶתְכֶם
הַטּוֹב הַצָּפוּן לָכֶם
בַּיּוֹם הַשְּׁמִינִי עֲצֶרֶת תִּהְיֶה לָכֶם

יִרְאוּ אֶת יְיָ וְאַל תְּנַסּוּ
וְאִם בְּצֵל כַּנְפֵי אֵל אֶחְסוּ
כָּל מְלֶאכֶת עֲבוֹדָה לֹא תַעֲשׂוּ

הַיּוֹם הַזֶּה עָמְדוּ
יִשְׂרָאֵל עִם הַמֶּלֶךְ וְנוֹעָדוּ
וַיֵּצֵא לִבָּם וַיֶּחֶרְדוּ

וּבִזְמַן הַזֶּה הִקְהִיל מַחֲנֵהוּ
וְיִשְׂרָאֵל וִיהוּדָה בְּעֶזְרֵהוּ
וַיִּבֶן אֶת הַבַּיִת וַיְכַלֵּהוּ

הָמוּ וְלֹא יָכְלוּ כֹּהֲנַי
לַעֲמוֹד לְשָׁרֵת לִפְנֵי אֲמוּנַי
כִּי מָלֵא כְבוֹד יְיָ

עָלָה בְּמַחֲשֶׁבֶת הַמֶּלֶךְ וּזְקֵנָי
וַיַּעֲלוּ עוֹלוֹת עִם קָרְבָּנַי
וַיַּחְנְכוּ אֶת בֵּית יְיָ

לָקַח עֵצָה בְּנַפְשׁוֹ וְגָמַר
מַה-יַּעֲנֶה וּמַה-יֹּאמַר
וְקָרָא זֶה אֶל זֶה וְאָמַר

וּבִרְאוֹתוֹ כִּי נִנְעֲלוּ דְלָתַיִם
קָם מִכְּרוֹעַ עַל בִּרְכָּיו פַּעֲמַיִם
וְכַפָּיו פְּרוּשׂוֹת הַשָּׁמַיִם

בְּעֵת אֲשֶׁר רָאָה אֶת עַבְדֵי יְיָ
שֶׁלֹּא יָכְלוּ לְהַכְנִיס הָאָרוֹן לִפְנִים וְלִפְנָי
וַיְהִי כְּכַלּוֹת שְׁלֹמֹה לְהִתְפַּלֵּל אֶל יְיָ

חָשַׁב בִּתְעֻבַּת אָבִיו וּבְחוֹבָה
אֲשֶׁר עָשָׂה וְחִלָּה פְּנֵי הַצּוּר בְּאַהֲבָה
לֵאמֹר: עֲשֵׂה עִמִּי אוֹת לְטוֹבָה

זָכְרֵנִי אֵל וַיְבַקְּשׁוּ
כָּל מְבַקְשֵׁי רָעָתִי וַיַּחֲרִישׁוּ
וְיִרְאוּ שׂוֹנְאַי וְיֵבוֹשׁוּ

קוּמָה יְיָ לְנוּחֶךָ
וְתָשִׁיב אֲמָרִים בְּשִׂיחֶךָ
וְאַל תָּשֵׁב פְּנֵי מְשִׁיחֶךָ

כָּךְ בָּטַחְתִּי וּבְרֹב חֲסָדֶיךָ
סְלַח וְהַפְלֵא לְבֵן יְדִידֶךָ
זָכְרָה לְחַסְדֵי דָּוִד עַבְדֶּךָ

רָעֲדוּ הַשְּׁעָרִים וּפָתָחוּ
וְנִכְנַס הָאָרוֹן וְשָׂמָחוּ
וְאוֹר צַח וּמָאוֹר עֲלֵיהֶם זָרָחוּ

כִּדְבָרוֹ מִהֵר לְהַרְגִּיעָם
וְסוֹד אֵל וּבְרִיתוֹ הוֹדִיעָם
בַּיּוֹם הַשְּׁמִינִי שִׁלַּח אֶת הָעָם

יָצְאוּ כֻּלָּם בְּשִׂמְחָה לֵילֵךְ
אֶל כָּל עִיר וָפֶלֶךְ
וַיְבָרְכוּ אֶת הַמֶּלֶךְ

אַחַר זֶה נָשְׂאוּ עֵינֵיהֶם
וַיְמַלְאוּ לְאֵל יְדֵיהֶם
וַיֵּלְכוּ לְאָהֳלֵיהֶם

כְּכֵן הִתְחִילוּ בְּשִׂמְחַת הַלֵּב
וַיַּעַבְרוּ מִגּוּשׁ הַלֵּב
שְׂמֵחִים וְטוֹבֵי לֵב

רָאוּ הַשּׁוֹמְעִים הַפֶּלֶא וּבְחִיבָּה
מִהֲרוּ וְשִׁבְּחוּ לִשְׁמֵהּ רַבָּא
עַל כָּל הַטּוֹבָה

הַיּוֹם הַזֶּה בַּחוּרַי וּזְקֵנַי
נִפְלְאוּ עַל יְשׁוּעַת אֲמוּנַי
אֲשֶׁר עָשָׂה יְיָ

מְאֹד נִפְלְאוּ הָעַמִּים וַיְרוֹמְמוֹ
עַל הָאוֹת שֶׁעָשָׂה לְחוֹשְׁבֵי שְׁמוֹ
לְדָוִד עַבְדּוֹ וּלְיִשְׂרָאֵל עַמּוֹ

מֵעֵת אֲשֶׁר נִשְׁפַּךְ לִבֵּנוּ כַּמַּיִם
וְנַעֲרִיצְךָ בְּשִׁלּוּשׁ קְדוּשָּׁה פְּעָמַיִם
הַשְׁקִיפָה מִמְּעוֹן קָדְשְׁךָ מִן הַשָּׁמַיִם
כְּבוֹדְךָ נַעֲלָה וְהוֹאֵל
וְקַבֵּל שַׁוְעַת עַם דַּל וְשׁוֹאֵל
וּבָרֵךְ אֶת עַמְּךָ אֶת יִשְׂרָאֵל
וּבִזְכוּתָם זָכְרֵנוּ אֵל בְּעָנְנוּ
וְהַמֶּלֶךְ הַמָּשִׁיחַ יִצְמַח בְּיָמֵינוּ
וּלְךָ הָאֵל הַבָּרוּךְ נְעִימוֹת יִתְּנוּ

שר' 8 בצל, ק: חסר. 11 ונועדו, גד: וכבאו ונועדו. 25 ובראותו, ק: וכראותו. 29 שלא, גד: כי לא. 59 רבא, קגד: רבה. 64-66, ק: חסר. 71 וקבל, ק: לקבל. 75 ולך האל, ק: ולאל.

3, משלי ה':י"ד. 4, ע"פ איוב כ"ז:י"א:"אורה אתכם ביד אל." 5, תהל' ל"א:כ'. 6, במד' כ"ט:ל"ה. 7 ואל תנסו,--דבר' ו':ט"ז. 8, תהל' ל"ו:ח'. 9, ויק' כ"ג:ל"ו. 10 היום הזה,--בשמיני עצרת,ע' מ"א ח':ס"ו ודבה"ב,ז':ט'. 10-11 עמדו... עם המלך,--עם שלמה המלך,בזמן חנוכת המקדש, ע"פ מ"א ח':י"ד ודבה"ב ו':ג'. 11 ונועדו,--דבה"ב ה':ו'. 12, ע"פ בר' מ"ב:כ"ח, ור"ל בחרדו ישראל כשראו את האש היורדת מן השמים לאכול את העולות ואת הזבחים ע' דבה"ב ז':ג'. 13, בזמן חנוכת המקדש הקהיל שלמה את מחנות ישראל,ע' מ"א ח':א' ודבה"ב ה':ב'. 14 וישראל ויהודה,--פי' "כל ישראל",ע"פ מ"א ח':ס"ה. ויעזרוהו,--כל איש ישראל,ע"פ דבה"ב ה':ג'. 15, מ"א ו':ט'. 16-17, המו הכהנים בקול של אנחה מפני שלא יכלו לשרת במקדש לפני ישראל(-אמונים כנוי לישראל ע"פ תהל' ל"א:כ"ד וש"ב כ':י"ט),ע"פ מ"א ח':י"א. 18, מ"א,שם ודבה"ב ז':א'. 19 המלך וזקניו,--המלך שלמה וזקני ישראל בזמן חנוכת המקדש. 20, מ"א ח':ס"ב-ס"ד ודבה"ב ה':ו'. 21, מ"א ח':ס"ג. 22 לקח עצה וכו',--ע"פ מאמר חז"ל(בשבת ל',א ובמקבילות):"כשבנה שלמה את בית המקדש ביקש להכניס ארון לבית קדשי הקדשים דבקו שערים זה בזה." 23 מה-יענה וכו',--היות שדבקו שערים זה בזה. 24 וקרא וכו',--(יש' ו':ג'),ר"ל במלך שלמה בזקני ישראל. 25, ובראותו שלמה כי ננעלו השערים(-דלתים),אמר עשרים וארבעה רננות,ע' שבת, שם. 26 קם וכו',--ע"פ מ"א ח':נ"ד. פעמים,--פי' קם פעם מלפני מזבח ה'(ע"פ מ"א שם) ופעם אחרי שאמר עשרים וארבעה רננות הנ"ל. 27, מ"א,שם. 28-29, בעת אשר ראה שלמה שהכהנים(-עבדי ה')לא יכלו להכניס את הארון לבית קדשי הקדשים(-לפנים ולפני,ע' יומא ס"א,א). 30, מ"א ח':נ"ד. 31-32 חשב...אשר עשה,--חשב שלמה על עוון דויד אביו במעשה בת-שבע(ע' ש"ב י"א:ב')וכן התוודותו לפני נתן הנביא ותשובתו שקבל מהקב"ה דרך הנביא(שם י"ב:י"ג). וחלה,--(מלא' א':ט')והתפלל אל הקב"ה. 33, תהל' פ"ו:י"ז, והשווה מאמר חז"ל(בשבת,שם)שדרשו את הפסוק(בקהלת ד':ב'): "ושבח אני את המתים שכבר מתו מן החיים אשר המה חיים עדנה" בשבח הצדיקים שמתו כגון דויד שמחל לו הקב"ה על עוון בת-שבע:"מה דכתיב:'עשה עמי אות לטובה ויראו שונאי ויבושו'(תהל' שם)אמר דויד לפני הקב"ה: רבש"ע מחול לי על אותו עוון. אמר לו: מחול לך. אמר לו: עשה עמי אות בחיי. אמר לו: בחייך איני מודיע, בחיי שלמה בנך אני מודיע. כשבנה שלמה את ביהמ"ק ביקש להכניס ארון לביקה"ק דבקו שערים זה בזה. אמר שלמה כ"ד רננות ולא נענה...כיון שאמר:'...זכרה לחסדי דויד עבדך'(דבה"ב ו':מ"ב)מיד נענה." 34-35 וינקשו...רעתי,--תהל' ל"ח:י"ג; ע"א:י"ג,

כ"ד,"ויבקשו",--פי' ראב"ע:"שדבריהם מוקש המה לי." 36, תהל' פ"ו:י"ז,--המשך
תפלת שלמה,ע' שבת שם. 37, דבה"ב ו':מ"א ופי' רד"ק:"כלו' שיהיה זה בית בוחן
ובוח ארון עוזך." 38, משלי כ"ב:כ"א, ר"ל עבבי(-תשיב אמרים)בעת אני מתחנן
לפניך בבית תפלתך(-בשיחך,ל' "יערב עליו שיחי",תהל' ק"ד:ל"ד). 39, דבה"ב ו':
מ"ב ופי' מצודת דוד:"אל תשב פני ריקם לבל לקבל תפלתי." 41 והפלא,--ל' "הפליא
חסדו לי"(תהל' ל"א:כ"ב). לבן ידידך,--הכוונה לאברהם ע"פ מנחות נ"ג,א:"ידיד,
זה אברהם." 42, דבה"ב ו':מ"ב. 43 השערים,--הנ"ל, ע' שבת שם. 44 ונכנס הארון
,--הוכנס לתוך ביהמ"ק. ושמחו,--ע מ"א ח':ס"ו. 45 ואור צח וכו',--הכוונה לגלוי
השכינה בזמן חנוכת המקדש, ע' מ"א שם שדרשוהו חז"ל(במועד קטן ט',א):"'שמחים',
שנהנו מזיו השכינה." על המונח "אור צח", השווה ר' שמואל גליקו,(בשם "תקוני
זהר"),<u>עסיס רמונים</u>,(ויניציה,1601):"כתר עליון וכו'...אור צח,אור מצוחצח."
46 להרגיעם,--ל' "הלוך להרגיעו ישראל"(יר' ל"א:א'),והכוונה למאמר חז"ל(במ"ק
שם):"אותה שנה(שנת חנוכת המקדש)לא עשו ישראל את יום הכפורים(פי' לא צמו ביוה"כ)
והיו דואגים ואומרים שמא נתחייבו...כלייה! יצאה בת קול ואמרה להם: כולכם מזו-
מנים לחיי העולם הבא." 47, הודיעם שהקב"ה מחל להם, השווה מאמר חז"ל(במ"ק שם):
"ומנלן דאחיל להו? שנא'(במ"א ח':ס"ו):'ביום השמיני שלח את העם...וילכו לאהלי-
הם שמחים וטובי לב על כל הטובה'...'על כל הטובה',--שיצאה בת קול ואמרה להם:
כולכם מזומנים לחיי עוה"ב." 48, מ"א ח':ס"ו. 49-50, ע"פ מ"א שם. "לילך", ל'
התלמוד. 51, מ"א שם. 52 נשאו עיניהם,--בתפלה להקב"ה. 53, הקב"ה ספק צרכיהם.
54, מ"א שם. 55, מ"א שם ושה"ש ג':י"א. 56 מגוש הלב,--ר"ל מלב הגוש, פי' מתוך
הקהל(-גוש)שהקהיל שלמה בזמן חנוכת המקדש. היפוך סדר התיבות בצורה של יחסי
קניין לצורך החרוז, דוגמת "וחין ערכו"(איוב מ"א:ד'),[במקום "ערך חינו"]. השו'
<u>גס"פ</u>,עמ' 16. 57, מ"א שם ודבה"ב ז':י'. 58 הפלא,--פי' בני ישראל היו עדים
(-ראו)לבת קול ששמעו לאמר: כולכם מזומנים לחיי עוה"ב, השו' מ"ק שם. 59 לשמה
רבא,--ל' ארמית לצורך החרוז. כנוי להקב"ה ע"פ ה"קדיש". 60, מ"א שם. 62 ישועת
אמוני,--ישועת ישראל(-אמוני,ע"פ תהל' ל"א:כ"ד ושה"ב כ':י"ט),והכוונה לבת קול
שמחלה לישראל על שלא עשו את יוה"כ בשנת חנוכת המקדש,ע' מ"ק שם. 63, מ"א שם
ודבה"ב שם. 64 מאד נפלאו העמים,--רמז למאמר חז"ל(בשבת שם ובמקבילות):"באותה
שעה(בה מחל הקב"ה לדויד על עוון בת-שבע)נהפכו פני שונאי דויד כשולי קדירה
וידעו כל העם וכל ישראל שמחל לו הקב"ה על אותו עוון." ויתרוממו,--ישראל את
הקב"ה. 65 על האות,--הכוונה לבת קול הנ"ל שמחל לישראל ולדויד. לחושבי שמו
,--ע"פ מלאכ' ג':ט"ז ועי' פי' ראב"ע:"הם חכמי לב יודעי סוד השם הנכבד והנורא."
66, מ"א שם. 67, ע"פ איכה ב':י"ט. 68 בשלוש קדושה פעמים,--ע"פ יש' ו':ג',
"פעמים",--בתפלות שחרית ומנחה. 69, דבר' כ"ו:ט"ו. 70 כבודך נעלה,--יחז' ט':
ג'. 70-71 והואל וכו',--הואל לקבל שוועת ישראל(-עם דל)השואל לעזרתך. 72, דבר'
שם. 74 יצמח,--ויבנה את המקדש בעת"ל, ע' זכר' ו':י"ב. 75, תפלת שחרית,נוסח
מחזור רומניה,ע' ד. גולדשמידט,"על מחזור רומניה ומנהגו," עמ' רי"ד.

ר' אליה בר אברהם העלוב

ל"ב. "חטאנו" סטרופי בעל שתים-עשרה מחרוזות. לכל מחרוזת ארבעה טורים והטור הרביעי שבר-פסוק מן המקרא המסתיים במלת "ארץ". החתימה: אני א(כפול)ל(כפול)יה ברבי א[ברהם]. המקור: כה"י ב, עמ' 176. (ד. א' 7773).

אֶשָּׂא עֵינַי וְלִבִּי בְּבִעְיוֹן
לַעֲמוֹד לִפְנֵי דָּר בְּחֶבְיוֹן
וּלְחַלּוֹת פְּנֵי אֵל עֶלְיוֹן
קוֹנֵה שָׁמַיִם וָאָרֶץ

נַפְשִׁי תְּשַׁחֵר לְהַרְבּוֹת מַהֲלָלוֹ
כִּי מִי בַּשַּׁחַק יַעֲרוֹךְ לְמוּלוֹ
וּמִי עָשָׂה נִפְלָאוֹת אֲשֶׁר לֹא
נִבְרְאוּ בְּכָל הָאָרֶץ

יָחִיד רְאֵה וְהָשֵׁב בִּנְךָ הָאֶבְיוֹן
וְשַׂגְּבֵהוּ לִנְוֵהוּ בְּאַפִּרְיוֹן
אֲשֶׁר עָשָׂה לוֹ הַמֶּלֶךְ שְׁלֹמֹה וּתְנֵהוּ עֶלְיוֹן
עַל כָּל גּוֹיֵי הָאָרֶץ

אָמְנָם אִם חָטָאנוּ אֱלֹהִים אֲדֹנָי
יָדוֹעַ יָדַעְתִּי כִּי דַּרְכְּךָ לְעֵינַי
וְאֵת אֲדֹנָי צִוָּה אֲדֹנָי
לָתֵת אֶת הָאָרֶץ

אָכֵן אֲנַחְנוּ בָּאִים לַחֲצַר
בֵּיתְךָ לְחַנֵּן עַל הַצּוֹרֵר וְהַצָּר
כִּי בִלְתְּךָ לֹא נוּכַל לַעֲלוֹת בְּעָרֵי הַמִּבְצָר
מִפְּנֵי יוֹשְׁבֵי הָאָרֶץ

לָכֵן בָּנֶיךָ יַעֲנוּ אֵין כָּאֵל
יְשֻׁרוּן רֹכֵב שָׁמַיִם וְעִמָּנוּ אֵל
וְלָמָּה תְנִיא אֶת לֵב בְּנֵי יִשְׂרָאֵל
מֵעֲבוֹר אֶל הָאָרֶץ

לְפָנֵינוּ יֹאמַר עִמְדוּ וְאִשָּׁפְטָה אִתְּכֶם
כִּי אַתֶּם הֲמִיתֶם אֶת עַמִּי בַּעֲצַתְכֶם
וּמִדַּתְכֶם הָיְתָה זֹאת לָכֶם
לְהוֹצִיא דִבָּה עַל הָאָרֶץ

יְדִידַי הַשְׂכִּילוּ בָּזֶה וּמִדֵּי חֹדֶשׁ
וּרְאוּ מִי בָרָא אֵלֶּה וְאוֹתָהּ חִדֵּשׁ
וְאַחַר הִשְׁתַּחֲווּ לַיְיָ בְּהַדְרַת קֹדֶשׁ
חִילוּ מִלְּפָנָיו כָּל הָאָרֶץ

הֵאָסְפוּ וְאַגִּידָה הַטּוּב הַצָּפוּן לָכֶם
אֲשֶׁר בְּאַחֲרִית הַיָּמִים יִקְרָא אֶתְכֶם
וְעַל זֶה יִרְבּוּ יְמֵיכֶם וִימֵי בְנֵיכֶם
כִּימֵי הַשָּׁמַיִם עַל הָאָרֶץ

בִּינוּ נָא בְּעֵין הַשֵּׂכֶל וְתִתְמְהוּ
כִּי הָאָרֶץ הָיְתָה תֹהוּ וָבֹהוּ
וְהֶעֱמִידָהּ יְיָ אֱלֹהִים הוּא
בַּשָּׁמַיִם מִמַּעַל וְעַל הָאָרֶץ

רַחֲשׁוּ וְשַׁחֲרוּ לָאֵל בְּחִירֵי הַבְּרִיָּה
וְחַלּוּ פָנָיו לְהָשִׁיב לִמְקוֹמָהּ שֶׂה הַדְּחוּיָה
בַּתּוֹצֵא הָאָרֶץ נֶפֶשׁ חַיָּה
וְעוֹף יְעוֹפֵף עַל הָאָרֶץ

בִּתְפִלָּתֵנוּ זְכוֹר וְהַעֲמֵד בְּרוֹב כּוֹסֵף
הַנֶּאֱצֶלֶת, הַנִּשְׁעֶנֶת עַל קָנֶה רָצוּץ אֲשֶׁר יֵאָסֵף
כִּי עָלֶיךָ דָּבְקָה לְהִתְעַנֵּג בִּין אָחִיהָ וְיוֹסֵף
הוּא הַשַּׁלִּיט עַל הָאָרֶץ

יָהּ רְאֵה שֶׁנִּגְנְזָה וְהַכְנִיעֵהוּ
וְאִם אָנֹכִי יְלִדְתִּיהוּ אַל תֹּאמַר אֵלַי: 'שָׂאֵהוּ'
כִּי שַׁלִּיט עַל הָאָרֶץ אֵינֶנּוּ רַק הוּא
הַמַּשְׁבִּיר לְכָל עַם הָאָרֶץ

אַחַר זֶה בְּעֶלְיוֹנַי דְּעוּ וְהָעִידוּ
וּבִינוּ בְּשִׂכְלֵיכֶם וּבִלְבַבְכֶם אַל תָּזִידוּ
וְאַךְ בַּיְיָ אַל תִּמְרוֹדוּ
וְאַתֶּם אַל תִּירְאוּ אֶת עַם הָאָרֶץ

1, לשרן "אליך בשאתי את עיני"(תהל' קכ"ג:א'); ולבי ברעיון,ע"פ קהלת ב':כ"ב:
"מה הוה לאדם בכל עמלו וברעיון לבו" ופי' רש"י: שברון לבו. 2 דר בחביון,--
ע"פ חבק' ג':ד':"ושם חביון עזה" ופי' רד"ק: שם בסיני נגלה מה שהיה נחבא מעולם
עד היום ההוא,--וכנוי להקב"ה. 3, ע"פ מלאכי א':ט'. 4, בר' י"ד:י"ט,כ"ב. 5,
תשחר,--תהל' ע"ח:ל"ד:"ושחרו-אל",ושחרו,פי' ודרשו. מהללו,--שבחו. 6, שם פ"ט:
ז'. 7-8, שמ' ל"ד:י'. 9 יחיד,--כנוי להקב"ה. והשב,--"לנוהו",להלן שו' 10.
בנך,--(שמ' ד':כ"ב),ישראל. 10 ושכנהו,--ל' "ואשכנה אתכם במקום הזה"(יר' ז':
ג'). לנוהו,--(שמ' ט"ו:י"ג),כנוי למקדש. באפריון,--(שה"ש ג':ט')במושב כבוד,
ורמז לגאולה. 11 אשר וכו',--(שה"ש,שם),בדומה לכסא הכבוד שעשה לו שלמה ביום
כלולתו, והשורה שם ב':ח':"קול דודי הנה זה בא" שדרשוהו חז"ל(בשהש"ר,שם)'קול
דודי וכו'',--זה מלך המשיח. ותנהו וכו',--דבר' כ"ח:א'. 14, כלו' הנבו חוז-
רים בתשובה. 15-16, (במד' ל"ו:ב'),"ואת אדוני",--הכוונה למלך המושל בא"י
בזמנו של הפייטן, ור"ל כי ברשות מלכי האומות ובעזרתם ילכו ישראל לא"י(השורה
פי' שה"ש המיוחס לרמב"ן, ח', י"ב)אחרי שחזרו בתשובה,וע"פ מאמר חז"ל(ביומא פ"ו,
ב,):תשובה מקרבת את הגאולה. 17-18 לחצר ביתן,--אסתר א':ה',ופי' ראב"ע,ביתן:
מגזרת בית...וטעמו כמו לפנים, והפייטן התכוון לבית התפלה. לחנן,--לבקש רחמים.
הצורר והצר,--ע"פ במד' י':ט':"הצר הצורר אתכם",הכוונה לקיסר יוון-ביזאנטיה
וצורר היהודים בזמנו של הפייטן. 19-20, במד' ל"ב:י"ז,--ולכן הנבו מבקשים
רחמים ממך עליבו. "בערי המבצר" בא"י. 21 בניך,--כנוי לישראל ע"פ שמ' ד':כ"ב.
אין כאל וכו',--דבר' ל"ג:כ"ו ופי' רש"י: דע לך ישרון(כנוי לישראל,השורה ת"א,
שם)שאין כאל בכל אלהי העמים...הוא אותו אלוה שבעזרך ובגאותו הוא רוכב שחקים.
ועמנו אל,--יש' ח':ח',י'. 23-24, במד' ל"ב:ז',--ור"ל למה תמנע את בני ישראל
מלעלות לא"י הלא כל יכול אתה(-רוכב שמים)והנך יושב בקרבנו(-עמנו אל). 25,
(ש"א, י"ב:ז')הפייטן ממשיך בטענתו "למה תניא וכו'" כשהזכיר את חטא המרגלים
אשר הוציאו דיבת הארץ רעה ואמרו:"לא נוכל לעלות אל העם כי חזק הוא ממנו"
(במד' י"ג:ל"א)ובזה גרמו להם לישראל שיפלו פגריהם במדבר(שם י"ד:כ"ט),--כאן
רמז הפייטן לתבועת שיבת-ציון שבזמנו. 26,(במד' י"ז:ו'),הכוונה לעצת מרגלים
הנ"ל שגרמו למיתת דור המדבר. 27,(מלא' א':ט'),כלו' בשל עצת המרגלים הנ"ל.
28, במד' י"ד:ל"ו. 29 ידידי השכילו...וראו וכו',--פניה ישרה של הפייטן לבני
קהלתו כדי לשכנעם להצטרף אליו ולעלות לא"י. ומדי חדש,--ר"ל דעו שהקב"ה מחדש
בטובו בכל עת מעשה בראשית. 30 מי ברא אלה,--(יש' מ':כ"ו),פי' צבא השמים ומל-
כי ארץ,--לרבות המושל בא"י הנ"ל בשו' 15. ואותה חדש,--בזה בא הפייטן לסתור
את טענת המתנגדים לעליה לא"י כי הישוב שם חרב."ואותה חדש--מוסב על א"י החר-
בה, ע"פ יש' ס"א:ד':"וחדשו ערי חרב," ור"ל כשם שיקמו הערים החרבות מימים רא-
שונים כך יבנו מחדש הערים השוממות בזמננו שלנו,--והשוה בימוקי המתנגדים
לעליה לא"י,בראשית המאה הי"ג,באנגליה ובצרפת בימוקים שהרבו להשתמש בהם(ע'
תשובות מהר"ם,ברלין,סי' ע"ס,עמ' 187):"ושאלת אם שמעתי,למה צוו הגדולים(-חכמי
צרפת ואנגליה,שעלו בראשית המאה הי"ג,צוו על בניהם לעזוב את א"י)לבניהם לח-

זדר, כמדומה אני לפי שאין שם מרחמי'(פי! אוהבים לתלמידי חכמים,ע' כתובות
ק"ה,ב': למרחמין ליה בני מתא)כלל, וגם אין יכולי' לעסוק בתורה מחמת שצריכי'
לטרוח אחר מזונות, גם מתוך שאין שם תורה אינם בקיאי' בדקדוקי מצוות." 31
ואחר,--פי' טעם אחר לעלייה לא"י,--והוא המצוות התלויות בארץ,ולזה רמז: הש-
תחוו לה' בהדרת קדש וכו'(ע"פ דבה"א ט"ז:כ"ט,ל'). 33-34, ע"פ בר' מ"ט:א';
תהל' ל"א:כ'; ודני' י':י"ד,--"אשר...יקרה אתכם" אם תדורו בא"י,השורה כתו-
בות ק"י,ב'-קי"א,א'. 35 ועל זה,--אם תעלו לא"י. ירבו וכו',--דבר' י"א:כ"א.
37 בעין השכל,--כלו' בבינה,השורה רמב"ע,העבק,שפ"ב:"עֵינֵי שֵׂכֶל פִּקְחָה בְּרֹדָם
וּלְטֹשׁ לִרְאוֹת אָמְנָה שַׁרְעַף." 38 הארץ וכו',--(בר' א':ב'),הכוונה לא"י. 39 והמע-
מידה וכו',--(מ"א,ט"ו:ד':"נתן ה'...לו(לדויד)ניר בירושלים...להעמיד את ירו-
שלים")והמעמידה את א"י בזמנגו שלנו--עת שהגאולה קרבה ובאה. ובכן רמז הפייטן
לתסיסה המשיחית שאחזה את קהילות יוון במאה הי"ג. השווה הסליחה "אמרתי לה'
אלי"(כה"י אוכספורד 1168,עמ' 72)לר' מנחם בן אליה מקסטוריה,בן דודו של ר'
אליה בר אברהם: "רוכב על החמור הנו בא/ חליפות עמו וצבא/ אדום דגול מרבבה/
...חשבון הקץ מבואר/ מעם שנים בשאר/ עמה אדום יֵאָר/ מטה ה' להתפאר/...קץ
הגלות עבר/ ומטה רשע נשבר/ כי יהודה גבר/ מה' יצא הדבר." 41 רחשו,--ל' "רחש
לבי דבר טוב"(תהל' מ"ה:ב'),ופי' ראב"ע: ידבר לבו. ושחרר לאל,--תהל' ע"ח:
ל"ד. בחירי הבריה,--כנוי לישראל ע"פ תהל' ק"ה:ו':"בני יעקב בחיריו." 42 וחלו
פניו,--מלאכי א':ט'. שה הדחויה,--(יר' נ':י"ז; יש' י"א:י"ב)כנוי לכנסת ישר-
אל בגולה. 43-44,(בר' א':י"ב),הארץ--הכוונה לא"י בבניינה. 45 זכור,--דוגמת
"זכור אזכרנו עוד"(יר' ל"א:י"ט). והעמד ברוב כוסף,--וגאל ברוב אהבה. 46,
הכוונה לכנסת ישראל אשר הוכרחה(הנאצלת)להישען על "חסדת" שלטונות הגולה
(-קנה רצוץ,ע"פ יש' ל"ו:ו')העושים איתם לעתים קרובות ככל העולה על רוחם
וכנראה טוב להם למרות ה"חסות" המובטחת(-אשר יאסף). 47. כי עליך,--ולא על
השלטונות הנ"ל. אחיה,--הכוונה לחידוש קהילות היהודים בירושלים בשנת 1190.
ויוסף,--הכוונה ליוֹסֵף אבן אַיוב צלאח-אדין ולכיבוש ירושלים על ידו ב1187.
ולפי עדותו של ר' יהודה אל-חריזי(בתחכמוני, כ"ח. עמ' 245) הוא התיר ישיבת
היהודים בירושלים ב1190 וכנראה נתן גם רשות לכל היהודים לעלות ולהתישב בעיר.
48 הוא השליט וכו',--(בר' מ"ב:ו'), רמז לצלאח-אדין. 49, ראה כי בדרך לירושלים
אויב ישראל(רמז לנוצרים)עומד נגד פניהם(ל' "ראו כי רעה נגד פניכם," שמ' י':י')
והכניעהו. 50,(במד' י"א:י"ב)גם פונה הפייטן למתנגדים לעלייה כדי לשכנעם להצטרף
אליו ור"ל(ע"פ במד' י"א:י"ד):"לא אוכל אנכי לבדי לשאת את כל העם הזה." 51 רק
הוא,--רק צלאח-אדין שולט על ירושלים ולא הצלבנים שאסרו הישיבה ליהודים בעיר.
52, והוא הוא המשביר לכל עם הארץ בדומה ליוסף במצרים, ע"פ בר' מ"ב:ו'. 53 רע-
יוני,--על ביאת משיח הגואל ועל שיבת ציון. 54 ובינו בשכליכם,--השווה לעיל שו'
37:"בינו נא בעין השכל." 55-56, סיום הסליחה מצביע על מוטיב עידוד רוחם של
הפייטן ובני קהלו(ע"פ מעשה המרגלים בבמד' י"ד:ט')ומחזק את אמונתם בהתמלאות
בנואות הנחמה תוך חיפושי דרכים לשיבת ציון.

ר' אברהם בר יעקב (ע' צונץ, ל.ג., עמ' 525).

ל"ג. התחנון כעין שיר-איזור בעל מדריך בן ארבעה טורים ושלוש מחרוזות בנות ארבעה טורים, וטורי איזור הם פסוקים מן המקרא. התחנון נועד לעשרה בטבת. החריזה: אב,אב,אב,פי'//גד,גד,גד,גד/פי',פי'//וכו'. החתימה: אברהם. המקורות: ג, עמ' ב"ט. ד, ח"א, עמ' 42. (ד. א' 4309).

אֱלוֹהַּ מֵכִין תֵּבֵל/ וְרוֹקַע אֶרֶץ עֲלֵי מַיִם
וְגָבְהוֹ רוּם בְּלִי חֶבֶל/ וְכָל-מַעֲשָׂיו נִפְלָאִים
שְׁמַע אֶנְקַת אֲסִיר בֶּבֶל/ בְּכִי רָחֵל וּטְלָאִים
בְּיוֹם סָמַךְ מֶלֶךְ בָּבֶל/ עַל יְרוּשָׁלָיִם.

בְּדִמְעַת עַמְּךָ הַבֵּט/ אַל-תֶּחֱרַשׁ וְאַל-תִּדּוֹם
וּמִשְׁבְּטוֹ תְּמוֹךְ שֵׁבֶט/ וְהָכֵן כִּסְאוֹ לַהֲדוֹם
וְגוֹי נָבָל יִלָּבֵט/ וּמַמְלַכְתּוֹ הֲפוֹךְ כִּסְדוֹם
דְּרוֹךְ פּוּרָה וְיֵחָבֵשׁ/ וְיֵז לִלְבוּשְׁךָ דַּם אֱדוֹם
זְכוֹר יְיָ לִבְנֵי אֱדוֹם/ אֵת יוֹם יְרוּשָׁלָיִם
בְּיוֹם סָמַךְ וכו'.

רְמָסַנִי אֲרִי טוֹרֵף/ וְגֵבוּ שְׁעָרַי בִּשְׁאִיָּה
וְנִתַּתִּי לְמוֹ טֶרֶף/ בְּשִׁנֵּי כְפִירִים וּלְבִיָּה
וְנִצְרַפְתִּי בְּכוּר מַצְרֵף/ בְּלַבַּת שַׁלְהֶבֶת יָהּ
וְשָׁם מִפְּתָּיו בְּחֵץ תֶּרֶף/לְהַחֲרִיב קִרְיָה יְפֵפִיָּה
וּבִימִינוֹ הָיָה/ הַקֶּסֶם עַל יְרוּשָׁלָיִם
בְּיוֹם סָמַךְ וכו'.

הֲמָאוֹס מָאַסְתָּ/ יְהוּדָה וְצִיּוֹן נֶעְדָּרוּ
וּמִבְצָרָיו הָרַסְתָּ/ יְסוֹדוֹתָיו עוּרְעָרוּ
פְּרוֹס מָסָךְ פָּרַשְׂתָּ/ לְרַגְלָם בְּאוֹרְךָ יֵאוֹרוּ
וְגַל בְּשׂוֹרוֹת כַּמַּסְתָּ/ וּמִפִּי קָדְשְׁךָ נֶאֶמָרוּ:
נַחֲמוּ נַחֲמוּ עַמִּי, דַּבְּרוּ/עַל לֵב יְרוּשָׁלָיִם
בְּיוֹם סָמַךְ וכו'.

1א, ירי י':י"ב; ב"א:ט"ד. 1ב, תהלי קל"ו:ו'. 2א וגבהו רום,--שם ב"ז:ו'
ועוד. חבל,--(עמוס ז':י"ז),מדה. 2ב, תהלי קל"ט:י"ד. 3א, שם ק"ב:כ"א. 3ב,
רחל וטלאים,--(ישי ב"ג:ז'; ס':י"א),כנוי לבני ישראל. 4אב, יחזי כ"ד:ב',
רמז לייעודה של הסליחה ליי בטבת. 5ב, תהלי פ"ג:ב'; איכה ב':י"ח. 6א ומשבט
,--משבט יהודה, והכוונה למלך המשיח מבית דויד,הש' תהלי ע"ח:ס"ח. תמוך שבט
,--תמוך ישראל,שבט נחלת ה',ע' ירי י':ט"ז. 6ב כסא,--(מ"א ב':מ"ה),כסא מלכו-
תו של בית דויד. להדום,--(איכה ב':א'),על הר ציון. 7א וגוי נבל,--דברי ל"ב:
כ"א שדרשוהו חז"ל(בספרי ש"כ):"אלו המינים," והכוונה לאדום הנוצרי. ילבט,--
(הושע ד':י"ד),ייכשל. 8ב, ברי י"ט:כ"ה; דברי כ"ט:כ"ב ועוד. 8א, דרוך פורה
,--ל' "פורה דרכתי לבדי,"(ישי ס"ג:ג'). ויחבש,--בגת(-פורה). 8ב, ישי שם:
"ויז נצחם על בגדי," ופיי רש"י:"'ויז נצחם': דמם שהוא תוקפו ונצחונו של
אדם." 9אב, תהלי קל"ז:ז'. 11א אריו טורף,--(יחזי כ"ב:כ"ה),רמז לנבוכדנצר,
ע"פ דרשת חז"ל(במגלה י"א,א). 11ב, ע"פ ישי כ"ד:י"ב. בכה"י: ונכו שעריו בש-
איה. 12אב, ע' ישי ה':כ"ט. 13א, זכרי י"ג:ט'; משלי י"ז:ג'. 13ב, שמי ג':
ב'; שה"ש ח':ו'. 14א, הכוונה למעשה נבוכדנצר(ביחזי כ"א:כ"ו)על פרשת-דרכים,
שם שכנעוהו בעלי הקוסמים(-מפתיו)בעזרת חצים ותרפים(-תרף)לעלות על ירושלים
ולשום מצור עליה. 14ב, להחריב ירושלים,ע' יחזי שם. 15אב, יחזי כ"א:כ"ז.
17אב המאוס...יהודה,--ירי י"ד:י"ט. נעדרו,--(ישי ה':ו'),נחרבו. 18א, מיכה
ה':י'. 18ב עורעור,--(ירי נ"א:נ"ח),נהרסו. 19א פרוס,--פרוש. מסך פרשת לרג-
לם,--(תהלי ק"ה:ל"ט),בזמן יציאת מצרים. 19ב באורך יאורו,--שם ל"ו:י'. 20א
רגל,--רגלה. בשורות,--בשורות טובות על הגאולה. כמסת,--דברי ל"ב:ל"ד. 21אב,
ישי מ':א'.

ר' אברהם בר יעקב

ל"ד. תחנון כעין שיר-איזור בעל מדריך וארבע מחרוזות. לכל מחרוזת חמשה טורים פרט לראשונה שהיא דו-טורית והאחרונה בת ארבעה טורים. החריזה: אב, אב/פי'//גג, וכו'/פי',פי'//וכו'. החתימה: אברהם. המקורות: א, עמ' ק"צ. ב, עמ' שב"א. ד, ח"ב, עמ' 75. (ד. לי 658).

לְטַהֵר אֶתְכֶם בָּזֶה/ וְהַעֲבִיר מֵעֲלֵיכֶם
וַעֲנוּתְכֶם לֹא יִבְזֶה/ וְיִרְצֶה הָאֵל מִפְעַלְכֶם
כִּי בַיּוֹם הַזֶּה/ יְכַפֵּר עֲלֵיכֶם.

אֱלוֹהַּ הַשָּׂם עָבִים/ סְבִיבוֹת מְחַגֵּיכֶם
וְהֵאִיר בְּעַמּוּד לְהָבִים/ לְהַנְחוֹת פַּעֲמֵי רַגְלֵיכֶם
וּמָגִין שְׂגִי כְרוּבִים/ לֶעָנָן נוֹעָד לְמַעַנְכֶם
הֲמוֹן רַחֲמָיו הָרַבִּים/ יָגוֹלוּ אֶת מִשְׁאַלְכֶם
וְהַיּוֹם דְּבָרִים טוֹבִים/ יְבַשֵּׂר בְּכָל-מוֹשְׁבוֹתֵיכֶם
שׁוּבוּ בָנִים שׁוֹבָבִים/ אֶרְפָּא מְשׁוּבוֹתֵיכֶם
כי ביום וכו'.

בְּדַלְתֶיךָ אֵל הִקִּישָׁה/ עֲדָתְךָ מֵעֲלוֹת הַשַּׁחַר
וְנִכְלֶמֶת הִיא וּבוֹשָׁה/ מֵחֵטְא מְאָדָּם וּמְשֻׁחָר
וְעָרְבָה לָהּ וְהִגִּישָׁה/ מְקוֹם פָּרִים שִׁיר נִבְחָר
פְּדוּת כֹּפֶר הַחִישָׁה/ סְלַח בַּעֲשֵׂה אַל תְּאַחַר
עֲנֵה לָהּ: אַלְבִּישָׁה/ קְהָלֵךְ מְעִיל צַח וּצְנִיף צָחַר
וְרוּחַ חֵן חֲדָשָׁה/ אֶתֵּן בְּקִרְבְּכֶם
כי ביום וכו'.

רְחֵקֶיךָ צוּר הַשְׁמֵד/ מִתַּחַת שָׁמֶיךָ
וְעַל דִּגְלָם חִישׁ הַעֲמֵד/ מִשְׁמְרוֹת נוֹשְׂאֵי אֵמֶיךָ
וְהָאֵב מֵלִיץ מְלַמֵּד/ זְכוּת יִשְׁבַת עַמֶּךָ
וּמַשְׂטִין יְנֻרְגָּו הַצְמֵד/ לְאַבְּדוֹ בְּגַעֲרַת זַעְמֶךָ
וְהַשְׁמִיעַ לְקָמֶיךָ:/ צְאוּ,--מַה-לִּי וְלָכֶם
וְלִישֻׁרוּן בְּרַחֲמֶיךָ/ עֲנֵה: רָצִיתִי אֶתְכֶם
כי ביום וכו'.

1א, ע"פ במד' ח':ז'. 1ב, מיכה ז':י"ח. 2א, תהל' כ"ב:כ"ה. 2ב, דבר' ל"ג:י"א.
3אב, ויק' ט"ז:ל'. 4אב, תהל' ק"ד:ג'; שמ' י"ג:כ"א-כ"ב. 5אב, שמ' שם. 6א,
שם כ"ה:כ"ב. 6ב לענו,--למרע"ה ע"פ במד' י"ב:ג'. נועד למענכם,--שמ' שם. 7א,
יש' ס"ג:ט"ו. 7א יגולו,--ע"פ ל' חז"ל(בברכות ז',א):"יה"ר מלפניך שיכבשו
רחמיך את כעסך ויגולו רחמיך על מדותיך." הנוסח בכה"י: יגולל. תת משאלכם,--
תהל' כ':ו'. 8אב דברים טובים יבשר,--יש' נ"ב:ז'. 9אב, יר' ג':כ"ב. 11א בדל-
תיך,--בשערי תשובה. הקישה עדתך,--התדפקה כנסת ישראל בתפלות ובתחנונים. 11ב
מעלות השחר,--בחמ' ד':ט"ו. 12ב, ע"פ יש' א':י"ח. 13א וערכה לך,--תהל' ה':ד'.
13אב והגישה וכו',--(הושע י"ד:ג'),הגישה תפלה במקום קרבן מזבח. 14א, בזדרזה
להתפלל תפלות של בקשת סליחה וכפרה(-פדות כופר). 14ב, דני' ט':י"ט. 15אב אל-
בישה וכו',--ע"פ יש' א':י"ח. 16אב, זכר' י"ב:י'; יחז' י"א:י"ט. 18א רחקיך
,--(תהל' ע"ג:כ"ז),רמז לאויבי ישראל. צור,--כנוי להקב"ה. 19א ועל דגלם,--על
מקום-דגלם כלו' על הר הבית בירושלים. 19ב, רמז לכנסת ישראל(ע"פ תהל' פ"ח:
ט"ז),השומרת תורה ומצוות והמשעבדת בגולה ל"רחקיך" הנ"ל. 20אב, ע"פ איוב
ל"ג:כ"ג שדרשוהו חז"ל(בשבת ל"ב,א):"ואלו הן פרקליטין של אדם: תשובה ומעשים
טובים. ואפי' תתקצ"ט מלמדים עליו חובה ואחד מלמד עליו זכות ניצול." 21א
ומשטין,--אויב ישראל,הש' "אויבו מלכבו חטאבו לפניו,"(ד.א' 216). ונרגן,--
(משלי י"ח:ח'),אוהב ריב ומדון. הצמד,--הזוגם,ה"משטין" וה"נרגן"(ייתכן שרמז
כאן לנוצרים ולמוסלמים),לכליה(-לאבדן,ע"פ אסתר ח':ו'). 21ב בגערת זעמך,--
ש"ב כ"ב:ט"ז; תהל' ס"ט:כ"ה. 22ב צאן,--מהר הבית הנ"ל. 23א ולישרון,--כנוי
לישראל ע"פ יש' מ"ד:ב'. 24ב, יחז' מ"ג:כ"ז.

ר' אברהם בר יעקב

ל"ה. סליחה סטרופית ליוה"כ בעלת חמש מחרוזות. לכל מחרוזת ארבעה טורים, שלושת הראשונים פותחים במלות הקבע, מפסוקי המקרא: דניאל ט':י"ט: "ה' שמעה, ה' סלחה, ה' הקשיבה," וכל טור רביעי הוא שבר-פסוק. החתימה: אברם. המקורות: א, עמ' רכ"ג. ג, עמ' שפ"ה. ד, ח"ב, עמ' 81. (ד. א' 1037).

יְיָ שְׁמָעָה תְּפִלַּת הַמִּנְחָה
יְיָ סְלָחָה לְנֶפֶשׁ בְּךָ בְּטוּחָה
יְיָ הַקְשִׁיבָה בְּעֵת אֶשְׁפּוֹךְ שִׂיחָה
פִּתַּחְתָּ שַׂקִּי וַתְּאַזְּרֵנִי שִׂמְחָה.

יְיָ שְׁמָעָה אֶל מְשַׁוֵּעַ לָרֹב
יְיָ סְלָחָה וּלְטוּב עַמְּךָ עֲרוֹב
יְיָ הַקְשִׁיבָה כִּי הַלַּיְלָה קָרוֹב
הִנֵּה-נָא רָפָה הַיּוֹם לַעֲרוֹב.

יְיָ שְׁמָעָה בְּקוֹל מַקְרִיב קֶרֶב
יְיָ סְלָחָה וְכַבְּסֵנִי הֶרֶב
יְיָ הַקְשִׁיבָה וִיהִי חַסְדְּךָ קָרֵב
נֹגֵעַ אֵלַי בְּעֵת מִנְחַת-עָרֶב.

יְיָ שְׁמָעָה רֹן קְהָלְךָ הֶעָרֵב
יְיָ סְלָחָה לַחֵטְא עוֹמֵד בְּאוֹרֵב
יְיָ הַקְשִׁיבָה וְיִשְׁעֲךָ יָרֵב
כִּי-יִנָּטוּ צִלְלֵי-עָרֶב

יְיָ שְׁמָעָה מַהֲלָל-פִּי כֻּלּוֹ
יְיָ סְלָחָה לַמֵּטִיב מַעֲלָלוֹ
יְיָ הַקְשִׁיבָה לְלֵב נָד עַל מַעֲלוֹ
עַד-בֹּא הַשֶּׁמֶשׁ תְּשִׁיבֶנּוּ לוֹ

3 אשפוך שיחה,--תהל' קמ"ב:ג'. 4, שם ל':י"ב. 5, ה' שמע קול עמך המרבה בתפלה. 6 ולטוב וכו',--שם קי"ט:קכ"ב. 7 כי הלילה קרוב,--ועת בעילת שערי שמים לפי השקפת חז"ל(בירוש' ברכות ד'.א'). 8, שופ' י"ט:ט'. 9 מקריב קרב,--מקריב קרב לבו,השו' "לך בפשי תספר," לרשב"ג(ד.ל' 870):"לך תקריב קרב לבה כקרבן." 10 וכבסני הרב,--תהל' נ"א:ד'. 11 חסדך קרב,--ישו' מ"ו:י"ג. 12, דני' ט':כ"א. 13 רן וכו',--שה"ש ב':י"ד. 14 לחטא וכו',--ע"פ בר' ד':ז'. 15 ירב,--שם א': כ"ב. הנוסח בכה"י: תרב. 16, ירי' ו':ד'. 17 מהלל-פי,--משלי כ"ז:כ"א. 18 למטיב מעללו,--לבעל תשובה. 19 נד על מעלו,--נדון לבוד בגולה. 20, שמ' כ"ב:כ"ה.

ר' אברהם בר יעקב

ל״ו. סליחה סטרופית לעשרה בטבת בעלת שמונה מחרוזות. לכל מחרוזת ארבעה טורים והטור הרביעי פסוק מן המקרא. החתימה: א״ב, אברהם. המקורות: ג, עמ' ב״ח. ד, ח״א, עמ' 4. (ד. א' 7152).

אֻפְּסוּ אֱמוּנִים בַּעֲלֵי יִרְאָה וָדֵעָה
גִּבּוֹרִים לַעֲמוֹד בַּפֶּרֶץ בְּיוֹם רָעָה
דּוֹעֲכוּ חֲסִידִים בִּשְׁפָטִים אַרְבָּעָה
אֶת מִי יוֹרֶה דֵעָה וְאֶת מִי יָבִין שְׁמוּעָה

הֲמָמַנִי צָר אַכְזָרִי וְשַׁמַּם מִשְׁכָּנָי
וַיִּשְׂרוֹף הֵיכָלִי וְהֶחֱרִיב אַרְמוֹנָי
זֵירַנִי פִּזְרַנִי וְהִשְׁחִית מְעוֹנָי
בְּלָעַנִי כַּתַּנִּין מִלָּא כְרֵישׂוֹ מֵעֲדָנָי

חִצָּיו הֵכִין וְיָרָה וְחִבֵּל
טִמְּאַנִי בְּשִׁקּוּצֵי תוֹעֲבַת בֵּל
יָעַץ לְהַשְׁמִיד נַחֲלַת אֵל וְחִבֵּל
אֲכָלַנִי הֲמָמַנִי נְבוּכַדְנֶאצַּר מֶלֶךְ בָּבֶל

כַּמָּה צָרוֹת עָבְרוּ עַל מְחוֹלַת מַחֲנָיִם
לָקְחָה כְּפִי חַטָּאתָהּ בְּכִפְלָיִם
מִיּוֹם נְאֻם אֱלוֹהַּ שׁוֹכֵן שָׁמַיִם
סָמַךְ מֶלֶךְ בָּבֶל יָדוֹ עַל יְרוּשָׁלָיִם

נָעוּ וְנָדוּ וְיָדָם אֵין לְאֵל
עָשָׂה יְיָ אֲשֶׁר זָמַם בְּבֵית אִיתִיאֵל
סָבַב אוֹיֵב בֵּית אֵל וְהָרַס אֲרִיאֵל
גָּדַע בָּחֳרִי-אַף כֹּל קֶרֶן יִשְׂרָאֵל

פְּנֵיהֶם חִזְּקוּ מִסֶּלַע כָּל שֹׁבֵינוּ
צָמְתוּ בַבּוֹר חַיֵּי פְּלֵיטָתֵינוּ
קוֹל נָתַן אַכְזָרִי בְּבֵית חַיֵּינוּ
קַלּוּ מִנְּשָׁרִים סוּסָיו אוֹ לָנוּ כִּי שֻׁדָּדְנוּ

רְאֵה יְיָ בְּצַעַר עַם דַּל וְעָנִי
שִׁיתָה מוֹרָא לְאוֹיְבַי וּמוֹנַי
תַּאֲבְתִּי יְשׁוּעָתְךָ חָנֵּנִי בַעֲנֵנִי
יְיָ עָשְׁקָה לִּי עָרְבֵנִי

אֱלֹהֵינוּ בְּרֹב רַחֲמֶיךָ הַמְצֵא לָנוּ
בְּנֵה בֵיתְךָ כִּי אַתָּה מִשְׂגַּבֵּנוּ
לְמַעַנְךָ הַפְלֵא חֲסָדֶיךָ עָלֵינוּ
וְסָלַחְתָּ לַעֲוֹנֵינוּ וּלְחַטָּאתֵנוּ וּנְחַלְתָּנוּ

1 אפסר אמונים,--(תהל' י"ב:ב'),כלו אנשי אמונה. בעלי יראה וכו',--יש' י"א:
ב'. 2, ר"ל כלו הצדיקים(-גבורים, הכובשים את יצרם,ע"פ אבות ד'.א')המרבים
בתפילה להקב"ה על קהלם(-לעמוד בפרץ,ע"פ יחז' כ"ב:ל' ותהל' ק"ו:כ"ג)ביום גזירת
המלכות(-ביום רעה,ע"פ תהל' מ"א:ב'),כמבואר להלן. 3, בשמדו(-דועכו,ע"פ תהל'
קי"ח:י"ב)ישראל(-חסידים)ע"י האויב הגוזר גזירות רעות(-בשפטים ארבעה,ע"פ יחז'
י"ד:כ"א)עליהם. 4, יש' כ"ח:ט'. 5 הממני וכו',--יר' נ"א:ל"ד. משכני,--הכוונה
לבית הראשון ולשני.7, יחז' י"ב:ט"ו; יואל ד':ב'.8, יר' נ"א:ל"ד ופי' רד"ק:
"מלא ארצו מטובי." 9 חציר,--יש' ה':כ"ח. רחבל,--והשחית. 10, יחז' י"א:כ"א;
יר' נ"א:מ"ד. "תועבת בל", רמז לפולחן אדום הנוצרי, השווה צונץ,ס.פ.,עמ' 467.
11 יעץ להשמיד,--(דבה"ב כ"ה:ט"ז)הכוונה לגזירות השמד. נחלת אל,--(דבר' ל"ב:
ט')כנוי לישראל. רחבל,--ל' "הנה יחֻבַּל ארז,"(תהל' ז':ט"ו),כלו' תחבל תחבולות,
ומוסב על "אדום הנוצרי" הנ"ל. 13 מחולת מחנים,--כנוי לכנסת ישראל ע"פ שה"ש ז':
א' והשווה שהש"ר שם. 14, יש' מ':ב'. 15-16, ע"פ יחז' כ"ד:ב',הנבואה באה ליחזק-
אל בבבל בעשרה בטבת ביום שמלך בבל בא לצור על ירושלים, השווה פי' רד"ק שם.
ובזה רמז לייעודה של הסליחה לעשרה בטבת. 17, בני ישראל,חסר-אונים(-וידם אין
לאל,ע"פ משלי ג':כ"ז)בער ובדד בגולה. 18, עשה ה' אשר זמם(ע"פ דבר' י"ט:י"ט)
בבית ישראל(-איתיאל,ע"פ נחמ' י"א:ז'). 19, המקדש(-בית אל)בא במצור ע"י האויב
אשר החריב את ירושלים(-אריאל,ע' יש' כ"ט:א'). 20, איכה ב':ג'. 21, יר' ה':ג',
ר"ל העיזו פניהם של אויבי ישראל. 22, איכה ג':נ"ג,פי' מרדו(-צמתו,פי' עָבד
ודכאו)חיי בני ישראל(-פליטתינו,ע"פ יש' י':כ')בגולה(-בבור). 23 קול נתן וכו'
,--ל' "נוצרים באים מארץ מרחק ויתנו על ערי יהודה קולם,"(יר' ד':ט"ז). בבית
חיננו,--כנוי לירושלים משם יצאו מים חיים(ע"פ זכרי' י"ד:ח'). 24, יר' ד':י"ג.
25 בצער,--ל' התלמוד,השווה ברכ' נ"ט,א:"...הקב"ה זוכר את בניו שרויים בצער
בין אומות העולם." עם דל ועני,--(צפנ' ג':י"ב),עם ישראל בגולה. 26 שיתה מורא
,--תהל' ט':כ"א ופי' ראב"ע:"מורא ועול." ומוני,--יש' מ"ט:כ"ו. 27 תאבתי ישו-
עתך,--תהל' קי"ט:קע"ד. חנני ועננו,--שם כ"ז:ז'. 28 די עשקה וכו',--(יש' ל"ח:
י"ד)כלו' המה לי חסד וכפי' רש"י:"ערבני להנצל...כמו(בתהל' קי"ט:קכ"ב):ערוב
עבדך לטוב." 29 המצא לנו,--ל' "ויבקשוהו וימצא להם,"(דבה"ב ט"ו:ד'). 30 בנה
ביתך,--ע"פ "מלך רחמן רחם עלינו" בתפלת מוסף לשלוש רגלים. 31 הפלא וכו',--
תהל' ל"א:כ"ב. 32, שמ' ל"ד:ט'.

ר' אברהם בר יעקב

ל"ז. "מי כמוך" לשבת הגדול בעל מ"ז מחרוזות. לכל מחרוזת ארבעה טורים
והטור הרביעי שבר-פסוק המסתיים במלת "ישראל". שלוש המחרוזות הראשונות
והמחרוזת האחרונה פותחות במלות הקבע: "מי כמוך." החתימה: א"ב, אברהם בר
יעקב מקסטוריאה יגאל. המקורות: כה"י ב, עמ' 51. א, עמ' נ"ד. ג, עמ' ק"ד.
ד, ח"א, עמ' 72. (ד. מ' 1157).

מִי כָמוֹךָ אֵל נוֹרָא תְהִלּוֹת
בָּרוּךְ וּמְבוֹרָךְ בְּמַקְהֵלוֹת
הַמַּרְבֶּה נִפְלָאוֹת גְּדוֹלוֹת
לְכָל זֶרַע יִשְׂרָאֵל

מִי כָמוֹךָ אֵין עוֹד מִלְבַדֶּךָ
בַּשָּׁמַיִם וּבָאָרֶץ הוֹדֶךָ
מְלֹא כָל הָאָרֶץ כְּבוֹדֶךָ
יוֹשֵׁב תְּהִלּוֹת יִשְׂרָאֵל

מִי כָמוֹךָ אַדִּיר בַּמָּרוֹם יְיָ
גֵּאוּת לָבֵשׁ יְיָ
אֵין קָדוֹשׁ כַּיְיָ
וּמִי כְעַמְּךָ יִשְׂרָאֵל

בָּחַר עַמּוֹ לְנַחֲלָה
וּקְרָאתָם צֹאן סְגוּלָּה
הֱיוֹת לְשֵׁם וְלִתְהִלָּה
קְהַל עֲדַת יִשְׂרָאֵל

גּוֹי גָּאַל חָשַׁק אֲבוֹתֵיהֶם
וַיִּבְחַר בְּזַרְעָם אַחֲרֵיהֶם
וּמֵאַהֲבָתוֹ קָרָא לָהֶם
בָּנַי בְכוֹרִי יִשְׂרָאֵל

דִּגְלָם וְסִגְלָם לִשְׁמוֹ
לְמַעַן בְּרִית נְאֻמוֹ
וּשְׁמָם יְכַנֶּה בִשְׁמוֹ
אֵל אֱלֹהֵי יִשְׂרָאֵל

הָגְלוּ בְצוֹעַן מִקֶּדְמָה
וַיֵּרְדוּ אֲבוֹתֵינוּ מִצְרַיְמָה
בְּשִׁבְעִים נֶפֶשׁ סְכוּמָה
שְׁמוֹת בְּנֵי יִשְׂרָאֵל

וַיָּקָם מֶלֶךְ חָדָשׁ
בַעֲלֵיהֶם גְּזֵירוֹת חִדֵּשׁ
וְלָהֶם חֶרֶב הֵדֵשׁ
וַיֵּאָנְחוּ בְנֵי יִשְׂרָאֵל

זָמְמוּ עֲלִילוֹת מִרְמָה
הָבָה לוֹ נִתְחַכְּמָה
לְכוּ וְנַכְחִידֵם בְּעָרְמָה
וַיָּקוּצוּ מִפְּנֵי בְנֵי יִשְׂרָאֵל

חָשְׁבוּ עֲלֵיהֶם לוּדִים
עַל הַזְּכָרִים הַיִּלּוֹדִים
לְהָמִית מִבֶּטֶן יְלָדִים
וַיִּכָּנְעוּ בְּנֵי יִשְׂרָאֵל

טָעוּ כָזָב בְּרָבִּי
שֶׁקֶם מִשֵּׁבֶט לֵוִי
לְהַכְחִיד שֵׁם הַנָּבִיא
כִּי הוּא רוֹעֵה יִשְׂרָאֵל

יוֹם הוּלֶּדֶת אוֹתוֹ
כְּחָתָן יוֹצֵא מֵחוּפָּתוֹ
וְיֵדְעוּ כָּל מִשְׁפַּחְתּוֹ
כִּי הוּא מוֹשִׁיעַ לְיִשְׂרָאֵל

כָּבְדָה עֲבוֹדָה קָשָׁה
הִרְבּוּ תְּחִנָּה וּבַקָּשָׁה
יְיָ לְעֶזְרָתֵנוּ חוּשָׁה
מִקְוֵה יִשְׂרָאֵל

לֹא מָאַס בְּרִית יַעֲקֹב
מִשְׂגָּב וּמָנוֹס לְזֶרַע יַעֲקֹב
אַל תִּירְאִי תּוֹלַעַת יַעֲקֹב
מְתֵי יִשְׂרָאֵל

מֹשֶׁה הָיָה רוֹעֶה
צֹאנוֹ בְּטוּב מִרְעֶה
נִגְלָה אֵלָיו הָרוֹעֶה
יְיָ אֱלֹהֵי יִשְׂרָאֵל

נָם לוֹ אֵל שַׁדַּי
אֲנִי אֵל וְאֵין בִּלְעָדַי
לֵךְ וְהוֹצֵאתָ אֶת יְדִידַי
אֶת עַמִּי בְנֵי יִשְׂרָאֵל

שִׂיחַ נַאֲקָתָם הִקְשַׁבְתִּי
עָנְיָם רָאֹה רָאִיתִי
וְגַם אֲנִי שָׁמַעְתִּי
אֶת נַאֲקַת בְּנֵי יִשְׂרָאֵל

עַמִּי וְנַחֲלָתִי הֵם
זָכַרְתִּי בְּרִית אֲבוֹתֵיהֶם
שְׁבוּעָה נִשְׁבַּעְתִּי לָהֶם
לָכֵן אֱמוֹר לִבְנֵי יִשְׂרָאֵל

פָּקוֹד פָּקַדְתִּי אֶתְכֶם
וְאֶת הֶעָשׂוּי לָהֶם
וָאוֹמַר אַעֲלֶה אֶתְכֶם
כִּי לִי בְנֵי יִשְׂרָאֵל

צִיר נִפְחַד וְנֶאֱלָח
וְנָם: לָמָּה אוֹתִי תִּשְׁלָח?
שְׁלַח נָא בְּיַד תִּשְׁלָח
הַמּוֹשִׁיעַ אֶת יִשְׂרָאֵל

קָדוֹשׁ חָרָה בְּחֵבֵר
וְעִמּוֹ אָחִיו חִבֵּר
הֱיוֹת מֵלִיץ וּמְדַבֵּר
בֵּין מִצְרַיִם וּבֵין יִשְׂרָאֵל

וְאוֹתְךָ בְּלִבּוֹ יִשְׂמָח
וּכְהוּנָה מֶנּוּ תִּצְמָח
וּפֶשַׁע הָעָם יִמָּח
לְכַפֵּר עַל בְּנֵי יִשְׂרָאֵל

שְׁנֵיהֶם הָלְכוּ יַחְדָּו
וַיֶּאֶסְפוּ זִקְנֵי חֲסִידָיו
וּבְרִית אֵל הוֹדִיעָם וְסוֹדָיו
כִּי פָקַד יְיָ אֶת בְּנֵי יִשְׂרָאֵל

תָּמְכוּ כֻלָּם בֶּאֱמוּנָה
וַיִּשְׁתַּחֲווּ לָאֵל בְּרִנָּה
יְיָ אֱלֹהִים הוֹשִׁיעָה נָּא
אֶת שְׁאֵרִית יִשְׂרָאֵל

אַחַר בָּאוּ צִירִים
וּפָצוּ לְמוֹשֵׁל מִצְרַיִם:
כֹּה אָמַר יְיָ אֱלֹהֵי הָעִבְרִים
שַׁלַּח אֶת עַמִּי בְּנֵי יִשְׂרָאֵל

בְּשָׁמְעוֹ דִּבְרֵי אֵיתָנַי
הִקְשָׁה לֵאמֹר: מִי יְיָ?
לֹא אֶשְׁמַע בְּקוֹל יְיָ
לְשַׁלַּח אֶת בְּנֵי יִשְׂרָאֵל

רָם רָאָה זְדוֹן לִבּוֹ
וְכוֹבֶד עָרְלַת לְבָבוֹ
וַיְחַזֵּק יְיָ אֶת לִבּוֹ
וְלֹא שִׁלַּח אֶת בְּנֵי יִשְׂרָאֵל

הָדוּר הֶרְאָה כְבוֹדוֹ
גָּדְלוֹ וְתִפְאֶרֶת הוֹדוֹ
לַעֲשׂוֹת מִשְׁפַּט עַבְדּוֹ
וּמִשְׁפַּט עַמּוֹ יִשְׂרָאֵל

מוֹפְתִים וְאוֹתוֹת רָמִים
הֵבִיא בְּתוֹךְ עֲנָמִים
וּמֵימֵיהֶם נֶהֶפְכוּ לְדָמִים
לִנְקוֹם נִקְמַת בְּנֵי יִשְׂרָאֵל

בַּיְאוֹר צְפַרְדֵּעַ הִשְׁרִיץ
כִּנִּים וְעָרוֹב הֵרִיץ
וּמִקְנֵיהֶם נִגְּפוּ בְּמֶרֶץ
וְלֹא מֵת מִמִּקְנֵה יִשְׂרָאֵל

רְחֵשׁ שְׁחִין שְׁאֵרֵיהֶם
בָּרָד הִכָּה גַּפְנֵיהֶם
אַרְבֶּה הֵמִית פְּלִיטֵיהֶם
וְשָׁלוֹם עַל יִשְׂרָאֵל

יָשָׁר הֶחְשִׁיךְ עֲלֵיהֶם
וְלֹא רָאוּ עֵינֵיהֶם
וְלֹא קָמוּ מִתַּחְתֵּיהֶם
לוֹחֲצֵי יִשְׂרָאֵל

עוֹד נֶגַע אַחַת
הֵבִיא בִּבְכוֹרֵי שַׁחַת
וְרֵאשִׁית אוֹנָם שִׁחֵת
וְהִקְדִּישׁ בְּכוֹרֵי יִשְׂרָאֵל

קָם פַּרְעֹה לַיְלָה
וַיִּקְרָא לְשָׂרֵי סְגוּלָה
קוּמוּ צְאוּ מִן הַגּוֹלָה
גַּם אַתֶּם גַּם בְּנֵי יִשְׂרָאֵל

בַּעֲדִי בַּקְּשׁוּ תְפִלָּה
וְלֹא תַעֲשׂוּ אוֹתִי כָלָה
עַתָּה יָדַעְתִּי סֶלָה
אֵין כֵּאלֹהֵי יִשְׂרָאֵל

מִהֲרוּ וּשְׁלָחוּם בְּחָזְקָה
מֵרוֹב צְעָקָה וַאֲנָקָה
כִּי כָל בֵּית מִצְרַיִם בִּזְעָקָה
וַיִּסְעוּ בְּנֵי יִשְׂרָאֵל

קְדוֹשִׁים בִּלְּשׁוּ שְׂאוֹר
בְּצִוּוּי אַדִּיר וְנָאוֹר
וַיְהִי הַבֹּקֶר אוֹר
וַיֵּלְכוּ בְּנֵי יִשְׂרָאֵל

קְבוּתָה סָפוּ בְּרוּרִים
וַיַּעֲשׂוּ הַפֶּסַח מַצּוֹת וּמְרוֹרִים
בַּלַּיְלָה לֵיל שִׁמּוּרִים
זִכָּרוֹן לִבְנֵי יִשְׂרָאֵל

תּוֹלְדוֹת בְּנֵי יַעֲקֹב
יָצְאוּ מִבּוּר בְּלִי עָקוֹב
כִּי פָדָה יְיָ אֶת יַעֲקֹב
וְשָׁב שְׁבוּת יִשְׂרָאֵל

רָשִׁים נָשְׂאוּ עֵינֵיהֶם
וְהִנֵּה מִצְרַיִם נוֹסֵעַ אַחֲרֵיהֶם
וְרַעַד אֲחָזָה לָהֶם
וַיִּצְעֲקוּ בְּנֵי יִשְׂרָאֵל

יָחִיד שׁוֹכֵן זְבוּלָה
נָם לְמָשׁוּי מִשְּׁאוֹלָה
מַה־תִּזְעַק וְתַרְבֶּה תְפִלָּה
דַּבֵּר אֶל בְּנֵי יִשְׂרָאֵל

אַתָּה הָרֵם אֶת מַטְּךָ בְּחָזְקָה
וּנְטֵה יָדְךָ הַחֲזָקָה
וּבְקַע הַיָּם לַחֲלֻקָּה
לְמִסְפַּר בְּנֵי יִשְׂרָאֵל

הַיָּם רָאָה וַיָּנוֹס
מִפַּחַד אֵל מָנוֹס
וּמֵימָיו עָלוּ לְאוֹרְנוֹס
מִלִּפְנֵי יְיָ אֱלֹהֵי יִשְׂרָאֵל

יְדִידִים עָבְרוּ בֶּחָרָבָה
שְׂמֵחִים עַל כָּל הַטּוֹבָה
כִּי הִצִּיל שָׁם רַבָּה
רִבְבוֹת אַלְפֵי יִשְׂרָאֵל

גְּאוּלִים דּוֹחֲקִים לְנִגְאָלִים
בַּיָּם רֶשֶׁשׁוּ הוֹלְלִים
שָׁלַח יָדוֹ לַמִּסְתּוֹלְלִים
מֶלֶךְ צוּר יִשְׂרָאֵל

אֵל כַּבִּיר אַבִּיר לְבֵית יַעֲקֹב
מִשְׂגָּב וּמָנוֹס לְזֶרַע יַעֲקֹב
בִּישׁוּעָתְךָ יָגֵל יַעֲקֹב
יִשְׂמַח יִשְׂרָאֵל

מִי כָמוֹךָ אֹמֶן אֱלֹהֵי יִשְׂרָאֵל
מַצְמִיחַ קֶרֶן צַדִּיק וְגוֹאֵל
לְכוֹנֵן בִּנְיַן אֲרִיאֵל
וְעָלוּ מוֹשִׁיעִים בְּנֵי יִשְׂרָאֵל

32 ויאבחר בבי ישראל, אג: ויכבעו בבי ישראל. 33 עלילות מרמה, כ: עליהם ערמה.
40 ויכבעו, אג: ויאבחו. 48 לישראל, אג: ישראל. 62 אל, אג: חסר. 77 בפחד, אג:
בכחד. 80 את, אג: חסר. 81 חרה בחבר, כ: חרה אפו בחבר. 86 מבו, אג: ממבו;
תצמח, כ: יצמח. 95 הושיעה בא, אג: הושע בא. 100 עמי, אג: חסידיו. 102 לאמר,
אג: לומר. 119 במרץ, אג: במריץ. 150 מצות, אג: על מצות. 151 ליל, אג: בליל.
154 מכור, כ: בכושר. 157 רשים, אג: רעים. 162 למשוי משאולה, כ: למשה מושיע
לה. 175 שם רבה, אג: ה' את עם רבה. 180 אג מוסיפים: מי כמוך מושיע צור ישראל/
עושה פלא לעמו ישראל/ לכן שוררוהו ישרי אל/ משה ובבי ישראל. 181 אל, אג: מי
כמוך אל. 186 קרן, אג: חסר.

1, שמ' ט"ו:י"א. 2 במקהלות,--איוב א':כ"א; תהל' ס"ח:כ"ז. 3, תהל' קל"ו:ד'.
4, יש' מ"ה:כ"ה ועוד. 5, דבר' ד':ל"ה. 6, תהל' ח':ב'. 7, יש' ו':ג'. 8, תהל'
כ"ב:ד'. 9, שם צ"ג:ד'. 10 שם צ"ג:א'. 11, ש"א,ב':ב'. 12, ש"ב,ז':כ"ג. 13,
תהל' ל"ג:י"ב. 14 צאן סגולה,--כנוי לישראל ע"פ יחז' ל"ד:י"א-י"ב ושמ' י"ט:
ה'. 15 דבר' כ"ו:י"ט. 16 שמ' י"ב:ד'. 17, ר"ל ישראל, גוי אחד בארץ(ע"פ ש"ב,
ז':כ"ג),--גוי גאל וחשק אבותיהם,(ע"פ דבר' י':ט"ו). 18, דבר' שם. 20, שמ'
ד':כ"ב. 21 דגלם,--פאר אותם. וסגלם,--אסף אותם אליו(-לשמו). 22, פי' למען
הברית אשר כרת עם אברהם, ע"פ בר' כ"ב:ט"ז:"בי נשבעתי נאם ה'," והשורה "אתה
אהבת עמך"(ד. א' 8660),זולת לשבת שקלים:"זכור ברית באמך/ חמול וקרב להם
ימך." 23, השורה *מדרש תבחומה*, קדושים,ה':"ישראל נקראו בשמו של הקב"ה, כל
שם חביב שהיה להקב"ה בהם קרא את ישראל." 24, בר' ל"ג:כ'. 25 בצוען,--כנוי
למצרים ע"פ תהל' ע"ח:י"ב. מקדמה,--מארץ כבען,מקדם. 27, מספר(-סכומה)הנפשים
שירדו מצרימה היו שבעים, ע' שמ' א':ה'. 28 שם א':א'. 29, שם א':ח'. 30, ע'
שמ"ר א'.י"ב:"די גזירות גזר פרעה עליהם וכו'." 31,ע' שם א'.ט':"אמר(פרעה)...
נדונם בחרב." 32, שמ' ב':כ"ג. 33, השורה שמ"ר א'.ס':"(פרעה)התחיל בעצה תחלה
וכו'." 34, שמ' א':י'. 35, תהל' פ"ג:ה'. 36, שמ' א':י"ב. 37, המצרים(-לודים,
ע' בר' י':י"ג)חשבו עליהם רעה,ע' שם בר' ב':כ'. 38, ע"פ שמ' א':כ"ב. 39 ילד-
רם,--אפי' מן המצרים, השורה שמ"ר א'.י"ח:"אף על עמו גזר." 40, דבה"ב י"ג:
י"ח. 41, טעו אסטרולוגי מצרים(-כזב,ע"פ עמוס ב':ד':"ויתעום כזביהם אשר הלכו
אבותם אחריהם,")ואמרו שגואל ישראל(-רבי, פי' מרע"ה,ספרא רבה דישראל ורבן של
כל הנביאים)בתעברה ממבו אמו, ואין אנו יודעים אם ישראל הוא או מצרי הוא,ע'
שמ"ר א'.י"ח. 42, שמ' ב':א'. 43 הנביא,--הכוונה למרע"ה. 44, תהל' פ':ב'. 45-
46, השורה שמ"ר א'.כ':"בשעה שנולד משה נתמלא כל הבית כולו אורה," ורמז לאור
השמש ע"פ תהל' י"ט:ה'-ו'. 47-48, השורה *מדרש דברי הימים למשה רבינו*,*אוצר מד-
רשים*,ב',עמ' 357:"ותהי רוח אלהים על מרים ותנבא בתוך הבית: הנה בן יהיה נולד
לאבי ולאמי...שיושיע את בני ישראל מיד מצרים." 49, דבר' כ"ו:ו'. 50, שמ' ב':
כ"ג. 51, תהל' מ':י"ד ועוד. 52, יר' י"ז:י"ג. 53, שמ' ב':כ"ד, מוסב על הקב"ה.
54, ש"ב,כ"ב:ג'. 55, יש' מ"א:י"ד ופי' רד"ק:"לפי שהם חלשים בגלות כתולעת."
56, יש' שם. 57-58, השורה שמ"ר ב'.ב':"אמר הקב"ה: מי שהוא יודע לרעות הצאן
איש לפי כחו יבוא וירעה בעמי." 59-60, ע"פ שמ' ג':א' ואילך,ור"ל אחרי שנבחן
הקב"ה בצאן נגלה אליו,ע' שמ"ר שם. 61 נם,--דִבֵּר, מל' התלמוד. 62 ואין בלעדו

,--יש' מ"ה:כ"א. 63 ודודי,--כנוי לישראל, ע"פ תהל' ס':ז'; ק"ח:ז'. 64, שמ'
ז':ד'. 65, תהל' קמ"ב:ג'; שמ' ב':כ"ד. 66, שמ' ג':ז'. 67-68 שמ' ו':ה'. 69,
יש' מ"ז:ו'. 70, שמ' ב':כ"ד. 71, בר' כ"ו:ג'. 72, שמ' ו':ו'. 73-74, שם ג':
ט"ז. 75, שם ג':י"ז. 76, ויק' כ"ה:נ"ה. 77 ציר,--(משלי כ"ה:י"ג),כנוי למשה.
נפחד,--נבהל למראה הסנה בוער באש ואיננו אֻכָּל, ע' שמ' ג':ב'-ד'. ונאלח,--פי'
נתקלקל, ר"ל התקשה בדבורו,ע' שם ד':י':"כי כבד-פה וכבד לשון אנכי." 79, שם
ד':י"ג ופי' רש"י:"ביד מי שאתה רגיל לשלוח, והוא אהרן." 80, ש"א,י"ד:ל"ט.
81, הקב"ה(-קדוש)חרה אפו במרע"ה בחבר,אחד השמותיו של משה ש"חיבר את הבנים
לאביהן שבשמים,"ויק"ר א'.ג'.כאן רמז הסלח למעשה בדרך במלון ויפגשהו ה' ויבקש
להמיתו. 82, אהרן אחיו הצטרף אליו. 83, שמ' ז':ב'. 84, שמ' י"א:ז'. 85, מוסב
על אהרן שזכה לראות את אלהי ישראל,ע"פ שמ' כ"ד:ט'-י'. 86 מנו,--ממנו. 87,
תהל' ב"א:ז',כלו' אהרן ובניו כפרו בעד כל קהל ישראל,ע"פ ויק' ט"ז:י"ז. 88,
שם ט"ז:ל"ד. 89, בר' כ"ב:ו', שניהם: משה ואהרן. 90, שמ' ד':כ"ט. 91, תהל'
כ"ה:י"ד, אהרן הודיע לזקני ישראל את כל הדברים אשר דבר הקב"ה למרע"ה, ע"פ
שמ' ד':ל'. 92, שם ד':ל"א. 93, שם. 94, שם. 95-96, יר' ל"א:ו'. 97, שמ' ה':
א', צירים, פי' שליחים, והכוונה למשה ואהרן שלוחיו של הקב"ה. 98, ודברו(-ופצו)
לפרעה מלך מצרים(-למושל מצרים). 99, שמ' ט':א'. 100, שם ג':י'. 101, כאשר פר-
עה שמע את דברי משה ואהרן(-איתני,כנוי למשה ואהרן,איתני עולם,השווה ר"ה,י"א,
א. 102, פרעה הקשה לשלחנו(ע"פ שמ' י"ג:ט"ו)לאמר: מי ה'(ע' שם, ה':ב').103-
104, שם. 105, הקב"ה(-רם,ע"פ יש' ו':א') ראה זדון לבו(ע"פ יר' מ"ט:ט"ז)של
פרעה. 106, דבר' י':ט"ז. 107-108, שמ' ט':ל"ה. 109, הקב"ה(-הדור,ע"פ יש' ס"ג:
א')הראה כבודו(ע"פ דבר' ה':כ"א). 110, שם ודבה"א כ"ט:י"א. 111-112, מ"א ח':
נ"ט. 113, דבר' כ"ט:ב'. 114 ענמים,--(בר' י':י"ג),כנוי למצרים.115,שמ' ז':י"ז.
116, במד' ל"א:ב'. 117, שמ' ז':כ"ח, והשווה סנהדרין ס"ז,ב:"צפרדע אחת היתה
והיא השריצה ומלאה את ארץ מצרים." 118, שמ' ח':י"ב,י"ז,"הריץ",פי' החיש. 119,
הכוונה למכת דֶּבֶר,ע' שם ט':ג'. 120, שם ט':ז'. 121 רחש,--במשמע' בע, השווה
בר"ר צ"ו.ה':"שסופה של ארץ מצרים ללקות בכנים ויהיו מרחשות בתוך גופי." שחין
שאריהם,--(שמ' ט':ט' ואילך),כלו' שחין פורח אבעבעות בבשר(-שאריהם)אדם ובהמה.
122, שמ' ט':כ"ה ותהל' ע"ח:מ"ז. 123, שמ' י':ה'. 124, תהל' קכ"ה:ה', רק על
המצרים באו המכות. 125, הקב"ה(-ישר,ע"פ דבר' ל"ב:ד')החשיך עליהם,ע' שמ' י':
כ"א ואילך. 126, שם י':כ"ג. 127, שם. 128, שם ג':ט'. 129, שם י"א:י',"אחת"
במקום "אחד" לצורך החרוז. 130, הביא מכת בכורות בבכורי מצרים שירדו לבאר
שחת,ע' שם י':ה'. 131, תהל' ע"ח:נ"א. 132, שמ' י"ג:ב' והשווה פסיק' דרב כהנא
ז'.ה':"ביום שמתו בכוריהם של מצרים בו ביום הקדשתי לי כל בכור." 133, שמ'
י"ב:ל'. 134, שם י"ב:ל"א, ויקרא למשה ולאהרן שרי עם סגולה. 135-136, שם י"ב:
ל"א. 137-138, שם י"ב:ל"ב, וע' מכילתא דר"י,דפסחא י"ג:"והתפללו עלי שתכלה
ממני הפורענות." 139-140, פרעה חזר בתשובה, ע' פר"א, מ"ג. 141, שמ' י"ב:ל"ג.

142, שם י"ב:ל'. 143 בעקה,--(תהל' נ"ה:ד'),במצוקה. 144, שמ' י"ב:ל"ז. 145 קדושים,--(תהל' ל"ד:י'),כנוי לישראל. כלשר שאור,--שמ' י"ב:ל"ט והשווה מכילתא דר"י, י"ד:"מגיד שלשר את העיסה ולא הספיקו לחומצא עד שנגאלו." 146 אדיר ונאור,--(תהל' ע"ו:ה'),כנויים להקב"ה. 147-148, שמ' י"ב:מ"א,מ"ב וע' מכילתא דר"י, שם:"...כשהגיע הקץ לא עיכבן המקום אפילו כהרף עין." 149, ישראל(-ברורים,ע"פ דבה"א,ז':מ',פי' בבחרים)סער סכותה(ע"פ שמ' י"ב:ל"ז). 150, במד' ט':י'-י"א. 151, שמ' י"ב:מ"ב. 152, במד' י"ז:ה',ועוד. 154, יצאו מכור הברזל ממצרים(ע"פ דבר' ד':כ')בלי פגם(-עקוב,ע' הושע ו':ח' והשווה ירוש' ע"ז ה'.י'. 155, ירו' ל"א:י'. 156, שם ל':ג'. 157-158, ישראל(-רשים,כנוי לישראל שהיו רשים וחלשים, עייפים ויגעים משעבוד מצרים,השווה פר"א,מ"ד)בשאו עיניהם וכו',ע"פ שמ' י"ד:י'. 159, שמ' ט"ו:ט"ו,"אחזה" במקום "אחז". 160, שם י"ד:י'. 161, הקב"ה(-יחיד)השו-כן בשמים(-זבולה,ע"פ יש' ס"ג:ט"ו). 162, דִּבֵּר(-גם)למרע"ה(-משוי,ע"פ שמ' ב':י') הניצל מאבדון(-משאולה). 163, שם י"ד:ט"ו והשווה מכילתא דר"י, בשלח, ד':"בני בתוכים...ואתה עומד ומאריך בתפלה." 164, שמ' שם. 165, שם י"ד:ט"ז. 166, שמ' שם; דבר' ג':כ"ד. 167 לחלקה,--במקום "לחלקו" לצורך החרוז. 168, דבר' ל"ב:ח'. 169, תהל' קי"ד:ג'. 170, השווה מכילתא דר"י,שם,ה':"אמר לו(הים):לא מפניך משה (אבי בורח)...אלא מלפני אדון חולי ארץ." 171 לאורנוס,--(οὐρανός)לשמים, שמוש בשפה היוונית לצורך החרוז,השווה צונץ,ל.ג.,עמ' 525.ר"ל ע"פ "כתר מלכות" לרש-ב"ג,ל"ח:"אברח ממך(-מפחד אל מנוס)אליך(-ומימיו עלו לאורנוס),--ואתכסה מחמתך --בצלך." 172, תהל' קי"ד:ז' והשווה מכילתא דר"י,שם. 173, ישראל(-ידידים,ע"פ מאמר חז"ל במנחות נ"ג,ב)עברו בחרבה,ע"פ שמ' י"ד:כ"א. 174, דבה"ב ז':י'. 175 רבה,--כנוי להקב"ה ע"פ תהל' ס"ב:ג' ועוד. 176, במד' י':ל"ו. 177 גאולים,--ל' "כפיהם נגואלו בדם ואצבעותיכם בעוון,"(יש' נ"ט:ג'),עניין טינוף ולכלוך, והכוונה למצרים. דוחקים לנגאלים,--מציקים(ע' שופ' ב':י"ח)לישראל(-נגאלים). 178, ר"ל מצרים(-הוללים, תהל' ה':ו',פי' מחרפים ומגדפים)שהיו מציקים לישראל בעבשו(-רוטשו,עניין בקיעה,ע' הושע י':י"ד)בים. 179, הקב"ה שלח ידו במצרים המתעללים בעם ישראל, ע"פ שמ' ט':י"ז. 180, ש"ב,כ"ג:ג' ועוד. 181 אל כביר אביר,--איוב ל"ו:ה'; יש' א':כ"ד. 182, ש"ב,כ"ב:ג'. 183-184, תהל' ט':ט"ו; י"ד:ז'. 185 אמן,--יש' כ"ה:א',עניינו: דבר המתקיים. 186 מצמיח קרן,--(תהל' קל"ב:י"ז),הכוונה למלך המשיח. 187, תפקידו של מלך המשיח לבנות את המקדש (-בניין)בירושלים(-אריאל,ע"פ יש' כ"ט:א'). 188, עובד' כ"א.

ר' אברהם בר יעקב

ל"ח. סליחה סטרופית לעשרה בטבת בעלת שמונה מחרוזות. לכל מחרוזת ארבעה טורים והטור הרביעי שבר-פסוק מן המקרא להוציא הטור הרביעי במחרוזת האחרונה המסתיים ב"אל מלך יושב על כסא רחמים". החתימה: א"ב, אברהם. המקורות: ג, עמ' נ"ח. ד, ח"א, עמ' 42. (ד. א' 2834).

אֵיךְ נָפְלָה חוֹמַת נְוַת אַשְׁכֶּל
בְּבוֹא צוֹרֵר לַהֲרוֹג לְחַבֵּל
גָּזַר לְהַעֲמִיד בַּהֵיכָל צֶלֶם בֵּל
בְּעֶצֶם הַיּוֹם הַזֶּה סָמַךְ מֶלֶךְ בָּבֶל

דּוּבִּ אוֹיֵב אֲסָרַנִי וּמִבֵּיתִי הֶגְלָנִי
הֲמָמַנִי הֱרִימַנִי בְּמַטָּרָה הִצִּיבָנִי
וַיַּגְרֵס בֶּחָצָץ שִׁנָּי בָּאֵפֶר הִכְפִּישָׁנִי
הִשְׂבִּיעַנִי בַּמְּרוֹרִים הִרְוָנִי

זִלְעַפְתִּי מֵרוֹב מְהוּמוֹתַי וְצָרוֹתָי
חֲמָסַנִי אוֹיֵב וַיְשַׁבֵּ בַּחוּרַי וּבְתוּלוֹתָי
טְרָפַנִי וְכִלָּנִי וַיְרַבּוּ אַנְחוֹתָי
בִּלָּע בְּשָׂרִי וְעוֹרִי שִׁבַּר עַצְמוֹתָי

יוֹם אֲשֶׁר צַר נַחֲלַת אֵל לְהַכְרִית מִהַר
כָּלָה עָשָׂה יוֹם חָשְׁכוּ אוֹר וְסָהָר
לְהַשְׁמִידִי חָשַׁב וּלְבַלְּעֵנִי דָּהָר
אֶת הַבַּשְׂדִּים הַגּוֹי הַמַּר וְהַנִּמְהָר

מָעֲדוּ קַרְסֻלַּי יוֹם זָנַח צוּר בֵּיתוֹ
נָאוֹר עֶזְרָתָה לְצַר לִפְרוֹס אוֹתוֹ
שָׂם אוֹיֵב לֵב עַל עַמְּךָ לְהַכְרִיתוֹ
יָהּ לְמִשְׁפָּט שָׂמְתוֹ וְצוּר לְהוֹכִיחַ יְסַדְתּוֹ

עָצְמוּ צָרוֹת יוֹם בָּא אוֹיֵב וְכָל חֵילוֹ
פָּעַר פִּיו בְּבֵית יוֹצְרוֹ וּמְחוֹלְלוֹ
צָרָה בְּעַם אֵל לְהַבְהִילוֹ
וְהוּא בַּמְּלָכִים יִתְקַלָּס וְרוֹזְנִים מִשְׂחָק לוֹ

קְרָאנוּךָ וְחִלִּינוּ פָּנֶיךָ לְרַחֲמֵינוּ
רְאֵה כִּי אָזְלַת יָד וְאֵין מֵלִיץ בַּעֲדֵנוּ
שְׁמַע תְּפִלַּת עַמְּךָ וְהוֹשִׁיעֵנוּ
שׁוּבֵנוּ אֱלֹהֵי יִשְׁעֵנוּ וְהָפֵר כַּעַסְךָ עִמָּנוּ

אָב הָרַחֲמָן הַעֲבֵר מֵעַמְּךָ זְעָמִים
בִּזְכוּת נֶאֱמָנִים שְׁלֹשָׁה תְמִימִים
לֵב בָּנֶיךָ נַחֵם בִּמְחִילַת אֲשָׁמִים
אֵל מֶלֶךְ יוֹשֵׁב עַל כִּסֵּא רַחֲמִים

1, פי' איך נפלה חומת ירושלים(-בית אשבל, כנוי לירושלים בנחלת בני בנימין, ע"פ בר' מ"ד:כ"א ויהושע י"ח:כ"ח). 2, ע"פ מ"ב,כ"ה:א' ויר' נ"ב:ד'. 3, ע"פ דני' י"ב:י"א:"ומעת הוסר התמיד ולתת שקוץ שומם וכו'" שדרשוהו חז"ל(בתענית כ"ח,ב)על מעשה אפוסטומוס שהעמיד צלם בהיכל,השווה תענית כ"ו,ב. 4, יחז' כ"ד: א'. 5 דב אורב,--איכה ג':י'. אסרני,--יר' מ':א'. ומביתי,--מארצי. 6 הממני,-- יר' נ"א:ל"ד. חרימני,--מלה מחודשת בקל, כלו' החרימני, במשמע' השמידני. במטרה הציבני,--איכה ג':י"ב. 7 ויגרס בחצץ שני,--(איכה ג':ט"ז),פי' שבר את שני בחצץ ור"ל הביא עלי פורענות. באפר הכפישני,--איכה שם ופי' רש"י:"כפה אותי באפר." 8, ע"פ איכה ג':ט"ו:"...הרוני לענה." 9 זלעפתי,--נסערתי ונחרדתי. 10 חמסני,--איכה ב':ו'. וישב וכו',--שם א':י"ח. 11 וירבו אנחותי,--איכה א':כ"ב. 12, שם ג':ד'. 13 נחלת...מהר,--ש"ב,כ':י"ט; תהל' ל"ד:י"ז. 14 כלה עשה,--יחז' י"א:י"ג. יום חשכו וכו',--יום חשכו אור השמש והירח(-סהר). 15 זהר,--רז. 16, חבק' א':ו':"הנני מקים את הכשדים וכו'"--ומוסב על "להשמידי חשב וכו'." 17 מעדו קרסלי,--(ש"ב,כ"ב:ל"ז ותהל' י"ח:ל"ז),כשלו והתמוטטו רגלי. יום וכו',-- ביום אשר עזב הקב"ה(-צור)את המקדש(-ביתו). 18 נאור,--כנוי להקב"ה ע"פ תהל' ע"ו:ה'. לפרוס,--פי' לדרוך בפרסותיו(ע' חולין נ"א,ב),במשמע' הפעיל. אותו,-- מוסב על "ביתו". 19 שם אויב לב,--שמ' ט':כ"א. 20, חבק' א':י"ב ומוסב על "ביתו". 21 יום בא וכו',--מ"ב,כ"ה:א' ויר' נ"ב:ד'. 22 פער פיו,--מוסב על "אויב". ומחוללו,--(דבר' ל"ב:י"ח)בוראו. 23 צרה,--עת צרה באה בעם אל(-ביש- ראל). להבהילו,--הסלה מגלם את עת צרה. 24, חבק' א':י', "והוא" מוסב על "או- יב". 25 וחלינו פניך,--מלאכי א':ט'. 26 ראה כי אזלת יד,--(דבר' ל"ב:ל"ו), פי' ראה כי רפתה ידינו בגולה. ואין מליץ בעדנו,--אין מקדש לכפר על עוונו- תינו. 28, תהל' פ"ה:ה'. 29 אב הרחמן,--ע"פ התפלה "ומפני חטאינו" בנוסח מחזור רומניה, השווה ד. גולדשמידט,"על מחזור רומניה ומנהגו," עמ' רל"א. זעמים,--השווה "אלהי העברים" לר' אפרים ב"ר יצחק מרגנסבורג(ד.א' 4415): "מלא רחמים, בא הפר זעמים." 30 בזכות וכו',--בזכות האבות. 31 בניך,--כנוי לישראל ע"פ שמ' ד':כ"ב. 32, ע"פ משלי כ':ח' ודרשת חז"ל(בויק"ר כ"ט.כ"ד): "הקב"ה...עומד מכסא הדין ויושב על כסא הרחמים ומתמלא עליהם רחמים."

ר' דויד בן אליעזר (ע' צונץ, ל.ג., עמ' 383).

ל"ט. סליחה סטרופית ללילי אשמורות בעלת שלושה וחמש מחרוזות. לכל מחרוזת ארבעה טורים והטור הרביעי שבר-פסוק המסתיים במלת "מלך". החתימה: אני דויד בן אליעזר חז[ק]. המקור: כה"י ב, עמ' 191. (ד. א' 4471).

אֱלֹהֵי כְּלָיוֹתַי וּסְעִיפֵיהֶם
צָרְפָה וְבַשֵּׂר שִׁירֵיהֶם
שִׂימָה כֹּחַ בָּהֶם
לַעֲמוֹד בְּהֵיכַל הַמֶּלֶךְ

בְּקַשְׁתִּיךָ וּמְעוֹנִי בַּבְּטֶנִי
תּוֹמְכֵנִי בִּימִינְךָ וּסְעָדֵנִי
כִּי יָרֵא אֲנִי
אֶת אֲדוֹנִי הַמֶּלֶךְ

גָּבַר חַסְדְּךָ בְּהִתְבּוֹדָד
בִּמְבַקֶּשְׁךָ הַיּוֹשֵׁב בָּדָד
וַאֲנִי בְּעֵת אֶתְנוֹדָד
יְיָ הוֹשִׁיעָה הַמֶּלֶךְ

דָּבָר כּוֹכָב בְּאָהֳלְךָ וְקָבַע לוֹ חַלּוֹנָי
יָצִיר נִכְבַּד יְצַרְתּוֹ הוּא הַהֵיכָל לִפְנֵי
אֵין חֶסְרוֹן בְּחָקוֹ אַךְ שָׁם יְיָ
אֱלֹהָיו עִמּוֹ וּתְרוּעַת מֶלֶךְ

הוּכַן רִאשׁוֹן לַמַּלְאָכִים בִּשְׁמוֹתָם
שׁוֹנִים הֵם בִּפְעוּלָּתָם
מֵהֶם רְחוֹקִים וּמִקְצָתָם
יַעַמְדוּ לִפְנֵי הַמֶּלֶךְ

וְחָכְמָתָם פְּלִיאָה מֵרַעְיוֹנָי
וְסִבָּתָם נֶעֶלְמָה מֵעֵינָי
וְעַל כֻּלָּם יְיָ
צְבָאוֹת הוּא מֶלֶךְ

זְמַנֵּי דְּעוּ וְנִשְׁמַרְתֶּם
פֶּן תַּשְׁחִיתוּן וְחִשַּׁבְתֶּם
תְּמוּנַת גֶּשֶׁם וְחִיַּבְתֶּם
אֶת רֹאשִׁי לַמֶּלֶךְ

חוּשׁוּ צְעִירִים וּגְדוֹלִים
שִׁמְעוּ דְּבַר הַשְּׂכָלִים
אֲשֶׁר אַתֶּם הָאוֹכְלִים
אֶת פַּתְבַּג הַמֶּלֶךְ

טְהוֹרֵי עֶצֶם נִכְבַּדֵּי הַגְּשָׁמִים
מִיָּדָם יָסוֹבּוּ וּבִידִיעָתָם נֶעְלָמִים
אֲשֶׁר מִתְּנוּעָתָם הַיָּמִים
אֲשֶׁר אָמַר הַמֶּלֶךְ

יַתְמִידוּ הַחַיִּים וְהַמֵּתִים
חוֹק וּמִשְׁפָּט כּוֹרְתִים
בְּמַהֲלַכְתָּם יֵדְעוּ הָעִתִּים
אֲשֶׁר אָמַר הַמֶּלֶךְ

כְּמַרְאִיתָם שָׂגְבוּ הָאוּרִים
עוֹמְדִים לְדוֹר דּוֹרִים
וּמִכָּל הַגְּשָׁמִים הַדְּבָרִים
הָאֵלֶּה גִּדַּל הַמֶּלֶךְ

לָכֵן דְּרָכַי אֲבִישֵׁר
וְנַפְשִׁי אֶקְשׁוֹר בְּקֶשֶׁר
אַמִּיק וְאֱמֶת אֲשֶׁר
תִּיטַב בְּעֵינֵי הַמֶּלֶךְ

מַהֲרִי נַפְשִׁי וּמְחַשֵּׁךְ
צְאִי וּתְשׁוּקַת קָדְשֵׁךְ
הָפִיקִי וּתְדַמִּי בְנַפְשֵׁךְ
לְהִמָּלֵט בֵּית הַמֶּלֶךְ

נְרוֹת הַמִּצְוָה וְהַתּוֹרָה
בְּבַקֵּשׁ הַנֶּפֶשׁ וְהַחֶדְרָה
תָּבוֹא,--וּבָזֶה הַנַּעֲרָה בָּאָה
אֶל הַמֶּלֶךְ

סִדְרֵי תְכוּנוֹת הַקְּדוֹשִׁים
וּמַעֲלוֹת הַשְּׂכָלִים הַנִּגָּשִׁים
יְשַׁלְּחוּהָ מִבֵּית הַנָּשִׁים
עַד בֵּית הַמֶּלֶךְ

עוֹזֶבֶת סִבָּתָהּ וּנְוָרוֹתָהּ
תּוּשַׁת שְׁמָמָה וּבָתָּה
אֲשֶׁר לֹא עָשְׂתָה
אֶת מַאֲמַר הַמֶּלֶךְ

פָּנֶיהָ שׁוֹנִים מִבּוֹא
בְּאֹהֶל יְשָׁרִים וְטוּבוֹ
נִטְמֵאת לֹא תָבוֹא
עוֹד אֶל הַמֶּלֶךְ

צְפוּנָה חַטָּאתָהּ בְּסוּרֵי
חֶשְׁבּוֹן מִפְּעָלוֹת וְסִתְרֵי
הַמִּכְתָּב בְּסֵפֶר דִּבְרֵי
הַיָּמִים לִפְנֵי הַמֶּלֶךְ

קֹדֶם תִּלְבַּשׁ עָלֶיהָ
וְטֶרֶם בּוֹא חֲבָלֶיהָ
הַתּוֹרָה וְהַמִּצְוָה עָלֶיהָ
לָבוֹא אֶל הַמֶּלֶךְ

רַדְפִי בְּתוֹךְ הַבָּאִים
הָהָר אֶל וְהַבְּגָדִים הַצּוֹאִים
הָסִירִי וְתָבוֹא,--אִם
חָפֵץ בָּהּ הַמֶּלֶךְ

שָׁבָה לְצוּרָה פְּנִינָה
וַתִּקְרַב בְּקִרְבַת חָנָה
עָלְתָה מִדֵּי שָׁנָה בְּשָׁנָה
לְהִשְׁתַּחֲוֹת לַמֶּלֶךְ

תְּחִי לָנֶצַח וּתְקַשֵּׁר
בְּצוּרַת הַכְּרוּבִים וְהַנֶּשֶׁר
תִּתְעַדֶּה סוּת אֲשֶׁר
לָבַשׁ בּוֹ הַמֶּלֶךְ

אָמְנָם בִּמְחִיצָתָם תָּבוֹא
בְּעוֹד הַנֶּפֶשׁ בִּמְבוֹא
הַגֶּשֶׁם אֵין לָבוֹא
אֶל שַׁעַר הַמֶּלֶךְ

גֵּר אֱלֹהַי לְהָבֵן
אֲנִי אֶשְׁמוֹר וְלָבֵן
אָשׁוּב אֶחְיֶה וּבְכֵן
אָבוֹא אֶל הַמֶּלֶךְ

הַלְבִּישׁ מַחֲלָצוֹת אוֹתִי
הֶעֱבִיר מֵעָלַי סוּתִי
הַצּוֹאָה אִם מָצָאתִי
חֵן בְּעֵינֵי הַמֶּלֶךְ

דַּעִי נַפְשִׁי וְדוֹמִי
לֵאלֹהַיִךְ רָאָה גָּלְמִי
אוּלַי יַעֲנֵנִי מִי
אַתָּה קָרָאתָ אֶל הַמֶּלֶךְ

וְאִם תִּשְׁכְּנִי בְּצִלּוֹ
וְתַשְׂכִּילִי מְצִיאוּת פָּעֳלוֹ
וְהוֹדוֹ הַהוֹעֲלָה אֲשֶׁר לֹא
הָיָה עַל כָּל מֶלֶךְ

הַתְוֶה מִצְחֵךְ בַּתָּיר
חַיִּים חָרוּת בְּמִכְתָּב
לוּחוֹת הַגַּלְגַּל, נִכְתָּב
בְּשֵׁם הַמֶּלֶךְ וְנֶחְתָּם בְּטַבַּעַת הַמֶּלֶךְ

דְּבָרְךָ אֱלֹהַי הוֹדִיעֵנִי
שְׂשׂוֹן יֶשְׁעֲךָ הַרְאֵנִי
וּלְהַחֲיוֹתִי מַפִּיל אֲנִי
תְּחִנָּתִי לִפְנֵי הַמֶּלֶךְ

בְּנִפְלְאוֹתֶיךָ הַשְׂכִּילֵנִי לַעֲבוֹד
אוֹתְךָ עֲבוֹדַת כָּבוֹד
וּמִבַּלְעָדֶיךָ מֶלֶךְ הַכָּבוֹד
מִי הוּא זֶה מֶלֶךְ

נֵצֶר יִשַׁי יַפְרֶה לְעֵינָי
יִפְרַח וְשׁוֹמְעוֹ בְּאָזְנָי
וְאָמְנָם אַתָּה יְיָ
בְּעָזְּךָ יִשְׂמַח מֶלֶךְ

אֵלֶיךָ עֲתוֹתָיו נִגְלוּ
הַצְמִיחֵהוּ וְאוֹיְבָיו יִבּוֹלוּ
וְחִצֶּיךָ שְׁנוּנִים יִפְּלוּ
בְּלֵב אוֹיְבֵי הַמֶּלֶךְ

עֶזְרַת עַמּוֹ לְהוֹשִׁיעָם
בְּשִׁמְךָ וּלְקַבֵּץ זַרְעָם
מְגִינוֹת עַם רָעָם
בִּלְשׁוֹנוֹ בְּשֵׁם הַמֶּלֶךְ

חֲנַנְתּוֹ מְצִיאוּתְךָ וְטוּבוֹ
וַתָּשֶׂם רוּחֲךָ בְּקִרְבּוֹ
וְגַם שִׂכְלְךָ בְּלִבּוֹ
לְמִי יַחְפֹּץ הַמֶּלֶךְ

זִכֵּנוּ בְּמָאז וְיִנָּשְׂאוּ
עַמְּךָ מְעֻנָּיִים בִּנְלְאוּ
מַיִם חַיִּים יֵצְאוּ
בִּדְבַר הַמֶּלֶךְ

1 כלירותי,--(ירי י"א:כ'), מרכז למחשבה. ושעיפיהם,--ומחשבותיהם, ע' תהל' קי"ט:קי"ג ופי' ראב"ע שם. 2 צרפה,--לשון הפצרה, ע"פ תהל' כ"ו:ב': "בחנני ה' ונסני צרפה כליותי ולבי." וישר,--יש' מ':ג'. שריהם,--שיהיו בעיסים ועֲקֻבים. 3-4, דבי' א':ד'. 5, שה"ש ג':א'; תהל' ב"א:ד'. 6, תהל' י"ח:ל"ו, "תומכני", על משקל פוֹעֵל. 7-8, דבי' א':י'. 9 גבר חסדך,--תהל' קי"ג:י"א. 9-10 ויתבודד במבקשך,--ויתרכז במבקשך ישראל, היושב בדד (ע"פ במד' כ"ג:ט'). 11 אתנודד,--(ירי ל"א:י"ז), פי' בוכה ובוהם. 12, תהל' כ':י'. 13 דרך וכו',--במד' כ"ד:י"ז; "דרך כוכב באוהלך",--הכוונה לכוכב חמה המסיים מהלכו י"ב חודש בשמים(-באוהלך, ע"פ תהל' י"ט:ה': "לשמש שם אהל בהם"), ע' בר"ר י'.ד'. וקרע לו חלוני,--(ירי כ"ב:י"ד)רמז לנקודות לא נראות לעין בגלגל החמה שמהן השמש כמו יוצאת לעתים קרובות,השווה פר"א, ו', והשווה פי' רבינו חננאל לעירובין נ"ו,א. 14 יציר נפרד יצרתו,--ע"פ האגדה (בפר"א, ו')חיבר הקב"ה את שני המאורות הגדולים, השמש והירח ביום הרביעי, ואחרי שהתחרו ביניהם הגדיל הקב"ה את האחד והקטין את השני, ולזה התכוון הפייטן: "יציר נפרד יצרתו." הוא ההיכל לפני,--לִפְנֵי וְלִפְנִים, והוא עולם הגלגלים והכוכבים. 15 אין חסרון בחקו,--כלו' אין פגם במהלך השמש בשמים, והשווה פר"א,שם: "ונכנס ומשתחווה(השמש) לפני הקב"ה ואומר לפניו...עשיתי ככל אשר צויתני." 15-16 אך שם...עמו,--ע' שם,שם: "החמה שלוש אותיות של שם כתובים בלבו." 16, במד' כ"ג:כ"א. 17 ראשון למלאכים,--ע"פ פר"א, ו': שבעת כוכבי לכת משרתים לשבעת ימי השבוע: יום א': כוכב חמה וכו'. ור"ל ראשון בין כוכבי לכת שהם מלאכי ה' העושים רצון קונם. בשמותם,--ע"פ הסדר בפר"א, ו', הוצ' פרידלנדר, עמ' 32: חמה, נוגה, כוכב, לבנה, שבתאי, צדק ומאדים. 18, ר"ל שבעת כוכבי לכת שובים הם בדרך מהלכם ובתקופותיהם, הש' פר"א, שם. 19 מהם רחוקים וכו',--הכוונה למחזורים הגדולים ולמחזורים הקטנים של כוכבי לכת, ע' פר"א, שם. 20, דבי' א':ה', ורמז לשקיעת החמה במערב כדי להשתחוות לבוראה,כי הרי השכינה במערב, ע' פר"א, שם. 21 פליאה,--לשון "פליאה דעת ממני," (תהל' קל"ט:ו') ור"ל בנערתי מדעת תורת הגלגלים והכוכבים ותנועותיהם. 22, פי' סִבַּת תנועותיהם בסתרת ממני. 23-24, תהל' כ"ד:י'. 25-26 ונשמרתם פן תשחיתון,--אזהרה על עבודת כוכבים ומזלות. 26-27 וחשבתם תמונת גשם,--כלו' פן תאמרו בלבבכם שהכוכבים והמזלות הגשמיים משפיעים על האדם, לטובה או לרעה,ובכוח עצמם. 27-28, (דבי' א':י'), ונענשתם. 30, הכוונה לשכלים המניעים את שבעה כוכבי הלכת, ור"ל הקשיבו לעדותם של צבא השמים המספרים את כבוד אל. 31 אשר אתם וכו',--מוסב על "השכלים", דוגמת "מה הבמה, אשר אתם הבאים שם,"(יחז' כ':כ"ט). האוכלים וכו',--(דבי' א':י"ג), כלו' אתם נמנים על אוכלי שלחן המלך, ור"ל קרובים הכוכבים והמזלות להקב"ה, והשווה פי' ראב"ע לתהל' כ"ט:א'-ב': "הבו לה' בני אלים,"...ובני אלים הם הכוכבים. 33 שהודו עצם וכו',--הכוונה לשכלים המניעים

את שבעה כוכבי הלכת(-בכבדי הגשמים), והשווה רמב"ם, משנה תורה, יסודי התורה, ג'.א': "...הגלגלים טהורים וזכים כזכוכית וכספיר." 34 מידם יסובו,--יסובו הגלגלים את הארץ--בהשקפה הגיאוצנטרית שהיתה שולטת בימי הביניים--בכוח השכלים הנ"ל, והשווה ר"י אלבו, ספר העקרים, ד'.ב': "...השכלים הנבדלים שהם עִלות לגלגלים והם המניעים אותם." ובידיעתם נעלמים,--בסתרה דרכם של הגלגלים מעיני העולם התת-ירחי, מקביל ל"וסבתם בעלמה מעיני," לעיל שו' 22. 35, ע"פ בר' א': י"ד: "והיו לאותות ולמועדים ולימים ושנים." 36, דבי' א':י"ח. 37, פי' באמצעות תנועותיהם השוקדות של גלגלי השמים גוזר הקב"ה את גורל הברואים בארץ לחיים או למוות, והשווה "אלים ברוצם באופניהם," לראב"ע בשירי הקודש של אברהם אבן עזרא א', עמ' 121-120. 38, השווה חי בן מקיץ, לראב"ע, עמ' 50 על הגלגלים: "לעולם עומדים ולצורם עובדים, שומרים חוקתם ומחזיקים בבריתם," וע' פי' ראב"ע לתהל' ס"ט:כ"ט: "ספר החיים הם השמים ושם כל הגזירות העתידות להיות." 39 במהלכתם יוודעו וכו',--דרך תנועותיהם של הגלגלים יוודע גורל הברואים בארץ. העתים,--"עת ללדת ועת למות...עת מלחמה ועת שלום,"(קהלת ג':א'-ח'). 41 כמראיתם שגבו וכו',--הכוונה למחזורים הגדולים של החמה(כ"ח שנה) ושל הלבנה(כ"א שנה) הנראים לעין, ע' פר"א, ו'-ז'. האורים,--פי' שני המאורות הגדולים:החמה והלבנה. 42 עומדים וכו',--פי' קיימים לעולם, והכוונה לתנועתם הסיבובית של השמש והירח הנמצאים בתנועה מתמדת,---והשווה חי בן מקיץ, לראב"ע, שם. 43 ומכל הגשמים,--ומכל הגלגלים. 44-43 הדברים וכו',--(אסתר ג':א'), הקב"ה גידל השמש והירח (-הדברים האלה)מכל הגלגלים, הראשון לממשלת היום והשני לממשלת הלילה, ע"פ בר' א':ט"ז. 45, יש' מ"ה:י"ג. 47-46 ונפשו אקשור בקשר אמיץ ואמת,--לשון "חסד ואמת אל יעזבוך, קשרם על גרגרותיך כתבם על לוח לבך,"(משלי ג':ג'). 47-48 אשר וכו',--אסתר ב':ד', מלך, כנוי להקב"ה. 50-49 ומחשך צאו,--צאי מסכלות ע"פ קהלת ב':י"ד. 51-50 ותשוקת קדשך הפיקו,--פי' הוציאי מקרבך את תאוות (-תשוקת)בעורים(-קדשך, ע"פ איוב ל"ו:י"ד: "תמות בנֹער נפשם וחיָתם בקדשים"). 52-51 ותדמי וכו',--(אסתר ד':י"ג), מוסב על "נפשי", ור"ל: אל תהי סבורה להימלט ביום הדין ועליך לתת דין וחשבון לפני קונך. 55-54 והחדרה תבוא,--הכוונה לתפלה שבבית הכנסת,ע"פ יש' כ"ו:כ': "לך עמי בא בחדריך," ופירש"י שם. 55-56, אסתר ב':י"ג, ור"ל: ע"י קיום המצוות, תלמוד תורה ותפלה בצבור נגאלה הנשמה(-הנערה). 57,פי' על ידי אמירת י"ג מדות(-סדרי תכונות הקדושים, השווה ר"ה י"ז,ב: "כל זמן שישראל חוטאין יעשו לְפָנַי כסדר הזה ואני מוחל להם"). 58, ובעזרתם של מלאכי מרום(-השכלים)הנגשים לקונם ומשתדלים לטובת המתפללים בארץ, השווה שמ"ר כ"א.ג'. 60-59, אסתר ב':י"ג, פי' בעזרת הנ"ל תזכה הנשמה לעלות מעולם השפל למקורה שבעולם העליון.61, הנפש החוטאת(-אשר לא עשתה את מאמר המלך, להלן, שו' 64-63) נדונה למיתה(-עוזבת סכתה וכו').

סרכתה ונרוותה,--כנויים לגוף ולעולם השפל. 62 תרשת שממה וכו',--מוסב על
הנפש החוטאת. רבתה,--עניין שממה, ע' ישי' ה':ו'. 63-64, אסתר א':ט"ו. 65
פניה שונים וכו',--פניה של כנסת ישראל שונים בשל חטאיה,(השווה זוהר, ויק'
ל"ו: "איבון דעברין על פתגמי אורייתא כלהו רשימין באנפייהו"),ובגלל זה הוגלתה
מארצה ומנועה מלבוא אל בית המקדש(-אוהל ישרים)ומטובת ה'(-וטובו)המכפר ע"י קרבן
מזבח). 67 נשמאת,--מקביל לפניה שונים מפני חטאיה ומוסב על כנסת ישראל. לא
תבוא וכו',--(אסתר ב':י"ד), ור"ל מפני חטאיה הוגלתה מבית המקדש.69 צפונה
חטאתה וכו';--עוונותיה של כנסת ישראל(או של הנשמה הנ"ל)נרשמים בפנקס של
זכוירת ועוונות(-בסודי חשבון מפעלות), והשווה ירוש' ר"ה, א'.ג': "שלוש
פינקסיות הם וכו'." 70-71 וסתרי המכתב וכו',--ע"פ דרשת חז"ל(בספרי, דברים
ש"ז)שהחוטא בעצמו חותם על מעשיו. 71 בספר וכו',--אסתר ב':כ"ג. 73 קדם,--
במשמע' טרם, ע' להלן שו' 74. תיבש עליה,--(תהל' א':ג'), אזהרה לנשמה שלא להש-
הרת את תשובתה עד לימי הזיקנה. 74 חבליה,--(שם י"ח:ה'), הכוונה לחבלי
מוות. 75, פי' עליה לחזור בתשובה ע"י קיום המצוות ותלמוד תורה.75-76 עליה
וכו',--אסתר ד':ח'. 77, פי' הֱיִי להוט אחרי(-רדפי, ע"פ דבר' ט"ז:כ')החוזרים
בתשובה(-הבאים ההר אל). 78 והבגדים וכו',--זכר' ג':ד'. ותבוא וכו',--ותבוא
אל הקב"ה עם זכוירות יתרות על העוונות באם נקראת לדין(אם חפץ בה המלך). 79-
80 אם חפץ וכו',--אסתר ב':י"ד. 81, בזמן שבית המקדש היה קיים שבה כנסת
ישראל(או הנשמה)לצורה זכה כפניבה. 82, בזכות קרבן מזבח במקדש בירושלים
(-קרית חנה דויד, ע"פ ישי' כ"ט:א'). 83-84, שם עלתה מדי שנה בשנה, ע"פ זכר'
י"ד:ט"ז. 85, אזהרה לאדם: אם רצונך שתזכה נפשך לחיי נצח, עליך לדבוק(-ותקשר)
בקונך(ע"פ דבר' י"א:כ"ב)היושב על כסא הכבוד בעל פני הכרוב והנשר(ע' יחז' י':
י"ד). 87, ולעבוד עצמך(-תתעדן)בלבוש(-סות, ע"פ בר' מ"ט:י"א)דוחני של תורה
ומצוות, כנ"ל. 88, אסתר ו':ח'. 89, ייתכן שהנפש תבוא במחיצתם של העולמות
העליונים של הכוכבים והמזלות ושל מלאכי מרום ואף במחיצתו של כסא הכבוד(ע'
בירמא פ"ו,א: "גדולה תשובה שמגעת עד כסא הכבוד"). 90, אבל כל עוד הנפש היא
בעולם הארצי(-במבוא הגשם)ומשועבדת להבליו ולפיתוייו, אין לשוב למקורה לחיי
נצח(-אין לבוא אל שער המלך). 92, אסתר ד':ב'. 93 נר אלהי,--הכוונה לנשמה,
ע"פ משלי כ':כ"ז, וע' פי' ראב"ע, שם. 93-94 להכן אני אשמוֹ,--פי' אשמור על
הנשמה להיות שליטה בגוף. להכן,מלה מחודשת,ר"ל להכין. 94-95 ולכן וכו',--
אשוב בתשובה ואזכה לחיים ארוכים. 94-95 ובכן אבוא וכו',--(ע' אסתר ד':ט"ז).
ואחרי מיתתי אחזור למקורי בעולם העליון. 97, שם בעולם העליון הקב"ה ילביש
אותי בגדי פאר וישע(-מחלצות, ע' זכר' ג':ד'). 98-99, יעביר מעלי העוון שהיה
בי(-סותי הצואה). אם מצאתי וכו',--אסתר ה':ח'. 101-102 דעי וכו',--(תהל'
ס"ב:ו'),דעי נפשי שטוב ה' לקוויו(ודומי, עניין תקווה). 102 לאלהייך וכו',--
(שם קל"ט:ט"ז), נפשי תקווה לה' הרואה שאני עפר ועפר. 103, אולי יענה לשפל-
רוח(-מי אתה קראת אל המלך). 104, ש"א,כ"ו:י"ד. 105, ע"פ איכה ד':כ': "אשר

אמרנו בצלו נחיה." 106 ותשכילו וכו',--אז תבינו התהוות העולם(-מציאות פעלו, השורה "כתר מלכות" א' לרשב"ג: "לך המציאות אשר מצל מאורו נהיה כל הויה/ אשר אמרנו בצלו נחיה")ורצונו של הקב"ה שנאצל מצל מאורו והקרבתו(-והודו ההועלה, להלן שו' 107, השורה מקור חיים לרשב"ג, ה',ל"ו, שם מזכיר "צל" בהקשר לעניין הרצון: "התנועה הבאה מהרצון ומצלו והקרבתו"). 107 אשר לא וכו',--(דבה"א, כ"ט:כ"ה), פי' אשר לא היה על מלך בשר ודם, ומוסב על הודו הַהוּעֲלָה. 109, ע"פ יחז' ט':ד' והשורה מאמר חז"ל(בשבת נ"ה,א): "אמר לו הקב"ה לגבריאל לך ורשום על מצחן של צדיקים תיו של דיו שלא ישלטו בהם מלאכי חבלה," ור"ל יתווה מצחך בתו חיים, פי' תיכתב בספר החיים, ומוסב על "ראש תשכני בצלו." 110 חרות במכתב לוחות הגלגל,--פי' באמצעותם של גלגלי השמים הקב"ה גוזר את גורל הברואים בארץ, השורה "אלים ברוצם באופניהם," לראב"ע, שם, והשורה רמב"ם, מורה נבוכים, ב',ה', וע' לעיל הערה לשו' 38. 111-112 נכתב וכו',--ע"פ רצונו של בורא גוזרים הגלגלים הנ"ל. 113, שמות ל"ג:י"ג. 114, תהל' נ"א:י"ד. 115 ולהחיותי ,--יחז' י"ג:כ"ב. מפיל וכו',--יר' ל"ח:כ"ו. 117 בנפלאותיך השכילני,--תן לי להבין את הנפלאות בעולמות העליונים הנ"ל. 117-118 לעבוד...כבוד,--לעבוד אותך כמלאכי השרת העומדים לפני כסא הכבוד. 119-120, תהל' כ"ד:י'. 121 נצר ישי,--(יש' י"א:א'), הכוונה למלך המשיח. לעיני יפרח,--יהי רצון שיבוא מלך המשיח בקרוב. 122 ושומעו באזני,--אסתר ט':ד': "ושמעו הולך בכל המדינות." 123, פי' אז--עם ביאת מלך המשיח--יִוודע כי אתה ה' בישראל,(ע"פ מ"א, י"ח: ל"ו). 124, תהל' כ"א:ב', פי' ישמח מלך המשיח. 125 עתותיו,--פי' זמן ביאת המשיח.התסיסה המשיחית שבקסטוריה במאה הי"ג משתקפת בבהירות בעדותם השירית של פייטני העיר כגון ר' מרדכי בן שבתי,ר' מנחם בן אליה, ר' אליה בן אברהם העלוב ור' דויד בן אליעזר וע' מאמרי "מקור חדש על התנועה לשיבת ציון בקסטוריה במאה הי"ג," הדואר, שנת נ"ח, גליון ב'(תשל"ט),עמ' 594-595. 126 הצמיחהו,--ע"פ יר' ל"ג:ט"ו: "אצמיח לדויד צמח צדקה." ואויביו יבולו,--(יש' כ"ד:ד'),יחרבו. 127-128, תהל' מ"ה:ו', הכוונה לתבוסת אויבי ישראל אחרי ביאת מלך המשיח. 129 עזרת עמו,--מוסב על מלך המשיח(-נצר ישי). 130 ולקבץ זרעם,--יש' י"א:י"ב, רמז לקבוץ גלויות בזמן הגאולה. 131-132, אסתר ג':י"ב. 133 חננתו מציאותך,--הכוונה למאמר חז"ל(באיכ"ר א'.נ"א): "מלך המשיח, ה' שמו." ושובו,--מוסב על "חננתו" ורמז לבשורה הטובה בעניין הגאולה,ע' סנהד' צ"ח,ב: "מה שמו של משיח...חנינה." 134-135 רוחך בקרבו...שכלך בלבו,--פי' הקב"ה האציל מרוחו ושכלו על מלך המשיח, והשורה מאמר ריש לקיש(בריק"ר י"ד. א'): "ורוח אלהים מרחפת על פני המים'(בר' א':ב'): זה רוחו של מלך המשיח," והשורה בר"ר, מהדורת תיאודור-אלבק, ח'.א'. 136, אסתר ו':ו': "למי יחפוץ המלך לעשות יקר," למי, פי' למלך המשיח. 138 בְּנְלְאוֹ,--כי נלאו בגולה. 139, זכר' י"ד:ח': "והיה ביום ההוא יצאו מים חיים מירושלים." 140, אסתר א':י"ב.

ר' דויד בן אליעזר

מ'. סליחה משורשת ללילי אשמורות בצורה כעין איזורית בת י"ח מחרוזות בנות ארבעה טורים כל אחת. כל טור רביעי שבר-פסוק מן המקרא. החתימה: דויד בן אליעזר חזק ואמץ לעד אמן סלה. המקור: כה"י ב, עמ' 184. (ד. ח' 253).

חַיִּים דְּרַשְׁתִּיךָ מִצָּרָה אַדִּיר שִׁמְךָ
אֱלֹהַי חִזְקִי אֲרַחֶמְךָ
פְּדֵה נַפְשִׁי מִשְּׁאוֹל תַּעֲצוּמְךָ
כִּי עִמְּךָ מְקוֹר חַיִּים

חַיִּים רְשַׁוְעָתִי תִּקְרַב בְּעֵת אֶעֱרֹכָה
שִׁירַי רְנָנִים וְכָבוֹד יְזַמֶּרְךָ
שִׁלְחָה תְּשׁוּעָה וְהַעֲמִידֶהָ עֲרוּכָה
אֶת הַבְּרָכָה חַיִּים

חַיִּים יִרְאֶה נָעֳמְךָ בַּהֲדָרְךָ בִּינָשְׂאוּ
חֵן וְשֵׂכֶל טוֹב חֲדָרַי יִמָּלְאוּ
וּמֵחֲסָדֶיךָ מַעַיְנֵי הַיְשׁוּעָה נִקְרָאוּ
יֵצְאוּ מַיִם חַיִּים

חַיִּים דְּבָרֶיךָ הוֹדִיעֻנִי וַחֲבָלַי בַּנְּעִימִים
תַּפִּיל וּקְרָא: "שַׁבְתִּי בְּרַחֲמִים":
אֱלֹהֵי יִשְׂרָאֵל הָבָא תָּמִים
אוֹרֶךְ יָמִים וּשְׁנוֹת חַיִּים

חַיִּים בְּטוּב צָפַנְתָּ לִירֵאֶיךָ וּסְפוּנַי
צְרוֹר הַחַיִּים הַרְאֵנִי וּטְמוּנַי
הַהֶסְתֵּר בְּשֶׁפַע עוֹמְדִים וּצְפוּנַי
בְּאוֹר פְּנֵי מֶלֶךְ חַיִּים

חַיִּים נַפְשִׁי חַיָּה וְלֹא יוּמַת
הַגֶּשֶׁם הַחוֹטֵא הַמּוּכֶּה בְּחֵמַת
אֱלֹהַי חַסְדְּךָ הַקְרֵה לְעוּמַּת
נִשְׁמַת רוּחַ חַיִּים

חַיִּים אֹמֶץ וְכֹחַ מַרְבֵּה הַמִּשְׂרָה
מְלֵאַת הַנֶּפֶשׁ הַשֶּׁפַע הָאוֹרָה
תְּהִי נַפְשִׁי אֲשֶׁר בְּיִרְאָתְךָ קְשׁוּרָה
צְרוּרָה בִּצְרוֹר הַחַיִּים

חַיִּים לְפוֹעֲלֵי רַע אֲשֶׁר שָׁכְחוּ
חַסְדָּם וּבְהַבְלֵיהֶם נִסְפָּחוּ
סְלַח בְּחַטֹּאתֵיהֶם וְדָמָם יוּדְחוּ
יִמָּחוּ מִסֵּפֶר הַחַיִּים

חַיִּים יִפְצְחוּ רִנָּה בְּסֵפֶר חֲרוּתִים
וְנִסְלַח לַעֲדַת גּוֹי כְּרוּתִים
חַסְדְּךָ יַעֲמוֹד וְיִגְדּוֹר בַּעֲבוֹתִים
בֵּין הַמֵּתִים וּבֵין הַחַיִּים

חַיִּים עוּזְּךָ יְסוֹבֵב בְּכָל פִּנָּה וְקָצֶה
תְּפִלָּה בְּעַד כָּל הָעָם מִקָּצֶה
וּמַגֵּפָה וְדֶבֶר אֲשֶׁר תֶּחֱצֶה
לֹא תִמָּצֵא בְּאֶרֶץ הַחַיִּים

חַיִּים זַכֵּה עָווֹן וְחֵטְא וְאִם בְּקֶשֶׁר
אַמִּיץ נִקְשַׁר יִמַּס בְּפֶשֶׁר
בַּנֵּה לְקוֹרְאֶיךָ בְּלֵב וּבְיוֹשֶׁר
עוֹשֶׁר וְכָבוֹד וְחַיִּים

חַיִּים רוּחַ דַּעַת הָשֵׁב לְאֵיתָנוֹ
וּמַלֵּא לְעַבְדְּךָ וְיִתֵּן חִנּוֹ
הָאֵר בְּאוֹרְךָ וְיָשׁוּב עַל כַּנּוֹ
כִּי מִמֶּנּוּ תּוֹצְאוֹת חַיִּים

חַיִּים חַזֵּק עַבְדְּךָ וּבַשְּׂרֵהוּ אָיוֹם
סָלַחְתִּי כִּדְבָרֶךָ וּלְתִתְּךָ עֶלְיוֹן
שָׁמַעְתִּי תְּפִלָּתְךָ נָתַתִּי פִּדְיוֹן
הַיּוֹם אֶת הַחַיִּים

חַיִּים וְאַמְּצֵנוּ וּבַאֲמִתְּךָ יַחֵד בְּעִיּוֹנַי
אֶשְׁמְעָה: סוּרוּ אַל תִּגְּעוּ לַעֲווֹנַי
לָהֶם קוֹרָא הַגַּלְגַּל בְּאָזְנַי
לִפְנֵי יְיָ בְּאַרְצוֹת הַחַיִּים

חַיִּים לְעַמְּךָ בַּשֵּׂר וְכִי שָׁגוּ
בַּעֲווֹנֵיהֶם עַל צַוְּארֵיהֶם יִשְׂתָּרְגוּ
בְּשׁוּבָם מִדַּרְכֵיהֶם וּמִמִּצְוֹתֶיךָ יֶחֶרְגוּ
יַשִּׂיגוּ אוֹרְחוֹת חַיִּים

חַיִּים עֲדֵי זוֹקֶן יִשְׂבְּעוּ וְצֶאֱצָאֵיהֶם
טַפָּם וּבְנֵיהֶם וְעוֹזְרָם לְעֵינֵיהֶם
בְּשָׂשׂוֹן וְשִׂמְחָה יְבַלּוּ כָּל יְמֵיהֶם
הֵם וְכָל אֲשֶׁר לָהֶם חַיִּים

חַיִּים אָמְנָם אַתֶּם עַם אֵל וּפְעָלֵהוּ
הוֹדִיעוּ יְשׁוּעָתוֹ וּבְשִׁכְלֵיכֶם שַׁבְּנוּהוּ
בֶּאֱמוּנוֹ נֶעְזַר וְיִיחוּדוֹ לְבָאֲרֵהוּ
אֱמֶת הוּא אֱלֹהִים חַיִּים

חַיִּים סֶלָה אִתְּכֶם לוֹ לְעַם יָקִים
בְּחֶבְיוֹן סִפְרוֹ לַחַיִּים חֲקוּקִים
בִּהְיוֹתְכֶם בְּיִרְאָתוֹ וּלְעוֹבְדוֹ חֲזָקִים
הַדְּבֵקִים בַּיְיָ אֱלֹהֵיכֶם חַיִּים

1 חירם,--כבודי להקב"ה ע"פ דברי ה':כ"ג וירי ב':י"ג. דרשתיך מצרה,--תהלי ע"ז: ג'. אדיר שמך,--שם ח':ב',י'. 2 ארחמך,--(שם י"ח:ב'),אאהבך. 3 פדה...משאול,-- שם מ"ט:ט"ז. תעצומך,--למען תעצומך(פי' גבורתך),השווה "כתר מלכות" לרשב"ג,כ"ו: "ועלית על כס תעצומך". 4,תהלי ל"ו:י'. 5 תקרב,--אליך. אערכה,--(תהלי ה':ד'), אתפלל. 6 שיחי רננים,--לשונות של תפלה, השווה תהלי קמ"ב:ג' וירוש' ברכות פ"ד ה"א:"אין שיחה אלא תפלה", והשווה ירי ז':ט"ז,וספרי כ"ו:"עשרה לשונות נקראת תפלה". וכבוד יזמרך,--תהלי ב"ז:י'. 7 שלחה,--בר' מ"ג:ח'. והעמידה,--מוסב על "תשועה". ערוכה,--תהלי כ"ג:ה'. 8,שם קל"ג:ג':"כי שם(בציון)צוה ה' את הברכה חיים עד העולם." 9 יראה...והדרך,--שם צ':ט"ז,"בעמך" כבודי למקדש,ע' שם כ"ז: ד':"לחזות בנועם ה' ולבקר בהיכלו." 10 חן...טוב,--משלי ג':ד'. חדרי,--חדרי המקדש. ימלאו,--ב"חן ושכל טוב" וע"פ ירי י"ח:י"ח:"כי לא תאבד תורה מכהן ועצה מחכם ודבר מנביא". 11 מעייני הישועה,--יש' י"ב:ג'. 12, זכרי י"ד:ח': "יצאו מים חיים מירושלים." 13 דרכיך הודיעני,--שמ' ל"ג:י"ג. 14-15 וחבלי... תפיל,--תהלי ט"ז:ו'. 15 שבתי וכו',--שבתי ברחמים לירושלים,ע"פ זכרי א':ט"ז. 15, ע"פ ש"א,י"ד:מ"א ופי' רש"י:"תן גורל אמת." 16, משלי ג':ב'. 17 בטוב... ליראיך,--תהלי ל"א:כ':"מה רב טובך אשר צפנת ליראיך." 17-20 וספוני...הראיני ,--פי' הראיני את מתן שכרם של הצדיקים לעתיד לבוא הספונים והצרורים בצרור החיים(ע"פ ש"א,כ"ה:כ"ט והשווה שבת קנ"ב,ב' ו"כתר מלכות" ורשב"ג,כ"ז)העומדים תחת כנפי השכינה(-וטמוני ההסתר)ונהנים מזיו השכינה(-באור פני מלך חיים,ע"פ משלי ט"ז:ט"ו)ומקביל ל"דרכיך הודיעני",לעיל שו' 13. 20, משלי ט"ז:ט"ו. 21, ע"פ תהלי קי"ח:י"ז והשווה קה"ר ג'.כ"א:"אחת נשמתן של צדיקים ואחת נשמתן של רשעים כולם עולות למרום אלא שנשמותיהן של צדיקים הן נתונות באוצר(פי' מתנת כהונה:'באוצר החיים')ונשמותיהן של רשעים מטורפות בארץ." 22 הנשם,--הנשמה, מלה מחודשת בלשון הפייטנים על משקל הסגוליים, השווה צונץ,ס.פ.,עמ' 388. החוטא,--ע"פ יחז' י"ח:ד':"הנפש החוטאת היא תמות",--ור"ל חַיֵּה נפשי החוזרת בתשובה והנמנית עם הצדיקים לחיים ולא עם הרשעים שנשמותיהם מטורפות בארץ. בחמת,--(דבה"ב כ"ח:ט')בחמת ה'. 23 הקרה,--זַמן,ע"פ בר' כ"ד:י"ב. 23-24 לעומת נשמת וכו',--(שם ז':כ"ב)פי' הקרה חסדך לבן אדם החוזר בתשובה. 25-26 אמץ וכח... מלאת הנפש,--ע"פ נחום ב':ב' ויש' ט':ו',ור"ל בתת כח(אֹמץ וכח מרבה המשרה) לנפש לבחור בין טוב לרע. 26 השפע האורה,--האור מאת הקב"ה שהוא "אור עליון" (ע"פ "כתר מלכות" לרשב"ג,ז'),והשווה מקור חיים,לרשב"ג,ג',מ"ה,"הכל מקבל אור מהפועל הראשון,הנעלה והקדוש." האור משמש סמל ודימוי לאלהות. 27 ביראתך

,--השורה "כתר מלכות" שם:"אתה אור עליון ועיני כל נפש זכה יראוך." קשורה,--
בר' מ"ד:ל':"ונפשו קשורה בנפשו." 28 צרורה וכו',--(ש"א,כ"ה:כ"ט)עם הצדיקים,
השווה שבת קנ"ב,ב. 29-31 לפועלי רע...סלח,--מחל את עוונותיהם של פועלי רע.
אשר שכחו חסדם,--יונה ב':ט':"חסדם יעזובו",ופי' רש"י:"יראת הקב"ה שכל חסדם
וטובתם מאתו." ובהבליהם נספחו,--יר' ב':ה'. ודמם,--ועונשם ע' ויק' כ':ט'.
ירדחו,--סגלקו. 32, תהל' ס"ט:כ"ט, ר"ל יהי רצון שיימחו את עוונות ב"י מספר
הזכרונות בו נידונים לחיים או למוות, השווה ירושלמי ר"ה א'.ג'. 33 חיים וכו';--
הצדיקים שכבר נרשמו לחיים(-כספר חרותים,ע' ירוש' ר"ה,שם)יצהלו(-יפצחו רנה,
ע"פ יש' מ"ט:י"ג). 34 לעדת גוי כרותים,--כרותים מארצם,והכוונה לישראל בגולה.
35 ויגדור בעבותים,--ע"פ הושע י"א:ד':"בחבלי אדם אמשכם בעבותות אהבה." 36,
ע"פ במד' י"ז:י"ג:"ויעמוד בין המתים ובין החיים ותעצר המגפה." 37 עוזך,--
יר' ט"ז:י"ט. יסובב,--תהל' ל"ב:י'. בכל פנה וקצה,--בכל מקום. 38 יפלה,--
(שמ' י"א:ז'),יפריש לטובה. כל העם מקצה,--ישראל בכל פזוריהם בגולה. 39 אשר
תחצה,--בין החיים ובין המתים. 40, איוב כ"ח:י"ג. 41 זרה,--(במד' י"ז:ב')
פַּזֵר וסַלֵק. 41-42 בקשר אמיץ נקשר,--(ש"ב,ט"ו:י"ב)לשון "חסד ואמת אל יעזבך
קשרם על גרגרותיך"(משלי ג':ג'), רצונו לומר אם העבירה דבקה באדם הריהי
בעשית הרגל. 42 בפשר,--שם הפועל,-על משקל הסגוליים מן פָּשַר,--מחידושי לשון
הפייטן,השווה צונץ ס.פ.,עמ' 387 ואילך. 43 לקוראיך בלב וביושר,--תהל' קי"ט:
ז':"אודך ביושר לבב." 44, משלי כ"ב:ד'. 45 רוח דעת השב לאיתנו,--רוח דעת
השב,--הכוונה לתורה מכהן,עצה מחכם ודבר מנביא(ע"פ יר' י"ח:י"ח). לאיתנו,--
(ע"פ שמ' י"ד:כ"ז),ור"ל כמו בימי קדם בזמן שבית המקדש היה קיים. 46 ומלא
לעבדך,--את משאלותיו. ויתן חנו,--(בר' ל"ט:כ"א)בעיניך. 47 האר באורך,--ע"פ
תהל' ל"ו:י':"באורך נראה אור." וישוב,--ישראל. על כנו,--(בר' מ"א:י"ג)ר"ל
על הר הבית. 48, ע"פ משלי ד':כ"ג,ור"ל מקרבן מזבח(-ממנו)אשר על הר הבית
יבוא כפרה על עוונות ב"י. 49 ובשרהו,--(יש' מ"א:כ"ז)בבשורה של ישועה. אירום
,--כנוי להקב"ה ע"פ חבק' א':ז'. 50 סלחתי כדברך,--במד' י"ד:כ'. ולתתך עליון
,--דבר' כ"ו:י"ט. 51 פדיון,--(מיכה ו':ד'),פי' גאולה. 52, דבר' ל':ט"ו. 53,
ע"פ תהל' פ"ו:י"א:"הורני ה' דרכך אהלך באמתך יחד לבבי ליראה שמך." ועיוני,
פי' רעיון לבי,ע"פ קהלת ב':כ"ב. 54, ע"פ איכה ד':ט"ו:"סורו טמא קראו למו
סורו סורו אל תגעו." 55, ע"פ יחז' י':י"ג:"לאופנים,להם קורא הגלגל באזני."
"להם" מוסב על "לעוונו" ורמז לפנייה אל מלאכי מרום שיהיו סניגורים לעם
ישראל לפני הקב"ה שיכפר על חטאותיהם ועוונותיהם(-להם),ע' גס"פ,עמ' 11. 56,
ע"פ תהל' קט"ז:ט',הכוונה למלאכים המביאים את תפלות ב"י לפני כסא של מעלה,
כנ"ל שו' 55. 57 שגו,--חטאו. 58, ע"פ איכה א':י"ד, ר"ל התגבר עליהם יצרם
הרע. 59 בשובם מדרכיהם,--סרו מדרך הישר. וממצוותיך יחרגו,--(תהל' י"ח:מ"ו),
עברו על מצוות התורה. 60 ישיגו וכו',--(השווה משלי ב':י"ט),ר"ל אע"פ שחטאו
ייכתבו לחיים באם תכפר על עוונותיהם.61 עדי זוקן וכו',--יהי רצון ויזכו
לחיים ארוכים ושמחים יחד עם בניהם. 63 ינבלו וכו',--איוב כ"א:י"ג. 64, במד'

ט"ז:ל"ג. 65 ופעלהו,--הכוונה לישראל פועל ידיד של הקב"ה,ע"פ יש' מ"ה:י"א.
66 ישרתו,--כלומר שהוא קיים ומוכן לקבל את תפלת החוזר אליו בתשובה מלאה.
67-66 ובשכליכם שכנוהו וכו',--הפייטן ר' דויד שם את הדגש ביסוד הרציונאלי בעבודת הבורא וכנראה הושפע בזה מר' אברהם אבולעאפיה שבמסעיו ביקר בקהילות יוון ושהשפיע גם על ר' מנחם בן אליה מקסטוריה(ע' <u>סליחות הרומניוטים</u>,עמ' 19-20)בן ארצו של ר' דויד, השווה <u>ספר האות</u> לר' אברהם הנ"ל:"הנבואה הוא ענין שכלי הוא אהבה לה' אלהינו ה' אחד...אך אם יש אלהים עמך ראוי לך שתחשוב כי החכמה מזון הנפש, ואם תחסר החכמה,היא חכמה אמתית,תמות הנפש מיתה משונה... ואם לא תחסר החכמה האמיתית ממך,אז תחיה כי עליך נאמר:'כי הוא חייך ואורך ימיך'(דבר' ל':כ')." שכנוהו,--דוגמת "אהל שכן באדם"(תהל' ע"ח:ס'). באמתו בעזר,--השווה שם מ"ג:ג':"שלח אורך ואמתך המה ינחוני." 68, יר' י':י'. 69 סלה,--לנצח. אתכם...יקים,--דבר' כ"ח:ט'. 70-71, ר"ל בשמים(-בחביון,ע"פ חבק' ג':ד')ישנו ספר הזכרונות בו נכתבים לחיים הבינוניים החוזרים בתשובה(-בהיותכם ביראתו ולעובדו חזקים)עם הצדיקים, השווה ירוש' ר"ה,א'.ג'. 72 דבר' ד':ד'.

ר' דויד בן אליעזר

מ"א. סליחה סטרופית ללילי אשמורות בת י"ט מחרוזות בני ארבעה טורים כל אחת. הטור הראשון והטור הרביעי, שהוא שבר-פסוק מן המקרא, פותחים במלת "יה". החתימה: אחיה[בגימטריא: דויד]בן אליעזר חי ונושע(מרובע). המקור: כה"י: ב, עמ' 181. (ד. א' 752).

יְיָ אָמַר לְשׁוֹכֵן בַּתְּשׁוּאוֹת
אַדִּירֵי הַקִּיּוּם בַּמְּצִיאוּת
אַךְ לְבַדּוֹ מָלַךְ בְּאוֹת
יְיָ אֱלֹהִים צְבָאוֹת

יְיָ חָתַם רִאשׁוֹנָה בְּחֻקּוֹ
חֵלֶק לְאָדָם לְהַחֲזִיקוֹ
חֹק מַשְׂכִּיל לְהַעֲמִיקוֹ
יְיָ חָפֵץ לְמַעַן צִדְקוֹ

יְיָ יִסַּד גֶּפֶשׁ בַּתְּכוּנָה
יְעָדָהּ לְבֵית חַיִּים לְעַדְנָהּ
יוֹם אַחֲרוֹן לְשַׁכְּנָהּ
יְיָ יוֹצֵר אוֹתָהּ לְהָבִינָהּ

יְיָ הִפְרִיד כָּל מַעֲלָל
הַמְחַיֶּה וּמַפִּיל חָלָל
הַנֶּפֶשׁ הַשּׁוֹקֶדֶת בִּגְלַל
יְיָ הִיא תִּתְהַלָּל

יְיָ בְּמַחֲנוֹת נִסְעָרוֹת סְבִיבוֹ
בְּיוֹדְעֵי דַּרְכֵּי טוּבוֹ
בְּעֵת יִכָּשְׁלוּ לְהַעֲצִיבוֹ
יְיָ בַּמִּשְׁפָּט יָבוֹא

יְיָ נִמְצָא בְּאִישׁ מַעֲלָלָיו
נְכוֹנִים וּמֶרְכָּבוֹ גַּלְגַּלָּיו
נְתִיב מוֹחוֹ וְרוּחַ שְׁבָלָיו
יְיָ נִצָּב עָלָיו

יְיָ אִמְרָתְךָ נִצַּב בְּבַעֲמוֹד
אַמַּצְתָּ וְאֵין לְהַשְׁמִיד שְׁמוֹד
אֵין עֶרֶךְ וּתְהִלָּתְךָ מִי יָמוֹד
יְיָ אֱלֹהַי גָּדַלְתָּ מְּאֹד

יְיָ לַאֲמִתּוֹ בְּנֶפֶשׁ לְהַצְמִיד
לְבִלְתִּי בְּחוֹמֶר אוֹתָהּ בַּשְּׁמִיד
לָכֵן שִׁוִּיתִי רְאַעֲמִיד
יְיָ לְנֶגְדִּי תָּמִיד

יְיָ הָנִיעַ הַגַּלְגַּל וַאֲפָסַי
יִשְׁרֵי תְּנוּעָה כָּל יִמָּסֶה
יָחִיד וְלֹא יִתְנוֹעַע בְּמַעֲשֶׂה
יְיָ יוֹשֵׁב עַל כִּסֵּא

יְיָ עוֹרֵין וּמַבִּיט בְּהוֹדוֹ
עֵרֶךְ אֱנוֹשׁ קֵץ מַעֲבָדוֹ
עָצוּם צְפִירָתוֹ בְּאָרְשֵׁי סוֹדוֹ
יְיָ עַל הַשָּׁמַיִם כְּבוֹדוֹ

יְיָ זוֹהֲרָם הִזְרִיחַ וְעָפִים
זְהִירִים בִּפְעֻלָּתָם וְנִכְסָפִים
זֶה וּמִשְׁתַּחֲוִים וְלֹא צוֹפִים
יְיָ זוֹקֵף כְּפוּפִים

יְיָ רוֹכֵב בָּעֲרָבוֹת וְהוֹדוֹ כִּסָּה
רָם מַעֲלָלָיו וְנִכְסָה
רִכְבּוֹ לְחֶפְצוֹ עָשָׂה
יְיָ רָם וְנִשָּׂא

יְיָ חִזְקִי סַלְעִי וּקְדוֹשִׁי
חֲסִין יָהּ קַבֵּל רַחֲשִׁי
חֲבִיתִיךָ הָעֵבֶר בַּחֲשִׁי
יְיָ חָנֵּנִי רְפָא נַפְשִׁי

יְיָ יִחַלְתִּי בְּצִלּוֹ לְהִשָּׁמֵר
יָחִיד לְהַעֲמִיד וּלְהָמֵר
יוֹסֵף,--לִבִּי לִשְׁמוֹ לְזַמֵּר
יְיָ יִרְאֶה אֲשֶׁר יֵאָמֵר

יְיָ וֵאלֹהַי אֶעֱטוֹף לְמוּלוֹ
וְאֶשְׁמוֹר לִשְׁמוֹעַ בְּקוֹלוֹ
וַאֲבַשֵּׂר צֶדֶק מֵהֵיכָלוֹ
יְיָ וְעֶלְיוֹן יִתֵּן קוֹלוֹ

יְיָ נַהֲלֵנִי בְּגוֹדֶל תְּהִלָּתֶךָ
נַפְשִׁי תִּסְתַּר בְּאֶבְרָתֶךָ
נֵר לְרַגְלִי דִּבְרָתֶךָ
יְיָ נְחֵנִי בְּצִדְקָתֶךָ

יְיָ וּבְעֶזְרְךָ רְאֵה בְּעוֹנִי
וְרוּחַ נְדִיבָה תִּסְמְכֵנִי
וּלְמַעַן שִׁמְךָ הַעֲבֵר זְדוֹנִי
יְיָ וְסָלַחְתָּ לַעֲוֹנִי
יְיָ שֵׁם נִפְלָא וְנֶעְלָם
שַׁדַּי וְכָל גִּבּוֹרִים לְגָדְלָם
שִׁפְעַת כָּל טוּב בְּהַשְׂכִּילָם
יְיָ שִׁמְךָ לְעוֹלָם
יְיָ עָלֶיךָ נִסְמַכְתִּי יוֹדֵעַ רָזִי
עֲבוֹר נָא אֶת אִישׁ בּוֹזְזִי
עָזְרֵנִי מִמֶּעֶר אִמֵּר גוֹזְרִי
יְיָ עֻזִּי וּמָעֻזִּי

1 יי...לשכון,--מ"א,ח':י"ב; דבה"ב ו':א'. בתשואות,--(איוב ל"ו:כ"ט),בשמים. 2,ר"ל ה' אמר לשכון בין הגלגלים,--אדירי הבריאה(-הקיום במציאות,השווה רשב"ג, מקור חיים,ב'.כ"ג:"וקימת הדברים הנמצאים וקיומם יהיה על תשע מדרגות." והשווה רמב"ם,משנה תורה,יסודי התורה,ג'.א' ואילך)הקובעים את מועדי השנה(כלו' הקיום במציאות)בתנועתם הסיבובית(הש' רמב"ם,שם,שם, והשווה "אדרשה-אלהי וטובו" לר' דויד בן אליעזר[להלן שיר מ"ח]:"חוקם[של הגלגלים]עתים לשקול/בנועם ויקיפו הכל/ מהם רגעים זמורה ואשכול/כל מועדי אל"[שו' 53-56]). 3,אך הקב"ה לבדו מושל בכל, --לרבות הגלגלים(-אות,ע"פ בר' א':י"ד),הקובעים את זמני השנה ע"פ מצוות קונם. 4, (תהל' ב"ט:ו'),פי' הקב"ה המושל בצבא השמים. 5 חתמם,--(דני' ט':כ"ד),ברא את השמים והשלימם. ראשונה,--ע"פ מאמר בית שמאי(בחגיגה י"ב,א):"שמים נברא תחילה ואח"כ נבראת הארץ." בחקו,--משלי ח':כ"ז:"בהכינו שמים שם אני,בחקו חוג על פני תהום." 6 חלק לאדם,--שכרו של איש צדיק בשמים, השווה מאמר חז"ל(בספרי, דבר' א.י'):"שבע כתות של צדיקים עתידין להקביל פני השכינה לעתיד לבוא." להחזיקו,--לזכות בו, כלו' לקבל שכרו אם יבחר בטוב. 7, לחיות ע"פ דרכי בינה ושכל ולשמור את תורת ה',ובכה"י: וְהֶעֱתִיקוֹ. 8, הש' ישי' מ"ב:כ"א. 9, הקב"ה יצר את האדם בכח הבחירה כדי שיעשה פעולות הטוב והרע(בר' ב':ז' שדרשוהו חז"ל בבר"ר י"ד.ד': "'וייצר'--שני יצרים יצר טוב ויצר רע," והשווה ח' פרקים לרמב"ם,ח': "שיתחייב זה במציאות האדם ר"ל שיעשה בבחירתו פעולות הטוב והרע כאשר ירצה"). 10, קבע לנפש מקום בגן עדן(-לעדנה,ע"פ נחמ' ט':כ"ה)וחיי עולם עם הצדיקים--אם תבחר בטוב. 11 יום אחרון,--(משלי ל"א:כ"ה)אחרי מיתה. לשכנה,--אתו בגן עדן, השווה ספרי,דבר' א'.י',הנ"ל. 12,(יר' ל"ג:ב'),להכינה, פי' להכין את הנפש תחת כסא הכבוד, השווה שבת קנ"ב,ב:"נשמתן של צדיקים גנוזה תחת כסא הכבוד," והשווה רשב"ג,"כתר מלכות",כ"ז,"מי יעשה כמעשיך בעשותך תחת כסא כבודך, מעמד לנפשות חסידיך." 13, הקב"ה בוחן ובודק את כל מעשי ידיו(-כל מעלל,ע"פ משלי כ':י"א)של אדם. 14, פי' הקב"ה המחיה והממית(-מפיל חלל,ע"פ יחז' ו':ד'). 15,(יר' א':י"ב)הנפש השוקדת(פי' המזדרזת)על דבר ה' לעשותו. 16, משלי ל"א:ל'. 17, הקב"ה היושב על כסא הכבוד ומלאכי מרום(-מחנות בסערות,פי' ברעשות,ע"פ יחז' ג':י"ב,י"ג)עומדים סביבו. 18, הקב"ה היושב בין מלאכיו היודעים את מדות דרכי ה'(ע"פ "הודיעני-נא את דרכיך",-שמות ל"ג:י"ג)וגם סדר בקשת הרחמים(-דרכי טובו,ע"פ דרשת חז"ל[בר"ה, י"ז,ב]:"כל זמן שישראל חוטאין יעשו לפני כסדר הזה ואני מוחל להם," והשווה הקדמה ראשונה לאמירת י"ג מדות בגס"פ,עמ' ז':"אתה

הוא שירדת בענן כבודך על הר סיני והראית דרכי טובך למשה עבדך." וייתכן
שרמז כאן למנהג שנפי הפייטנים לפנות אל מתווכים וסניגורים,כגון מלאכי
מרום ומדות הקב"ה שיסנגרו לפני הקב"ה,הש' שמ"ר כ"א.ג' והש' גס"פ, מבוא,
עמ' 11). 19, בזמן שמלאכי מרום יכשלו בעוונם(ע"פ הושע ה':ה')ובזה יעציבו את
קונם(ע"פ תהל' ע"ח:מ'). 20,(יש' ג':י"ד)גם אתם יבוא הקב"ה במשפט,ע' איוב ד':
י"ח:"הן בעבדיו לא יאמין ובמלאכיו ישים תהלה," והשורה "ונתנה תוקף"(ד.ו'451):
"ומלאכים יחפזון/וחיל ורעדה יאחזון/ ויאמרו הנה יום הדין/לפקוד על צבא מרום
בדין/כי לא יזכו בעיניך בדין." 21, איש אשר נמצא בידו מעשים טובים(-מעלליו
נכונים,ע' משלי כ':י"א). 22, ובמרכבתו עולה כענפי הגפן(-זלזליו,ע' יש' י"ח:
ה')כלו' המצטיין בשכלו,השווה רש"ט פלקירא,המבקש,ס"ב:"ואל תשב בשפל הכסילות
עלה לך על שמי שכל ורומה,ומרכבת סעיפך לעלות על מרום חכמה תהי לעד בתומה."
23, כלו' המנצל את כוחותיו השכליים כנ"ל. 24,(ברי כ"ח:י"ג),ה' נצב עליו לשמ-
רו. 25, תהל' קי"ט:פ"ט:"לעולם ה' דברך נצב בשמים." 26, ע"פ תהל' שם:צ':"כוננת
ארץ ותעמוד." שמוד,--מלה מחודשת במקור מוחלט בקל,לצורך החרוז."לְהַשְׁמֵד" דוגמת
"לְנַתּוֹז",ע' צונץ,ס.פ. 379. 27 אין ערך,--מוסב על ה'(שו' 25),ור"ל אין כערכו
(תהל' נ"ה:י"ד). ותהלתך מי ימוד,--דוגמת "מי ימלל גבורות ה',ישמיע כל תהל-
תו"(תהל' ק"ו:ב'). 28, שם ק"ד:א'. 29, על אדם(-נבפש)לבטוח בחסדו ובאמתו של
הקב"ה,(ברי כ"ד:כ"ז). 30. כדי שלא תכרת נפשו(-אותה)בידי ה'(-ישמיד). 31-32,
תהל' ט"ז:ח'. 33 הגלגל,--הכוונה לגלגל התשיעי,הנקרא בספרות ימי הביניים בשם
"היומי" או "המניע" ור"ל הקב"ה הוא המניע את הגלגל וגם את שאר גלגלי ההקפה
המקיפים את כל העולם מתוך געגועיהם לבוראם(-ואפסי ישרי תנועה)והשורה "כתר
מלכות" לרשב"ג,מהד' ח.שירמן,השירה,א',עמ' 270, ורמב"ם,משנה תורה,יסודי התו-
רה,א'.ה'. 34, בל ימסה,--(שופ' ט"ו:י"ד),מוסב על "הגלגל" ור"ל לא נחלש מלעשות
רצון קונו. 35, הקב"ה(-יחיד)המניע כנ"ל הוא הבלתי מתנועע, השווה אמונה רמה,
לראב"ד.זכר כלל, ומורה נבוכים,לרמב"ם,ב'.א'. 36,(יש' ו':א'),פי' יושב ולא
מתנועע. 37, הקב"ה התבונן בבני-אדם שנבראו בצלמו(הודו,ע' ברי א':כ"ז). 38,
פי' התבונן לראות בערך האדם שנברא ביום הששי(-קץ מעבדו),ר"ל לבחון אם צדיק
הוא או רשע,השווה ירוש' ר"ה,א'.ג':"שלש פינקסיות הם וכו'". 39, והוא בא בדין
(-עצום,ע"פ משלי י"ח:י"ח)גם עם מלאכי מרום(-באישי סודו)כאשר הוא מתבונן במעשי
ידיהם(-צפייתו),ע' איוב ד':י"ח והשורה לעיל שו' 20. 40, תהל' קי"ג:ד'. 41
זוהרם,--כך בכה"י,-- על משקל פוֹעל, דוגמת "ונתיוֹאַש מן החיים"(בסליחה "אילו
פינו" שפרסם מ.זולאי בידיעות,ג',עמ' קע"ג,שו' 11)ודוגמת "יוֹאשתי(פי' הרחקתי
והסירותי)ציצית מטליתי"(בסדור רב סעדיה גאון,עמ' תי"ג),והשווה ח.ילון,פרקי
לשון,עמ' 143-144. "זוהרם הזריח",--(דני' י"ב:ג'),מוסב על הגלגל העליון

(התשיעי)ושאר גלגלי הקפה הנ"ל,השורה "אל אדון" בשחרית בשבת:"טובים מאורות
...מלאים זיו ומפיקים נגה". ועפים,--הכוונה לתנועתם הסיבובית של הגלגלים,
השווה רמב"ם,משנה תורה,יסודי התורה,ג'.ד' ואילך. 42 זהירים בפעולתם,--ע'
רמב"ם,מורה נבוכים,א'.ע"ב:"כלם(הגלגלים)מתנועעים תנועה סבובית שוה...כל אחד
דבק לטבעו במהירותו ואפני תנועתו".ונכספים,--כלומר תשוקתו אל בוראו מחייבת
את כל גלגל שיתנועע במהירות הנקבעה לו,--והשווה רמב"ם,מורה נבוכים,ב'.י"ט,
והשווה "כתר מלכות" לרשב"ג,כ"ד:"הגלגל הנעלה על כל עליון...ממך ועדיך מגמ-
תו/ואליך תשוקתו." 43 זה,--פי כל גלגל וגלגל "זהירים...ומשתחוים וכו'. ומש-
תחוים,--ע"פ נחמ' ט':ו':"וצבא השמים לך משתחוים" שדרשוהו חז"ל(בסנהד' צ"א,
ב):"מפני מה שוקעת(החמה)במערב? א"ל כדי ליתן שלום לקונה." ולא צופים,--ר"ל
בזמן שהחמה שוקעת במערב אין היא יודעת שעתידה לזרוח גם למחרת במזרח,ואעפ"כ
היא שוקעת ופרש"י(סנהד',שם):"ונכנסת כפופה לפני הקב"ה". 44, תהל' קמ"ו:ח',
והשווה פי' רש"י לסנהד' שם. 45 רוכב בערבות,--תהל' ס"ח:ה' והשווה פי' הרמ-
ב"ם(במורה נבוכים,א'.ע'):"השליט על 'ערבות'--והוא הגלגל העליון המקיף בכל
...(והקב"ה)מסבב הגלגל המקיף ומניעו ביכלתו ורצונו." והודו כסה,--חבק' ג':
ג' ופי' מצודת דוד:"מלאה הודו על השמים ממעל וזהרו מלא הארץ. 46, בסתרו דרכי
ה' הנעלים מעיני בני אדם. 47, ברא(-עשה)מלאכי השרת(-רכבו,ע"פ תהל' ס"ח:י"ח)
לעשות רצונו(-לחפצו,ע' תהל' קמ"ו:ג'). 48, יש' ו':א'. 49, תהל' י"ח:ב'-ג';
חבק' א':י"ב. 50, חסין יה,--כנוי להקב"ה ע"פ תהל' פ"ט:ט'. וחשו,--(תהל' מ"ה:
ב'),תפלתי. 51 חכיתיך,--יש' ח':י"ז. העבר כחשו,--כפר את פשעי(ע"פ מיכה ז':
י"ח). 52, תהל' מ"א:ה'. 53 ויחלתיו בצלו,--תהל' קי"ט:ע"ד ועוד; שה"ש ב':ג':
"בצלו חמדתי וישבתי." להשמר,--(איוב ל"ו:כ"א)להשמר מלעשות דבר רע. 54 יחיד
,--כנוי להקב"ה. להעמיד...יוסף,--ר"ל התחננתי אליו(-ייחלתי בצלו)להעמיד את
בית יוסף על מכונו(ע"פ עזרא ב':ס"ט)בארצו. ולהמר יוסף,--(יר' מ"ח:י"א:"וריחו
לא נמר",פי' הָחלף,השתנה)ור"ל לברא בבני ישראל(-יוסף)לב חדש ורוח חדשה. 55
לבי...לזמר,--תהל' פ"ד:ג',צ"ב:ב'. 56, בר' כ"ב:י"ד:"אשר יֵאמר היום:'בהר ה'
יראה.'" 57 אעטוף,--(תהל' ק"ב:א'),אתפלל. 59, תהל' מ':י':"בשרתי צדק בקהל
רב," ופי' מצודת דוד:"השמעתי לרבים את דברי התורה." 60, ש"ב,כ"ב:י"ד ותהל'
י"ח:י"ד:"ירעם מן שמים ה' ועליון יתן קולו." 61, תהל' ל"א:ד'; במד' י"ד:
י"ט. 62, תהל' צ"א:ד'. 63, תהל' קי"ט:ק"ה; איוב ה':ח'. 64, תהל' ה':ט'. 65,
שמ' ט"ו:י"ג; ש"א,א':י"א. 66, תהל' נ"א:י"ד. 67, תהל' קמ"ג:י"א; מיכה ז':
י"ח. 68, תהל' כ"ה:י"א. 69, הכוונה לשם המפורש והרמב"ם פי'(במורה נבוכים,
א'.ס"א:"שהוא יורה על עצמו ית' הוראה מבוארת." והשווה מאמר חז"ל(בקידושין
ע"א,א):"שם בן ארבע אותיות חכמים מוסרין אותו לבניהם ולתלמידיהם פעם אחת

בשבוע." 70, ר"ל על האדם להלל ולגדל את שמו של הקב"ה וכבוריו(ע' משנה סנהד' ז'.ה'.)המצביעים על תארי ה', כגון "שדי","חסין" ועוד,השווה רמב"ם שם,א'.ס"ג. 71, ר"ל המתבונן(-בהשכילם,ע"פ בר' ג':ו')בשמות הקדושים הנ"ל תבוא עליו ברכה (-שפעת כל טוב),השווה ריה"ה ספר הכוזרי,ד'.כ"ה. 72, תהל' קל"ה:י"ג. 73 עליך נסמכתי,--שם ע"א:ו'. יודע רזי,--השווה תפלת יום הכפורים:"אתה יודע רזי עולם ותעלומות סתרי כל חי." 74 עבור נא,--(ש"א,י"ד:כ"ט),השחת. את איש בוזזי,--(יש' מ"ב:כ"ב),הכוונה לאויב ישראל. 75 ממעי אמי גוזי,--(תהל' ע"א:ו')כבוי להקב"ה המוציא את הוולד מרחם אמו.76, יר' ט"ז:י"ט.

ר' דויד בן אליעזר

מ"ב. תחינה ללילי אשמורות, מעין שיר-איזור בעל מדריך בן ארבעה טורים ושש מחרוזות בנות שלושה טורים וטורי איזור. הטור הרביעי במדריך והטור האחרון באיזור מסתיימים במלות הקבע: "ה' שמעה, ה' סלחה," מדני' ט':י"ט. החריזה: אב,אב,אב,פ'//גד,גד,גד/אב,פ'//וכו'. החתימה: אביהו/בגימטריא: דויד/בן אליעזר חי ובושע. המקור: ב, עמ' 182. (ד. א' 8562).

אָת מִי יְשׁוּעָה/אֶשְׁאַב בְּשִׂיחָה
בְּאֵימָה אֶכְרְעָה/אֶשְׁאַל סְלִיחָה
דַּת חֵן אֶשְׁמְעָה/מֵאֵל שְׁלוּחָה
יְיָ שְׁמָעָה/יְיָ סְלָחָה

יְדַע לְבָבִי/חֲטָאַי וּמַעֲלַי
אֶעֱטוֹף בְּחוֹבִי/בּוֹשֶׁת מְעִילַי
עֲווֹנַי סְבִיבִי/שָׁבָק לְמוּלַי
זֹאת הַמַּרְגֵּעָה/וְזֹאת הַמְּנוּחָה
יְיָ שְׁמָעָה/יְיָ סְלָחָה

הִנֵּה לְיָמַי/אֶזְכּוֹר וְאֶסְפּוֹר
וְנִלְאֵתִי לְדָמַי/לַחְשׁוֹב וְלַחְפּוֹר
צְפוּנַי סְתָמַי/לְנוּד בְּצִפּוֹר
יְיָ הוֹשִׁיעָה/יְיָ הַצְלִיחָה
יְיָ שְׁמָעָה/יְיָ סְלָחָה

בִּמְאֹד עֲוִיתִי/וּמַה נִּכְלַמְתִּי
נַפְשִׁי שְׁפַכְתִּי/זְדוֹנַי נָשָׂאתִי
פְּרָיִים אֲבַלְתִּי/וּמְאֹד רָוִיתִי
רוּחִי שָׂבְעָה/קָאָה וְשָׁחָה
יְיָ שְׁמָעָה/יְיָ סְלָחָה

אֱלִי אֵלִי/לְמוֹדָה וְעוֹזֵב
פִּשְׁעוֹ,--בְּשִׂלִי/יְשַׁגֶּה וְיֵעָזֵב
צַק נָא לְקוֹלִי/חֶסֶד לֹא יְכַזֵּב
לִי לִישׁוּעָה/בַּשֶּׁמֶשׁ זָרְחָה
יְיָ שְׁמָעָה/יְיָ סְלָחָה

עוֹז חֵן וְחַיִּים/צַוֵּה לַדּוֹרְשִׁים
וְצוּרִים עֲדוּיִים/שְׂמָחוֹת לַנּוֹשִׁים
נַפְשׁוֹת נְקִיִּים/נוֹצְרֵי יְשִׁישִׁים
חֶדְוָה זְרוּעָה/לָמוֹ וְשִׂמְחָה
יְיָ שְׁמָעָה/יְיָ סְלָחָה

חַיֵּה יְחִידַת/אָבוֹת וּבָנִים
וְנוֹשְׁעוּ בְּקֵצַת/קָדְקוֹ וּפָנִים
וְנִרְצָה עֲבוֹדַת/נִיבֵי רְנָנִים
בְּעַד בָּן לְרֵעָה/אוֹרָה וְשִׂמְחָה
יְיָ שְׁמָעָה/יְיָ סְלָחָה

1, ע"פ ישי י"ב:ג'. בשרחה,--(תהל' קמ"ב:ג'),בתפלה. 3, אקשיב(-אשמעה,דבר'
ר':ד')לדברי תורה(-דת חן,שם ל"ג:ב' ומשלי ד':ט')אשר הקב"ה בתן לבו(-מאל
שלוחה). 4, דבי' ט':י"ט. 6 אעטרף בחובי,--אתפלל אל הקב"ה(-אעטוף,תהל' ק"ב:
א')ואבקש סליחה על עוובותי(-בחובי). בושת מעילי,--מוסב על "אעטוף" ור"ל
אדרוש כפרה על חטאי עליהם בושתי ובכלמתי. 7, מפני עוובותיבו הרבים(-עוובי
סביבי)אפסר כוחותי(-שבץ,ע' ש"ב,א':ט'). 8, ישי' כ"ח:י"ב. 10, ע"פ תהל' צ':
י"ב:"למבות ימיבו כן הודע". 11 ובלאתי,--ע"פ ירי' כ':ט':"והיה בלבי כאש בו-
ערת עצור בעצמותי ובלאיתי כלכל ולא אוכל," ורוצה לומר: עיפתי מלסבול את
כל הצרות אשר באו עלי. לדמי,--למען דם בקי השפוך בקרב עמבו ע"י האויב. 11ב,
ר"ל ובלאיתי לחשוב ולבדוק(-ולחפור,יהושע ב':ב')במעשי,ע"פ מאמר חז"ל(בברכות
ד',א):"אם רואה אדם שיסורין באים עליו יפשפש במעשיו." 12, מפבי עוובותי
בסתר(-סתמי)בעבשתי(-צמתובי,ע"פ תהל' קי"ט:קל"ט,והשורה "אהלי אשר תאבת" לקלירי
[ד.א' 1432]:"למה לבצח צומת ביד צרים")להיות בע ובד בגולה(-לבוד כצפור,משלי
כ"ו:ב'). 13, תהל' קי"ח:כ"ה. 15, דבי' ט':ה'; ירי' ל"א:י"ח. 16, ש"א,א':ט"ו;
ויק' ה':א'. 17א, מוסב על "זדובי",ור"ל פרי מעללי הדעים אכלתי(ע"פ ישי' ג':
י'-י"א). 17ב, פי' רבו עוובותי. 18א, הפייטן ממשיך בציורו המליצי על אדם
האוכל יותר מכפי צרכו(רוחי שבעה,ע' תהל' פ"ח:ד')והבה מתכופף מרוב משקלו
(-ושחה)ומקיא את מאכלו(-קאה). 20, הקב"ה(אלי אלי,ע' תהל' כ"ב:ב')מקבל תפלתו
של בעל תשובה(-למודה ועוזב פשע,ע"פ משלי כ"ח:י"ג). 21 כשלי,--מן כֶּשֶׁל,כמו
כשלון(משלי ט"ז:י"ח),ור"ל עוובי. ישבה ויעזב,--רוצה לומר: ישכח עוובי(-כשלי)
ולא ייזכר עוד-,ומוסב על "אלי אלי". 22א, צק בא את ברכתך עלי(ע"פ ישי' מ"ד:
ג':"אצֹק...ברכתי על צאצאיך"),כאות שקבלת את תפלתי(-לקולי). 22ב, ישי' ב"ח:
י"א. 23, ע"פ שמ' ט"ו:ב' ומלאכי ג':כ' ומוסב על "חסד". 25א, משלי ג':כ"ג.
25ב לדורשים,--(תהל' ל"ד:י"א),לדורשי ה'. 26א, כבויים לישראל ע"פ אסתר י':
ג' ויחז' ט"ז:ז'. 26ב, פי' צרה שמחרת(תהל' ט"ז:י"א)לישראל התובעים(-בושים,
ע"פ דבר' כ"ד:י"א)מקובם שיכפר את עוובותיהם. 27, פי' צדיקים גמורים(בפשרת
בקיים, בוצרי ישישים[פי' צדיקים המקיימים את מצוות "מפבי שיבה תקום והדרת
פבי זקן,ע' ויק' י"ט:ל"ב]). 28, בכתבים לאלתר לחיים(ע"פ מאמר חז"ל בר"ה
ט"ז,ב). 30, כתוב בספר החיים(-חיה)את כבסת ישראל(-יחידת אבות ובבים,והשורה
ברכות ו',א:"ומי כעמך ישראל גוי אחד בארץ"). 31, בושעה כבסת ישראל בזמן שקבלה
עליה את עול מלכות שמים(-בקדת קדקד ופבים). 32 ובוצה תפלתם של ב"י(ע"פ ישי'
ב"ז:י"ט ואיוב ל"ט:י"ג והשורה ספרי דבר' כ"ו:"י' לשובות בקראת תפלה וכו'").
33א, למעבך המבין לרעיון לבבי מאז שבבראתי,(-בן לרֵעה, ע"פ תהל' קל"ט:ב').
33ב, שלח אורה ושמחה.

ר' דויד בן אליעזר

מ"ג. סליחה סטרופית ללילי אשמורות בעלת עשרים ושמובה מחרוזות. לכל
מחרוזת ארבעה טורים והטור הרביעי שבר-פסוק המסתיים במלת "מלך". החתימה:
דויד בן אליעזר חזק ואמץ לעד אמן סלה. המקור: כה"י ב, עמ' 182.(ד. ד' 79)

זָכַרְתִּי אֲנִי
עִם לִבִּי וְהִנְנִי
אוֹמֵר אֲנִי
מַעֲשַׂי לַמֶּלֶךְ

וּפְעָלוֹתַי וּמְרִבֵיהֶם
עָצְמוּ וְדַרְכֵיהֶם
בַּיָּמִים הָהֵם
בְּשֶׁבֶת הַמֶּלֶךְ

יָסַפְתִּי הֶבְלִי
זָדוֹן וְחֶבְלִי
הַיָּמִים הָאֵלֶּה
עָשָׂה הַמֶּלֶךְ

זַמּוֹתִי לְהָרִימָה
וְאָמַרְתִּי אָקוּמָה
אָשִׂימָה
עָלַי מֶלֶךְ

בִּרְאוֹתִי קְרָב
הַשַּׁחֲרוּת וְהַמַּעֲרָב
רָב
בְּיַד הַמֶּלֶךְ

נָסוּ הָלְכוּ
סְעִיפַי בְּעָרְכוּ
בְּהַמְלִיכוּ
עֲלֵיהֶם מֶלֶךְ

אָמַרְתִּי לֹא כֵן
וְהֵם אָכֵן
כִּי כֵן
יִסַּד הַמֶּלֶךְ

לַעֲמוֹד סְבִיבוֹ
בְּחָרוּ וּבִנְתִיבוֹ
לָבוֹא
בִּדְבַר הַמֶּלֶךְ

יָעַץ הַגּוֹבֵר
בְּיִצְרוֹ וְשׁוֹבֵר
עוֹבֵר
אֶת מִצְוַת הַמֶּלֶךְ

עָבַר וְהֵרִים
קוֹל לְנִמְהָרִים
הַדְּבָרִים
הָאֵלֶּה גִּדַּל הַמֶּלֶךְ

זָמַמְתִּי אִתָּם
מָצְאוּ וּפִתְאֹם
שָׂמִים
עֲשָׂרָה לַמֶּלֶךְ

רָגְשׁוּ וְנוֹעֲדוּ
יַחְדָּו נוֹסְדוּ
בְּעָמְדוּ
לִפְנֵי הַמֶּלֶךְ

חֹק עָבְרוּ
וּבְרִית הֵפֵרוּ
בְּאָמְרוּ
יְחִי הַמֶּלֶךְ

זָמַמְתִּי אֶזְבָּחֵהוּ
וְאָמַרְתִּי אֶשְׁאָלֵהוּ:
מִי הוּא
זֶה מֶלֶךְ

קָם מְנָהוּ
יֶלֶד בְּשִׂמְחָהוּ
וְהוּא
נִלְחַם בַּמֶּלֶךְ

וְהוּא אֶבֶן
רוּחַ וְשֶׁבֶן
מִסְכֵּן
וְחָכָם מִמֶּלֶךְ

אָמַר בְּקַנָּאוֹת
וּבְקוֹל תְּשֻׁאוֹת
יְיָ צְבָאוֹת
הוּא מֶלֶךְ

מֶלֶךְ קוֹנֶה
שָׁמַיִם וּבוֹנֶה
לִפְנֵי
מֶלֶךְ-מֶלֶךְ

צְאֶנָה בְּשִׁגָּיוֹן
וּרְאֶינָה עֶלְיוֹן
בְּנוֹת צִיּוֹן
בַּמֶּלֶךְ

לָעַד יוֹשֵׁב
וּסְתָרִים חוֹשֵׁב
בְּשֵׁב
יְיָ מֶלֶךְ

עָמַדְתִּי בְּהֵיכָלוֹ
וְצָעַקְתִּי לְמוּלוֹ
מִי לֹא
יִרָאֲךָ מֶלֶךְ

זָלוּ עֵינַי
וְאֶתְחַנַּן בְּהֶגְיוֹנַי
אֲדֹנָי
הוֹשִׁיעָה הַמֶּלֶךְ

אָנָּה בְּסִלְּי
וּשְׁמַע אֵלַי
קוֹלִי
אֲדוֹנִי הַמֶּלֶךְ

מִלִּבִּי אֲשִׂימֶךָ
אֱלֹהַי אֲרַחֲמֶךָ
אֲרוֹמִמְךָ
אֱלֹהַי הַמֶּלֶךְ

נָשְׂאִי הַתְּבוּנָה
וּמַעֲשַׂי אֱמוּנָה
יְדַבֶּר-נָא
הַמֶּלֶךְ

סְעָדֵנִי וּבְפִנַּת
הֲבִיאֵנִי וְכַבַּת
גִּנַּת
בִּיתַן הַמֶּלֶךְ

לְנַפְשִׁי הֵיטִיבָה
וְרָאֲמָה וְיָשְׁבָה
וּבָא
אֵלֶיהָ מֶלֶךְ

הָכֵן תְּפִלָּתִי
וְחָלַף עֲבוֹדָתִי
תְּחִנָּתִי
לִפְנֵי הַמֶּלֶךְ

4-1,(קהלת א':ט"ז;תהל' מ"ה:ב'),פי' הנני מתוודה על חטאותי. 5-6, גברו עוונו-תי("ודרכיהם",-פי' ודרכיהם הרעים). 7-8,(אסתר א':ב'),ר"ל בימי אלול ובעשי"ת (-בימים ההם)זמן שהקב"ה עומד מכסא הדין ויושב על כסא הרחמים(ע"פ דרשת חז"ל בויק"ר כ"ט.כ"ד). 9-10 יספתי...זדון,--(יר' ב':ה'),הרביתי לחטוא. וחבלי וכו';--ולכן נענשתי על ידי צרות ויסורים שבאו עלינו, בזמננו אנו,לפני ביאת המשיח (-וחבלי הימים האלה,--והכוונה לחבלו של משיח,-השווה סנהדרין צ"ח,ב). 13, אני מתחרט על העבר וגומר בלבי להרים את המכשול מעלי(ע"פ יש' נ"ז:י"ד)כלו' לחזור בתשובה. 14, וקבלתי עלי על העתיד,-כלו' אמרתי לא לחטוא עוד. 15,(דבר'

י"ז:י"ד), הכוונה לקבלת עול מלכות שמים. 17-20, הסלה המשיך להתוודות על עוונו-תיו כאשר נפתח ספר הזכרונות(-בראותי קרב,ע"פ ירוש' ר"ה א'.ג':"שלש פינקסיות וכו'")ונתגלו את חטאות נעורים(-שחרות,ע"פ תהל' כ"ה:ז')הרבים(-רב כיד המלך,ע' אסתר א':ז'),זמן שיצר הרע אורב ומתגבר על האדם(-והמארב,ע"פ תהל' י':ח'). 22 סעיפי,--פי' מזמותי הרעות. ויערכו,--מחשבותי הטובות מלחמה לקראת הרעות. 23-24, (מ"ב,ח':כ'),קבלו עליהם את עול מלכות שמים. 25, פי' אמרתי לא לחטוא עוד,(ע"פ שמ' ח':כ"ב:"לא נכון לעשות כן"). 26, (תהל' פ"ב:ז'),פי' והחוטאים ימותו ברשעם. 27-28, (אסתר א':ח'),כי כן גזר הקב"ה. 29-32, הקב"ה קורא לאדם לשוב אליו בתשובה שלמה(-לעמוד סביבו בחרו)וללכת בדרך הישר(-ונבתיבו לבוא וכו',ע' תהל' קי"ט:ל"ה:"הדריכני בנתיב מצותיך",וע' אסתר א':י"ב)והשווה יחז' י"ח: כ"ג:"החפץ אחפוץ מות רשע...הלא בשובו מדרכיו וחיה." 33-36, פי' הקב"ה הש-גיח(-יעץ, ע"פ תהל' ל"ב:ח')על הצדיק המתגבר על יצרו הרע(-הגובר ביצרו)וגם על הרשע המורד במלכות שמים(-שובר)ועובר את מצוות ה'(ע"פ אסתר ג':ג'). 37 עבר ,--הכוונה לישראל הנע ונד בגולה. והרים קול לנמהרים,--הרים קול בתפלה אל הקב"ה להציל אותו מאויבי ישראל(-נמהרים,ע"פ חבק' א':ו':"הגוי המר והנמהר). 39-40, מוסב על "נמהרים",ור"ל אויבי ישראל אלה שגִדל הקב"ה בעולם(ע' אסתר ג': א'). 41 זמני,--כך מנוקד בכה"י ור"ל כשיגיע זמנם של ישראל ליגאל ושל אויבי ישראל לשתות כוס התרעלה(ע"פ דרשת חז"ל בחולין צ"ב,א:"הגיע זמנן של ישראל וכו'"). 41-44, אתם תצאו,--כלו' י"ב שבטי ישראל(-שתים עשרה למלך,ע"פ אסתר ג':ז')מן הגולה ותתרבו בבשר ושומן כעגלים המפוטמים במרבק[פי' בדיר שלהם] (-ופשתם כעגלי מרבק,ע"פ מלאכי ג':כ'). 45-48,(נחמיה ו':ב'; תהל' ב':ב';דני' א':י"ט ועוד)פי' קהל בני ישראל באו להתפלל לפני הקב"ה. 49-50, פי' פרטו חטאו-תיהם והתוודו עליהם. 51-52,(ש"א,י':כ"ד),ונתנו שבח להקב"ה המכפר את עוונות עמו. 53-56, אמרתי לזכור את זכותו של אברהם אבינו(-אזכרהו)ולשאול אותו(-אשא-להו,דוגמת פניית ירמיה הנביא אל האבות[ע' איכ"ר פתיח' כ"ד]ופניית הפייטן אל מתווכים וסניגורים שיסנגרו לפני הקב"ה,[השורה גס"פ,עמ' 11]מי הוא זה המלך הרודה בנו בגולה ללא כל הגבלה ופקדה,-לשון "מי הוא זה מלך הכבוד",תהל' כ"ד: י'). 57-59, אגב דבורו על אברהם הזכיר הפייטן את יוצא חלציו,את עֵשו,אבי הרודן הנ"ל(-קם מנהו ילד)שנוא ישראל(-וישטמהו)ומורד במלכות שמים(-והוא נלחם וכו', ע"פ במד' כ"א:כ"ו). 60-63, אבל הקב"ה(-והוא)האציל מרוחו(-תכן רוח ושכן)על ישראל(-מסכן)ובעזרתו אבד הרודן הנ"ל(-וחכם ממלך,ע"פ קהלת ד':י"ג). 64-67, אחרי שסיים את דיבורו,-(בשורה 57-63)המשיך בתשובת אברהם בקנאות(במד' כ"ה: י"ג)ובתשֻאות(זכרי' ד':ז')לשאלתו הריטורית(לעיל שו' 55-56)כי רק הקב"ה ולא הרודן הוא המלך והוא המשגיח על עולמו(-ה'..הוא מלך,ע"פ תהל' כ"ד:י'). 68-71, המשך תשובתו של אברהם: הקב"ה הוא קונה שמים וארץ(בר' י"ד:י"ט,כ"ב)ונורא בשמים

מעלותיו(עמוס ט':ו')לפני מֶלֶךְ-מֶלֶךְ בשר ודם ור"ל לפני הרודן הנ"ל(-לפני וכו', ע"פ בר' ל"ו:ל"א ועוד). 72, קרא לכנסת ישראל(-צאנה)לבוא בשירה ובשבח(-בשגיון ע' תהל' ז':א')אל קרבה. 73-75, ולהבין(-ודאיבה)שהקב"ה(-עליון,ע"פ תהל' צ"א: א')משגיח על מעשי מלך בשר ודם(-במלך,ע"פ שה"ש ג':י"א). 76, ע"פ משלי כ"ט:י"ד: "מלך...כסאו לעד יכון." 77, ע"פ דבר' כ"ט:כ"ח. 78-79,תהל' כ"ט:י':"וישב ה' מלך לעולם." 80 בהיכלו,--בבית התפלה. 82-83, יר' י':ז'. 84, ע"פ יש' ל"ח:י"ד: "דלו עיני למרום", דלו,-לשון הרמה,השווה תהל' ל':ב':"ארוממך ה' כי דליתני." 85 בהגיוני,--בהגיון לבי(ע"פ תהל' י"ט:ט"ו). 86-87, תהל' כ':י'. 88 כסלי,-- (תהל' ע"ח:ז'),מבטחי. 91, ש"ב,י"ד:י"ב ועוד. 93 ארחמך,--(תהל' י"ח:ב')אאהבך. 94-95, תהל' קמ"ה:א'. 96, הכוונה לאבות. 97 ומעשי אמונה,--של האבות. 98-99, ש"ב,י"ד:י"א,והשווה דב"ר ג'.ט"ו:"כיון שהזכיר משה את זכות אבות מיד א"ל:סלחתי כדבריך." 100-104, סעדני(ע"פ תהל' קי"ט:קי"ז)והביאני אל ציון עירך(-בפנת[יש' כ"ח:ט"ז],כנת[תהל' פ':ט"ז],גנת ביתן המלך[אסתר א':ה'])‚הפרדה בין נסמך לסומך ע"י תיבה אחרת,לצורך החרוז. 105,היטיבה את ציון(ע"פ תהל' נ"א:כ')שהיא חביבה עלי כנפשי. 106 וראמה וישבה,--(זכר' י"ד:י'),ירושלים תהיה רמה(ראמה,ל' הרמה) ותשב לבטח. 107-108,(קהלת ט':י"ד)והקב"ה ישכון בתוכה. 110,במד' י"ח:כ"א,ור"ל "ונשלמה פרים שפתינו"(הושע י"ד:ג').112, יר' ל"ח:כ"ו.

ר' דויד בן אליעזר

מ"ד. תחינה ללילי אשמורות כעין שיר איזור בעל מדריך בן ארבעה טורים ושש מחרוזות בנות ארבעה טורים וטור איזור. הטור האחרון במדריך וטור איזור מסתיימים ב"מלך". החריזה: אב,אב,אב,ב//ג,ג,ג,ג/ב//וכו'. המשקל: השלם: --ס-/--ס-/---. החתימה: דויד חזק. המקור: ב, עמ' 183. (ד. ד' 379).

דִּרְשִׁי נְבַת בֵּיתִי/פְּנֵי הַמֶּלֶךְ
שִׁפְכִי עֲתִירָתִי/בְּרֹאשׁ רָהֱלֶךְ
עִרְכִי תְּחִנָּתִי/וְיִנְעַם חֶבְלֵךְ
כּוֹנְנִי אֲרוּחָתִי/הֱיוֹת עַת אֵלֵךְ
בְּנִיָּה דְבִיר לַעֲמוֹד/בְּהֵיכַל מֶלֶךְ

דִּלְכִי שְׁעָרִים רֹאשׁ/לְמֶלֶךְ נִשָּׂאוּ
אִם תִּדְרְשִׁי שֵׂכֶל/וְדַעַת מָלְאוּ
אִישֵׁי חֲדָרִים הַ/אֲפוּנוֹת בָּאוּ
הֵם הֵם פְּשָׁעִים עָ/זְבוּ אַף שָׂנְאוּ
אַתְּ הִיא שְׁאֵרִיתִי/בְּבֵית הַמֶּלֶךְ

הַלְבִּישׁ עֲרוּמָתֵךְ/מְעִיל עוֹז סִתְרוֹ
יָאֵר אֲפֵלָתֵךְ/וְיִבְנֵתֵךְ גֵּרוֹ
יִכְתּוֹב לְצִדְקָתֵךְ/בְּזִכְרוֹן סִפְרוֹ
תַּעְדִּי חֲמוּדוֹת הֵן/לְקוֹשְׁרֵי כִּתְרוֹ
שָׁרִים סְבִיב רֶכֶב/אֲשֶׁר לַמֶּלֶךְ

דַּרְכֵי חֲטָאִים וּ/רְצוֹן נִיב שַׁחֲרוּת
בִּשְׁבִיל גְּאוֹן עֻזֵּךְ/וְיָשׁוּב שַׁחֲרוּת
יוֹלֵךְ נְבַת עֶדְיֵךְ/לְטִירֵי בוֹרוֹת
תְּאַבְּדִי בְּפִתְאוֹם עִם/בְּשָׂרֵךְ בַּחֲרוּת
מַלְאַךְ לְמָוֶת ב/חֲמַת הַמֶּלֶךְ

חָכְמוֹת שְׂכָלִים נִבְ/דְּלוּ מֵחוֹמֶר
עוֹרְכִים לְשִׁירָתָם/בְּלִי קוֹל אוֹמֶר
עוֹמְדִים נִצְחֵי עַת/בְּלִי כָּל הָמֵר
גָּדְלוּ בְּסוֹד הָאֵל/וְשִׁירַת זֶמֶר
נַעֲרָץ בְּסוֹדָם רַב/כְּבִיד הַמֶּלֶךְ

זִכְרוֹן מְצִיאוּתָם/בְּלִי שֵׁם, מְשֻׁכַּן
מַעֲלָה בְּלִי קִרְבָה/בְּגֶשֶׁם נִסְכַּן
מַטָּה בְּלִי רוֹחַק/בְּשֵׂכֶל נִתְכַּן
גָּבְהוּ מְאֹד נַעֲלוּ/בְּעוֹז אָז הוּכַן
נֶעֶלְמוּ מְאֹד כִּי הֵן/דְּבַר הַמֶּלֶךְ

קוּמִי יְחִידָתִי/וְאֵלֶּה בַקְּשִׁי
בִּינַת עֲמִידָתָם/לְצַיֵּר חוּשִׁי
אֶל מַחֲנוֹתָם אַךְ/בְּאֶמֶת גּוּשִׁי
סוּתֵךְ בְּמֵי חַיִּים/לְכַבֵּס קַדְּשִׁי
אָז תִּרְאִי הוֹדָם/בְּשֵׁם הַמֶּלֶךְ

1, דרשי בשמתי(-נרת ביתי,ע"פ תהלי ס"ח:י"ג)את ה'(-פני המלך,ע"פ אסתר א':
י',ועי' תהלי ק"ה:ד'). 2א, עתירתי,--(בר' כ"ה:כ"א),תפלתי. 2ב, כעני(-כרש)
ובודד בגולה(-והלך). 3ב חבלך,--פי' חבלי מות(ע"פ תהלי י"ח:ה':"אפפוני חבלי
מות"),ור"ל אם תבואי בתפלה לפני הקב"ה(-ערכי תחנתי)ותחזרי בתשובה--תִּכָּתבי
בספר החיים(-ינעם חבלך). 4א ארוחתי,--הכוונה לסעודת הצדיקים לעתיד לבוא(ע'
בבא בתרא,ע"ד,ב,ומדרש לקח טוב,בר' א',כ"א)ור"ל תמליצי לפני הקב"ה עלי בתפלה
ואכָּתב לאלתר לחיים עם הצדיקים(ע' ירוש' ר"ה,א'.ג':"שלש פינקסיות הם וכו'").
6, ע"פ תהלי כ"ד:ז':"שאו שערים ראשיכם...ויבוא מלך הכבוד",ופי' רש"י:"בימי
שלמה...כשבא להכניס ארון לבית קה"ק ודבקו שערים זו בזו." והסלח רצה בזה לזרז
את נשמתו לקום בלילי אשמורות וללכת(-ולכי)לביהכ"נ כי הרי שם נמצאת התורה בארון
אשר מימי שלמה דבקו השערים זה בזה כשבא הלה להכניסה לבית קה"ק. 7 אם תדרשי...
ודעת,--שוב פונה הסלח לנשמתו באומר:אם תחברי פיוטי הסליחות בשכל ודעת. מלאו
אישי חדרים הצפונות באו,--אז יהיה בית-התפלה מלא מתפללים(אישי חדרים,הצפונות,
כנויים לישראל,--הגברים[אישי חדרים]והנשים[הצפונות]--ע"פ ישי כ"ו:כ':"לך עמי
בא בחדריך וסגור דלתיך בעדך",ופי' רד"ק:"זה משל להסתר במעשים טובים ובתשובה
שלמה"). 9 הם הם,--ישראל הנ"ל. שנאו,--מוסב על "פשעים". 10,(אסתר ט':ד' ועוד)
ר"ל נשמתי(-את)היא חלק אלוה ממעל. 11א, ע"פ יחז' ט"ז:ח'. 11ב, תהלי ל"ב:ז'.
12,ע"פ משלי כ':כ"ז:"נר ה' נשמת אדם",--ופי' ראב"ע:"הנשמה אצולה מאורו ובית
מנוחתה מראש ומשם תאיר לרוח ולנפש בשכלה." 13, הקב"ה יכתוב את גזר דינך כפי
צדקתך בספר הזכרונות,השווה ירוש' ר"ה,א'.ג':"שלש פינקסיות הם וכו'". 14, ע"פ
ישי מ"ט:י"ח:"כי כלם כעדי תלבשי" שדרשוהו חז"ל(בשמ"ר כ"א.ד):"בשעה שישראל
מתפללין אין אתה מוצא שכולן מתפללין כאחד אלא כל כנסיה וכנסיה מתפללת בפני
עצמה...ומאחר הכנסיות גומרות כל התפלות המלאך הממונה על התפלות נוטל כל התפ-
לות...ועושה אותן עטרות(-הן לקושרי כתרו)ונותנן בראשו של הקב"ה שנא'(תהלי
ס"ה:ג'):'עדיך כל בשר יבואו',--ואין עדיך אלא עטרה שנא':'כי כלם כעדי תל-
בשי'(-תעדי חמודות,--פי' תפלות)." 15א שרים,--הכוונה למלאכי מרום כנ"ל וזהו
רמז לפנייתו של הפייטן אל המתווכים שיסנגרו לפני הקב"ה, השווה גס"פ, עמוד
11. רכב,--(תהלי ס"ח:י"ח:"רכב אלהים רבותים אלפי שנאן"),הכוונה לכסא הכבוד.
15ב, אסתר א':ט' ועוד. 16א, את הרשע ההולך בדרך חטאים. 16ב, והפושע בחטאות
נעורים(ע"פ קהלת י"א:י' ותהלי כ"ה:ז'). 17א, אליו יתבונן(-ישכיל,ע"פ בר'
ג':ו')הקב"ה(-גאון עזו,יחז' כ"ד:כ"א). 17ב, וישובו אל האדמה,אל הקבר(-שחרות,

ע"פ איוב ל':ל',לשון אופל וחושך. 18א, ואחרי מותך יוליך הקב"ה את הרבך(-בנות עדֶיךָ). 18ב, לאבדון(-לטיסי בודדות,זכרי ט':כ"ג). 19ב,בחרות,--לי "בחדרות אפם בנו"(תהל' קכ"ד:ג'). 20א, פי' מלאך המות. 20ב, אסתר ז':ו', המלך פי' הקב"ה. 21, מלאכי מרום שהם בעלי דעה והשכל והם בבדלים מכל דבר חומרי. 22,עורכים,-- משבחים ומפארים ליוצרם(ע"פ תהל' י"ט:ד':"אין אומר ואין דברים בלי נשמע קו-לם"). 23, מלאכי ה'(-נצחי)עומדים ממעל לו(ע"פ ישי ו':ב')ומשרתים תמיד בלי כל הרף(-בלי כל המר). 24 גדלו,--הסלח פנה אל קהלו. בסוד האל,--ר"ל גדלו לה' ...ובדוממה שמר יחד עם מלאכי מרום(ע"פ תהל' ל"ד:ד' ושם פ"ט:ח')וע"פ קדושת "כתר". 25 נערץ בסודם,--תהל' פ"ט:ח'. רב וכו',--אסתר א':ז'. 26-28, ע"פ קדושת "כתר", ור"ל כשם שהמלאכים המורבי(-בלי שם)מעלה(-משכן מעלה)החופשים מעביינים גשמיים,(-בלי קרבה בגשם בסכן)מקלסים את הקב"ה כך בני ישראל(-דרי/מטה)משבחים את בוראם היושב בקרבם(-בלי רוחק)בכח הנשמה שבמוח(-בשכל נתכן). 29א, איוב כ"ב: י"ב; תהל' מ"ז:י'. 29ב אז הרכן,--השווה בר"ר א'.ג':"אימתי נבראו המלאכים? בב'; בה'." 30א נעלמו מאד,--ישי ו':ב'. כי כן וכו',--אסתר א':י"ג. 31א,יחידתי ,--(תהל' כ"ב:כ"א),נפשי,השווה בר"ר י"ד.ט'. 31ב, הכוונה למלאכי מעלה הנ"ל, ור"ל בקשו ממלאכי ה' להביא את התפלות לפני הקב"ה, השווה גס"פ,עמ' 11. 32א, בינת עמידתם,--בהיכלות של מעלה, השווה היכלות רבתי,באוצר מדרשים,א',עמ' 111 ואילך. 32ב, לצייר,--לכוון בכח תורת הסוד, השווה ר' אברהם אבולעאפיה,חיי עולם הבא,עמ' 44-45:"הב מחשבותיך האמיתיות לצייר את השם ית' ואת מלאכיו העליונים לציירם בלבבך." חושי,--מהרי. 33א, מחנותם,--הכוונה למחנות מלאכי ה'. 33ב, באמת,--ב"מחשבותיך האמיתיות" הנ"ל. גושי,--רות ב':י"ד. 34א, סותך ,--(בר' מ"ט:י"א)כסותך,-מוסב על "יחידתי" והכוונה לגוף. במי חירים לכבס,-- לי "כבסי מרעה לבך"(ירי ד':י"ד),הסלח עורר את בני קהלו לחזור בתשובה. 35א, הודם,--של מלאכי עליון הנ"ל, והשווה מאמר חז"ל(ביומא פ"ו,א'):"גדולה תשובה שמגעת עד כסא הכבוד", והשווה דרשת ר' יהודאי גאון שבעל תשובה הנהו עולה אל קובו דרך שבעת הרקיעים, השווה סליחות,רומניוטים, הוצ' י.ל.ויינברגר,עמ' 19. 35ב, אסתר ח':ו'.

ר' דויד בן אליעזר

מ"ה. "חסאבו" משורשר לליל אשמורות בעל עשרים ושתים מחרוזות. לכל מחרוזת ארבעה טורים והטור הרביעי שבר-פסוק. החתימה: אביהו/בגימטריא: דויד/בן אלי(כפול)עזר חזק לעד אמן סלה. המקור: ב, עמ' 157. (ד. א' 4542).

אֱלֹהֵי קֶדֶם מְעוֹנָה
פְּנֵה לְקוֹל תְּחִנָּה
וְעֵת תַּעֲבוֹר הָרִנָּה
רוֹעֵה יִשְׂרָאֵל הַאֲזִינָה

הַאֲזִינָה בְּשַׁוְעַת עֲדָתְךָ וְהוֹשִׁיעָה
צֹאן הַנִּדָּחָה וְהַצּוֹלֵעָה
כִּי מֵעוֹלָם לֹא הִרְגִּיעָה
יוֹשֵׁב הַכְּרוּבִים הוֹפִיעָה

הוֹם קִצַּפְתָּ חֲמוּ גְבוּרֶיהָ
כָּשְׁלוּ כֹּהֲנֶיהָ וְשָׂרֶיהָ
הוּכּוּ בְּשִׁאִיָּה שְׁעָרֶיהָ
לָמָּה פָּרַצְתָּ גְּדֵרֶיהָ

גְּדֵרֶיהָ הוּצְּתוּ וְנָפְלוּ מָטָּה
וְהִיא עוֹטְיָה וּמוּטָּה
לָאָרֶץ וְחֹשֶׁךְ נִבְטָה
רְפָא שְׁבָרֶיהָ כִּי-מָטָה

הֲמִיּוֹם גְּלוֹתָהּ הוּכְּתָה לְאוֹרֶךְ
עִתִּים וְאֵין מִסְפָּר וְעֶרֶךְ
הִזִּילוּהָ וְאָרוּהָ בְּפֶרֶךְ
כָּל עוֹבְרֵי דָרֶךְ

דֶּרֶךְ בֶּאֱמֶת וְיוֹשֶׁר לִקְשׁוֹב
לֹא הִטֵּית אֹזֶן לַחֲשׁוֹב
עַל-מַה-זֶּה לָשׁוּב
וְלֹא יָסְפָה שׁוּב

נָפְלָה וּמֵאָז דְּרוּיָה
עֲזוּבָה וּמְאֹד בְּזוּיָה
מֵעֵת [לָבְשָׁה זְרוּיָה]
אֶת שִׂמְלַת שִׁבְיָהּ

שִׁבְיָהּ אָדוֹן רְאֵה וְעָנְיָהּ
הִשְׁקִיתָהּ כּוֹס רְוָיָה
הֲרוּסָה הִיא וְלֹא בְנוּיָה
גָּדֵר הַדְּחוּיָה

לֹא חָכַמְנוּ לְאַחֲרִיתֵנוּ
בַּנֶּבֶל כֶּעָלֶה בָּלְנוּ
בַּעֲווֹן אֲבוֹתֵינוּ וְרִשְׁעֵנוּ
הִרְבַּבְתָּ אֱנוֹשׁ לְרֹאשֵׁנוּ

לְרֹאשֵׁנוּ יִפְרְעוּ בַּכַּשִּׁיתוּ עֵינֵימוֹ
לָאָרֶץ רַחֲצִימֵמוֹ
אֵימוֹת מָוֶת לֹא יְבַעֲתֵמוֹ
בַּעֲמַל אֱנוֹשׁ אֵינֵימוֹ

יִשְׂמְחוּ מִנּוֹעַר עֲדֵי שֵׂיבָה
נַפְשָׁם בְּקִרְבָּם לֹא דָוָה
יִשְׁכְּבוּ וְאֵין מַחֲרִיד לְמַעֲצֵבָה
לָכֵן עֲנָקַתְמוֹ גַאֲוָה

גַּאֲוָה עָצְמוּ וְלָזוּת בְּפִימוֹ
שָׁלוֹם מִפַּחַד בָּתֵּימוֹ
פַּלָּצוּת וָרַעַד לֹא יֹאחֲזֵמוֹ
שִׁית חָמָס לָמוֹ

זֹאת רְאֵה אֲשֶׁר זָדוּ
יִשְׁכְּבוּ לְמַעֲצֵבָה בְּהִתְגּוֹדְדוּ
יִפְּלוּ אֶרֶץ וְלֹא יִתְעוֹדָדוּ
יִהְיוּ כְּאַיִן וְיֹאבֵדוּ

וְיֹאבְדוּ הוּם סִירָתָם תְּהִי נְשַׁמָּה
תִּתְּנֵם לְשׁוֹאַת מְהוּמָה
וּמִמִּפְעֲלוֹת זְדוֹנָם הָרָמָה
יַעֲטוּ חֶרְפָּה וּכְלִמָּה

חֲקוֹר זֹאת וְהָרֵם
קֶרֶן עֲבָדֶיךָ וְעָזְרֵם
תַּלְבִּישֵׁם מַחֲלָצוֹת וְעַטְּרֵם
פְּשָׁעֵינוּ אַתָּה תְכַפְּרֵם

תְּכַפְּרֵם וְלֹא יִזָּכְרוּ בְּמִשְׁפָּטֵינוּ
אַתָּה יִשְׁעֲךָ לְעֵינֵינוּ
וְסָלַחְתָּ מִפְּעֻלּוֹת זְדוֹנֵינוּ
אֲשֶׁר נוֹאַלְנוּ וַאֲשֶׁר חָטָאנוּ

לְקָרֵיבֶיךָ עוֹדֵד וְהֵטִיבָה
סוֹבְבֵם בְּאֶבְרָתְךָ וְרִיבָה
רִיבֵנוּ, וְאוֹתָנוּ הָשִׁיבָה
יָהּ אֵלֶיךָ וְנָשׁוּבָה

וְנָשׁוּבָה עַד חֲסָדֶיךָ וְנִשְׁמְעָה
קוֹל שָׁלוֹם וּמַרְגֵּעָה
וְעַמֵּד מְשִׁיחֲךָ בְּעוֹז וְדֵעָה
הָאֵר פָּנֶיךָ וְנִוָּשֵׁעָה

אִמְרֵי נוֹעַם בִּתְבוּנָה
יִשְׂאוּ אוֹהֲבֶיךָ לְקוֹל אֱמוּנָה
לְחַטֹּאתָם אָנָּא שָׂא נָא
וּבָאוּ צִיּוֹן בְּרִנָּה

בְּרִנָּה נְבוֹגֵי עַמְּךָ יְנוּבוּן
וּשְׁכֵחֶיךָ יִבָּהֲתוּ וְכִי יְרִיבוּן
וּמְבַקְשֶׁיךָ נִשְׁמָתָם לְךָ יְשׁוּבוּן
וּפְדוּיֵי יָהּ יְשׁוּבוּן

סוֹמֵךְ יָהּ בְּטוּב אוֹרְחוֹ
לְאִישׁ דַּעַת אֱלֹהִים בְּרוּחוֹ
הוּשַׂם שֶׂכֶל תּוֹךְ מִצְחוֹ
וְעֹשֶׂה חֶסֶד לִמְשִׁיחוֹ

לִמְשִׁיחוֹ יַגְדִּיל בְּעֻזּוֹ וְנִשְׁלַם
וְאוֹיְבָיו יָמִית בְּסָר צְלָם
וְשָׁלוֹם יָשִׂים הָאֵל הַנֶּעְלָם
לְדָוִד וּלְזַרְעוֹ עַד עוֹלָם

1, דבר' ל"ג:כ"ז, הכוונה להקב"ה קדמון שבשמים. 3, מ"א,כ"ב:ל"ו, הרנה,-הכוונה לתפלות ישראל. 4, תהל' פ':ב'. 6, צפנ' ג':י"ט, צאן,כנוי לכנסת ישראל ע"פ יחז' ל"ד:י"א-י"ב. 7, כנסת ישראל מעולם לא ישבה במנוחה(-הרגיעה). 8, תהל' פ':ב'. 9 יום קצפת,--(איכה ה':כ"ב),פי' יום חֻרבן הבית. חסו גבוריה,--עובדי ט', ופי' רש"י: יחסו ויפחדו. 10 כשלו,--(תהל' ק"ט:כ"ד),בחלשו. 11, עדה"כ "ושאיה יֻכת שער"(יש' כ"ד:י"ב). 12, תהל' פ':י"ג. 14 והיא,--כנסת ישראל. עוטיה,--(שה"ש א':ז'),ר"ל תועה ממקום למקום בגולה. 14-15 ומוטה לארץ ,--ר"ל נכנעה לאויב. 15 וחשך נבטה,--יש' ה':ל':"ונבט לארץ והנה חשך" ופי' רש"י:"ונבט לארץ",יביטו ישראל ויצפו שיעזרום מלכי ארץ שהם סומכין עליהם; "והנה חשך",שלא יהא עוזר להם. 16, תהל' ס':ד', כי מטה, פי' רש"י:לשון שפלות. 17-18 לאורך עתים,--לאורך ימים,דוגמת "למה...תעזבנו לארך ימים",(איכה ה':כ'). ואין מספר וערך,--אין שעור למכות הנ"ל. 19 הזילוה,--(איכה א':ח'),השפילוה. 19-20 וארוה וכו',--(תהל' פ':י"ג)לקטוה בחזקה כל עוברי דרך מזמן שפרצת גדריה של כנסת ישראל ועשיתיה הפקר לכל אדם. 21, מכאן ואילך תשובתו של הפייטן לשאלתו הריטורית:"למה פרצת גדריה",לעיל שו' 12. 22 לא הטית אזן,--משלי ד':כ'. 22-23 לחשוב וכו',--לדעת למה נענשת. לשוב,--ולשוב בתשובה. 24, בר' ח':י"ב, ור"ל: ולא יספה עוד לחטוא. 25 נפלה,--איכה ה':ט"ז:"נפלה עטרת ראשנו". ומאז זרויה ,--איכה ה':י"ז:"על זה היה דוה לבנו". 27 ...זרויה,--כנוי לכנסת ישראל. הנוסח בכה"י:"גלתה יהודה", לא נכון, מפני צורך החרוז -יָה. 28, דבר' כ"א:ג'. 30, ע"פ תהל' ס':ה':"השקיתנו יין תרעלה". 31, שם,כ"ח:ה'. 32, שם,ס"ב:ד'. 33, ע"פ משלי י"ט:כ':"שמע עצה...למען תחכם באחריתך". 34 ונבל כעלה כלנו,--יש' ס"ד:ה',ופי' רד"ק: כמו העלה שהוא נובל כן אנחנו נובלים כלנו. 35, יש' ס"ה: ז',ופי' רד"ק: הצטרפו אלה עם אלה(כלו' עוונותיכם ועוונות אבותיכם)והאריכו אתכם בגלות. 36, תהל' ס"ו:י"ב, ופי' רש"י: מלכי כל אומה ואומה. 37 לראשנו יפרעו,--אויבנו גומלים לנו רעה על עוונותינו ועוון אבותינו. וישיתו עינימו

לארץ,--ע"פ תהל' י"ז:י"א, מוסב על האויב, ר"ל שמים עיניהם לנטות בארץ אבה ואבה לארוב עלינו. ותעצוממו,--הקב"ה חִזֵק את אויב ישראל,שבט אפו של הקב"ה (הש' יש' י':ה'),הבא במצודות האל לפקוד על ישראל את עוונותיו. 39, איוב ט': ל"ד,מוסב על האויב הנ"ל. 40, תהל' ע"ג:ה' פי' מצודת דוד: בעת בוא עמל ויגון... אין הוא בכלל העמל והיגון. 41, הפייטן ממשיך לתאר את החיים השלווים של אויב ישראל. 42, בלבם של האויבים הנ"ל לא התעורר כל רגשות של צער וחרטה על הרעה אשר עשו לישראל. 43, ישכבו ואין מחריד,--ויק' כ"ו:ו'. למעצבה,--לעצב ויגון, הש' יש' נ':י"א. 44, תהל' ע"ג:ו' ופי' רש"י: בעבור זה שאין יסורין באים עליהם העניקתם הגאוה לעלות על צווארם גסות רוח. 45 ולזות,--משלי ד':כ"ד: ולזות שפתים, ופי' רש"י: עקימות שפתים. 47 פלצות,--(תהל' נ"ה:ו'),רעדה. ורעד וכו',--שמ' ט"ו:ט"ו. 48, תהל' ע"ג:ו':יעטף-שית וכו',פי':יכסה עצמו במסתר לארוב על אנשים לשית ולקחת החמס לעצמו,ע"פ מצודת דוד,שם. 49 אשר זדו,--שמ' י"ח:י"א, פי' אשר אויבי ישראל חשבו להרע. 50, ר"ל יהי רצון שאויבי ישראל "ישכבון למעצבה"(יש' נ':י"א),ופי' רד"ק(שם):השכיבה הזאת...כמו שכיבת החולי או המות, כלו' שלא יהיה בכם כח לקום לפני אויביכם. ויתגודדו,--(דבר' י"ד: א'),יהי רצון והאויבים הנ"ל יחתכו את עור בשרם מרוב צער ואבל. 51, תהל' כ': ט'; המשך תפלת הפייטן ומוסב על אויבי ישראל. 52, יש' מ"א:י"א. 53 טירתם וכו' ,--ע"פ תהל' ס"ט:כ"ו: תהי טירתם[פי' ארמונם] נשמה. 56, תהל' ע"א:י"ג. 57-58 והרם קרן עבדיך,--תהל' קמ"ח:י"ד. 59 מחלצות,--(זכר' ג':ד'),בגדי פאר. ועטרם ,--השווה שהש"ר ג':י"א("בעטרה שעטרה לו אמו"): היה מחבב יותר מדאי הקב"ה לישראל וקראן...אמי. 60, תהל' ס"ה:ד'. 61 במשפטינו,--הכוונה לגזירות השמד. 62 אמן,--קַיים. 64, במד' י"ב:י"א, נואלנו,לשון אויל,כתרגומו שם: דְאִטְפַּשְׁנָא. 65 לקרוביך,--כנוי לישראל הקרובים להתפלל אל ה',השווה יחז' מ"ה:ד'. והשיבה ,--תהל' נ"א:כ'. 65 סוככם באברתך,--תהל' צ"א:ד'. 66-67 וריבה ריבנו,--שם קי"ט:קנ"ד. השיבה וכו',--איכה ה':כ"א. 70 ומרגעה,--ומנוחה ע' יש' כ"ח:י"ב. 71, ע"פ מיכה ה':ג',ורעה,ר"ל וינהיג. 72, תהל' פ':כ'. 73 אמרי נועם,--(משלי ט"ו:כ"ו),הכוונה לתפלה. 74 אוהביך,--כנוי לישראל שאוהבים את הקב"ה. 74 אמונה ,--באמונה. 75 אנא וכו',--בר' נ':י"ז. 76, יש' ל"ה:י' ועוד. 77 ינובון,--תהל' צ"ב:ט"ו: עוד ינובון בשיבה. 78 ושכחיך,--כנוי לרשעים שעובדים אלהים אחרים. וכי יריבון,--אתך(ש"א,ב':י': ה' יחתו מריביו),על אחת כמה וכמה--יכרתו, והכוונה למסית ומדיח,(השווה סנהדרין ז'.ד'). 79 ומבקשיך,--תהל' מ':י"ז. 80, יש' ל"ה:י',ישובון אל ארצם. 81 בשוב ארחו,--במדת הרחמים. 83, השווה ריה"ה, ספר הכוזרי,ד'.ג':"רומזים אל השכל כשאומרים כי הוא בלב או במוח." 84, תהל' י"ח:נ"א. 85 ונשלם,--ובגמרה הגלות. 86 כסר צלם,--במד' י"ד:ט',ופי' רש"י: "צלו של המקום סר מעליהם." 87 האל הנעלם,--השווה ראב"ע,"בעלי ריבי"(ד.ב' 1141):"אל אשר נשא ונעלם." 88, ש"ב,כ"ב:נ"א ועוד.

ר' דויד בן אליעזר

מ"ו. סליחה סטרופית ללילי אשמורות כעין שיר-איזור בעלת עשרים ושתיים מחרוזות. לכל מחרוזת ארבעה טורים והטור הרביעי שבר-פסוק המסתיים במלת "משפט". החתימה: אביהו/בגימטריא: דויד/בן אליעזר חי רבושע אמן. המקור: כה"י ב, עמ' 179. (ד. א' 8899).

אֲתָיוּ שׁוּבוּ בְּפַחַד לְמוֹרָךְ
בָּא הַשִּׁלּוּם לַחְקוֹר מַעֲלָל וָעֶרֶךְ
זְדוֹנוֹת, לְבַבְכֶם הָכִינוּ וְשִׁמְרוּ דֶּרֶךְ
יְיָ לַעֲשׂוֹת צְדָקָה וּמִשְׁפָּט

בּוֹרֵא עוֹלָם וְעוֹיֵן קְצֵה גְבוּלוֹ
תּוֹלֶה אֶרֶץ בְּלִי נוֹשֵׂא בְּחֵילוֹ
בְּקַו יוֹשֶׁר בִּינוֹת עֲגוּלָה וְאֵיכָה לֹא
יַעֲשֶׂה מִשְׁפָּט

יוֹצֵר עַיִן הֲלֹא יִרְאֶה רָאוֹ
בּוֹרֵא חֹשֶׁךְ יִבְחַן עוֹלָם וּמְלוֹאוֹ
פֶּן תְּנַסּוּ לֵאמֹר: הֲיֵשׁ יְיָ אוֹ
אַיֵּה אֱלֹהֵי הַמִּשְׁפָּט

הִתְוָה שְׁפָלִים בַּעֲלֵיהֶם גְּבוֹהִים נוֹגְשִׂים
לַחְקוֹר מַחְשְׁבוֹתָם וּמַה הֵם עוֹשִׂים
וְהוּא בְאֶחָד וְכֹה חָפֵץ וְלָכֵן יָשִׂים
בָּאָרֶץ מִשְׁפָּט

וְכָל יְצוּרִים בְּיַחַד הֵדֶק יִשְׁחַק
בְּיוֹם פּוֹקְדוֹ בְּרֶגַע קָרוֹב וְרָחוֹק
אַךְ לִקְדוֹשָׁיו בַּד בְּבַד,--כִּי חֹק
לְיִשְׂרָאֵל הוּא מִשְׁפָּט

בְּיוֹם בְּרוֹא אָדָם תְּמִים דֵּעִים
צִוָּהוּ: הֱיוֹת נָקִי מִכָּל פְּשָׁעִים
שׁוֹשׁוֹ קִדֵּשׁ וְהוּא נֶטַע שַׁעֲשׁוּעִים
בַּיְקַר לְמִשְׁפָּט

נוֹאַל וְעִקֵּל נְתִיב וְיוֹשֶׁר הָאוֹרַח
הִגְדִּיל הַמּוּרְגָּשׁ בְּמַדָּע וְשׁוֹגֶה וּבָרַח
הָפַךְ לְלַעֲנָה מָתוֹק וְגֶשֶׁם גָּדַל וּפָרַח
לְרֹאשׁ מִשְׁפָּט

אוּסְפוּ עַם עֶזְרוֹ וְעָנָה: נַחְבֵּאתִי
פָּשַׁטְתִּי אֶת כֻּתָּנְתִּי בְּתַרְמִית חֶבְרָתִי
אֱלֹהִים דִּבֶּר לָמוֹ: הִנְנִי וְקָרַבְתִּי
אֲלֵיכֶם לַמִּשְׁפָּט

לְעוּמָּתָם גְּמוּלָם יָצָא וְהֵיחָם נָמָר
עוּלְפוּ שָׁכְבוּ חוּצָה כְּתוֹא מִכְמָר
וּמֵהַיּוֹם הַהוּא וְהָלְאָה אָמַר
יְיָ: שִׁמְרוּ מִשְׁפָּט

יָעַץ זֹאת וְסוֹדוֹ אֶל עֲבָדָיו גָּלָה
הֱיוֹת נִדְרָשׁ כָּל פּוֹעַל וּפְלִילָה
לְהָשִׁיב גְּמוּל מֵאָז וְהָלְאָה
בַּיְשָׁרֶיהָ לְחֹק וּלְמִשְׁפָּט

עָלָה בִּתְרוּעָה וְעָלָה יוֹם בְּהוֹאֵל
לְהַעֲבִיר רָעַת וְזֶה יִפְעַל אֵל
פַּעֲמַיִם שָׁלֹשׁ לְכָל יִשְׂרָאֵל
אֲשֶׁר יָבוֹאוּ לַמִּשְׁפָּט

זֹאת הָעֵצָה לְמוֹדֶה חֶטְאוֹ וְעוֹזְבוֹ
פֶּן יְבַקֵּשׁ לְהָמִיר רִשְׁעוֹ בְּשׁוּבוֹ
אַךְ יִטַּהֵר בְּמוּפְלָא וְנִגְלֶה,--לָבוֹא
אֶל הַמֶּלֶךְ לַמִּשְׁפָּט

רוּחַ נְדִיבָה בָּהּ אֱנוֹשׁ יָעוֹז
לְזֹאת יִתְיַצֵּב בְּמַצָּב וְצִדְקָתוֹ מָעוֹז
לוֹ,--כִּי כֵן יִסַּד הַנּוֹרָא וְעוֹז
מֶלֶךְ מִשְׁפָּט

חֹק חָק וְלֹא יִקַּח הַטּוֹב לְמַעֲלָלוֹ
הָרַע לִכְלוֹא רָעָתוֹ עַל גְּמוּלוֹ
בְּמוֹקְשׁוֹ יְנֻקַּשׁ וְהֵיטִיב לוֹ כְּפָעֳלוֹ
כִּי כָל דְּרָכָיו מִשְׁפָּט

יְמוֹת הַנּוֹעַר לֹא יְבוּקַּשׁ אֲשֶׁר רָגַל
בִּלְשׁוֹנוֹ אוֹ סָר בִּשְׁרִירוּתוֹ אַחֲרֵי שְׁגַל
תּוֹקֶף לִבּוֹ וְחֶרְדַּת שִׂכְלוֹ וְיִגַּל
בַּמַּיִם מִשְׁפָּט

יְהֻסַּג אָחוֹר מִדַּרְכּוֹ וְדִמְיוֹנוֹ יַבְאִישׁ
רִשְׁעוֹ וּפִשְׁעוֹ יַסֵּךְ וְלֹא יָמִישׁ
עָנָו וְהוּא בְּחָזְקוֹ,--אֵין לָאִישׁ
הַזֶּה מִשְׁפָּט

נְכוֹנִים עָרְכוּ שׁוּעַ וּצְדָקוֹת תְּחִנּוּ
פּוֹעַל הַמָּרִים וּמֵעִיד חִקְרֵי סְעִיפֵּנוּ
אֵין כַּחֵשׁ וְשָׁכוֹחַ וְזֹאת הַאֲזִינוּ
כִּי לָכֶם הַמִּשְׁפָּט

דְּעוּ מוּסָר אֱנוֹשׁ אָיִן וְתַבְלִיגוּ
שׁוֹד עַל הָעוֹז בַּאֲסוּרָיו תְּמוֹגְגוּ
אוֹ סוֹלוּ הַמְסִלָּה בֵּינוֹתָם וְהַשִּׂיגוּ
בַּשַּׁעַר מִשְׁפָּט

שִׁבְרוּ לֵב וְהַשְׁמִיעוּ בַּמָּרוֹם קוֹלְכֶם
לֵב טָהוֹר בַּקְּשׁוּ פֶּן יִטְרוֹף שְׁאֵרִיתְכֶם
עֲרֹב זֹאת אֱלֹהִים יָרוּם לְרַחֶמְכֶם
כִּי אֱלֹהֵי מִשְׁפָּט

עִבְדוּ אֶת יְיָ בְּיִרְאָה בַּקֶּשֶׁב
שִׂיחַ לֵב הַנִּשְׁבָּר לְפָנָיו יִתְחַשֵּׁב
אֵל קַנּוֹא וּבַכִּסֵּא נוֹרָא יֵשֵׁב
כּוֹנֵן לַמִּשְׁפָּט

מַלְכִּי שְׁעֵה לִתְפִלָּתִי וְהַרְאֵה לְעֵינַי
חַסְדְּךָ וְיֶשְׁעֲךָ,--לְקוֹל תַּחֲנוּנָי--
יִגְדַּל נָא כֹּחַ רַחֲמִים כִּי יְיָ
עוֹשֶׂה חֶסֶד מִשְׁפָּט

נְקַדְּמָה פָּנֶיךָ בְּתוֹדָה בְּלִי עָקְבָה
אֲשֶׁר בְּיָדְךָ מֶחְקְרֵי אֶרֶץ וְהֲסִבָּה
עָמוֹד מַצְדִּיק גָּבְהָּ וּתְהוֹם רַבָּה
וַיִּגְבַּהּ יְיָ צְבָאוֹת בַּמִּשְׁפָּט

1 אתיו,--בואו. למורך,--כנוי להקב"ה ע"פ מלא' א':ו'. 2 בא השלום,--(הושע ט':ז')בא יום הדין ויום הגמול. לחקור מעלל וערך זדונות,--כלו' לדעת אם חטא בשוגג או במזיד. 3 לבבכם הכינו,--ע"פ ש"א,ז':ג':"הסירו את אלהי הנכר מתוככם ...והכינו לבבכם אל ה'." 4, בר' י"ח:י"ט. 5, פי' בורא את עולמו ומשגיח(עיין, ע"פ ש"א,י"ח:ט')עליו מראשו ועד סופו. 6 תולה ארץ,--ע"פ איוב כ"ו:ז':"תולה ארץ על בלימה." בלי נושא,--השווה רי"ה "יה שמך"(ד.י' 1143):"כי תסבול ולא תבול(פי' תיעף)בלי זרוע וידים". בחילו,--בכוחו. 7 בקו יושר בנות עגולה,--ע"פ איוב ל"ח:ה':"מי שם ממדיה...מי נטה עליה קו" ופי' ראב"ע:"קו: הוא סבוב עגולת הארץ." ואיכה לא וכו',--ר"ל כיון שנטה קו יושר(דוגמת "ושמתי משפט לקו וצדקה למשקלת",יש' כ"ח:י"ז)על הארץ הייתכן שלא יעשה משפט בארץ. 8, בר' י"ח: כ"ה. 9 יוצר...ראו,--ע"פ תהל' צ"ד:ט':"אם יוצר עין הלא יביט," רָאוֹ,מקור מוחלט, ע' בר' כ"ו:כ"ח;ויש' ו':ט'. 10 בורא חשך,--יש' מ"ה:ז',מקביל ל"יוצר עין" הרואה בעזרת האור שהקב"ה ברא(ע' יש' שם). יבחן וכו',--יר' י"ז:י':"אני ה' חקר לב בוחן כליות ולתת לאיש כדרכו ופרי מעלליו." 11 פן תנסו,--ע"פ דבר' ו':ט"ז: "לא תנסו את ה'." היש יו,--ע"פ שמ' י"ז:ז':"היש ה' בקרבנו אם אין." 12, מלא' ב':י"ז. 13 התורה שפלים,--רשם(-התורה,ע"פ יחז' ט':ד')לחיים טובים את הצדיקים (-שפלים,ע"פ יש' נ"ז:ט"ו)בספר הזכרונות,השווה ירוש' ר"ה,א'.ג'. ועליהם וכו' ,--והרשעים(-גבוהים,יש' ה':ט"ו)הלוחצים(-נוגשים,דבר' ט"ו:ב')את הצדיקים ירשום לפורענות, ע' ירוש' ר"ה,שם. 14 מחשבותם...עושים,--השווה מאמרי חז"ל(בקידושין ל"ט,ב-מ',א):"מחשבה רעה אין הקב"ה מצרפה למעשה חוץ ממהרהר בע"ז...מחשבה טובה מצרפה למעשה." 15 והוא באחד,--ע"פ איוב כ"ג:י"ג:"והוא באחד ומי ישיבנו" ופי' רש"י:"לפי שהוא יחיד בעולם ויודע דעתן ומחשבותן של בריות ומה יש להם לדבר לפניו,--לפיכך תשובות מוכנות לפניו." וכה חפץ,--הקב"ה חפץ לעשות חסד,משפט וצדקה בארץ, ע"פ יר' ט':כ"ג. 15-16 ולכן וכו',--יש' מ"ב:ד'. 17 הדק ישחק,--

(שמ' ל':ל"ד),הקב"ה בוחן ובודק היטב את כל באי עולם(-כל היצורים)בר"ה השווה
משנה ר"ה א'.ב'. 18 ביום פוקדו,--לשון "וביום פקדי ופקדתי עליהם חטאתם"(שמ'
ל"ב:ל"ד). ברגע קרוב ורחוק,--כלו' בימים הבוראים הבאים(-קרוב)וביום הדין
אחרי מיתה בו עתיד אדם ליתן דין וחשבון לפני בוראו,השווה אבות ג'.א'. 19
אף לקדושיו,--ע"פ איוב ט"ו:ט"ו:"הן בקדושיו לא יאמין", ור"ל אפי' הצדיקים
נדונים ביום הדין. בד בבד,--(שמ' ל':ל"ד),חלק כחלק,ר"ל הצדיקים נדונים עם
הבינוניים ועם הרשעים,השווה מאמר חז"ל(ירוש' ר"ה,א'.ג'):"שלוש פינקסיות
הם וכו'." 20-19 כי חק וכו',--תהל' פ"א:ד'. 21 ביום ברוא אדם,--בר' ה':א'.
תמים דעים,--(איוב ל"ו:ד')עם הקב"ה, כלו' חף מפשע. 22 צוהו וכו',--השווה
מאמר חז"ל(נדה ל',ב)על הוולד במעי אמו שמשביעין אותו:"תהי צדיק ואל תהי
רשע." שורשו,--של בני אדם והכוונה לאדם הראשון. קדש,--(בר' א':כ"ז,כ"ח),
ברא את האדם בצלמו וברך אותו. והוא נטע שעשועים,--(יש' ה':ז')אדה"ר לפני
החטא היה נטע שעשועיו של הקב"ה. 24 ויקו למשפט,--(יש' שם:"ויקו למשפט והנה
משפח, לצדקה והנה צעקה.")ור"ל אחרי חטאו של אדה"ר משפח(פי' רד"ק: נגע)וצעקה
בא לעולם. 25 נואל,--לשון "אשר נואלנו ואשר חטאנו"(במד' י"ב:י"א). ועקל
נתיב,--לשון "נתיבותי עוה"(איכה ג':ט'),ור"ל סר מדרך הישר. ויושר האורח
,--במקום "ואורח יושר" לצורך החרוז. 26 הגדיל המורגש במדע,--המורגש, פי'
מה שאדם מרגיש בכח חמשת חושיו הידועים. במדע,--פי' במחשבה, ע"פ קהלת י':
כ':"גם במדעך מלך אל תקלל", ופי' רש"י:"אפי' במחשבותיך בלא דבור." ור"ל
הרבה אדם לחטוא בחושיו(-הגדיל המורגש)באשר הוא תואב את הדבר שאסור לו
ומהרהר הרהורי עבירה(-במדע). ושונה,--לשון "כסיל שונה באולתו"(משלי כ"ו:
י"א). וברח,--מן האמת. 27 הפך ללענה מתוק,--ע"פ עמוס ה':ז':"ההופכים ללענה
משפט וצדקה לארץ הניחו," ושם ו':י"ב:"כי הפכתם לראש משפט ופרי צדקה ללענה."
וגשם גדל ופרח,--פי' התגברה התאווה לענינים חומריים(-גשם), מקביל ל"הגדיל
המורגש במדע",לעיל שו' 26. 28, ע"פ עמוס ו':י"ב. 29 אוספו,--התקהלו לבית
הכנסת. עם עזרו,--(דבר' ל"ג:כ"ט),כנוי לישראל. נחבאתי,--ע"פ יש' כ"ו:כ':
"לך עמי בא בחדריך" ופי' רש"י:"בא בחדריך בבתי כנסיות ובבתי מדרשות. ד"א:
התבונן על מעשיך בחדרי לבך." ור"ל עדה ישראל: באתי בבית הכנסת והתבוננתי על
מעשי. 30 פשטתי וכו',--ע"פ שה"ש ה':ג':"פשטתי את כתנתי...רחצתי את רגלי"
ופי' שהש"ר שם:"רחצתי את רגלי--מטינופ של עבודת כוכבים." ור"ל חזרתי בתשובה
על החטא שחטאתי במרמה(-בתרמית, ע' ירי' ח':ה')כלפי הזולת(-חברתי). 31 למו,--
לישראל. הנני,--פי' הנני עומד מכסא הדין ויושב על כסא הרחמים בעת רצון בין
כסה לעשור, השווה ויקר"ר כ"ט.כ"ד. 32-31 וקרבתי וכו',--(מלא' ג':ה'),פי'
ונתמלאתי עליך רחמים ביום הדין(-למשפט). 33 גמולם יצא,--פי' יצא גזר דינם,
השווה ירוש' ר"ה א'.ג':"כולהם נידונין בר"ה וגזר דינו של כאו"א מתחתם ביום
הכפורים." ורוחם נמר,--(ירי' מ"ח:י"א),נמר פי' ענין רפיון וחלישות כתרגומו
"פג", והשווה פי' רד"ק שם והסלה ר"ל נחלש כוחם מפני הצום,שנהגו לצום בימי
הסליחות בחודש אלול ובעשי"ת(השווה <u>גס"פ</u>, עמ' 10), ומפחד יום הדין. 34 עולפו

וכו',--(יש' ב"א:כ'),ר"ל גם בעגשו בעגוויים קשים בגלל חטאיהם. כתוא מכמר, פי'
כתוא שהוא שוכב במכמר שנלכד בו(השווה פירוש רד"ק, שם) ורמז לענשה של גלות.
35 ומהירום...והלאה,--ש"א,י"ח:ט',--ור"ל מאז מתן תורה. 36-35 אמר וכו',--יש'
ב"ו:א'. 37 יעץ זאת,--הקב"ה הזהיר ע"פ הנביאים ללכת בדרכי התורה והמצוות.
וסודו וכו',--(עמוס ג':ז')התרה על העונש הבא על עובר עבירה, והשווה פי' ראב"ע
שם:"השם לא יעשה רעה עד שיגלה סודו להודיעכם על יד הנביא אולי תשובו מדרכיכם
הרעים." 38 הירות נדרש,--לשון "וגם דמו הנה נדרש"(בר' מ"ב:כ"ב). כל פועל ופלי-
לה,--(איוב ל"ד:י"א; יש' ט"ז:ג'),ר"ל האדם נדון על כל מעשי עבירה. 39 מאז
והלאה,--מקביל ל"ומהירום ההוא והלאה",לעיל שו' 35. 40, ש"א, ל':כ"ה. 41 עלה
בתרועה,--תהל' מ"ז:ו':"עלה אלהים בתרועה ה' בקול שופר." ועלה ירום,--ע"פ דרשת
חז"ל(בויק"ר כ"ט.כ"ד):"כשהקב"ה עולה לישב על כסא בדין בר"ה לדין הוא עולה
הה"ד 'עלה אלהים בתרועה" וכיון שישראל נוטלין שופרותיהן ותוקעין מיד 'ה' בקול
שופר', מה הקב"ה עושה, עומד מכסא הדין ויושב על כסא רחמים ומתמלא עליהם רחמים
והופך להם מדת הדין למדת רחמים, אימתי בר"ה." כהואל,--פי' הפליא הקב"ה צדקתו
והתמלא רחמים על ישראל, השווה <u>פזמוני האנונימוס</u>, מהד' ע.פליישר,סי' קל"ח,עמ'
125:"צדקתו כהררי אל/ שני צדיקים בהואל" והמהדיר פי': "ואולי צ"ל 'כהואל'."
42 להעביר רעת,--(אסתר ח':ג' "להעביר את רעת המן"),ור"ל הקב"ה מעביר על
מדותיו ומתיחס בסלחנות לישראל. 43-42 וזה יפעל אל...שלוש,--ע"פ איוב ל"ג:
כ"ט:"הן כל אלה יפעל אל פעמים שלוש לכל ישראל" ופי' מצודת דוד:"כדברים האלה
יפעל האל פעמים שלוש עם האדם ר"ל כאשר ישוב ויחטא עד שלוש פעמים יעורר לבו
לתשובה בחלום ואם לא ישכיל יוכח במכאוב." 44, ש"ב,ט"ו:ו':"אשר יבואו למשפט
אל המלך." 45 זאת העצה,--יש' י"ד:כ"ו:"זאת העצה היעודה." למודה חטאו ועוזבו
,--ע"פ משלי כ"ח:י"ג:"מכסה פשעיו לא יצליח ומודה ועוזב ירוחם." 46 ינקש,--
(דבר' י"ב:ל')נלכד בעוונו. להמיר רשעו בטובו,--(ויק' כ"ז:י')מוסב על "זאת
העצה" ור"ל מוטב להחליף רע בטוב ולחזור בתשובה. 47 ישהר במופלא ונגלה,--ר"ל
הבא לחזור בתשובה יעסוק בסתרי תורה(-במופלא, ע"פ מאמר חז"ל בחגיגה י"ג,א:
"כתוב בספר בן סירא:'במופלא ממך אל תדרוש ובמכוסה ממך אל תחקור'". 47-48
לבוא וכו',--ש"ב,ט"ו:ב'. 49 רוח נדיבה,--ע"פ תהל' נ"א:ט"ו:"השיבה לי ששון
ישעך ורוח נדיבה תסמכני." נה אנוש יעוז,--(תהל' ט':כ'),ר"ל אם הקב"ה יתיחס
אליו בסלחנות(-רוח נדיבה),אז יקום האדם(-נה אנוש יעוז). 50 לזאת...במצב,--
ר"ל וכדי לזכות בסליחה ובכפרה הוא קם להתפלל בבית הכנסת. וצדקתו...לו,--והוא
סומך על צדקתו של הקב"ה,השווה תהל' קי"א:ג', והש' יש' כ"ה:ד' ועוד. 51 כי...
ועוז,--(אסתר א':ח')ר"ל כי כן יסד הקב"ה(הנורא והעוז, כנויים להקב"ה)שבזמן
שישראל תוקעים בשופרותיהם הוא עומד מכסא הדין ויושב על כסא הרחמים, ומתמלא
עליהם רחמים, השווה ויק"ר כ"ט.כ"ד ולעיל שו' 41. 52-51 ועוז מלך משפט,--

תהלי צ"ט:ד':"ועוז מלך משפט אהב." 53-54 חק חק...הרע,--פי' הקב"ה גזר גזירה
שאין לרשע חלק לעולם הבא, השווה משנה סנהד' י'.א'. 54 לכלוא וכו',--הקב"ה
שומר(-לכלוא,ע"פ קהלת ח':ח')בספר הזכרונות את חטאי האדם(-רעתו)וגומל לו
כגמולו. 55 במוקשו ינקש,--במוקשו יבקש הרשע ע"פ תהלי ט':י"ז:"בפועל כפיו נוקש
רשע." ויריב וכו',--וישלם שכר לצדיק כפעלו, ע"פ משלי כ"ד:י"ב:"והשיב לאדם
כפעלו." 56, דברי ל"ב:ד', ר"ל באמן הוא לשלם שכר טוב לצדיק ולהעניש את הרשע.
57 ימות הנוער לא יבוקש,--"ימות הנוער" דוגמת "תמות בנוער נפשם"(איוב ל"ו:
י"ד),ור"ל הקב"ה לא חפץ במות המת בימי נעוריו(ע"פ יחז' י"ח:ל"ב). אשר רגל
בלשונו,--תהלי ט"ו:ג':"לא רגל על לשונו." רגל, עניין רכילות. 58 תר,--(קהלת
א':י"ג),דורש אחרי. בשרידותו,--דברי כ"ט:י"ט:"בשרירות לבי אלך." 58-59 אחרי
...לבו,--אחרי חמדת(-שגל, תהלי מ"ה:י')לבו האמיצה. וחרדת שכלו,--ויגיעת(ע"פ
מ"ב,ד':י"ג:"הנה חרדת אלינו את כל החרדה הזאת מה לעשות לך")שכלו. 59-60 ויגל
כמים משפט,--עמוס ה':כ"ד. 61 והסג אחור מדרכו,--(יש' נ"ט:י"ג,י"ד),מוסב על
הרשע הסר מדרך הטוב. ודמיונו יבאיש,--(תהלי י"ז:י"ב; משלי י"ג:ה'),ר"ל הרשע
משמיץ דמותו שנבראה בצלם אל'. 62 רשעו ופשעו יסך,--במליצה, עדה"כ "שופך בוז
על נדיבים"(תהלי ק"ז:מ'; איוב י"ב:כ"א),ר"ל הרשע מרבה לחטוא. 62-63 ולא ימיש
ענן,--(שמ' י"ג:כ"ב:"לא ימיש עמוד הענן יומם ועמוד האש לילה"),ר"ל אין דבר
נסתר מהקב"ה לרבות רשעת הרשע. 63 והוא בחזקו וכו'--יש בכוחו של ה' להעניש
את הרשע כרשעתו. 63-64 אין לאיש וכו',--(ירי' כ"ו:ט"ז),כלו' אין לרשע משפט
חיים אלא משפט מוות. 65 נכונים ערכו שוע,--(שמ' י"ט:י"א; איוב ל"ו:י"ט:
"היערוך שועך" ופירא"ע:"הוא ההון") ור"ל ישראל הכמהים(-נכונים)לגאולה עור-
כים תפלה(ע"פ תהלי ה':ד')לפני הקב"ה. 66, הקב"ה(-פועל, כנוי להקב"ה ע"פ
תהלי ע"ד:י"ב)דן את החוטאים(-המרים, ע"פ ש"א,ב':י'). ומעיד חקרי סעיפנו,--
ובוחן ובודק כליות ולב וכותב את כל הנסתרות בספר הזכרונות המעיד על רשעתו
של הרשע. 67 אין...ושכוח,--השווה מאמר חז"ל(באבות ד'.כ"ב):"אין לפניו לא
עוולה ולא שכחה." 67-68 וזאת וכו',--(הושע ה':א'),פי' הקב"ה גומל לאדם
כגמולו. 69-71, דעו כי שבויי ישראל המשעבדים לרודנים(-מוסר אנוש אין, ע"פ
איוב י"ב:י"ח, פי' הרודנים לא קבלו עליהם את עול מצוות בני נח)הרודים בעם
ישראל ללא כל הגבלה(-ותבליגו שוד על העוז, ע"פ עמוס ה':ט')יצאו לחפשי(-רא-
סדריו תמוגגו, ע"פ שופ' ט"ו:י"ד)מגולה לגאולה(-סולו המסילה, ע"פ יש' ס"ב:
י'). 71-72 והציגו וכו',--(עמוס ה':ט"ו) והקב"ה מכניס את הרודנים לדין. 74,
בלב טהור בקשו את ה'. 75 ערוב,--ע"פ תהלי קי"ט:קכ"ב. ירום לרחמכם וכו',--

ע"פ ישׁ' ל':י"ח ופירד"ק:"ירום ויבשא על מחנה אשור לרחם אתכם." 77 עבדו וכו'
,--תהל' ב':י"א. וקשב,--מלאכי ג':ט"ז. 78 שיח,--תפלה,ע"פ תהל' קמ"ב:ג'. לב
הנשבר,--שם נ"א:י"ט. 79 אל קנוא,--יהושע כ"ד:י"ט. 80, ע"פ תהל' ט':ח':"כונן
למשפט כסאו." 81 שעה,--בר' ד':ד'. 83 יגדל...רחמים,--במד' י"ד:י"ז. 82-81
כי יד וכו',--ירו' ט':כ"ג. 85 נקדמה...בתודה,--תהל' צ"ה:ב'. עקבה,--(מ"ב,י':
י"ט)מרמה. 86 אשר...ארץ,--תהל' צ"ה:ד'. והסבה,--הכוונה לגלגלים המקיפים את
הארץ לפי השיטה הגיאוצנטרית שהיתה שלטת כל ימי הביניים עד לקופרניקוס. 87 עמוד
מצדיק,--ע"פ איוב ל"ו:ז':"לא יגרע מצדיק עיניו," ופירוא"ע:"כענין 'הנה עין
ה' אל יראיו'(תהל' ל"ג:י"ח)." גבוה ותהום רבה,--כנוי להקב"ה ע"פ תהל' ל"ו:
ז'. 88, ישׁ' ה':ט"ז.

ר' דויד בן אליעזר

מ"ז. "חטאנו" סטרופי ללילי אשמורות בעל ארבע עשרה מחרוזות. לכל מחרוזת ארבעה טורים והטור הרביעי שבר-פסוק המסתיים במלת "חיים". החתימה: אבחיה בן אליעזר חי ובושע. המקור: ב, עמ' 185. (ד. א' 8898).

אֲתָיוּ עַם אֵל קְרוּאִים
חוֹכֵי יְשׁוּעָתוֹ וְקוֹיִים
דְּעוּ מַעַלְלֵיכֶם לְפָנָיו גְּלוּיִים
הוּא אֱלֹהִים חַיִּים

בְּהִיפָּקֵד פּוֹחֲזִים וְרֵיקִים
אוֹהֲבָיו יְרוֹצְצוּ כַּבְּרָקִים
וְאַתֶּם עַם הַקֹּדֶשׁ הַמְּנוּקִּים
הַדְּבֵקִים בַּיְיָ אֱלֹהֵיכֶם חַיִּים

חוֹשֵׁב אֱמֶת בְּרַעְיוֹנוֹ
יְבַקֵּשׁ מִי אֲשֶׁר יַנְחֶנּוּ
כַּאֲשֶׁר לִתְחִלָּתוֹ יְשִׁיבֶנּוּ
מִמֶּנּוּ תּוֹצְאוֹת חַיִּים

יֵרֶא וְיָבִין וְיִנְקוֹר
עֵין יִצְרוֹ וְיִשְׁקוֹר
לוֹ יָשִׁיב בְּלִבּוֹ וְיַחְקוֹר
מְקוֹר מַיִם חַיִּים

הַנֶּפֶשׁ הַשּׁוֹחֶרֶת לָדַעַת
מְעֻשָּׂרָה תְּבוּנָה וָדַעַת
עֲצָתוֹ אֵירֶנָּה פּוֹרַעַת
שׁוֹמַעַת תּוֹכַחַת חַיִּים

בְּעוּזּוֹ תִּתְהַלֵּל בְּתִפְאָרָה
קֹדֶשׁ אֶתְנַנָּה וְסַחְרָה
אֵימָה וְכַחַמָּה בָּרָה
צְרוּרָה בִּצְרוֹר הַחַיִּים

נוֹרָא אַדִּיר הַמְּלוּכָה
בְּבַקְּשֵׁנוּ חַסְדְּךָ אֵיכָה
לְמַכָּתֵינוּ הַעֲלֵה אֲרוּכָה
אֶת הַבְּרָכָה חַיִּים

אַמֵּץ עֲבָדֶיךָ וְיִנָּשְׂאוּ
גְּאוּלֵי יְיָ יִקָּרְאוּ
וְלִקְרָאתָם עֵת יִלְאוּ
יֵצְאוּ מַיִם חַיִּים

לְעַמְּךָ שֶׂגֶב וּתְנֵהוּ לְרֹאשׁ
חֵן וְכָבוֹד לָהֶם תִּפְרוֹשׁ
כִּי הוּא לָנֶצַח דָּרוֹשׁ
יִדְרוֹשׁ בְּעַד הַחַיִּים

יִקְרֵהוּ וְנַשְּׂאֵהוּ לְעֵינֵי
אוֹיְבָיו וְאָוֶן לֹא יְאֻנֶּה
לוֹ וְעוֹז פָּנָיו יְשׁוּנֶּה
בְּאוֹר פְּנֵי מֶלֶךְ חַיִּים

עָזְרֵהוּ כְּמָאז וְגַדְּלוֹ
מְנָת חֶלְקוֹ וְגוֹרָלוֹ
וְחַטָּאתוֹ הָעוֹמֶדֶת לְמוּלוֹ
לֹא תִמָּצֵא בְּאֶרֶץ הַחַיִּים

חַיֵּהוּ וְשִׁמְךָ יְבָרֵךְ
תָּמִיד וְרוֹן יַעֲרֵךְ
חַלְּצֵהוּ בְּעוּזְּךָ וְהִתְבָּרֵךְ
אוֹרֶךְ יָמִים וּשְׁנוֹת חַיִּים

וְנוֹדַע לְעוֹלָם וְיִשְׁבַּח
רִאשׁוֹנוֹת וְטוּב יִקַּח
יָשׁוּב וְעֵינָיו יִפְקַח
וְלָקַח גַּם מֵעֵץ הַחַיִּים

פְּדָעֵהוּ מִשַּׁחַת בְּיִקָּשֵׁר
בְּחֶבֶל חַיִּים וְיוֹשֶׁר
לִתְחִנָּתוֹ יִשְׁמַע פּוֹשֵׁר
עוֹשֶׁר וְכָבוֹד וְחַיִּים

1 אתיו,--בואו. עם אל וכו',--ישראל עם אל, ע"פ שופ' ה':י"א ועוד. קרואים,-- בכה"י: קרויים. 2 חוכי ישועתו,--יש' ל':י"ח. 3 מעלליכם לפניו גלויים,--מעשי בני אדם ידועים להקב"ה. 4, יר' י':י'. 5 פוחזים וריקים,--שופ' ט':ד', פי' ריקים במעשים טובים. 6 אוהביו,--בני ישראל, אוהביו של הקב"ה, ור"ל בהיפקד, אפילו "אוהביו". ירוצצו כברקים,--(נחום ב':ה'), פי' הנעים ונדים בגולה, ור"ל

מפני חטאיהם גלו בני ישראל מארצם. 7 ואתם,--שחזרתם בתשובה. המנוקים,--מכל חטא, בעת רצון, בין כסה לעשור. 8, דבר' ד':ד'. 9 ברעיונו,--(קהלת ב':כ"ב), ברעיון לבו. 10, פי' יבקש את הקב"ה, והוא יבחנו, ע' דבר' ל"ב:י"ב. 11 לתחלתו ,--לארצו. 12, משלי ד':כ"ג. 13-14 וינקור עין יצרו,--(ש"א,י"א:ב'), השווה במד"ר כ'.ב': "נוח לרשעים שיהיו סומין שעיניהם מביאין רעה לעולם." ר"ל עין יצרו הרע, כלו' תשוקתו לחטא. 14 וישקור,--ויראה את האמת ביצרו הטוב, השווה "על חטא", תפלת יוה"כ: "על חטא שחטאנו לפניך בשקור עין." 15 לו ישיב בלבו ,--דבר' ד':ל"ט:"והשבות אל לבבך." ויחקור וכו',--ויתבונן, דרך תורת הסוד, בהקב"ה, מקור מים חיים. 16, ירי' ב':י"ג. 16 השוחרת,--המבקשת. לדעת,--את האמת, מקביל ל"חושב אמת ברעיונו", לעיל. 18 מעטרה,--(תהל' ק"ג:ד'),הקב"ה מעטרה תבונה ודעת. 19, משלי א':כ"ה, "פורעת", פי' בוטלת, ר"ל "עצת יי לעולם תעמוד,"(תהל' ל"ג:י"א). 20, משלי ט"ו:ל"א, מוסב על "הנפש השוחרת לדעת." 21 בעוזו,--של הקב"ה. תתהלל,--מוסב על "הנפש". 22, יש' כ"ג:י"ח. 23, שה"ש ו': י', איומה כנדגלות. 24, ש"א,כ"ה:כ"ט. 25, כנויים להקב"ה. 26 איכה,--פי' איה, דוגמת "איכה תרעה, איכה תרביץ"(שה"ש א':ז'), ור"ל איה מקום כבודו. 27, ירי' ל':י"ז. 28, תהל' קל"ג:ג'. 30 גאולי יי,--יש' ס"ב:י"ב. 31 ילאו,--ייעפו. 32, זכר' י"ד:ח'. 33 שגב,--תהל' ס"ט:ל'. ותנהו לראש,--דבר' כ"ח:י"ג. 35-36 דרוש ידרוש בעד החיים,--(יש' ח':י"ט), לעולם דורש הקב"ה טוב לעמו המכונה "חיים" (ע"פ דבר' ד':ד'). 37 יקרהו,--כבדהו. 38 ואון לא יאנה לו,--ל' "לא לצדיק כל און,"(משלי י"ב:כ"א), ופי' רש"י: "לא תזדמן לו עבירה בלי דעת." 39 ועוז פניו ישונה,--(קהלת ח':א'), פי' מצודת דוד,שם: "חוזק מראות פניו בשתנה לשבח משאר בני אדם," ומוסב על ישראל. 40, משלי ט"ז:ט"ו. 42, כנויים להקב"ה ע"פ תהל' ט"ז:ה'. 43-44, ע"פ שם ב"א:ה' ואיוב כ"ח:י"ג, ור"ל מחה פשעינו וטהרנו מעוונינו, דוגמת תהל' נ"א:ג'-ד'. 45 חירהו,--שם מ"א:ג'. 46 ורונו,--ל' רנה ותפלה, ע"פ שם ל"ב:ז'. יְעָרֵךְ,--מלה מחודשת בפְּעֵל במשמעות הקל, דוגמת: "בקר אערך-לך ואצפה,"(תהל' ה':ד'). 47 והתברך,--יחולו על ישראל ברכות לאורך ימים ושנות חיים.48, משלי ג':ב'. 49 ונושע לעולם,--יש' מ"ה: י"ז. 49-50 וישכח ראשונות,--(שם ס"ה:ט"ז), ישכח ישראל את הצרות הראשונות. 51 ישוב,--(יחז' י"ח:כ"א), ישוב ישראל מכל חטאיו. ועיניו יפקח,--(בר' ג': ה'), לסור מרע. 52, שם ג':כ"ב, כלו' ויזכה לחיי עולם. 53 פדעהו משחת,--איוב ל"ג:כ"ד. 53-54 ויקשר...ויושר,--פי' ויצרור בצרור החיים. 55 פושר,--המשלם(פושר, השווה ירוש' כתובות י':ו') שכרם של צדיקים. 56, משלי כ"ב:ד'.

ר' דויד בן אליעזר

מ"ח. סליחה סטרופית ללילי אשמורות בעלת עשרים וארבע מחרוזות. לכל מחרוזת ארבעה טורים והטור הרביעי שבר-פסוק המסתיים במלת "אל". החתימה: אביהו בגמטריה: דויד בן אליעזר חזק ואמץ לעד אמן סלה לעד. המקור: כה"י ב, עמ' 178. (ד. א' 1221).

אֶדְרְשָׁה-אֱלֹהַי וְטוּבוֹ
אֲסַהֵר לִבִּי לְקִרְבּוֹ
עַד שֶׁהֻמְלַךְ בִּמְסִבּוֹ
אָבוֹא אֶל מִקְדְּשֵׁי אֵל

בְּאִמְרֵי פִּי וּלְשׁוֹנִי
אֲחַלֶּה בְּעַד זְדוֹנִי
בְּמֵיטַב שִׂיחִי וְהֶגְיוֹנִי
אֲנִי אֶדְרוֹשׁ אֶל אֵל

יָסְפָה נַפְשִׁי לְחַבֵּר
מִפְלְאוֹת אֱלֹהַי בְּדַבֵּר
שִׁירוּת הָבַע בְּתַגְבֵּר
הַדּוֹבֵר אֵלֶיהָ אֵל

הַיְשַׁר אֲשָׁמַי וְגָרְשֵׁם
הַעֲבִירֵם מֵעָלַי וְאַל תִּדְרְשֵׁם
אֶשְׁחָקֵם כַּעֲפַר אֲדוּשֵׁם
בְּשֵׁם יְיָ אֵל

וְאִם פִּשְׁעֵי מָחִיתָ
וּפְעוּלוֹת אָוֶן כִּסִּיתָ
וּמַחְשְׁבוֹת רַע זֵרִיתָ
פָּדִיתָ אוֹתִי יְיָ אֵל

בַּעֲדָם אִם אִוָּכְחָה בְּעָצְמָה
עַל שָׁוְא וְתָפֵל וּמִרְמָה
נִבְעֲרָה עֲצָתִי בִּמְזִמָּה
וּמַה יִּצְדַּק אֱנוֹשׁ עִם אֵל

נֶחְבְּנָה שְׁלֵימוּת וּתְהִלָּה
נִקָּיוֹן בְּלִי תָהֳלָה
לַנִּמְצָאִים בְּגוֹבַהּ מַעְלָה
רַק לַאֲנָשִׁים הָאֵל

אָמְנָם עֲלֵיהֶם דָּבְקָה
שְׁלֵימוּת נֶצַח בְּחָזְקָה
נִקְשְׁרָה אִתָּם בַּתְּשׁוּקָה
הַחֲזָקָה אֲשֶׁר מִי אֵל

לִמְאוֹד נֶעְמְמוּ לְפַלֵּא
שָׁמַּם נִפְרָד כִּי יִפָּלֵא
אוֹתָם חָכְמָתוֹ מִלֵּא
פֶּלֶא יוֹעֵץ אֵל

יָפִי הָאוֹר מֵעִמָּנוּאֵל
שָׁם בָּדָד כְּהוֹאֵל
וְהוּא פִּלְאִי זוּלָתִי מִיכָאֵל
וְהָאִישׁ גַּבְרִיאֵל

עוֹלָמָם נֶעְלָם בְּמִנְיָנוֹ
גַּם בְּקִיּוּמוֹ וּמִי יְנִיעֶנּוּ
יוֹצְרָם בָּדָד בְּאוֹנוֹ
יַנְחֵנוּ וְאֵין עִמּוֹ אֵל

זָכוּ וְנִבְדְּלוּ בְּחָכְמָה
מֵחוֹמֶר אַךְ הֵם בְּלִימָה
בְּלִי חוּשׁ יִשְׁמְעוּ דְּמָמָה
מַה יְּדַבֵּר הָאֵל

רְצַפְתָּ שְׁחָקִים וְאוֹרִים
עֶצֶם נָקִי סְפוּרִים
בְּלִי פֶה וְקוֹל דְּבָרִים
מְסַפְּרִים כְּבוֹד אֵל

חוּקָּם עִתִּים לִשְׁקוֹל
בְּנוֹעַם בְּהַקִּיפוּ הַכֹּל
מֵהֶם רְגָעִים זְמוֹרָה וְאֶשְׁכּוֹל
כָּל מוֹעֲדֵי אֵל

זֶה עֲרָבוֹת נִכְבַּד מִכָּל גֶּשֶׁם
גּוּף נָקִי וְשֵׂכֶל וְנֶפֶשׁ
פָּשׁוּט וּבְעֶצֶם לְשֵׁם
שֵׁם הַמָּקוֹם הַהוּא בֵּית אֵל

קֶדֶם כֹּל הִפְלִיא נוֹרָא
בְּאִישׁ נִשְׁמָתוֹ לְמִקְרָא
לְיוֹם אַחֲרוֹן עֲטָרָה
וַיִּקְרָא לוֹ אֵל

וְהוּכְנָה וְהוֹנִיחָהּ בִּכְלִי
הָרֹאשׁ מְקוֹם שְׁבִילִי
מַמְלֶכֶת הַתְּכוּנָה וְשִׂכְלִי
אֲצִילֵי בְּנֵי יִשְׂרָאֵל

אָתָיוּ סְעִיפַּי וְנַשְׁכִּימָה
לְשַׁחֵר פְּנֵי קָדוֹשׁ וּלְרוֹמְמָה
שְׁמוֹ וּנְבַקְשָׁה וְנָצוּמָה
וְנָקוּמָה וְנַעֲלֶה בֵּית אֵל

מָעוּזִּי, שֶׁבַע בַּיּוֹם הִלַּלְתִּיךָ
בְּצָרָתִי לְרוֹב שִׁוַּעְתִּיךָ
סַלְעִי וּמְצוּדָתִי תָּמִיד קִוִּי-
תִיךָ
קְרָאתִיךָ כִּי תַעֲנֵנִי אֵל

צוּרִי מִדֶּבֶר הַוּוֹת בְּאֶבְרָתֶיךָ
סוֹכְכֵנִי וְאַל תּוֹכִיחֵנִי
בַּחֲמָתֶךָ
אֱמוּנָה תְּהִי בְּעַבְדְּךָ יְשׁוּעָתֶךָ
צִדְקָתְךָ כְּהַרְרֵי אֵל

לָלֹא דַי בִּתְחִנָּתִי
פִּלַּלְתִּי לֵאלֹהַי עֶזְרָתִי
לְבַעֲבוּר יְמַלֵּא שְׁאֵלָתִי
הֲרִימוֹתִי יָדִי אֶל אֵל

עוֹרֵר יָדְךָ וְאַל תָּפֵר
בְּרִיתְךָ בְּעַמְּךָ וְחָפֵר
קָמֵיהֶם וְחַטָּאתָם אַל תְּסַפֵּר
לְכַפֵּר עַל בְּנֵי יִשְׂרָאֵל

דָּמֵיהֶם תָּדִיחַ וְיָשׁוּבוּ
לָרִיב בְּיִצְרָם וְאֵלֶיךָ יָשׁוּבוּ
יִבְלוּ מַעֲשֵׂיהֶם וְרָבוּ
וְשָׁבוּ וְשִׁחֲרוּ אֵל

אָמְנָם יְשׁוּעוֹת עֶלְיוֹן
וְלָתֵת לַנֶּפֶשׁ פִּדְיוֹם
סֶלָה לָעַד יְקִימֶנּוּ אָיוֹם
יוֹם יוֹם יַעֲמָס לָנוּ הָאֵל

1, ע"פ עמוס ה':י"ד. 3, שה"ש א':י"ב,כלו' בעת רצון בין כסה לעשור בזמן שהקב"ה
עומד מכסא הדין ויושב על כסא הרחמים ומתמלא רחמים על עמו,השווה דרשת חז"ל
בויק"ר כ"ט:כ"ד. 4, תהל' ע"ג:י"ז. 6 אחלה,--פני אל(שמ' ל"ב:י"א),השווה "אהו-
ביך אהבוך" לר' שמעון בר יצחק(ד.א' 1387):"ציר עלות בתחינה/בקש כפור למי מנה/
צעוק וְחַלּוֹת אבא." 7 שיחו,--תהל' קמ"ב:ג'. והגירני,--והגידו לבי,שם י"ט:ט"ד.
8, איוב ה':ח'. 9, התאמצתי לחבר פיוטי סליחות. 10, ולהרבות את שירי שבח
להקב"ה על הנפלאות אשר עשה,--במקום "ותדבר מפלאות אלוה" לצורך החרוז. 11,
ולהתגבר על יצר הרע(ע"פ ירו' ג':י"ז),--במקום "ותגבר שרירות הרע" לצורך החרוז.
12,(בר' ט"ז:י"ג),אֱלֶיהָ,מוסב על "נפשי"(שו' 9)וע"פ מאמר חז"ל(נדה ל',ב):"מש-
ביעין אותו(הנולד במעי אמו): תהי צדיק ואל תהי רשע." 13,(תהל' ה':ט'),כַּפֵּר
חטאי ונעלם. 14, ש"ב,כ"ד:י'; איוב י':ו'. 15,(ש"ב,כ"ב:מ"ג; מ"ב,י"ג:ז'),ר"ל
העבר-בא את עוונותי("הישר וכו')כי הנני חוזר בתשובה(אשחקם וכו'). 16,(בר'
כ"א:ל"ג)ר"ל אבטח בה' שיקבל תשובתי. 17, תהל' נ"א:ג'. 18, שם ל"ב:ה'. 20,
(תהל' ל"א:ו'),ר"ל ואם תמחה פשעי וכו'(שו' 17 ואילך)אז אמצא פדיון לנפשי.
21 בעדם,--בעד פשעי הנ"ל. אם אורכחה וכו',--(יש' א':י"ח),פי' אם תדינני במדת
הדין. 22, מוסב על "בעדם"(ע"פ איכה ב':י"ד). 23, (יש' י"ט:י"א),בלאיתי הצטדק
לפניך מפני רב פשעי. 24, איוב ט':ב'. 25, (ש"א,ב':ג'; ירו' י"ג:י"א),פי' יזכה
ביום הדין. 26, איש נקי כפים ונקי מחטא(בלי תהלה,פי',בלי פגם,ע"פ איוב ד':
י"ח). 27, הכוונה לצדיקים גמורים העומדים במחיצתו של הקב"ה,השווה מאמר חז"ל
(בירוש' שבת ו'.ט'):"עתיד הקב"ה לעשות מחיצתן של צדיקים לפנים ממחיצתן של
מלאכי השרת." 28,(בר' י"ט:ח'),רק לצדיקים האלה יִכָּתֵב גזר דינם לאלתר לחיים,
השווה ר"ה,ט"ז,ב:"ג' ספרים נפתחין בר"ה וכו'." 29 עליהם,--על הצדיקים הנ"ל.
30, הצדיקים האלה לעולם לא באים לידי עבירה,"דבקה שלימות נצח",--על הרעיון
של התדבקות רוחנית בבני אדם, השווה י.קלצקין,<u>אוצר המונחים הפילוסופיים</u>:
"דבוק". 31 בתשוקה,--שה"ש ז':י"א ושהש"ר שם:"אין שוקן של ישראל אלא באביהם
שבשמים." 32,(דבר' ג':כ"ג),ר"ל בתשוקה בהקב"ה(-אשר מי אל). 33 נעממו,--מלה
מחודשת בנפעל ע"פ איכה ד':א':"איכה יועם זהב",ור"ל פג זוהרו של ישראל. לפלא
,--לקיים(ע"פ במד' ט"ו:ח')מה שכתוב בפרשת התוכחות(בויק' כ"ו:י"ד:"ואם לא
תשמעו לי וכו', ובדבר' כ"ח:ט"ו: והיה אם לא תשמע בקול ה' וכו'). 34 שמם,--
המקדש. נפרד,--נבדל,מבלי יושב. כי ופלא,--עד שהיה לפלא ואי אפשר להבין. 35,
(שמ' ל"ה:ל"ה),ר"ל איכה היה לבז המקדש שנבנה ע"י בעלי מקצוע אותם הקב"ה מלא
מחכמתו. 36, יש' ט':ה',ור"ל חורבן הבית היה דבר מופלא שלא נראה ולא נשמע
כמותו,ע' דבר' כ"ח:נ"ט(בתוכחה הנ"ל):"והפלא ה' את מכותך," וע' פי' ראב"ע,שם.
38-37, את ירושלים(-עמנואל,כלו' מקום שרויית השכינה,ע"פ שמ' כ"ה:ח' והשווה
מאמר חז"ל[בבמד"ר י"ג.ד']:"אימתי שרתה שכינה בארץ? ביום שהוקם המשכן")יפה
נוף(תהל' מ"ח:ג')השאיר הקב"ה עזובה וגלמודה כרצונו(כהואל,השווה צונץ,<u>ס.פ.</u>,
עמ' 384,והשווה <u>פיזמוני האנונימוס</u>,מהד' ע.פליישר,מס. קל"ח,שו' 3). 39 והוא
פלאי,--(שופ' י"ג:י"ח),פי' לא נגלה זמן ביאת משיח הגואל. 40-39 זולתי וכו'

(דני' ט':כ"א) רק מלאכי מרום מיכאל וגבריאל, אותם עשאם הקב"ה שומרים בשביל ישראל את זמן הגאולה, השווה *אותיות דר"ע*, אות ש'. 41 עולמם,--הכוונה לימות המשיח ולמתן שכר לישראל בעולם הבא, ע' סנהדרי' צ',א. נעלם במנינו,--ע"פ דני' י"ב:ט':"כי סתומים וחתומים הדברים עד עת קץ," ופרש"י: עד אשר תקרב הגאולה. 42 בקיומו,--השווה מאמר חז"ל (בברכות ל"ד,ב):"כל הנביאים כולן לא נתנבאו אלא לימות המשיח אבל לעולם הבא עין לא ראתה." ומי ינעמו,--ומי הוא ומה שמו אשר יש בידו להחיש את זמן הגאולה? 43, לשאלה ריטורית הנ"ל הפייטן ענה: להקב"ה לבד (-בדד), יוצרם של ישראל, יש לאל ידו לגאול את עמו. 44, דבר' ל"ב:י"ב:"ואין עמו אל נכר," ותרגום אונקלוס דרשהו על העתיד. והפייטן ר"ל: אין בכוחם של אלוהי הגויים לגאול,--וכנראה רמז בכך לפולמוס נגד הכנסיה הנוצרית שבימיו. 45 זכו,--הצדיקים שזכו לעמוד ב"גובה מעלה" (הנ"ל, שו' 27) יגיעו לדרגת נבואה ורוח הקדש ("ישמעו דממה מה ידבר האל", להלן שו' 47-48). ונבדלו בחכמה מחומר,--היו זהירים שלא ללכת אחר החומרים (כלו' התאוות הגשמיות) המונעים מלהשיג דרגת נבואה, על-פי לשונם של הפילוסופים, השווה *אמונה רמה* לראב"ד, ב'.ג'; ורמב"ם *מורה נבוכים*, פתיחה, וב'.ל"ו. 46 בלימה,--איוב כ"ו:ז' ופי' רש"י:"אין כלום". ור"ל הצדיקים ש"זכו" כנ"ל הם חפשים משעבוד ליצרם הרע. 47 בלי חוש ישמעו,--בלי חוש השמיעה ישמעו שהאלוה דבר אתם דברי נבואה אלא בכח המדמה, השווה רמב"ם *שם*, ב'.מ"ה. דממה,--ע"פ איוב ד':ט"ז ופי' ראב"ע:"כמו קול דממה דקה וזו דרך נבואה קטנה." 48, תהל' פ"ה:ט'. 49 רצפת,--מוסב על הקב"ה, ר"ל סדרת את השמים (-שחקים) כרצפת אבנים ואת השמש והירח והכוכבים (-ואורים, ע"פ תהל' קל"ו:ז'-ט'). 50 עצם,--(substantia), הראשון בקטיגוריות של אריסטו, ב"ספר המאמרות", הספר הראשון ב"אורגנון" שלו:"קטיגוריות"; והוא מאמר-יסוד בפילוסופיה, השווה י. קלצקין, *שם*:"עצם". נקי,--פי' נקי מן החומר (השווה רמב"ם, *שם*, א'.מ"ט:"השגת הנקי מן החומר, הערום מן הגשמות"), ור"ל שהגלגלים (כלו' השמים, השמש, הירח והכוכבים הנ"ל) הם שכלים נבדלים מן החומר, השווה רמב"ם, *משנה תורה*, "יסודי התורה", ג'.א' ואילך. ספוריו,--מנויים, והשווה רמב"ם, *מורה נבוכים*, ב'.ט':"המונים הגלגלים בזמננו: תשעה." 51-52, ע"פ תהל' י"ט:ב'-ד', וע' רמב"ם, *משנה תורה*, *שם*, ט':"הכוכבים והגלגלים...משבחים ומפארים ליוצרם כמו המלאכים." 53 חוקם,--הגלגלים קבלו צו מפי הקב"ה. עתים לשקול,--ע"פ בר' א':י"ד:"יהי מאורות ברקיע השמים...והיו לאותות (פי' ראב"ע: רגעים) ולמועדים (ראב"ע: שעות) ולימים ושנים." בנועם,--בשירה, הגלגלים אומרים שירה לפני הקב"ה כמו המלאכים, השווה, רמב"ם, משנה תורה, *שם*, *שם*. ויקיפו הכל,--הכוונה לתנועתם הסיבובית של הגלגלים סביב הארץ, מרכז כל העולם כלו,--לפי השיטה הגיאוצנטרית שהיתה שלטת כל ימי הביניים עד לקופרניקוס (73-1403). 55,--תנועתם של הגלגלים קובעת את מועדי השנה ואת עונות הזריעה והק-

ציר(-זמורה ואשכול, במד' י"ג:כ"ג). 57, פי' הקב"ה(-זה,ע"פ שמ' ט"ו:ב':"זה
אלי ואנוהו"),הרוכב בערבות(תהל' ס"ח:ה' והשווה דרשת הרמב"ם[במורה נבוכים,
א'.ע']:"השלים על 'ערבות'--והוא הגלגל העליון המקיף בכל....[והקב"ה]מסבב
הגלגל המקיף ומניעו ביכלתו ורצונו")בעלה הוא על כל גוף(-גשם). 58 גוף נקי
וכו',--מוסב על "בכבד מכל" ור"ל הקב"ה בעלה על כל גוף,אפי' הוא נקי מן החו-
מר,על כל השכלים(השווה י.קלצקין,שם: "שכל")ועל כל בעלי נפש(-גשם,על משקל הס-
גולוים, ע' צונץ,ס.פ.,עמ' 388,ופי' נשמה). 59 פשוט,--(simplex),ולא מורכב
מחומר וצורה,השווה רמב"ם,שם,ב'.כ"ב והשווה "מאמר מחבור ר' דוד אלמקמץ,הליכות
קדם",ע"ג:"הקב"ה הוא אחד לא כאחד שהוא ממין גדול ולא כאחד שהוא במין קטן ולא
ולא כאחד במניין ולא כאחד ביצירה, אבל הוא כדרך הפשיטה הנכונה שאין בה שום
חלוף ולא ריכוב." ובעצם לשם,--(שמ' כ"ח:י"ט)נגלה רצונו לעמו. והכוונה לאורים
ותומים שנקבעו בחשן של הכהן הגדול בזמן שהמקדש היה קיים שלפיהם ידע הכהן את
תשובתו של הקב"ה על שאלה אשר נשאל. ובעוצם לשם,פי' בכוח אבני גורל נגלה רצונו,
60, (בר' כ"ח:י"ט),ור"ל כשם שנגלה רצונו לעמו בפי האורים ותומים כך שכן בתוכם
במקדש(-בית אל). 61 קדם כל,--טרם היווצרותו של הוולד. הפליא,--כלו' הפליא ה'
לעשות גדולות ונפלאות,השווה "סדר יצירת הוולד",אוצר מדרשים,א',עמ' 243:"כיצד
יצירת הוולד, אמר ר' יוחנן מאי דכתיב:'עושה גדולות עד אין חקר נפלאות עד אין
מספר'(איוב ה':ט')--אלו גדולות ונפלאות שהקב"ה עושה ביצירת הוולד." 62 באיש
נשמתו,--הקב"ה הפליא לעשות בזה שנתן נשמתו באדם ויהיה האדם לנפש חיה. למקרא
,--לשון "למקרא העדה"(במד' י':ב'),והקב"ה קרא לו לאדם להחזירה. 63 ליום אחרון
וכו',--פי' הקב"ה קרא לו לאדם להחזיר את נשמתו(עטרה,כנוי לנשמה)ביום המיתה
(ליום אחרון). 64, בר' ל"ג:כ'. 65 והוכנה,--וזומנה,--מוסב על הנשמה. והוניחה
,--בניין הפעיל של פעלי ע"ו על דרך פעלי פ"ן,השווה סדר אליהו רבה,מהד' ר"מ
איש שלום,עמ' 76:"לא הושיבוה(במקום השיבוה)כלום דבר",והשווה ח.ילון,מבוא
לניקוד המשנה,עמ' 165–170. בכלי הראש,--במוח,השווה ר' בחיי אבן פקודה,חובות
הלבבות,הבחינה,ה':"המוח הוא משכן הכחות הרוחניים," והשווה ראב"ע,פי' לשמ'
כ"ג:כ"ה:"הנשמה היא החכמה ומושבה במוח הראש." שבילו,--דרכי והתנהגותי,והש'
פי' ראב"ע,שם:"וממנה(כלו' מן הנשמה)יצא כח כל ההרגשות ותנועות החפץ." 67
ממלכת התכונה,--הנשמה היא מושבת המדות בבני אדם. ושכלו,--והשווה ר' יוסף
אבן צדיק,עולם קטן,מהד' ש.הורוויץ,(ברסלאו,1903)עמ' ל"ט:"השכל הוא בנפש בכח
ויוציאהו האדם ברוב הרגל ולמוד מן הכח אל הפועל." 68,(שמ' כ"ד:י"א),אצילים,
פי' המקורבים למלך(-הקב"ה),והכוונה לנשמות הטהורות שהן גנוזות תחת כסא הכבוד,
השווה שבת קנ"ב,ב,והשווה רשב"ג,"כתר מלכות",כ"ז:"מי יעשה כמעשיך וכו'." 69

אתיר,--בֹּאר. סעיפי,--(תהל' קי"ט:קי"ג,ופי' ראב"ע,שם)מחשבותי. ונשכימה,--
בלילי אשמורות שנוהגים בימי אלול ובעשרת ימי תשובה. 70 לשחר..קדוש,--משלי
ז':ט"ו. ולדרממה שמו,--הוספת ה' לצורך החריזה. 71 ונצומה,--(עזרה ח':כ"ג),
רמז למנהג לצום בימי הסליחות,השווה גס"פ,עמ' 10. 72, בר' ל"ה:ג'. 73 מעוזי
,--(יר' ט"ז:י"ט),כנוי להקב"ה. שבע וכו',--תהל' קי"ט:קס"ד ופי' רש"י:"שחרית
שתים לפני קריאת שמע ואחת לאחריה ובערב שתים לפניה ושתים לאחריה." 74, תהל'
ע"ז:ג'; שם כ"ב:כ"ה. 75, ש"ב,כ"ב:ב'; תהל' כ"ה:כ"א. 76, שם י"ז:ו'. 77, צורי
,--כנוי להקב"ה,צור ישראל. מדבר הורת,--(תהל' צ"א:ג'),הוה,פי' אסון ופגע.
באברתיך סוככני,--שם צ"א:ד':"באברתו יסך לך". 78 ואל וכו',--שם ו':ב'. 79
אמונה,--(יר' ז':כ"ח),אמון ובטחון. 79-80 ישועתך וכו',--תהל' ל"ו:ז'. 81
ללא די,--מלאכי ג':י':"ברכה עד-בלי-די." בתחנתי,--בבקשת רחמים. 82 פללתי,--
(תהל' ק"ו:ל'),התחננתי. לאלהי עזרתי,--שם צ"ד:י"ז. 83, כדי(-לבעבור)שימלא
את משאלותי(ע"פ תהל' כ':ו'). 84, (בר' י"ד:כ"ב),הרימותי וכו',--בתפלה,כתר-
גומו:"ארימית ידי בִּצְלוֹ." 85 עורר ידך,--עדה"כ "והוא עורר את חניתו"(ש"ב,
כ"ג:י"ח). ואל וכו',--יר' י"ד:כ"א. 86-87 וחפר קמיהם,--ל' "כי בֹשו כי חפרו
מבקשי רעתי"(תהל' ע"א:כ"ד). אל תְסַפר,--השווה "ונתנה תוקף"(ד.ו' 451):"וכותב
וחותם וסופר ומונה ותזכור כל הנשכחות." 88, ויק' ט"ז:ל"ד. 89 דמיהם תדיח,--
(יש' ד':ד':"ואת דמי ירושלים ידיח מקרבה"),ר"ל טהרם ממעשהם הרעים. 89-90
וישובו לריב ביצרם,--וישובו בי' להתגבר על יצרם הרע. ואליך ישובו,--ישובו
בתשובה שלמה. 91 יבלו מעשיהם,--ע"פ יש' ס"ה:כ"ב:"ומעשה ידיהם יבלו בחירי,"
ופי' רד"ק:"שיבלו מעשה ידיהם בימיהם כמו שאמר(יש' שם):'ולא יבנו ואחר ישב.'"
ורבו,--יר' כ"ג:ג':"ופרו ורבו." 92, תהל' ע"ח:ל"ד. 93, אכן הקב"ה(-עליון,
תהל' צ"א:א')פועל ישועות הוא. 95 יקימנו,--דבר' כ"ח:ט':"יקימך ה' לו לעם
קדוש." איום,--(חבק' א':ז'),כנוי להקב"ה. 96, תהל' ס"ח:כ'.

מפתח הכינויים

(האותיות רומזות לשירים והמספרים רומזים לטורי השירים)

אב איתני,--אברהם, ו',5.

אב המונים,--אברהם, ד',15. ח',3. ט' 13.

אבי-גדור,--מרע"ה, א',1

אדום,--נוצרים, י"ז,20. כ"ד,26.

אדיר,--הקב"ה, מ"ז,25.

אדיר ובאור,--הקב"ה, ל"ז,146.

אדירון,--הקב"ה, א',19.

אהוב, אברהם, י"א,6.

אהובה,--ישראל, ט"ו,1. י"ט,86.

אהיה אשר אהיה,--הקב"ה, כ"ג,1.

אהל,--ארץ ישראל, י"ז,2.

אהל,--בית המקדש, י"ד,5.

אהליבמה,--נוצרים, ז',7. י"ג,14.

אהל ישרים,--בית המקדש, ל"ט,66.

אוהביך,--ישראל, מ"ה,74. מ"ז,6.

אולם,--בית הכנסת, י"ט,87.

אורים,--מלאכים, כ',17.

אות,--כוכבים ומזלות, א',12.

אח,--נוצרים, י"ח,6.

אחי,--הקב"ה, כ"ז,12.

אים,--הקב"ה, ב',17. ד',21. י"א,18. ט"ו,30. ט',49. מ"ח,93.

אימה,--ישראל, א',24.

איש,--אדם הראשון, מ"ח,62.

איש בוזזי,--אויב ישראל, מ"א,74.

איש חמודות,--דניאל, ז',6.

אישי,--הקב"ה, ט"ו,44,45.

אישי חדרים,--ישראל, מ"ד,8.

אישי סודו,--מלאכים, מ"א,39.

איתיאל,--הקב"ה, א',5.

איתני,--האבות, ח',2. י"ג,25.

איתני,--משה ואהרן, ל"ז,1.

אכזרים,--אויבי ישראל, י"ח,4.

אכתריאל,--הקב"ה, א',6.

אלילים אלמים,--צלמי הנוצרים, י"ט,86.

אלים,--מלאכים, כ"ה,25.

אמונים,--ישראל, כ',29. ל"א,17,62.

אסורים,--ישראל, ג',38.

ארי,--אויב ישראל, ז',23. י"ח,53.

ארי טורף,--נבוכדנצר, ל"ג,11.

ארכון,--הקב"ה, א',14.

ארמון,--ארץ ישראל, ז',24.

ארץ אחרת,--גלות, י"ח,18.

אשיותי,--בית המקדש, כ"ז,1.

באר שחת,--הקבר, כ"ג,19.

בוחני,--הקב"ה, י"ט,47.

בורא,--הקב"ה, י',23. י"ט,41.

בור שאון,--גלות, ז',17.

בחירי הבריה,--ישראל, ל"ב,41.

בחירתו,--ישראל, י"ט,46.

בטחוני,--הקב"ה, י"ט,47.

בית,--ארץ ישראל, ט"ו,7.

בית איתיאל,--ישראל, ל"ו,18.

בית חיינו,--ירושלים, ל"ו,23.

ביתך,--בית המקדש, כ"ח,59.

בית מאוויינו,--בית המקדש, א',21.

בית מועד,--בית המקדש, כ"ח,59.

בית משכנותיך,--בית המקדש, כ"א,6.

ביתן,--השמים, י"ט,43.

בית צבי ארמונה,--ארץ ישראל, י"ז,1.

בני,--ישראל, ח',18. כ"ח,25,40. ל"ב,9,21. ל"ח,31.

בני איתני,--ישראל, י"ג,25.

בניינך,--תורה, א',2.

בנים,--ישראל, י"ח,58. י"ט,120.

בני קטורה,--ערבים, ז',7.

ברורים,--ישראל, ל"ז,149.

בשר,--קין, י"ט,44.

בת יהודה,--ישראל, י"ד,2,19.

גאוליך,--ישראל, ט',21.

לוח הכינויים

הקדוש ברוך הוא: אדיר, אדיר ונאור, אדירירון, אהיה אשר אהיה, אחי, איום, אישי, איתיאל, אכתריאל, ארכון, בוחני, בורא, בטחוני, גואל, גוזי, דגול, דוד, דר בחביון, הדרי, הוגה, הודי, המקרה במים עליותיו, המרבה המשרה, ותיק, זהרי, זיוי, חומל, חי, חיים, יודע ועד, יושב בשחק, יושב כרובים, יוצרי, יחיד, ישר, כבודי, כביר, כביר אביר, כתרי, מורך, מושיע, מחסי, מלא רחמים, מלך, מלך רב, מנת חלקו וגורלו, מעוזי, מפרק הרים וידוש, מקוה ישראל, מראש הדורות קורא, מרחם, נאדרי, נאור, נהר נגוד, נורא, נורא עלילה, נושא נופלים, נכבד, נמצא, נס, נעלם, נצח, נקדש, נר, עובר על פשע, עוז, עוז עזוז, עליון, פודה, פלט, צור, צור ישראל, צור עולמים, קדוש, קדיש ועיר, קוני, רדיד, ראשי, רוצה תשובה, רחום, רם, רם על רמים, שגיא כח, שוכן מעונה, שוכן רומה, שלט, שמה רבא, תוחלתי, תמים, תקותי.

ישראל: אהובה, אוהביך, איומה, אישי חדרים, אמונים, אסורים, בחירי הבריה, בית איתיאל, בני, בני איתני, בנים, ברורים, בת יהודה, גאוליך, גביר גזעי, גרושה, דור דגול, דורשיך, דל, דרושה, היושב בדד, המוני, המון צבאות קדש, זבדך, זית, זרוייך, חבל, חוסיך, חיילים, חיים, חסר, טהורים, טלאי כבשיו, ידידים, יונה, יחידה, יחידת אבות ונבים, יראיך, ישורון, ישרים, כרמך, לא רוחמה, מאורשה, מזכירים לפניך, מחולת מחניים, מלכים, מסכן, מעלה, מעשה אצבעותיך, מצרים, נגעלים, נגידים, נושאי אימיך, נושים, נחלת אל, נצחים, נרדך, סגולה, עבדיך, עדה, עדה מקדם קנית, עדויים, עדת אמוני, עדת גוי כרותים, עדה בין אב המונים, עובדיך, עוזביך, עם אל, עם אליך קרב, עם דך, עם דל, עמוסים, עם ידידיך, עם מבקשיך, עם עוזר, עני, פארים, צאן, צבא עדה, קדושים, קהל, קרוביך, רחל וטלאים, רעוצים, רעיתי, רפיון, רצויים, רשים, שבט, שבט יה, שה הדחיה.

מלאכים: אורים, אישי סודו, אלים, המוניך, השכלים, חכמות שכלים, ספסרי אראלים, מחנות משרתיך, מחנות בסערות, מחנות קדושים, נצחי, צבא, רהביך, רכבו, שירים, תרשישים.

דמויות ומקומות

מן המקרא:

האבות: איתני, הורים, זקנים, ישיני מכפלה, נאמנים, נטעי התבונה, שלושת הורים.

אברהם: אב איתני, אב המונים, אהוב, ידיד, נאמן, נחלק עליו לילה, ראש למאמיני.

אדם, אדם הראשון: יציר אדמה, איש, נטע שעשועים, שורש.

אור כשדים: חור פתן.

דניאל: איש חמודות.

הר הבית: זוית זבולך.

יצחק: נעקד.

ירושלים: בית חיינו, בנת אשבל, עמנו אל, קדש, קריה יפפיה, קריה מועדה, קרית חנה.

משה, משה ואהרן: אבי גדור, איתני, חבר, ידד, משוי משאולה, עבד, ענו, ציר, צירים, שרים.

משיח: גבור, מבשר, מלך, מנחם, נצר ישי, רוכב על חמור, רוכב עני.

נבוכדנצר: ארי טורף.

נח: צדיק תמים בדורותיו.

קין: בשר.

ארץ ישראל, תורה, בית המקדש:

ארץ ישראל: אהל, ארמון, בית, בית צבי ארמונה, בורת בית, קן, תחילה.

תורה: בנייבך, דת חן.

בית המקדש: אהל, אהל ישרים, אשירתי, ביתך, בית מאורייבו, בית משכנותיך, דביר, היכל מלך, זבול, זבול ארמוני, כבודי, לפנים דלפני, מסיבו, מקדש הדומים, משכן, נוה, נוה ענבג זבולה, נעמך, פני כפורת, ראשית תבואתבו, שכנך, תל-תלפירת.

תפילה: הגיגי, הגירן לבי, זמרה, חין, תחנוני, חמודי, חיבון, להג, לחש, מען, מענה לשון, ניב, ניבי רננים, ניב שפתי, נעקה, עתירה, פגיעה, רחש, רנה, שועה, שיח, שיחי רננים, שיח באקתם, שלום שפתי, תחינה.

אויבי ישראל: איש בוזזי, אכזרים, ארי, דוב שכול, זלזלי ביתי, חיה, יהירים, יכחשוך, לועזים, מאכל, מהרס, מונים, מורדים, משטין, מתקומם, נחש, נכים, נמהרים, נץ, נרגן, ציה ראיה, קמים, רחקים, שוטן, שומרים, שכחים, שרפים, צופפים.

נוצרים וערבים: אדום, אהליבמה, אח, גדי נבל, זרים, מואסי מצורתיך, עדה, עובדי זרות, עובדי מולך, עשו, פרס, צרה.

בני קטורה, הגרית, חדד, משע ומשמע, קדר, שבער.

מצרים: גאולים, כור, כזב, לודים, סיג, עצמים, צוען.

אומות העולם, צדיקים ורשעים:

אומות העולם: רבות בנים.

צדיקים: רעים.

רשעים: גבוהים.

שונות: ארץ: הדום. ביזנטיון: ירון. בית הכנסת: אולם, היכל, מצור, משמר. גוף: סוכה. העולם הזה: מלון. השכלים: טהורי עצם. השמים, כוכבים ומזלות: השמים: ביתן, זבול, חביון, מעוני, מרומים; כוכבים ומזלות: אות, ממזרים, נכבדי הגשמים. י"ג מדות: סדרי תכונות הקדושים. יצר הרע: המארה. כהנים: עבדי ה'. נפש: יחידה, נות ביתי, נערה, עטרה. נשי ישראל: הצפונות. צלם ישו הנוצרי: פסל, שקוץ שומם. צלמי הנוצרים: אלילים אלמים, תועבת בל. הקבר: באר שחת, שחר. שבט יהודה: פרץ. שטן: משטין.

<u>רשימת הפיוטים</u>

1- פורסם ב<u>אנתולוגיה</u>.

2- פורסם ב<u>סליחות הרומניוטים</u>.

המקורות

כתבי-היד

ב,- כה"י מחזור קסטוריה, אוכספורד,בודליבה,1168.

ו,- כה"י מחזור קנדיה, רומא, הותיקן, 320.

כ,- כה"י מחזור רומניה(-מ"ר), אוכספורד, בודליבה,1082.

פ,- כה"י מחזור כפא(-מ"כ), ניו-יורק, בית המדרש לרבנים, 0717.

צ,- כה"י מ"ר, ניו-יורק, בית המדרש לרבנים, 0568.

ק,- כה"י מחזור קורפו(-מ"ק), אוכספורד, בודליבה, 1083.

ש,- כה"י מ"ר, אוכספורד, בודליבה, 2501.

מקורות שבדפוס

א,- מחזור רומניה,(קושטא,1510).

ג,- מחזור רומניה,(ויניציה,1522).

גס"ל,-ד. גולדשמידט, סדר הסליחות כמנהג ליטא וקהילות הפרושים בארץ ישראל, (ירושלים, תשכ"ה).

גס"פ,-ד. גולדשמידט, סדר הסליחות כמנהג פולין ורוב הקהילות בארץ ישראל, (ירושלים, תשכ"ה).

ד,- מחזור רומניה,(קושטא, 1574).

ה,- אשמורת הבקר, מהד' אהרן ברכיה בן משה ממודינה,(ויניציה,1720-1721).

ח,- שפתי רננות, מהד' שאול בן מוסא הכהן,(ליוורנו, 1837).

ט,- שפתי רננות, מהד' רחמים כלפון,(ויניציה, 1711).

ל,- אשמורת הבקר, מהד' אהרן ברכיה ממודינה,(ליוורנו, 1796).

מבחר השירה העברית, מהד' ח. בראדי ומ. ויגר,(לייפציג, תרפ"ב).

מחזור לימים נוראים לפי מנהגי בני אשכנז, מהד' ד. גולדשמידט, (ירושלים, תש"ל),ב' כרכים.

נ,- אילת השחר, סדר שומרי משמרת של שומרים לבקר ק"ק איטליאני דרי מנטובה, (מנטובה,1612).

סליחות הרומניוטים,- סדר הסליחות כמנהג קהילות הרומניוטים, מהד' י.ל. וינברגר,(ניו-יורק,תש"ם).

ספר ערוגת הבושם, לר' אברהם בן עזריאל, הוצ' א.א. אורבך,(ירושלים,תרצ"ט-תשכ"ג),ד' כרכים.

פיוטים ופייטנים מהתקופה הביזאנטינית, מהד' ש. ברנשטיין,(ירושלים,תש"א).

ביבליוגראפיה

(הרשימה מכילה חיבורים שפרטיהם הביבליוגראפיים לא הובאו במלואם בגוף הספר)

אברהם אבולעאפיה, חיי עולם הבא, ע' יליבק א.

______, ספר האות, בתפרסם ע"י א. ילינק בעטרת צבי, ספר היובל לגרץ, (ברסלאו, תרמ"ח).

אברהם אבן עזרא, "חיי בן מקיץ," בתפרסם ע"י א. כהנא ברבי אברהם אבן עזרא (ואדשה, תרפ"ב), כרך ב'.

"אגרת תימן," ע' רמב"ם, משנה תורה.

אוצר מדרשים, מהד' י.ד. אייזענשטיין, (ביו-יורק, תרע"ה), ב' כרכים.

אלבוגן, י.מ., התפלה בישראל, (תל-אביב, תשל"ב).

אמונה רמה, -ר' אברהם בן דוד הלוי, ספר האמונה הרמה, (ברלין, 1919).

אבתולוגיה, -י.ל. ויבברגר, אבתולוגיה של פיוטי יוון אבאטוליה והבלקבים, (סיבסיבטי, תשל"ו).

בארון, ש., - S.W.Baron, A Social and Religious History of the Jews, (New York,1980), Volume XVII.

בחיי אבן בקודה, חובות הלבבות, (לייפציג, 1846).

בר"ר, -בראשית רבה, מהד' י. תיאודור וח. אלבק, (ירושלים, תשכ"ה)

גולדשמידט, ד., "על מחזור רומביה ומבהגו," ספר זכרון ליצחק בן-צבי, (ירושלים, תשכ"ד).

גיבזברג, ל., אגדות, - L.Ginzberg, The Legends of the Jews, (Philadelphia, 1909-1938), 7 volumes.

ד., -דוידזון, י., אוצר השירה והפיוט, מהד' מצולמת, (ירושלים, תשכ"ז), ד' כרכים.

דיבור, ב., ישראל בגולה, (תל-אביב, תשי"ח-תשל"ג), ב' כרכים (כרך א' 4 ספרים, כרך ב' 6 ספרים).

הענק, -ספר הענק לר' משה אבן עזרא בשירי החול לרמב"ע, מהד' ח. בראדי, (ברלין, 1935), עמ' רצ"ה-ת"א.

השירה, - שירמן, ח., השירה העברית בספרד ובפרובאבס, (ירושלים-תל-אביב, 1955-1956), ב' כרכים, ומהדורה שבייה, 1961.

זולאי, האסכולה, - זולאי, מ., האסכולה הפייטבית של ר' סעדיה גאון, (ירושלים, תשכ"ד).

ידיעות, - ידיעות המכון לחקר השירה העברית, א'-ז', (ברלין-ירושלים, תרצ"ג-תשי"ח).

יהודה אלחריזי, תחכמוני, מהד' א. קאמיבקא, (ווארשה, תרנ"ט).

ילון, ח., מבוא לביקוד המשנה, (ירושלים, תשכ"ד).

______, פרקי לשון, (ירושלים, תשל"א).

ילינק,א.,- A.Jellinek, Philosophie und Kabbala, (Leipzig,1854).

ילקוט שמעוני, (פולנאה,תקס"ה-תקס"ו). מהדורה שנית מצולמת,(ירושלים,תש"ך).

לוין,י., אברהם אבן-עזרא, חייו ושירתו,(תל-אביב,תש"ל).

לוצאטו,ש.ד., חוקר ומקובל, (ז'יטומיר,תרט"ז).

לנדסהוטא,א.ל., עמודי העבודה,מהד' שניה מצולמת,(ניו-יורק,תשכ"ה).

מב"ר,-מחזור כל השנה כמנהג איטאלייאני, מהד' ש.ד.לוצאטו,(ליוורנו,1856).

מדרש לקח טוב לר' טוביה בר אליעזר, מהד' ש.באבער,(ווילנא,1884), ב' כרכים.

מדרש תנחומא, מהד' ש.באבער, מהדורה שניה מצולמת,(ירושלים,תשכ"ד). ב' כרכים.

מכילתא דרבי ישמעאל, מהד' י.ב.לויטערבאך,(פילאדלפיא,תרצ"ה),ג' כרכים.

סה"ר,-סדר הסליחות כמנהג קהילות הרומניוטים, מהד' י.ל.וינברגר,(ניו-
יורק,תש"ם).

סטאר,ביזאנטיום,- J.Starr, Jews in the Byzantine Empire,(Athens,1939).

סטאר,רומניה,- J.Starr, Romania,(Paris,1949).

ספר זהר חדש, הוצ' ר.מרגלית,(ירושלים,תשי"ג).

ספר יצירה, הוצ' א.גרינולד,(תל-אביב,1971).

ספר מסעות של ר' בנימין מטודילה, מהד' מ.אדלר,(לונדון,תרס"ז).

סרס"ג,-סידור רב סעדיה גאון, הוצ' י.דווידזון, ש.אסף, וי.יואל,(ירושלים,תש"א),
הדפסה ג', 1970.

סרע"ג,-סדר רב עמרם גאון, הוצ' ד.גולדשמידט,(ירושלים,תשל"ב).

עִמַאד אל-דין אל-כַּאתִב אל אִצְפַהַאנִי,- Imad ed-Din el-Katib el-Isfahani:Conquete de la Syrie et de la Palestine par Salah ed-Din. Publ. par C. de Landberg. I.Leyde 1888.

עמנואל הרומי, מחברות, מהד' דב ירדן,(ירושלים,תשי"ז),ב' כרכים.

פזמוני האנונימוס, מהד' ע.פליישר,(ירושלים,תשל"ד).

פיוטי ינאי, הוצ' מ.זולאי,(ברלין,תרצ"ח).

פי' שיר השירים, המיוחס לרמב"ן, מאת ר' עזרא בר' שלמה,(אלטונא,תקכ"ד).

פסיקתא דרב כהנא, הוצ' דב מנדלבוים, (ניו-יורק,1962), ב' כרכים.

פסיקתא זוטרתא, ע' מדרש לקח טוב.

פסיקתא רבתי, הוצ' מ. איש שלום,(ווינא, תר"ם).

פרקי דר' אליעזר,(וארשה,תרי"ג).

צונץ., ל.ג.,- L. Zunz, Literaturgeschichte der synagogalen Poesie, (Berlin,1865); 1966[2].

צונץ., ס.פ.,- L. Zunz, Die synagogale Poesie des Mittelalters, (Frankfurt a.M., 1920); 1967[2].

קלצקין,י., אוצר המונחים הפלוסופיים, מהדורה שניה מצולמת,(ניו-יורק,תשכ"ח),
ב' כרכים.

קסטוריה, מולהו,- M. Molho,Histoire des Israélites de Castoria, (Salonica, 1938).

רוזאבים, ש., דברי ימי ישראל בתוגרמה, (תל-אביב,תר"ץ), כרך א'.

רבי יהודה הלוי, ספר הכוזרי, הוצ' י. אבן-שמואל,(תל-אביב,תשל"ג).

רבי משה בן מימון, מורה הנבוכים, הוצ' י. אבן-שמואל,(ירושלים, תש"ז).

__________, משנה תורה, (ירושלים, תשמ"ו-תשל"ב),כ' כרכים.

רב סעדיה גאון, האמונות והדעות, (ניו-יורק,תש"ז). מהדורה מצולמת, תש"ל.

שארף,- A. Sharf, Byzantine Jewry, (New York, 1971).

ש"ט אבן פלקיירא, ספר המבקש,(האג,תקל"ח);צילום מהדורת מ.תמה,ירושלים,תש"ל.

שירי הקדש של אברהם אבן עזרא, הוצ' י.לוין,(ירושלים,תשל"ו-תש"ם),
ב' כרכים.

שלום,ג.,(סתם),- G. Scholem, Major Trends in Jewish Mysticism, (New York, 1961).

______, ראשית הקבלה וספר הבהיר, ערכה רבקה ש"ץ,(ירושלים,תשכ"ט).

שלמה אבן גבירול, מקור חיים,(ירושלים, תרפ"ו). מהדורה מצולמת,ירושלים,תשל"א.

שמונה פרקים לרמב"ם, ע' רבי משה בן מימון, משנה תורה.

תשובות מהר"ם, ברלין,-ספר שערי תשובות מהר"ם בר ברוך ז"ל, הוצ' מ.א.בלאך,
(ברלין,תרנ"א).